MONGOLISCHE
VOLKSREPUBLIK

● Ulan-Bator

INNERE MONGOLEI

MANDSCHUREI

NORD-
KOREA

SÜDKOREA

Beijing ●

AMDO

Chamdo
●
KHAM

VOLKSREPUBLIK CHINA

TAIWAN

Hongkong ●

BIRMA

Rangoon ●

THAILAND

W0021247

Dalai Lama
DAS BUCH DER FREIHEIT

Uphaus

Dalai Lama

DAS BUCH
DER FREIHEIT

Die Autobiographie
des Friedensnobelpreisträgers

Aus dem Englischen von
Günther Cologna

Gustav Lübbe Verlag

Copyright © Tenzin Gyatso, the Fourteenth Dalai Lama
of Tibet, 1990
Titel der Originalausgabe: Freedom in Exile.
The Autobiography of His Holiness The Dalai Lama of Tibet
Originalverlag: Hodder & Stoughton Ltd, London,
Sydney, Auckland, Toronto
First published in Great Britain 1990
Aus dem Englischen von Günther Cologna
© 1990 für die deutschsprachige Ausgabe bei
Gustav Lübbe Verlag GmbH, Bergisch Gladbach
Lektorat: Dr. Anita Krätzer, München

Umschlagentwurf: Klaus Blumenberg, Bergisch Gladbach,
unter Verwendung eines Fotos von Valerie Reed und N. Prasad (© 1989)
für die Vorderseite und eines Fotos von Manfred Sturm, München,
für die Rückseite
Karten: Roland Winkler, Bergisch Gladbach
Satz: Kremerdruck GmbH, Lindlar
Gesetzt aus der ITC Berkeley Oldstyle von Linotype
Druck und Einband: Friedrich Pustet, Regensburg

Alle Rechte vorbehalten. Kein Teil dieses Buches darf ohne
ausdrückliche Genehmigung des Verlages in irgendeiner Form
reproduziert oder übermittelt werden, weder in mechanischer
noch in elektronischer Form, einschließlich Fotokopie.

Printed in West Germany
ISBN 3–7857–0557–3

1. Auflage September 1990
2. Auflage November 1990
3. Auflage November 1990
4. Auflage Januar 1991
5. Auflage Dezember 1993
6. Auflage Februar 1998

INHALT

Vorwort —————————————————————— 7

Der Träger der weißen Lotosblüte ————————— 9
Auf dem Löwenthron ———————————————— 23
Der Einmarsch ————————————————————— 59
Ein Zufluchtsort im Süden ————————————— 69
In der Volksrepublik China ————————————— 97
Keine Hilfe von Nehru ——————————————— 121
Flucht ins Exil ———————————————————— 145
Ein verzweifeltes Jahr ——————————————— 185
Hunderttausend Flüchtlinge ———————————— 203
Ein Wolf im Mönchsgewand ———————————— 221
Von Ost nach West ———————————————————— 241
Über Magie und Geheimnis ————————————— 259
Nachrichten aus Tibet ——————————————— 273
Ein Friedensplan ————————————————————— 293
Wege in die Zukunft ———————————————— 311

Register ——————————————————————— 332

VORWORT

Unter einem »Dalai Lama« stellen sich die Menschen Verschiedenes vor. Für einige bin ich ein lebender Buddha, die Verkörperung von Avalokiteshvara, dem Bodhisattva des Mitgefühls. Andere halten mich für einen »Gottkönig«. Gegen Ende der fünfziger Jahre bedeutete dieser Titel, daß ich der stellvertretende Vorsitzende des Ständigen Ausschusses der Politischen Konsultativkonferenz des Chinesischen Volkes (PKKdCV) war. Und als ich dann ins Exil floh, nannte man mich einen Konterrevolutionär und Parasiten. Das alles entspricht aber nicht meinen eigenen Vorstellungen. Für mich bezeichnet »Dalai Lama« das Amt, das ich innehabe. Ich selbst sehe mich in erster Linie als einen Menschen und dann erst als einen Tibeter, der es sich ausgesucht hat, ein buddhistischer Mönch zu sein.

Als einfacher Mönch möchte ich nun meine Lebensgeschichte erzählen. Allerdings ist das Hauptthema dieses Buches keineswegs der Buddhismus. Zwei wichtige Gründe haben mich dazu bewegt, es zu schreiben. Erstens haben immer mehr Menschen ihr Interesse geäußert, mehr über den Dalai Lama zu erfahren, und zweitens gibt es eine Reihe von historischen Ereignissen, die ich gerne aus meiner eigenen Perspektive schildern möchte.

Da ich nur über wenig Zeit verfüge, beschloß ich, meine Lebensgeschichte auf englisch zu erzählen. Das war nicht leicht, da meine Fähigkeit, mich in dieser Sprache auszudrücken, beschränkt ist. Es ist mir auch bewußt, daß ich die subtileren Dinge dadurch vielleicht etwas anders ausdrücke, als ich sie eigentlich gemeint habe. Das gleiche Problem gäbe es aber auch bei einer Übersetzung aus dem Tibetischen.

Außerdem möchte ich hinzufügen, daß ich für meine Recherchen nicht über die Quellen verfüge wie manche anderen Autoren, mein Gedächtnis aber genauso lückenhaft ist wie das anderer Menschen.

Deshalb möchte ich mich an dieser Stelle ganz herzlich bei den betreffenden Beamten der Tibetischen Exilregierung und bei Alexander Norman für alle mir bei der Entstehung dieses Buches gewährte Hilfe bedanken.

DER TRÄGER DER WEISSEN LOTOSBLÜTE

Am 17. März 1959 floh ich aus Tibet. Seitdem lebe ich in Indien im Exil. In den Jahren 1949/50 entsandte die Volksrepublik China eine Armee, um in mein Land einzumarschieren. Ich blieb noch fast zehn Jahre lang als politisches und religiöses Oberhaupt meines Volkes in Tibet und versuchte, wieder friedliche Beziehungen zwischen unseren beiden Nationen herzustellen. Dieses Unterfangen erwies sich aber als unmöglich, und ich kam zu der traurigen Überzeugung, daß ich meinem Volk vom Ausland aus besser dienen konnte.

Wenn ich an die Zeit zurückdenke, als Tibet noch ein freies Land war, wird mir bewußt, daß dies die besten Jahre meines Lebens waren. Ich bin jetzt wirklich glücklich, aber das Leben, das ich führe, ist zwangsläufig sehr anders als das, wozu ich erzogen wurde. Es ist natürlich sinnlos, in nostalgischen Gefühlen zu schwelgen; trotzdem macht es mich traurig, wenn ich an die Vergangenheit denke, weil ich dabei an das schreckliche Leid denken muß, das meinem Volk widerfuhr. Das alte Tibet war sicherlich nicht vollkommen. Dennoch kann man sagen, daß wir eine recht bemerkenswerte Lebensweise hatten, von der vieles wert gewesen wäre, bewahrt zu werden, was nun endgültig verloren ist.

Ich sagte bereits, daß der Begriff »Dalai Lama« unterschiedlich interpretiert wird, ich darunter aber nur das Amt verstehe, das ich innehabe. »Dalai« ist eigentlich ein mongolisches Wort, das Ozean bedeutet, während das tibetische Wort »Lama« dem indischen Ausdruck »Guru« entspricht, was soviel wie Lehrer oder Meister heißt. Daher hört man für Dalai Lama oft die freie Übersetzung »Ozean der Weisheit«. Ich glaube aber, daß dies auf einem Mißverständnis beruht. »Dalai« war die Übersetzung des zweiten Teils des Namens des III. Dalai Lama, der Sönam Gyatso hieß; und »Gyatso« heißt auf tibetisch Ozean. Was leider auch noch zum Mißverständnis beiträgt, ist die chinesische Übersetzung des Wortes »Lama« mit »huofo«. Huofo bedeutet unter anderem auch »lebender Buddha«. Solch eine Übersetzung ist aber falsch, denn so etwas gibt es im tibetischen Buddhismus gar nicht. Was es gibt, sind bestimmte Wesen, zu denen auch der Dalai Lama gehört, die die Art ihrer Wiedergeburt vorherbestimmen können und auf tibetisch »Tülku« (Inkarnation) genannt werden.

Als ich noch in Tibet lebte, hatte ich als Dalai Lama natürlich eine ganz besondere Stellung inne. Das Leben, das ich führte, wurde von den Beschwerden und Mühen der überwiegenden Mehrheit meines Volkes nicht berührt. Wohin ich auch immer ging, wurde ich von einem Gefolge von Dienern begleitet. Ich war umgeben von Ministern und Beratern in prächtigen Seidengewändern, erhabenen Männern aus den höchsten Kreisen der tibetischen Aristokratie. Ich war täglich mit hervorragenden Gelehrten und den ehrwürdigsten religiösen Weisen zusammen. Und jedesmal, wenn ich den Potala, die großartige Winterresidenz der Dalai Lamas mit ihren über tausend Räumen, verließ, um in die Sommerresidenz zu übersiedeln, begleitete mich eine Prozession von Hunderten von Menschen.

An der Spitze des Zuges ritt ein Trupp Tatara in ihren typischen bunten Kostümen und mit Fahnen in der Hand. Dahinter folgten Träger mit meinem Gepäck, das ganz in gelbe Seide gewickelt war, und mit den Käfigen mit meinen Singvögeln. Dann kam eine Gruppe von Mönchen aus dem Namgyäl-Kloster, dem der Dalai Lama vorsteht. Jeder von ihnen hielt ein Banner, das mit heiligen Texten beschriftet war. Als nächste folgten hoch zu Roß die Musikanten und gleich dahinter zwei Gruppen von Mönchsbeamten. Die ersteren waren niederrangige Mönche, die als Träger fungierten, während die letzteren zum Tsedrung-Stand gehörten und Mitglieder der Regierung waren. Hinter diesen kam ein Zug von fein herausgeputzten und reichlich geschmückten Pferden aus den Stallungen des Dalai Lama, die von Knechten geführt wurden.

Es folgte eine weitere Gruppe von Pferden, die die Staatssiegel trugen. Dann kam ich in einer gelben Sänfte. Sie wurde von zwanzig Männern getragen, Offizieren der Armee mit grünen Mänteln und roten Hüten. Jeder trug sein Haar zu einem langen Pferdeschwanz gebunden, der auf den Rücken herabfiel, nicht wie die höheren Beamten, die ihr Haar hochgebunden trugen. Die Sänfte selbst wurde von

weiteren acht Männern getragen, die mit langen, gelben Seidengewändern bekleidet waren. Neben der gelben Sänfte (die gelbe Farbe
symbolisiert das Mönchtum) ritten die vier Mitglieder des Kashag,
des dem Dalai Lama unmittelbar zugeordneten Kabinetts, begleitet
vom Kusung Depön, dem Anführer der Leibgarde des Dalai Lama,
und dem Mak-chi, dem Obersten Befehlshaber der kleinen tibetischen
Armee. Beide trugen eine Uniform mit blauen Hosen und einem
gelben Waffenrock mit goldenen Tressen, dazu einen mit Quasten
verzierten Tropenhelm. Zum Zeichen des Saluts marschierten sie mit
erhobenen Schwertern.

Unsere Gruppe wurde ringsum von einer Eskorte von Zimgag, der
Mönchspolizei, abgeschirmt. Diese furchterregenden Gestalten waren
alle mindestens 1,80 m groß und trugen dick wattierte Uniformen,
was sie noch beeindruckender aussehen ließ. Jeder hielt eine lange
Peitsche in der Hand und machte davon auch ab und zu Gebrauch.

Meiner Sänfte folgten meine beiden religiösen Erzieher, der Erste
und der Zweite Tutor. Der Erste Tutor war bis zu meiner Volljährigkeit
auch der Regent Tibets. Dahinter kamen meine Eltern und alle anderen Familienmitglieder, gefolgt von zahlreichen Laienbeamten, Adli-
gen und Bürgern, die ihrem Rang entsprechend positioniert waren.

Bei jedem meiner Ausflüge erschien fast die gesamte Bevölkerung
der Hauptstadt Lhasa, um einen Blick von mir zu erhaschen. Es
herrschte eine ehrfurchtsvolle Stimmung, und öfters flossen Tränen,
wenn die Menschen bei meinem Vorbeiziehen ihr Haupt senkten oder
sich auf den Boden warfen.

Mein Leben als Dalai Lama unterschied sich grundsätzlich von
dem, das ich als Kind geführt hatte. Ich kam am 6. Juli 1935 auf die
Welt und bekam den Namen Lhamo Thöndup, was wörtlich übersetzt
»wunscherfüllende Göttin« heißt. Tibetische Namen für Personen,
Orte und Gegenstände klingen in der Übersetzung oft sehr malerisch.
Der Tsangpo zum Beispiel, Tibets wichtigster Fluß und Ursprung des
Brahmaputra, heißt übersetzt »der Gereinigte«. Der Name meines
Heimatdorfes, Taktser, heißt soviel wie »leuchtender Tiger«. Taktser
ist ein kleines, ärmliches Dorf auf einem Hügel, von dem aus man auf
ein breites Tal schaut. Das Weideland dort wird erst seit kurzem
landwirtschaftlich genutzt, vorher hatten nur Nomaden ihre Tiere
dort grasen lassen. Der Grund dafür war die Unbeständigkeit des

Wetters in jener Gegend. In meiner Kindheit gab es in Taktser außer meiner eigenen Familie nur etwa zwanzig andere, die dort eine kümmerliche Existenz fristeten.

Taktser liegt weit im Nordosten Tibets, in der Provinz Amdo. Tibet wird in vier große Provinzen unterteilt. Im Norden liegt Changtang, eine Wüstengegend, die sich über mehr als tausenddreihundert Kilometer von West nach Ost erstreckt. Es gibt dort fast keine Vegetation, und man findet in dieser Einöde nur ein paar zähe Nomaden. Südlich von Changtang liegen Ü und Tsang (Zentraltibet), die im Süden und Südwesten vom Himalayagebirge abgegrenzt werden. Östlich von Ü-Tsang befindet sich die Provinz Kham, die fruchtbarste und daher auch die am dichtesten besiedelte aller Provinzen. Im Norden davon befindet sich Amdo, das bis zur Mongolei reicht. Die Ostgrenze von Kham und Amdo bildet die Landesgrenze zu China. Zur Zeit meiner Geburt regierte in Amdo der mohammedanische Militärmachthaber Ma Bufeng, dem es kurz zuvor gelungen war, eine prochinesische Regionalregierung einzusetzen.

Meine Eltern waren Kleinbauern. Sie waren von keinem Gutsherrn abhängig, gehörten aber keineswegs zum Adel. Sie besaßen ein Stück Land, das sie selbst bearbeiteten. In Tibet wachsen hauptsächlich Gerste und Buchweizen, und auch meine Eltern pflanzten diese zusammen mit Kartoffeln an. Oft aber verloren sie eine ganze Ernte, den Ertrag von einem Jahr Arbeit, durch schwere Hagelschauer oder durch Trockenheit. Sie hielten auch Vieh, was als Nahrungsquelle zuverlässiger war. Ich erinnere mich daran, daß wir fünf oder sechs Dzomos – eine Kreuzung aus Yak und Kuh – hatten, die uns mit Milch versorgten; außerdem hielten wir der Eier wegen eine Schar von frei herumlaufenden Hühnern. Wir besaßen auch eine Herde von rund achtzig Schafen und Ziegen, und mein Vater, der eine große Vorliebe für Pferde hatte, hielt immer eins oder zwei, manchmal sogar drei. Schließlich hatte meine Familie noch ein paar Yaks.

Der Yak ist ein Geschenk der Natur an die Menschheit. Man findet ihn erst auf über dreitausend Metern Höhe, wodurch er sich vorzüglich für Tibet eignet; in niedrigeren Lagen gehen sie leicht ein. Er dient als Lasttier und als Fleischquelle. Die weiblichen Tiere – Dri genannt – geben Milch. Außerdem ist der Yak unentbehrlich für die Landwirtschaft im Hochgebirge.

Das Haupterzeugnis unserer Felder war Gerste. Geröstet und zu einem feinen Mehl gemahlen heißt sie auf tibetisch Tsampa. Es gibt kaum eine Speise in Tibet, die nicht auch Tsampa enthielte. Sogar jetzt im Exil esse ich jeden Tag Tsampa. Man ißt natürlich nicht das Mehl. Man fügt etwas Flüssigkeit hinzu, meistens Tee oder – was mir am besten schmeckt – Milch, auch Joghurt oder gar Chang, tibetisches Gerstenbier, und knetet es mit den Fingern in der Schale zu kleinen Bällchen, die man dann ißt. Man kann damit auch Porridge kochen. Tibeter lieben Tsampa, Ausländern hingegen schmeckt es in der Regel nicht. Besonders die Chinesen scheinen es überhaupt nicht zu mögen.

Das meiste, was auf unseren Feldern wuchs, benötigten meine Eltern für unsere eigene Ernährung. Aber gelegentlich verwendete mein Vater Getreide oder ein paar Schafe für Tauschgeschäfte mit Nomaden oder auf dem Markt von Siling, der nächsten Stadt und zugleich der Hauptstadt von Amdo, ungefähr drei Stunden mit dem Pferd von Taktser entfernt. In diesen entlegenen Gebieten war es nicht üblich, mit Geld zu handeln, meist wurden Naturalien ausgetauscht. Was wir an Überschüssen hatten, tauschte mein Vater gegen Tee, Zukker, Baumwollstoff, etwas Zierat vielleicht oder gegen Eisenwerkzeuge ein. Manchmal kam er mit einem neuen Pferd zurück, worüber er sich dann immer sehr freute. Er hatte ein besonders feines Gefühl für Pferde und war überall in der Gegend als Pferdeheiler bekannt.

Das Haus, in dem ich geboren wurde, war typisch für unsere Gegend. Es war aus Stein und Lehm gebaut, hatte ein flaches Dach und war an drei Seiten geschlossen. Ein besonderes Merkmal waren die Dachrinnen aus ausgehöhlten Wacholderästen, in denen das Regenwasser abfließen konnte. Direkt vor dem Haus, von den beiden Seitenflügeln umrahmt, lag ein kleiner Innenhof, in dessen Mitte ein hoher Flaggenmast stand. Daran hing eine große Gebetsfahne, auf der unzählige Gebete standen. Das Vieh war hinter dem Haus untergebracht.

Im Haus gab es sechs Räume: eine Küche, in der wir uns normalerweise aufhielten, wenn wir zu Hause waren, einen Gebetsraum, in dem wir am Morgen alle gemeinsam Opfergaben darbrachten, das Elternzimmer sowie eine Kammer für Gäste, einen Vorratsraum und den Viehstall. Wir Kinder hatten kein eigenes Schlafzimmer. Als ich noch ein Baby war, schlief ich bei meiner Mutter im Bett, und als ich dann größer war, in der Küche neben dem Herd. Was die Möbel anbelangt, so hatten wir weder Stühle noch Betten; zum Schlafen gab es erhöhte Schlafstellen im Elternzimmer und in der Gästekammer. Es gab aber eine Reihe von bunt bemalten Holzschränken, und der Fußboden bestand aus sorgfältig ausgelegten Dielen.

Mein Vater war etwa mittelgroß und sehr jähzornig. Ich erinnere mich, wie ich einmal an seinem Schnurrbart zupfte und dafür gleich heftig geschlagen wurde. Er konnte aber auch sehr gutherzig sein und war alles andere als nachtragend. Es gibt da eine interessante Geschichte aus der Zeit meiner Geburt. Wochen zuvor war mein Vater krank geworden und konnte das Bett nicht verlassen. Kein Mensch wußte, was mit ihm los war, und man fürchtete schon um sein Leben. Vom Tag meiner Geburt an ging es ihm dann plötzlich wieder besser, ohne irgendeinen ersichtlichen Grund. Die Freude darüber, Vater geworden zu sein, kann es wohl nicht gewesen sein, da meine Mutter schon acht Kinder zur Welt gebracht hatte, von denen noch vier am Leben waren. (Bauernfamilien in Tibet sind immer sehr kinderreich; meine Mutter gebar sechzehn, von denen aber nur sieben groß wurden. Inzwischen sind auch meine älteste Schwester, Tsering Dölma, und mein drittältester Bruder, Lobsang Samten, gestorben; meine beiden anderen älteren Brüder, meine jüngere Schwester und mein jüngerer Bruder leben aber noch und sind wohlauf.)

Meine Mutter war eine der gütigsten Personen, die ich je gekannt habe. Sie war sehr liebevoll, und ich bin sicher, daß alle, die sie kannten, sie auch mochten. Sie war äußerst mitfühlend. Als in China einmal eine große Hungersnot herrschte und die Menschen auf der Suche nach Nahrung bis über die Grenze kamen, erschien ein Paar vor unserer Tür mit einem toten Kind in den Armen. Sie bettelten um Essen, was ihnen meine Mutter auch gleich gab. Dann zeigte sie auf das Kind und fragte, ob sie ihnen helfen könne, es zu begraben. Als sie verstanden, was sie meinte, schüttelten sie den Kopf und gaben zu verstehen, daß sie es essen würden. Meine Mutter war so entsetzt, daß sie sie sofort in die Speisekammer führte und sie mit Lebensmitteln überhäufte. Lieber als Bettler hungern zu sehen, gab sie ihnen von unseren eigenen Vorräten, auch wenn wir selbst dann vielleicht nicht mehr genug zum Essen hatten.

Das älteste Kind in der Familie war Tsering Dölma. Sie war achtzehn Jahre älter als ich. Zur Zeit meiner Geburt half sie meiner Mutter
im Haushalt. Sie war auch meine Hebamme. Bei meiner Geburt
merkte sie, daß eines meiner Augen nicht richtig geöffnet war. Ohne
zu zögern, drückte sie mit dem Daumen auf mein Augenlid, um es zu
öffnen. Mir scheint es zum Glück nicht geschadet zu haben. Sie war
auch dafür verantwortlich, mir meine erste Nahrung zu verabreichen,
nach altem Brauch der Saft von der Rinde eines bestimmten Strau-
ches, der bei uns in der Gegend wächst. Dadurch soll das Kind gesund
aufwachsen, was in meinem Fall zweifellos zutraf. Später erzählte mir
meine Schwester, daß ich ein sehr unreinliches Baby war. Sobald sie
mich in die Arme nahm, hatte ich sie auch schon beschmutzt.

Zu meinen drei älteren Brüdern hatte ich praktisch keinen Kontakt. Der älteste, Thupten Jigme Norbu, war bereits als die Reinkarnation eines hohen Lamas erkannt worden und lebte in Kumbum, einem
berühmten Kloster unweit von Taktser. Gyalo Thöndup war acht Jahre
älter als ich und ging, als ich auf die Welt kam, bereits in einem
Nachbardorf zur Schule. Nur mein um drei Jahre älterer Bruder,
Lobsang Samten, war noch zu Hause. Aber dann schickte man auch
ihn als Mönch nach Kumbum, so daß ich ihn zu Hause kaum erlebt
habe.

Natürlich konnte kein Mensch ahnen, daß ich kein gewöhnliches
Baby war. Es war fast unvorstellbar, daß es in einer Familie mehr als
einen Tülku geben könnte, und meine Eltern dachten natürlich
nicht einmal im Traum daran, daß man mich einmal zum Dalai
Lama ernennen würde. Daß mein Vater sich plötzlich von seiner
Krankheit erholt hatte, war zwar ein gutes Omen, man maß ihm
aber keine besondere Bedeutung bei. Ich selbst hatte auch keine
Ahnung davon, was mir bevorstehen würde. Meine frühesten Erinnerungen sind ganz normal. Einige Menschen messen ihren frühesten Kindheitserinnerungen eine große Bedeutung bei, ich aber
nicht. Ich erinnere mich zum Beispiel, wie ich einmal eine Gruppe
von streitenden Kindern beobachtete und dann hinlief, um der
schwächeren Seite zu helfen. Ich weiß auch noch genau, wie ich
zum erstenmal ein Kamel sah. Kamele sind in manchen Teilen der
Mongolei ziemlich verbreitet, und manchmal brachte man welche
über die Grenze. Das Kamel sah riesengroß aus und sehr erhaben

und flößte mir eine Heidenangst ein. Woran ich mich auch noch erinnere, ist, wie ich eines Tages entdeckte, daß ich Würmer hatte, eine häufige Erscheinung in Asien.

Was mir als kleines Kind besondere Freude bereitete, war, mit meiner Mutter zum Eierholen in den Hühnerstall zu gehen und dann dort zu bleiben, mich in ein Hühnernest zu setzen und mit den Hühnern zu gackern. Eine weitere Lieblingsbeschäftigung von mir war es, Dinge in einen Sack zu packen und laut zu verkünden: »Ich gehe nach Lhasa, ich gehe nach Lhasa!« In Verbindung mit meiner Angewohnheit, immer am oberen Tischende sitzen zu wollen, wurde dies später als Zeichen dafür interpretiert, daß ich schon damals wußte, daß ich zu etwas Größerem bestimmt war. Ich hatte auch mehrere Träume in meiner Kindheit, die solch eine Deutung zulassen; ich könnte aber nicht behaupten, daß ich mir damals meiner Zukunft bewußt gewesen wäre. Meine Mutter erzählte mir später einmal, daß es noch weitere Anzeichen gegeben hätte, die auf eine hohe Geburt schließen ließen. Ich ließ zum Beispiel nur sie meine Eßschale berühren und hatte nie Angst vor Fremden.

Bevor ich erzähle, wie ich als Dalai Lama erkannt wurde, möchte ich kurz etwas über den Buddhismus und die Geschichte des Buddhismus in Tibet sagen. Der Gründer des Buddhismus war Siddhartha Gautama, der vor mehr als zweitausendfünfhundert Jahren lebte und zu Buddha Shakyamuni wurde. Im vierten Jahrhundert unserer Zeitrechnung kamen seine Lehren nach Tibet, wo sie im Laufe von einigen Jahrhunderten die ursprüngliche Bön-Religion ersetzten und so einflußreich wurden, daß buddhistische Prinzipien die tibetische Gesellschaft auf allen Ebenen beeinflußten. Die Tibeter sind ihrer Veranlagung nach ziemlich aggressiv und kriegerisch, ihr wachsendes religiöses Interesse änderte dies aber und wurde mit der Zeit ein entscheidender Faktor für Tibets zunehmende Isolation. Früher war Tibet einmal ein großes Reich gewesen, das sich über ganz Zentralasien erstreckte und weite Teile Nordindiens, Nepals und Bhutans mit einschloß. Es gehörte auch ein großer Bereich des heutigen China dazu. Im Jahre 763 eroberten tibetische Krieger sogar die Hauptstadt Chinas und forderten von den Chinesen Abgaben und andere Zugeständnisse. Mit dem Erstarken des Interesses am Buddhismus änderten sich aber die Beziehungen zu den Nachbarländern und nahmen einen spirituellen Charakter an. Das betraf besonders China, zu dem nun eine »Priester-Patron«-Beziehung bestand. Die Mandschukaiser, die Buddhisten waren, bezeichneten den Dalai Lama als »König in der Unterweisung des Buddhismus«.

Grundlegend für den Buddhismus ist die Lehre des abhängigen Entstehens oder das Gesetz von Ursache und Wirkung. Dies besagt schlicht, daß jede Erfahrung eines Individuums auf eine motivationsbedingte Handlung zurückzuführen ist. Motivation ist also die Wurzel von Handlung und Erfahrung. Diese Vorstellung liegt den buddhistischen Theorien von Bewußtsein und Wiedergeburt zugrunde.

Da eine Ursache eine Wirkung hervorruft, die ihrerseits wiederum die Ursache einer weiteren Wirkung ist, spricht man von der Kontinuität des Bewußtseins. Das Bewußtsein befindet sich in einem ständigen Fluß und sammelt von einem Augenblick zum anderen Erfahrungen und Eindrücke. Hieraus folgt, daß zum Zeitpunkt des physischen Todes im Bewußtsein eines Wesens ein Abdruck aller vergangenen Erfahrungen und Eindrücke sowie der ihnen vorausgegangenen Handlungen ist. Dies nennt man Karma, was wörtlich »Handlung« heißt. Es ist folglich das Bewußtsein mit dem dazugehörigen Karma, das dann in einem neuen Körper – und zwar dem eines Tieres, Menschen oder göttlichen Wesens – »wiedergeboren« wird.

Um ein einfaches Beispiel zu nennen: Eine Person, die in ihrem Leben vielfach Tiere gequält hat, könnte in ihrem nächsten Leben sehr wohl als Hund wiedergeboren werden, der einem herzlosen Besitzer gehört und schlecht behandelt wird. Umgekehrt führen verdienstvolle Handlungen in diesem Leben zu einer günstigen Wiedergeburt im nächsten.

Buddhisten glauben, daß man aus diesem unaufhörlichen Kreislauf von Geburt, Leiden, Tod und Wiedergeburt, der das Leben ausmacht, ausbrechen kann, aber erst, wenn alles negative Karma ausgelöscht ist und wir nichts Weltlichem mehr verhaftet sind. Gelangt man an diesen Punkt, erreicht das Bewußtsein die Befreiung, und man wird schließlich zum Buddha. Der tibetischen Tradition des Buddhismus zufolge kehrt ein Wesen, das die Buddhaschaft bereits erlangt hat, selbst dann zu den Lebenden zurück, wenn es vom Samsara, dem Kreis des Leidens, wie das Phänomen der Existenz genannt wird, befreit ist, und setzt sich so lange für das Wohl aller fühlenden Wesen ein, bis alle befreit sind.

Mich sieht man als die Reinkarnation eines jeden der vorangegangenen dreizehn Dalai Lamas von Tibet, eine Linie, die im Jahre 1351 begann. Diese wiederum sind Verkörperungen von Avalokiteshvara, auf tibetisch Chenrezig, dem Bodhisattva des Mitgefühls, des liebevollen Sich-Hinwendens, und Träger der weißen Lotosblüte. So glaubt man auch von mir, daß ich eine Inkarnation von Chenrezig bin, und zwar die vierundsiebzigste in einer Linie, die man bis zu einem Brahmanenjungen, einem Zeitgenossen des Buddha Shakyamuni, zurückverfolgen kann.

Ich werde oft gefragt, ob ich das wirklich glaube. Die Antwort darauf ist nicht leicht. Doch wenn ich als Sechsundfünfzigjähriger auf meine Erfahrungen in diesem Leben zurückblicke und hinzunehme, was ich als Buddhist glaube, dann fällt es mir nicht schwer zu akzeptieren, daß es zwischen mir und den früheren dreizehn Dalai Lamas, Chenrezig und selbst Buddha eine spirituelle Verbindung gibt.

Als ich noch nicht einmal drei Jahre alt war, kam ein von der Regierung in Lhasa ausgesandter Suchtrupp zum Kloster Kumbum, um die Reinkarnation des Dalai Lama ausfindig zu machen. Eine Reihe von Anzeichen hatte sie dorthin geführt. Eines betraf meinen Vorgänger Thupten Gyatso, den XIII. Dalai Lama, der 1933 in seinem siebenundfünfzigsten Lebensjahr gestorben war. Sein einbalsamierter Körper war feierlich auf einen Thron gesetzt worden, sein Gesicht nach Süden gerichtet. Nach einiger Zeit stellte man fest, daß sich der Kopf nach Nordosten gedreht hatte. Nicht lange danach hatte der Regent von Tibet, selbst ein ranghoher Lama, eine Vision am heiligen See Lhamoi Latso, im Süden Tibets. Auf der Wasseroberfläche konnte er klar die drei tibetischen Silbenzeichen *ah*, *ka* und *ma* erkennen, gefolgt von dem Bild eines dreistöckigen Klosters mit einem türkis- und goldfarbenen Dach, von dem aus ein Pfad zu einem Hügel führte. Schließlich sah er ein kleines Haus mit einer eigenartigen Dachrinne. Er war sicher, daß sich das Silbenzeichen *ah* auf Amdo bezog, die nordöstliche Provinz, und so wurde ein Suchtrupp dorthin entsandt.

Als der Trupp nach drei Monaten das Kloster Kumbum erreichte, hatten alle Beteiligten das Gefühl, auf der richtigen Spur zu sein.

Der Träger der weißen Lotosblüte   19

Wenn das Silbenzeichen *ah* für Amdo stand, dann mußte *ka* ein
Hinweis auf das Kloster in Kumbum sein, das tatsächlich dreistöckig
war und ein türkis- und goldfarbenes Dach hatte. Sie mußten jetzt
nur noch den Hügel und das Haus mit der seltsamen Dachrinne
ausfindig machen.

Als sie nach einigem Suchen in den Nachbardörfern die knorrigen
Wacholderäste am Dach meines Elternhauses sahen, wußten sie, daß
der neue Dalai Lama nicht mehr weit sein konnte. Ohne den wahren
Zweck ihrer Reise bekanntzugeben, baten sie meine Eltern um ein
Lager für eine Nacht. Der Führer der Gruppe, Kewtsang Rinpoche*,
gab vor, ein Diener zu sein, und verbrachte den Abend damit, den
Kleinsten im Hause zu beobachten und mit ihm zu spielen. Das Kind
erkannte ihn und rief:»Sera Lama, Sera Lama!« Sera hieß das Kloster
von Kewtsang Rinpoche.

Am nächsten Tag reiste die Gruppe ab, kehrte aber ein paar Tage
später als offizielle Delegation zurück. Diesmal brachten sie eine
Reihe von Gegenständen mit, die dem XIII. Dalai Lama gehört hatten,
zusammen mit anderen, ähnlichen, die nicht von ihm stammten. Der
Kleine konnte sie alle richtig identifizieren, indem er bei den entspre-
chenden Gegenständen rief:»Das gehört mir, das gehört mir!« Der
Suchtrupp war nun weitgehend davon überzeugt, daß er die neue
Inkarnation des Dalai Lama gefunden hatte. Bevor man aber eine
endgültige Entscheidung treffen konnte, mußten noch andere Kandi-
daten überprüft werden. Man brauchte aber nicht lange, bis der kleine
Junge von Taktser als der neue Dalai Lama anerkannt wurde. Dieser
Junge war ich.

Ich kann mich natürlich kaum noch an etwas erinnern, dazu war
ich zu klein. Was ich aber noch klar vor Augen habe, ist ein Mann mit
stechendem Blick. Der Mann hieß Kenrap Tenzin, wurde später mein
Gewandmeister und brachte mir auch das Schreiben bei.

Sobald der Suchtrupp zu dem Schluß gekommen war, daß der
Junge aus Taktser wirklich die Inkarnation des Dalai Lama war, sandte
man einen Boten nach Lhasa, um den Regenten zu informieren. Diese
offizielle Bestätigung kam erst Wochen später, und ich blieb so lange

---

* Rinpoche ist ein Ehrentitel, der spirituellen Meistern verliehen wird und wörtlich
übersetzt »wertvoller«, »kostbarer« heißt.

noch zu Hause. Der Gouverneur von Amdo, Ma Bufeng, fing bereits an, Schwierigkeiten zu machen, aber schließlich brachten mich meine Eltern zum Kloster Kumbum, wo ich feierlich eingesetzt wurde. Die Zeremonie fand im Morgengrauen statt, und ich erinnere mich noch, wie ich damals vor Sonnenaufgang geweckt und angezogen wurde. Ich weiß auch noch, wie ich auf einem Thron saß.

Die darauffolgende Zeit war eine ziemlich unglückliche Phase in meinem Leben. Meine Eltern blieben nämlich nicht lange, und so fand ich mich bald allein in dieser neuen und fremden Umgebung vor. Für ein kleines Kind ist die Trennung von den Eltern wohl immer schwer. Aber das Leben im Kloster hatte auch seine erfreulichen Seiten. Dazu gehörte, daß mein nächstälterer Bruder, Lobsang Samten, auch dort war. Obwohl er nur drei Jahre älter war, achtete er gut auf mich, und wir wurden bald enge Freunde. Ein weiterer Trost war, daß sein Lehrer ein äußerst gütiger alter Mönch war, der mich oft auf seinen Schoß nahm. Ich erinnere mich, daß er mir einmal einen Pfirsich gab. Doch meistens war ich ziemlich unglücklich. Ich begriff nicht, was es bedeutet, Dalai Lama zu sein. Ich empfand mich als kleinen Jungen unter vielen. Es war nicht unüblich, daß Kinder schon ganz jung ins Kloster kamen, und ich wurde so wie all die anderen behandelt.

Als ich schließlich erfuhr, daß ich bald wieder mit meinen Eltern zusammensein und gemeinsam mit ihnen nach Lhasa reisen würde, sah ich der Zukunft mit mehr Freude entgegen. Wie jedes Kind begeisterte mich die Vorstellung zu reisen. Bis es dazu kam, vergingen aber noch achtzehn Monate, da Ma Bufeng mich nicht fahren ließ, bevor er nicht ein beachtliches Lösegeld bekommen hatte. Als man es ihm dann zahlte, verlangte er mehr, doch man kam seiner Forderung nicht nach. So dauerte es bis zum Sommer 1939, bis ich die Reise in die Hauptstadt antreten konnte.

Ich erinnere mich, daß ich ein intensives Glücksgefühl verspürte, als eine Woche nach meinem vierten Geburtstag jener große Tag endlich anbrach. Unsere Reisegesellschaft war sehr groß, weil sich mir außer meinen Eltern und Geschwistern und den Mitgliedern des Suchtrupps auch eine Menge Pilger angeschlossen hatten. Meine Familie begleitete mich, weil es üblich war, daß die nächsten Verwandten des Dalai Lama in den Adelsstand erhoben wurden und ein schönes Haus in Lhasa bekamen. Wir wurden außerdem von verschiedenen Regierungsmitgliedern begleitet – und natürlich von einer großen Anzahl von Maultiertreibern und Spähern. Diese Männer verbrachten ihr ganzes Leben auf den Karawanenwegen Tibets und waren für eine lange Reise unentbehrlich. Sie wußten genau, wo man einen Fluß überqueren konnte und wie lange man brauchte, um diesen oder jenen Paß zu erklimmen.

Von Kumbum bis zu der dreitausendsechshundert Meter hoch gelegenen Hauptstadt Lhasa brauchten wir ganze drei Monate. Sobald wir den Einflußbereich Ma Bufengs verlassen hatten, gab die tibetische Regierung öffentlich bekannt, daß ich als Dalai Lama anerkannt worden war.

An die Einzelheiten der Reise kann ich mich kaum noch erinnern, außer daß ich voller Staunen war über alles, was ich zu sehen bekam. Besonders beeindruckten mich die vielen Tiere: In den Ebenen streiften große Herden von Drongs (wilde Yaks) umher, und oft sah ich kleinere Kyang-Herden, tibetische Wildesel. Am besten gefielen mir die Gowa und Nawa – kleine Rehe, die so leicht und schnell sind, daß sie in der Ferne wie eine flimmernde Fata Morgana wirkten. Große Freude bereiteten mir auch die großen Scharen von schnatternden Gänsen, denen wir von Zeit zu Zeit begegneten.

Den Großteil der Reise verbrachte ich mit meinem Bruder Lobsang Samten in einer Art Sänfte, Dreljam genannt, die von zwei Mauleseln getragen wurde. Die meiste Zeit zankten wir uns, wie es kleine Kinder eben tun, und manchmal rauften wir auch. Unser Gefährt kam dabei schwer ins Schaukeln und drohte umzukippen, worauf der Maultiertreiber die Tiere anhielt und meine Mutter herbeirief. Wenn sie dann in die Sänfte guckte, sah sie immer dasselbe: Lobsang Samten war tränenüberströmt, und ich saß triumphierenden Blickes daneben. Denn obwohl er größer war, war ich der Draufgängerischere von uns, und während er sanftmütig war, war ich eher angriffslustig. Wir waren wirklich die besten Freunde, aber wenn wir beisammen waren, konnten wir uns einfach nicht benehmen. Meistens begann es so, daß einer von uns etwas auszusetzen hatte, dann kam es zum Streit, und am Ende gab es eine Prügelei und Tränen. Es war aber immer Lobsang Samten, der weinte. Er war viel zu gutmütig, um seine größere Kraft gegen mich einzusetzen.

Endlich näherten wir uns der Stadt Lhasa. Es war inzwischen Herbst geworden. Als wir nur noch ein paar Tagereisen von Lhasa entfernt waren, kam uns eine Gesandtschaft von höheren Regierungsbeamten entgegen, die unsere Reisegesellschaft bis zur Döguthang-Ebene, drei Kilometer vor den Toren der Hauptstadt, eskortierte. Dort hatte man ein riesiges Zeltlager errichtet. Auf einem Platz in der Mitte stand ein blauweißer Baldachin, Macha Chenmo, das »Große Pfauenzelt« genannt, der mir damals außerordentlich groß erschien. Unter dem Baldachin stand ein Thron, der nur zu dem einen Zweck verwendet wird, den neuentdeckten Dalai Lama zu Hause zu begrüßen und willkommen zu heißen.

Die darauffolgende Zeremonie, während der mir die geistliche Herrschaft über mein Volk verliehen wurde, dauerte einen ganzen Tag. Ich kann mich nicht mehr gut daran erinnern, außer daß ich das starke Gefühl verspürte, wieder zu Hause zu sein. Auch erinnere ich mich daran, daß viele Menschen anwesend waren; ich hatte nie gewußt, daß es so viele Menschen gibt. Es wird berichtet, daß ich meine Sache während all der Feierlichkeiten gut machte und alle von meiner Identität überzeugte, selbst den einen oder anderen hochsituierten Mönch, der gekommen war, um sich zu vergewissern, ob ich auch wirklich die Reinkarnation des XIII. Dalai Lama war. Als dann alles vorüber war, brachte man mich in den Norbulingka, den Juwelenpark, der ungefähr drei Kilometer westlich von Lhasa liegt. Dort verbrachte ich mit meinem Bruder Lobsang Samten den Winter.

Traditionsgemäß war der Norbulingka die Sommerresidenz des Dalai Lama. Die Regierung hatte aber beschlossen, mit der offiziellen Inthronisation im Potala-Palast, dem eigentlichen Regierungssitz, bis nach Neujahr zu warten. In der Zwischenzeit genossen mein Bruder und ich eine glückliche Zeit, denn obwohl wir ständig beobachtet wurden, mußten wir weder lernen noch sonst etwas machen und konnten nach Herzenslust spielen. Das war das letzte Mal in meinem Leben, daß ich so frei und unbeschwert war.

AUF DEM LÖWENTHRON

Ich kann mich kaum noch an jenen ersten Winter als Dalai Lama erinnern. Nur eines blieb mir deutlich im Gedächtnis: Am Jahresende war es für die Mönche des Klosters Namgyäl üblich, den rituellen Cham-Tanz aufzuführen, der die Vertreibung aller bösen Kräfte des vergangenen Jahres symbolisiert. Da ich aber noch nicht offiziell inthronisiert worden war, hielt es die Regierung für unangebracht, mich diesen Tänzen im Potala-Palast beiwohnen zu lassen. Meine Mutter nahm aber Lobsang Samten mit, worum ich ihn sehr beneidete. Als er am Abend zurückkam, schilderte er mir in allen Einzelheiten, wie die buntgekleideten Tänzer herumgesprungen waren.

Ich blieb während des ganzen darauffolgenden Jahres, also 1940, im Norbulingka. Im Frühling und Sommer verbrachte ich viel Zeit mit meinen Eltern. Als ich zum Dalai Lama ernannt wurde, wurden sie automatisch in den höchsten Adelsstand erhoben und erhielten beträchtliche Besitztümer. Im Frühjahr und Sommer stand ihnen auch ein Haus auf dem Gelände des Norbulingka zur Verfügung. Fast jeden Tag schlich ich mich mit einem Diener dahin, um bei ihnen sein zu können. Das war zwar nicht erlaubt, aber der Regent, der für mich verantwortlich war, unternahm nichts gegen meine Eskapaden. Besonders gern ging ich zu den Mahlzeiten dorthin, und zwar deshalb, weil ich als zukünftiger Mönch bestimmte Speisen, zum Beispiel Eier und Schweinefleisch, nicht essen durfte. Die einzige Gelegenheit dazu hatte ich also im Hause meiner Eltern. Ich weiß noch, wie mich der Gyop Kenpo, ein hoher Beamter, einmal dabei ertappte, wie ich gerade ein paar Eier verzehrte. Er war sehr entsetzt, ich auch, und so schrie ich so laut ich konnte: »Verschwinde!« Ein anderes Mal aß mein Vater die knusprige Rinde eines Schweinebratens. Ich saß neben ihm und schaute ihn bettelnd wie ein kleiner Hund an, bis er mir etwas abgab. Es schmeckte köstlich!

Alles in allem war mein erstes Jahr in Lhasa also eine sehr glückliche Zeit. Noch war ich nicht Mönch, und die Zeit meiner Ausbildung lag noch vor mir. Und Lobsang Samten war auch froh, daß er ein Jahr Ferien von der Schule in Kumbum hatte.

Im Winter 1940 wurde ich dann in den Potala gebracht und offiziell als geistliches Oberhaupt von Tibet eingesetzt. Ich kann mich an nichts Besonderes mehr erinnern, außer daß ich zum erstenmal auf dem reich mit Juwelen geschmückten Löwenthron saß. Er steht im Si Shi Phüntsog, der »Halle aller guten Taten der irdischen und überirdischen Welt«, dem wichtigsten Prunkzimmer im östlichen Flügel des Potala.

Nicht lange danach hatte dann auch ich die Gelegenheit, die Cham-Tänze mitzuerleben, die wirklich so aufregend waren, wie Lobsang Samten sie mir beschrieben hatte. Dabei steigerte ich mich so in das Schauspiel hinein, daß ich mich beim Anblick der Tänzer schließlich ganz vergaß und zu Lobsang Samten hinüberrief: »Schau dort!«

Bald darauf übersiedelte ich in den Jokhang-Tempel, wo ich zum Novizen geweiht wurde. Dazu gehörte auch die feierliche Haarrasur, auf tibetisch Taphü genannt. Von da an mußte ich der buddhistischen Tradition entsprechend mein Haar stets rasieren und eine rote Mönchsrobe tragen.

Als symbolische Geste schnitt mir Reting Rinpoche, Tibets Regent, das Haar. Zusätzlich zu seiner Funktion als Staatsoberhaupt Tibets bis zum Zeitpunkt meiner Volljährigkeit war Reting Rinpoche nämlich auch mein Erster Tutor. Anfangs verhielt ich mich ihm gegenüber etwas zurückhaltend, nach und nach lernte ich ihn aber sehr schätzen. Er war immer voller Einfälle und stets gelassen, nie war er übertrieben ernst. Er liebte Picknicks und Pferde, woraus sich auch eine Freundschaft zu meinem Vater entwickelte. Leider wurde er während seiner Regentschaft zu einer umstrittenen Persönlichkeit.

Zum Zeitpunkt meiner Weihung zum Mönch zirkulierten Gerüchte, daß Reting Rinpoche nicht würdig sei, die Haarrasur vorzunehmen. Man sagte, er hätte sein Keuschheitsgelübde gebrochen und wäre deshalb kein Mönch mehr. Offene Kritik herrschte auch über die Art und Weise, wie er einen Beamten, der ihn in der Nationalversammlung angegriffen hatte, bestrafen ließ. Dem alten Brauch entsprechend gab ich aber trotzdem meinen Namen, Lhamo Thöndup, auf und nahm zusätzlich zu einigen anderen auch seinen Namen, Jamphel Yeshe, an. So hieß ich von da an Jamphel Ngawang Lobsang Yeshe Tenzin Gyatso.

Zusätzlich zu meinem Ersten Tutor, Reting Rinpoche, wurde mir Tadrag Rinpoche als Zweiter Tutor zugeteilt. Er war ein besonders seelenvoller und herzensguter Mensch, mit dem ich mich nach unserem Unterricht zwanglos unterhalten konnte und der immer zu Witzen aufgelegt war. In den ersten Jahren wurde außerdem Kewtsang Rinpoche, der Leiter des Suchtrupps, inoffiziell als Dritter Tutor eingesetzt, wenn einer der beiden anderen verhindert war.

Kewtsang Rinpoche mochte ich besonders gern. Er kam wie ich aus Amdo und war immer so freundlich, daß ich ihn einfach nicht ernst nehmen konnte. Wenn ich während unseres Unterrichts etwas auswendig aufsagen sollte, hängte ich mich an seinen Hals und sagte: »Sag du es doch auf!« Als dann später, als ich ungefähr neunzehn war, Trijang Rinpoche mein Zweiter Tutor wurde, warnte er ihn, daß er in meiner Gegenwart nie lächeln dürfe, da ich ihn sonst ausnutzen würde.

Die eben beschriebene Konstellation wurde aber nicht lange beibehalten. Schon bald nachdem ich mein Noviziat begonnen hatte, trat Reting Rinpoche angesichts seiner mangelnden Popularität von der Regentschaft zurück. Obwohl ich erst sechs Jahre alt war, wurde ich konsultiert, wen ich zum Nachfolger ernennen würde. Ich wählte Tadrag Rinpoche, der dann mein Erster Tutor wurde und in seiner Funktion als Zweiter Tutor von Ling Rinpoche ersetzt wurde.

Im Gegensatz zu Tadrag Rinpoche war Ling Rinpoche ein sehr zurückhaltender und strenger Mann, und ich hatte anfangs richtige Angst vor ihm. Ich fürchtete mich sogar beim Anblick seines Dieners und war bald imstande, ihn schon von weitem an seinem Schritt zu erkennen, wobei ich dann jedesmal Herzklopfen bekam. Als ich älter wurde, schwand die Angst, und es entstand zwischen uns eine sehr gute Beziehung. Er wurde mein engster Vertrauter und blieb es bis zu seinem Tod im Jahre 1983.

Zusätzlich zu meinen Tutoren wurden mir drei Mönche als persönliche Diener zugeteilt. Sie hatten das Amt des Chöpön Khenpo, des Religiösen Zeremonienmeisters, des Sölpön Khenpo, des Küchenmeisters, und des Simpön Khenpo, des Gewandmeisters, inne. Letzterer war Kenrap Tenzin, jenes Mitglied des Suchtrupps, dessen stechender Blick damals einen solchen Eindruck auf mich gemacht hatte.

Als ich noch sehr klein war, entwickelte ich eine enge Bindung zum Küchenmeister. Sie wurde so stark, daß er sich nicht außer Sichtweite von mir begeben durfte, und wenn es nur der Zipfel seiner Robe war, der durch die Tür oder unter dem Vorhang, der in Tibet oft anstelle von Türen verwendet wird, zu sehen war. Zum Glück duldete er mein Verhalten. Er war ein sehr guter und einfacher Mensch und hatte fast kein Haar mehr auf dem Kopf. Er war weder ein guter Geschichtenerzähler noch ein begeisterter Spielkamerad, aber das spielte überhaupt keine Rolle.

Sobald ich zum Novizen geweiht worden war, begann meine Grundausbildung. Zunächst einmal mußte ich lesen lernen. Lobsang Samten und ich wurden damals gemeinsam unterrichtet, und ich kann mich noch gut an unsere Schulräume (einer war im Potala und der andere im Norbulingka) erinnern. An gegenüberliegenden Wänden hingen zwei Peitschen, eine aus gelber Seide und eine aus Leder. Die erste, hieß es, war für den Dalai Lama bestimmt, die andere für seinen Bruder. Diese Folterwerkzeuge jagten uns beide einen Schrecken ein, und es genügte ein Blick unseres Erziehers auf eine dieser Peitschen, um mich vor Furcht erzittern zu lassen. Zum Glück kam es nie so weit, daß die gelbe Peitsche verwendet wurde; die lederne jedoch wurde das eine oder andere Mal von der Wand geholt. Armer Lobsang Samten! Da er als Schüler nicht so gut wie ich war, bekam er manchmal die Peitsche zu spüren, wobei ich den Verdacht habe, daß sich unsere Lehrer an den alten tibetischen Spruch hielten: »Schlag die Ziege, um dem Schaf einen Schrecken einzujagen.« Der Ärmste mußte wohl auch meinetwegen büßen.

Obwohl weder Lobsang Samten noch ich gleichaltrige Freunde haben durften, mangelte es uns nicht an Gesellschaft. Sowohl im Norbulingka als auch im Potala hatten wir eine ganze Reihe von Dienern. Es wäre unangebracht, sie Lakaien zu nennen. Die meisten waren Männer mittleren Alters mit nur geringer oder überhaupt keiner Schulbildung. Einige von ihnen hatten zuvor in der Armee gedient. Zu ihren Pflichten gehörte es, die Zimmer sauber zu halten und dafür zu sorgen, daß die Böden glänzten. Auf letzteres legte ich besonderen Wert, da ich immer gerne darauf herumschlitterte. Als Lobsang Samten schließlich fortgebracht wurde, weil wir uns zusammen immer so schlecht benahmen, waren diese Männer meine einzigen Spielgefährten. Aber was für Spielgefährten waren das! Sie konnten trotz ihres Alters wie Kinder spielen.

Ich war ungefähr acht, als Lobsang Samten auf eine Privatschule geschickt wurde. Ich war darüber natürlich traurig, da er mein einziger Kontakt zu meiner Familie war. Von nun an sah ich ihn nur noch während der Schulferien zur Zeit des Vollmonds. Ich erinnere mich noch, wie ich, wenn er nach seinen Besuchen wieder gehen mußte, immer am Fenster stand und ihm traurigen Herzens nachblickte, bis er in der Ferne verschwand.

Außer diesen monatlichen Besuchen meines Bruders hatte ich nur noch die gelegentlichen Besuche meiner Mutter, auf die ich mich freuen konnte. Meist kam meine älteste Schwester, Tsering Dölma, mit. Diese Besuche machten mir Spaß, besonders auch, weil sie mir stets was Leckeres zum Essen mitbrachten. Meine Mutter war eine ausgezeichnete Köchin und für ihr wunderbares Gebäck und ihre Süßigkeiten bekannt.

Später brachte meine Mutter dann auch Tenzin Chögyäl, meinen jüngsten Bruder, mit. Er ist zwölf Jahre jünger als ich und übertraf mit seiner Unbändigkeit sogar mich. Eine seiner Lieblingsbeschäftigungen war es, Ponys auf das Dach meines Elternhauses zu bringen.

Als er noch ziemlich klein war, verriet er mir einmal, daß unsere Mutter kurz zuvor Schweinefleisch beim Schlachter bestellt hatte. Dies war verboten, denn während es erlaubt war, Fleisch zu essen, war es nicht erlaubt, es zu bestellen, da dies dazu führen konnte, daß ein Tier eigens dafür umgebracht wurde.

Die Tibeter haben dem Fleischessen gegenüber eine etwas merkwürdige Einstellung. Im Buddhismus gibt es kein direktes Verbot von Fleischgenuß. Es heißt lediglich, man dürfe kein Tier töten, um es zu essen. So war es in Tibet durchaus üblich, Fleisch zu essen, es war sogar unerläßlich, da es außer Tsampa oft nichts anderes gab. Da das Schlachten eines Tieres aber nicht erlaubt war, überließ man diese Tätigkeit anderen, normalerweise den Muslims, von denen es in Lhasa eine florierende Gemeinde gab, die sogar über eine eigene Moschee verfügte. In ganz Tibet gab es sicher einige tausend Muslims, von denen rund die Hälfte aus Kaschmir stammte, der Rest kam aus China.

Einmal brachte mir meine Mutter Würste mit, die mit Hackfleisch und Reis gefüllt waren – eine Spezialität aus Taktser. Ich weiß noch, wie ich sie alle auf einmal verschlang, denn wenn meine Diener etwas davon erfahren hätten, hätte ich sie mit ihnen teilen müssen. Am nächsten Tag hatte ich dann eine heftige Magenverstimmung, die meinen Küchenmeister fast seine Stellung gekostet hätte, weil Tadrag Rinpoche ihn dafür verantwortlich machte. Ich war also gezwungen, mit der Wahrheit herauszurücken. Die ganze Angelegenheit war eine gute Lehre für mich.

Obwohl der Potala sehr schön ist, war es nicht angenehm, dort zu wohnen. Erbaut wurde er im 17. Jahrhundert gegen Ende der Regierungszeit des V. Dalai Lama, und zwar auf den Resten eines früheren Palastes auf dem »Roten Hügel«. Als der V. Dalai Lama 1682 starb, waren die Bauarbeiten noch lange nicht abgeschlossen, so daß sein ergebener Premierminister, Desi Sangye Gyatso, seinen Tod mit dem Vorwand, Seine Heiligkeit sei in Klausur, fünfzehn Jahre lang geheimhielt, bis der Palast fertig gebaut war.

Der Potala war aber mehr als nur ein Palast. Er enthielt auch die Regierungsräume und zahllose Speicher sowie das Kloster Namgyäl (»das Siegreiche«) mit hundertfünfundsiebzig Mönchen und vielen Andachtsräumen, außerdem eine Schule für junge Mönche, die später Tsedrung-Beamte werden sollten.

Als Kind gab man mir das Schlafgemach des V. Dalai Lama im siebten, obersten Geschoß. Es war bitterkalt und schlecht beleuchtet, und ich zweifle, daß seit damals auch nur irgend etwas daran geändert worden war. Alles darin war uralt und verfallen, und hinter den Vorhängen, die alle vier Wände bedeckten, lag jahrhundertealter Staub. An einem Ende des Raumes stand ein Altar mit Butterlämpchen (Schälchen voll ranziger Dri-Butter, in die ein Docht gesteckt und dann angezündet wurde) und kleinen Schüsseln mit Speisen und Wasser als Opfergaben für die Buddhas. Diese wurden täglich von Mäusen geplündert, für die ich mit der Zeit eine große Zuneigung entwickelte. Es waren sehr zierliche Tierchen, die überhaupt keine Furcht zeigten, wenn sie sich ihre tägliche Ration holten. Nachts im Bett hörte ich meine kleinen Kameraden im Zimmer hin- und herlau-

fen. Manchmal kamen sie auch zu meinem Bett herüber – außer dem
Altar das einzige Möbelstück im Zimmer –, das aus einer Holzkiste
mit einigen Kissen bestand und von langen roten Vorhängen umgeben
war. Die Mäuse kletterten auch auf diesen herum und ließen ihren
Urin heruntertröpfeln, während ich mich in meine Decken vergrub.

Der Tagesablauf im Potala und im Norbulingka war ungefähr
gleich, mit dem Unterschied, daß im Norbulingka alles um eine
Stunde vorverlegt wurde, weil im Sommer die Tage länger sind. Aber
das störte mich nicht, da ich ohnehin nie länger als bis zum Sonnenaufgang schlafen wollte. Ich erinnere mich noch, daß ich einmal
verschlief, und als ich dann aufwachte, war Lobsang Samten bereits
draußen beim Spielen. Ich war wütend.

Im Potala stand ich gegen sechs Uhr auf. Nach dem Anziehen
meditierte und betete ich ungefähr eine Stunde lang, und dann, kurz
nach sieben, bekam ich mein Frühstück. Es bestand immer aus Tee
und Tsampa mit Honig oder gebranntem Zucker. Darauf folgte meine
erste Morgenlektion mit Kenrap Tenzin. Nachdem ich lesen gelernt
hatte, mußte ich, bis ich Dreizehn war, die Schreibkunst erlernen. Es
gibt im Tibetischen zwei Schriftarten, U-chen und U-me. Die erstere
wird für Manuskripte, die zweite für offizielle Mitteilungen und für
den persönlichen Schriftverkehr verwendet. Es hätte genügt, wenn
ich die U-me-Schrift gelernt hätte, aber da ich schnell lernte, brachte
ich mir selbst auch U-chen bei.

Ich muß immer noch lachen, wenn ich an jene frühmorgendlichen
Unterrichtsstunden zurückdenke. Während ich nämlich unter dem
wachsamen Blick des Gewandmeisters das Schreiben lernte, hörte ich
im Zimmer nebenan den Religiösen Zeremonienmeister seine Gebete
aufsagen. Das »Klassenzimmer« bestand eigentlich nur aus einer
Veranda vor meinem Schlafgemach, auf der reihenweise Topfpflanzen
standen. Es war oft sehr kalt dort, aber es war hell und bot viele
Möglichkeiten, die Dungkhar zu beobachten, kleine schwarze Vögel
mit einem leuchtendroten Schnabel, die hoch oben im Potala niste-
ten. In meinem Schlafzimmer saß in der Zwischenzeit der Zeremonienmeister, der die Angewohnheit hatte, beim Aufsagen der Mor-
gengebete einzunicken. Jedesmal wenn dies passierte, klang seine
Stimme, als ob jemand bei einem Plattenspieler den Stecker aus der
Dose gezogen hätte: Seine Rezitation wurde allmählich langsamer

und verklang dann ganz. Dann herrschte eine Pause, bis er wieder zu sich kam und mit den Gebeten fortfuhr. Dabei kam er aber ins Schleudern, da er nicht mehr wußte, wo er steckengeblieben war. Und so kam es häufig vor, daß er dasselbe mehrmals wiederholte. Ich fand dies immer sehr lustig. Das Gute daran war, daß ich diese Gebete, als ich sie später selbst lernen mußte, bereits auswendig konnte.

Nach dem Schreibunterricht mußte ich buddhistische Texte auswendig lernen, die ich dann später am Tag aufsagen mußte. Ich fand das sehr langweilig, weil ich schnell lernte. Ich sollte aber hinzufügen, daß ich sie oft genauso schnell wieder vergaß.

Um zehn Uhr gab es immer eine Unterbrechung der Unterrichtsstunden, weil dann eine Sitzung für Regierungsmitglieder stattfand, der ich trotz meines geringen Alters beiwohnen mußte. Ich wurde schon von klein an auf den Tag vorbereitet, an dem ich zusätzlich zur geistlichen Herrschaft auch noch die weltliche Macht über Tibet übernehmen würde.

Im Potala lag die Versammlungshalle, in der diese Sitzungen abgehalten wurden, gleich neben meinem Zimmer. Die Regierungsbeamten kamen aus ihren Büros im zweiten und dritten Stock des Palasts dorthin. Die Sitzungen waren eine recht förmliche Veranstaltung, in deren Verlauf laut verkündet wurde, welche Aufgaben ein jeder an dem jeweiligen Tag zu verrichten hatte.

Für den Umgang mit mir galt natürlich ein striktes Protokoll. Der Oberhofmeister, der Dönyer Chenmo, holte mich stets von meinem Zimmer ab und führte mich in die Versammlungshalle, wo ich zuerst vom Regenten und dann von den vier Mitgliedern des Kashag in der ihrem Rang entsprechenden Reihenfolge feierlich begrüßt wurde.

Nach der Morgensitzung mit den Regierungsmitgliedern kehrte ich in mein Gemach zurück, wo der Unterricht fortgesetzt wurde. Nun erschien der Zweite Tutor, der den Text abfragte, den ich am Morgen auswendig gelernt hatte. Er las dann den Text für den nächsten Tag vor und erklärte ihn mir in allen Einzelheiten. Der Unterricht dauerte ungefähr bis Mittag. Um zwölf wurde eine Glocke geläutet und in ein großes Muschelhorn geblasen (die Glocke wurde jede Stunde geläutet, bis auf eine Ausnahme, als der Glöckner dies vergessen hatte und um ein Uhr dreizehnmal läutete). Dann kam der wichtigste Abschnitt im Tagesablauf des jungen Dalai Lama: die Zeit des Spielens.

Ich hatte das Glück, eine schöne Sammlung von Spielzeug zu besitzen. Als ich noch sehr klein war, schickte mir ein Beamter in Dromo, einer Ortschaft in der Nähe der indischen Grenze, immer ausländische Spielsachen sowie Kisten voller Äpfel, wenn es gerade die richtige Jahreszeit dafür war. Außerdem erhielt ich von den verschiedenen ausländischen Gesandten, die nach Lhasa kamen, Geschenke. Zu meinen Lieblingsspielsachen gehörte ein Baukasten, den mir der Leiter der Britischen Handelsmission in Lhasa geschenkt hatte. Als ich größer wurde, bekam ich noch einige Baukastensätze dazu, und mit Fünfzehn besaß ich sie dann alle, vom einfachsten bis zum kompliziertesten.

Als ich sieben Jahre alt war, kamen zwei amerikanische Gesandte nach Lhasa, die mir einen Brief von Präsident Roosevelt überbrachten und dazu zwei sehr schöne Singvögel und eine prächtige goldene Armbanduhr. Ich freute mich sehr über diese Geschenke. Weniger beeindruckt war ich von den Geschenken, die ich einmal von chinesischen Beamten erhielt, die zu Besuch gekommen waren – ein kleiner Junge hat eben nicht viel für Seidenballen übrig.

Ein anderes meiner Lieblingsspielzeuge war eine Modelleisenbahn. Ich besaß auch eine sehr schöne Sammlung Zinnsoldaten. In späteren Jahren lernte ich, sie einzuschmelzen und daraus Mönche zu gießen. Als sie noch ihre ursprüngliche Gestalt hatten, verbrachte ich ganze Tage damit, sie aufzustellen. Als dann die Schlacht begann, dauerte es allerdings nur wenige Minuten, bis die schönen Formationen gänzlich verwüstet waren.

Ebenso ging es mir bei einem anderen Spiel, für das ich kleine Flugzeuge und Panzer aus Tsampa-Teig anfertigte. Das Spiel begann mit einem Wettbewerb, an dem alle meine erwachsenen Spielgefährten teilnehmen mußten, um festzustellen, wer die schönsten Modelle fertigen konnte. Jeder bekam dieselbe Menge Teig und mußte innerhalb einer gewissen Zeit, zum Beispiel in einer halben Stunde, seine Armee aufbauen. Ich beurteilte dann das Ergebnis. Diese Phase des Spiels gewann meistens ich, da ich recht geschickt war. Manchmal mußte ich die anderen sogar disqualifizieren, weil sie ihre Modelle so schlecht geformt hatten. Ich bot ihnen dann einige meiner Modelle an, für die sie mir aber die doppelte Menge an Teig geben mußten, als ich dafür benötigt hatte. So gelang es mir manchmal, eine doppelt so starke Streitmacht als die meiner Gegner aufzubieten. Und außerdem genoß ich diese Tauschgeschäfte. Dann begann die Schlacht. Während ich bei den Vorbereitungen die Dinge zu meinen Gunsten beeinflussen konnte, war ich im Kampf meist der Unterlegene, denn meine Diener kannten keinen Pardon. Selbst wenn ich versuchte, meine Stellung als Dalai Lama mit ins Spiel zu bringen, und alles daransetzte zu gewinnen, nützte es nichts. Oft wurde ich richtig zornig und schlug mit meinen Fäusten; trotzdem gaben sie nicht nach und brachten mich manchmal sogar zum Weinen.

Was mir auch immer Spaß machte, war Turnen. Norbu Thöndup, mein Lieblingsdiener, stammte aus der Armee und brachte mir bei, was er dort gelernt hatte. Ich war ein sehr vitaler Junge und liebte jede körperliche Tätigkeit. Eine Übung gefiel mir besonders, obwohl sie offiziell verboten war. Dazu gehörte, daß man so schnell man konnte ein Brett hinauflief, das in einem Winkel von rund fünfundvierzig Grad aufgestellt war, und dann von oben herabsprang.

Nach meiner Spielstunde kam das Mittagessen. Anschließend ging meine Ausbildung weiter. In den ersten anderthalb Stunden vermittelte mir mein Zweiter Tutor Allgemeinbildung. Länger hätte ich mich unmöglich darauf konzentrieren können. Ich war ein ziemlich widerwilliger Schüler und hatte wenig für diese Dinge übrig. Mein damaliger Lehrplan war identisch mit dem der Mönche, die sich auf die Doktorprüfung in Buddhismuskunde vorbereiteten. Das Studium war sehr einseitig und in vielerlei Hinsicht für einen Staatsmann in der zweiten Hälfte des 20. Jahrhunderts denkbar ungeeignet. Insgesamt umfaßte meine Ausbildung fünf Haupt- und fünf Nebenfächer. Zu den Hauptfächern zählten Dialektik, tibetische Kunst und Kultur, Grammatik und Sprachwissenschaften (Sanskrit usw.), Medizin sowie buddhistische Philosophie – das wichtigste und zugleich schwierigste Fach, das wiederum in fünf Disziplinen unterteilt war: Prajnaparamita, die Lehre von der Vollkommenheit der Weisheit, Madhyamika, die Philosophie des Mittleren Weges, Vinaya, der Kanon der Regeln für Mönche und Nonnen, Abhidharma, Metaphysik, und Pramana, Logik und Epistemologie.

Die fünf Nebenfächer waren Poesie, Musik und Drama, Astrologie, Metrik und Ausdruck sowie Wortschatz. Für das Doktorat genügen eigentlich die Fächer buddhistische Philosophie, Logik und Dialektik. Die Grammatik des Sanskrit zum Beispiel lernte ich erst viel später, Mitte der siebziger Jahre, und bestimmte andere Fächer, wie etwa Medizin, habe ich nie gründlich studiert.

Dialektik, die Kunst der Auseinandersetzung und Argumentation, spielt im tibetischen System der klösterlichen Ausbildung eine wesentliche Rolle. Zwei Disputanten stellen sich abwechselnd Fragen, wobei sie mit dem Körper bestimmte stilisierte Bewegungen ausführen. Beim Äußern der Frage hebt der Fragesteller die rechte Hand über seinen Kopf und klatscht dann in die nach vorne gehaltene linke Hand, während er gleichzeitig mit dem linken Bein einen Schritt nach vorne macht und fest auf den Boden auftritt. Dann läßt er die rechte Hand von der linken weg in Richtung des Kopfes des Gegenspielers gleiten. Dieser rührt sich nicht, sondern konzentriert sich auf die Antwort und setzt alles daran, den Spieß zu seinen Gunsten umzudrehen. Eine wichtige Rolle spielt der Witz in diesen Streitgesprächen, und es gilt als besonders verdienstvoll, wenn man die Postulate des Gegners auf geistreiche Art zum eigenen Vorteil nutzen kann. Dieser Aspekt macht das Disputieren zu einer beliebten Unterhaltungsform selbst unter ungebildeten Tibetern, die vielleicht die intellektuellen Purzelbäume nicht verstehen, sich aber trotzdem dabei amüsieren können. Früher war es durchaus normal, Nomaden und andere Menschen vom Land in den Innenhöfen der Klöster anzutreffen, die diese Disputationen stundenlang mitverfolgten.

Wie hoch das intellektuelle Niveau eines Mönchs eingeschätzt wird, hängt davon ab, wie gut er sich in der Debattierkunst bewährt. So mußte ich als Dalai Lama ein gutes Grundwissen in buddhistischer Philosophie und Logik aufweisen, aber auch die Fähigkeit, darüber zu disputieren. Mit dem ernsthaften Studium der ersten beiden begann ich, als ich zehn war; mit zwölf wurden mir dann zwei Tsenshaps, Meister der Dialektik, zugeteilt, die mich in die Kunst der Disputation einführten.

Nach der ersten Lektion am Nachmittag erklärte mir mein Tutor noch eine Stunde lang, wie man über das behandelte Thema disputiert. Um vier gab es dann Tee. Wenn es auf der Welt ein Volk gibt, das noch mehr Tee trinkt als die Engländer, dann sind es die Tibeter. Kürzlich sah ich eine chinesische Handelsstatistik, nach der Tibet vor der chinesischen Invasion jährlich zehn Millionen Tonnen Tee aus China importierte. Das kann natürlich nicht stimmen, da dies einem Jahreskonsum von fast zwei Tonnen Tee pro Kopf entspräche. Die Zahlen wurden also erfunden, um die wirtschaftliche Abhängigkeit Tibets von China zu beweisen, aber trotzdem bringen sie unsere Vorliebe für Tee zum Ausdruck.

In Tibet trinkt man Tee normalerweise gesalzen und mit Dri-Butter statt mit Milch. Dadurch wird Tee zu einem gesunden und nahrhaften Getränk, dessen Geschmack aber sehr vom Gütegrad der Butter abhängt. Die Küchen des Potala wurden regelmäßig mit frischer, sahniger Butter versorgt, so daß der Tee dort immer vorzüglich schmeckte. Damals trank auch ich den Tee gern so. Heute bevorzuge ich die englische Art der Teezubereitung. Ich trinke morgens und abends Tee, nachmittags trinke ich ganz einfach heißes Wasser, wie ich es mir in den fünfziger Jahren in China angewöhnt habe. Das hört sich zwar sehr langweilig an, ist aber äußerst gesund. In der tibetischen Medizin gilt heißes Wasser als das wichtigste Heilmittel.

Nach der Teepause diskutierte ich mit den beiden Tsenshaps mindestens eine Stunde lang solch abstrakte Fragen wie »Was ist das Wesen des Geistes?« Gegen halb sechs waren die Mühen des Tages vorüber. Die genaue Stunde kann ich aber nicht angeben, da die Tibeter nicht soviel von Uhren halten wie andere Völker, und die Dinge begannen und endeten, wenn es gerade paßte. Jegliche Eile wurde vermieden.

Sobald mein Tutor gegangen war, kletterte ich mit meinem Teleskop auf das Dach des Potala. Von dort aus hatte man einen herrlichen Blick über Lhasa, vom Medizinischen Institut am Chakpori-Hügel auf der rechten Seite bis zur Heiligen Stadt, dem Stadtteil rund um den Jokhang-Tempel, links in der Ferne. Mein Hauptinteresse galt aber dem Dorf Shöl am Fuße des Roten Hügels, unterhalb des Potala. Dort befand sich das staatliche Gefängnis, dessen Insassen um diese Zeit im Innenhof herumgehen durften. Ich betrachtete die Häftlinge als meine Freunde und hielt ein wachsames Auge auf sie. Sie wußten davon und warfen sich respektvoll auf den Boden, wenn sie mich erblickten. Ich kannte jeden einzelnen von ihnen und wußte Be-

scheid, wenn einer freigelassen wurde oder ein Neuankömmling da-
zugekommen war. Zusätzlich zu meiner genauen Beobachtung der
Gefangenen kontrollierte ich auch immer die Vorräte an Brennholz
und Tierfutter im Hof.

Nach dieser »Inspektion« ging ich wieder hinein und spielte noch
oder zeichnete etwas, bevor dann, kurz nach sieben, das Abendessen
serviert wurde. Dazu gehörten natürlich Tee und Suppe, manchmal
mit etwas Fleischeinlage, Joghurt und dazu eine reichliche Vielfalt an
Brot, das von meiner Mutter gebacken und jede Woche frisch herauf-
gesandt wurde. Meine Lieblingssorte waren kleine runde Brotlaibe
nach Amdo-Art, die eine harte Rinde hatten, innen aber ganz weich
waren.

Oft nahm ich das Abendessen zusammen mit einem oder zwei
meiner Diener ein, die alle einen unersättlichen Appetit hatten. Ihre
Eßschalen waren so groß, daß eine ganze Kanne Tee darin Platz hatte.
Manchmal leisteten mir ein paar Mönche vom Kloster Namgyäl Gesellschaft, am häufigsten aber aß ich mit meinen drei bediensteten
Mönchen und manchmal auch mit dem Chikyap Khenpo*, dem Oberkämmerer, oder mit dem Oberstallmeister. Waren die letzteren nicht
dabei, war das Abendessen immer ein lustiges und erfreuliches Ereignis. Besonders schöne Erinnerungen habe ich an jene kalten Winter-
abende, als wir beim Feuer saßen und im flimmernden Schein der
Butterlampen unsere heiße Suppe aßen, während draußen ein
Schneesturm blies.

Nach dem Abendessen ging ich die Treppe vom siebten Stock
hinunter in den Hof, wo ich eigentlich herumgehen und dabei buddhistische Texte und Gebete hätte aufsagen sollen, was ich aber, als
ich noch jung und unbesorgt war, selten tat. Statt dessen dachte ich
mir Geschichten aus oder versuchte im voraus zu erraten, welche man
mir vor dem Schlafengehen wohl erzählen würde. Sehr oft hatten
diese einen phantastischen Charakter, so daß ich mich dann fürchtete, wenn ich gegen neun Uhr in mein von Ungeziefer verseuchtes
Bett stieg. Die Geschichte, die mir die größte Angst einjagte, basierte

---

* Der Chikyap Khenpo oder Oberkämmerer ist der Leiter des persönlichen Haushalts
des Dalai Lama und der Mittler zwischen dem Haushalt und der Regierung (Anm. d.
Übers.).

auf einem alten Fresko im Jokhang-Tempel und handelte von Riesen-
eulen, die nach der Dunkelheit kleine Jungen fangen. Durch diese
Geschichte war ich als Junge immer sehr darauf bedacht, nach An-
bruch der Dunkelheit ja nicht mehr im Freien zu sein.

Bedingt durch die große Höhe kommen viele Krankheiten, die
anderswo üblich sind, in Tibet überhaupt nicht vor. Eine Ausnahme
waren aber die Pocken, die eine ständige Gefahr darstellten. Als ich
ungefähr zehn war, bekam ich einen neuen Leibarzt. Er war ein
rundlicher Herr, der mir alsbald eine Pockenimpfung aus importier-
tem Impfstoff verabreichte. Das war eine äußerst schmerzvolle Erfahrung für mich. Abgesehen davon, daß mir davon vier große Narben
zurückblieben, hatte ich zwei Wochen lang Fieber und große Schmerzen. Ich weiß noch, daß ich mich sehr über den »fetten Doktor« beklagte.

Mein Leben im Potala und im Norbulingka war von Routine
geprägt. Die einzigen Abwechslungen waren die wichtigen Feiertage
und wenn ich mich in Klausur begab. Normalerweise ging ich einmal
im Jahr, und zwar im Winter, für drei Wochen in Klausur. Während
dieser Zeit erhielt ich nur eine kurze Lektion pro Tag und durfte nicht
hinaus zum Spielen, sondern verbrachte meine Zeit in Gebet und
Meditation unter der Obhut einer oder beider meiner Tutoren oder
eines hohen Lamas vom Kloster Namgyäl. Als Kind war ich nicht
sonderlich erfreut darüber und verbrachte lange Stunden damit, aus
einem der beiden Fenster meines Schlafgemachs zu schauen. Das
Fenster auf der Nordseite hatte einen Blick auf das Kloster Sera mit
den Bergen im Hintergrund. Das Fenster auf der Südseite war zur
Versammlungshalle hin geöffnet, in der die morgendlichen Sitzungen
der Regierung abgehalten wurden.

In dieser Halle hing eine Sammlung von schönen alten Thangkas
von unschätzbarem Wert. Diese in einen buntbestickten Seidenrah-
men genähten Rollbilder stellten das Leben von Milarepa, einem der
beliebtesten spirituellen Meister Tibets, dar, und ich schaute sie mir
oft voller Bewunderung an. Was wohl aus ihnen geworden ist?

Noch schlimmer als die Tage waren die Abende während meiner
Klausur. Dann trieben nämlich Buben in meinem Alter die Kühe
zurück ins Dorf Shöl am Fuß des Potala. Ich kann mich noch genau
erinnern, wie ich in der Stille des zu Ende gehenden Tages ruhig

dasaß und meine Mantras rezitierte und von draußen die Lieder hörte, die sie sangen, während sie das Vieh vom Weideland zurückbrachten. Manchmal wünschte ich mir, mit ihnen zu tauschen. Aber mit der Zeit lernte ich den Wert dieser Klausuren schätzen, und heute wünsche ich mir, ich hätte mehr Zeit dafür.

Im großen und ganzen kam ich mit meinen Tutoren gut aus, weil ich mich beim Lernen recht leicht tat. Als man mich mit einigen der bedeutendsten Gelehrten Tibets zusammenbrachte, konnte ich mit einiger Genugtuung feststellen, daß mein Verstand recht gut funktioniert. Meistens aber lernte ich gerade genug, um nicht den Unmut meiner Lehrer zu wecken. Einmal kam es trotzdem dazu, daß sich meine Tutoren Sorgen um meinen schulischen Fortschritt machten. Da kam Kenrap Tenzin auf die Idee, ein Scheinexamen durchzuführen, bei dem ich gegen Norbu Thöndup, meinen Lieblingsdiener, antreten mußte. Ohne mein Wissen hatte ihn Kenrap Tenzin vorher aber genau instruiert, und so war ich der Unterlegene. Ich war am Boden zerstört, da meine Demütigung ja in aller Öffentlichkeit stattgefunden hatte.

Eine Zeitlang zeigte dieser Trick seine erhoffte Wirkung, und ich lernte wie besessen, einfach schon aus Wut. Bald aber war es aus mit meinen guten Vorsätzen, und ich fiel wieder in meine alten Gewohnheiten zurück. Erst als man mich für volljährig erklärte, sah ich ein, wie wichtig meine Ausbildung war, und von da an war ich an meinem Studium interessiert. Heute tut es mir leid, daß ich damals so faul war, und ich widme meinen Studien täglich vier Stunden. Wenn ich in meiner ersten Schulzeit eine Konkurrenz gehabt hätte, wäre mein Verhalten wahrscheinlich anders gewesen. Da ich aber keine Schulkameraden hatte, konnte ich mich mit niemandem messen.

Als ich ungefähr neun Jahre alt war, entdeckte ich unter den Gegenständen, die meinem Vorgänger gehört hatten, zwei alte, handbetriebene Filmprojektoren und ein paar Filmspulen. Zuerst schien es, als ob niemand damit umgehen konnte. Dann fand sich aber ein alter chinesischer Mönch, der als Junge von seinen Eltern dem XIII. Dalai Lama übergeben worden war, als dieser 1908 China besuchte. Dieser Mönch wohnte im Norbulingka, und wie sich herausstellte, war er ein geschickter Techniker. Er war ein liebenswürdiger und äußerst frommer Mann, aber wie viele Chinesen sehr jähzornig.

Einer der Filme war eine Wochenschau mit der Krönung von König George V. Ich war sehr beeindruckt von den vielen Reihen von Soldaten aus allen Ländern und in prächtigen Uniformen. Ein anderer Film zeigte Tänzerinnen, die durch einen fotografischen Trick so aussahen, als ob sie aus Eiern schlüpften. Am interessantesten aber war ein Dokumentarfilm über ein Goldbergwerk. Dadurch erfuhr ich, was für eine gefährliche Arbeit der Bergbau ist und unter welch schwierigen Bedingungen Bergwerksarbeiter arbeiten müssen. Als ich in späteren Jahren dann viel über die Ausbeutung der Arbeiter hörte, mußte ich immer an diesen Film denken.

Leider starb der alte chinesische Mönch, mit dem ich mich gleich gut angefreundet hatte, nicht lange nach dieser Entdeckung. Zum Glück hatte ich inzwischen gelernt, wie man die Projektoren bedient, und dabei auch einiges über Elektrizität und die Funktionsweise eines Dynamos herausgefunden. Diese Kenntnisse stellten sich als besonders nützlich heraus, als ich einen modernen elektrischen Projektor mit dazugehörigem Generator erhielt. Es war dies anscheinend ein Geschenk der englischen Königsfamilie, das mir durch die britische Handelsmission in Lhasa in Person des stellvertretenden Attachés, Reginald Fox, überreicht wurde, der mir auch zeigte, wie man den Projektor bedient.

Mein anderer Leibarzt trug wegen seines Spitzbarts den Spitznamen Doktor Lenin. Er war klein, ein unersättlicher Esser und hatte einen großartigen Sinn für Humor. Ich schätzte ihn besonders, weil er so gut Geschichten erzählen konnte. Meine Leibärzte waren beide in der traditionellen tibetischen Heilkunst ausgebildet.

Als ich zehn war, endete der Zweite Weltkrieg. Ich wußte kaum etwas davon, außer daß meine Regierung nach Kriegsende eine Delegation mit Geschenken zur britischen Regierungsvertretung in Indien entsandte. Die Gesandten wurden von Lord Wavell, dem Vizekönig, empfangen. Im Jahr darauf fand in Indien eine Konferenz über asiatische Beziehungen statt, an der auch eine tibetische Delegation teilnahm. Wenig später, im Frühjahr 1947, kam es zu einem traurigen Ereignis, das beispielhaft veranschaulicht, wie die Verfolgung selbstsüchtiger Interessen von hohen Staatsbeamten das Schicksal eines ganzen Landes beeinflussen kann.

Ich wohnte gerade einer Disputation bei, als ich eines Tages in der Ferne Schüsse fallen hörte. Der Lärm kam aus dem Norden, wo das Kloster Sera lag. Ich begab mich eiligst ins Freie, voller Begeisterung, endlich mein Fernrohr richtig einsetzen zu können. Zugleich war ich allerdings auch voller Sorge, weil mir bewußt wurde, daß Gewehrschüsse auch Töten bedeuten. Wie sich herausstellte, wollte Reting Rinpoche, der sechs Jahre zuvor die Regentschaft abgegeben hatte, diese wieder an sich reißen und wurde dabei von gewissen Mönchen und Laienbeamten unterstützt. Diese unternahmen einen Putschversuch gegen Tadrag Rinpoche, in dessen Verlauf Reting Rinpoche verhaftet und viele seiner Anhänger getötet wurden.

Reting Rinpoche wurde daraufhin in den Potala gebracht, wo er darum bat, mit mir zu sprechen. Leider beschloß man in meinem Namen, ihm diese Bitte nicht zu gewähren, und er starb bald darauf. Als Minderjähriger hatte ich natürlich kaum die Möglichkeit, mich in gerichtliche Angelegenheiten einzumischen, aber rückblickend frage ich mich manchmal, ob ich in diesem Fall nicht doch etwas hätte bewirken können. Vielleicht hätte durch meine Intervention die Zerstörung des Klosters Reting, eines der ältesten und schönsten in ganz Tibet, verhindert werden können. Alles in allem war die ganze Angelegenheit eine ziemlich dumme Geschichte. Für Reting Rinpoche, meinen Ersten Tutor und Lehrer, empfinde ich trotz seiner Fehler noch immer einen tiefen persönlichen Respekt. Nach seinem Tod wurde sein Name aus meinem gestrichen. Jahre später habe ich ihn aber auf Anraten des Staatsorakels wieder angenommen.

Nicht lange nach diesen traurigen Ereignissen begab ich mich zusammen mit Tadrag Rinpoche zu den klösterlichen Universitäten Drepung und Sera. Drepung liegt etwa acht Kilometer westlich von Lhasa und war damals mit über siebentausend Mönchen das größte Kloster der Welt. Sera, rund fünf Kilometer nördlich der Hauptstadt gelegen, war mit fünftausend Mönchen nicht viel kleiner. Der Grund dieser Besuche war mein erster Auftritt als Dialektiker. Ich mußte nun öffentlich mit den Äbten der drei Fakultäten von Drepung und der beiden Fakultäten von Sera disputieren.

Wegen der obengenannten Zwischenfälle waren besondere Sicherheitsvorkehrungen getroffen worden, weshalb ich mich nicht sonderlich wohl fühlte. Außerdem war ich sehr aufgeregt, weil ich zum erstenmal in meinem jetzigen Leben diese ehrwürdigen Institutionen des tibetischen Buddhismus betrat. Aber irgendwie wirkten beide sehr vertraut, und ich gelangte zu der Überzeugung, daß es zu ihnen eine Beziehung aus meinem früheren Leben gab. Und so verliefen denn auch die Disputationen, die vor Hunderten von Mönchen abgehalten wurden, recht gut.

Ungefähr zur selben Zeit wurde ich von Tadrag Rinpoche in die Lehren des V. Dalai Lama eingeführt. Hierbei handelte es sich um ein spezifisches Wissen des Dalai Lama, das dem »Großen Fünften«, wie er bei den Tibetern noch immer heißt, in einer Vision übermittelt worden war. In der Zeit nach der Unterweisung hatte ich eine Reihe von merkwürdigen Erlebnissen, meistens in Form von Träumen, die mir damals als nicht sonderlich wichtig erschienen. Inzwischen ist mir aber klar, daß sie äußerst bedeutsam waren.

Zu den Vorzügen des Potala gehörte, daß es dort zahlreiche Lagerräume gab. Diese waren für einen kleinen Jungen viel interessanter als die mit Silber und Gold verzierten Kammern oder die Andachtsräume mit ihren religiösen Kunstwerken von unschätzbarem Wert, interessanter auch als die mit Edelsteinen übersäten Grabmäler meiner Vorgänger in den Gewölben hinter der Versammlungshalle. Die Waffenkammer mit ihren Sammlungen alter Säbel, Steinschloßgewehre und Rüstungen zog mich ganz anders in ihren Bann. Aber das war noch nichts im Vergleich zu den unvorstellbaren Schätzen in den Speichern meines unmittelbaren Vorgängers. Unter den Gegenständen, die ihm gehört hatten, fand ich ein altes Luftgewehr mit Munition und einer Zielscheibe, das bereits erwähnte Fernrohr und stapelweise englische Bildbände mit Aufnahmen vom Ersten Weltkrieg. Diese faszinierten mich ganz besonders und lieferten mir die Vorlagen für die Schiffe, Panzer und Flugzeuge, die ich nachbaute. Als ich älter war, ließ ich Teile daraus ins Tibetische übersetzen.

Ich fand auch zwei Paar europäische Schuhe. Meine Füße waren zwar viel zu klein, aber ich wollte sie tragen, und so stopfte ich sie mit Papier aus, bis sie mir paßten. Mir gefiel einfach der Klang, den ihre eisenbeschlagenen Absätze verursachten.

Besonderen Spaß machte es mir, Gegenstände auseinanderzunehmen und sie dann wieder zusammenzubauen. Ich entwickelte ein wahres Talent dafür. Anfangs waren meine Versuche aber nicht immer von Erfolg gekrönt. Unter den Dingen, die meinem Vorgänger gehört hatten, gab es auch eine alte Spieldose, ein Geschenk des Zaren von Rußland, zu dem er eine freundschaftliche Beziehung unterhalten hatte. Die Spieldose funktionierte nicht, und so beschloß ich, sie zu reparieren. Ich entdeckte, daß die Hauptfeder zu stark aufgezogen war und klemmte. Als ich aber mit meinem Schraubenzieher darin herumstocherte, löste sich die Feder plötzlich, sprang auf, und schon flogen all die dünnen Metallplättchen durch die Luft, die die Musik erzeugen. Ich werde die dabei verursachte dämonische Geräuschsymphonie nie vergessen. Wenn ich nun an diesen Vorfall zurückdenke, wird mir klar, was für ein Glück ich hatte, daß ich nicht ein Auge dabei verlor, denn mein Gesicht war dicht über der Spieldose, als ich an dem Mechanismus herumhantierte.

Viele der Diener im Potala kannten Thupten Gyatso, den XIII. Dalai Lama, noch persönlich, und durch sie erfuhr ich viel über ihn – zum Beispiel, daß er nicht nur ein hervorragender religiöser Lehrer, sondern zugleich ein sehr geschickter und weitsichtiger Staatsmann war. Ich hörte auch, daß er zweimal vor Invasoren ins Exil fliehen mußte, einmal 1904, als die Engländer unter Colonel Younghusband nach Lhasa marschierten, und 1910, als die Mandschus in Tibet einfielen. Im ersten Fall zogen die Invasoren freiwillig wieder ab, während die Streitmacht der Mandschus im Winter 1911/12 mit Gewalt aus dem Land getrieben werden mußte.

Mein Vorgänger war auch sehr an moderner Technik interessiert. So ließ er zum Beispiel einen elektrischen Generator nach Tibet importieren, außerdem drei Autos und eine Geldprägeanlage zur Herstellung von Münzen und Tibets erstem Papiergeld. Vor allem die Autos waren eine landesweite Sensation. Damals wurde in Tibet fast nichts auf Rädern transportiert. Selbst Fuhrwerke waren praktisch unbekannt. Die Menschen hatten zwar schon davon gehört, aber die geographischen Bedingungen des Landes machten Lasttiere zur einzig praktikablen Form der Güterbeförderung.

Thupten Gyatso war seiner Zeit auch in anderen Bereichen weit voraus. Nach seiner zweiten Exilzeit veranlaßte er, daß vier junge Tibeter nach England zur Schule geschickt wurden. Das Experiment verlief sehr positiv, und die Jungen wurden sogar von der königlichen

Familie empfangen. Aber die Sache wurde nicht weiterverfolgt. Hätte man von da an regelmäßig Kinder auf ausländische Schulen geschickt, wie es Thupten Gyatso ursprünglich geplant hatte, wäre die heutige Lage Tibets sicherlich anders. Ebenso ging es mit den Reformen, die der XIII. Dalai Lama im Heer durchführen wollte, das er für ein entscheidendes Abschreckungsmittel hielt. Zunächst waren diese Bemühungen ebenfalls von Erfolg gekrönt, aber auch er war nur von kurzer Dauer und reichte kaum über seinen Tod hinaus.

Thupten Gyatso hatte auch den Plan, die Herrschaft der Regierung in Lhasa über die Provinz Kham auszubauen. Er erkannte, daß Kham wegen der großen Entfernung zu Lhasa von der Zentralverwaltung vernachlässigt worden war, und schlug deshalb vor, daß man die Söhne der dortigen Stammesführer zur Ausbildung nach Lhasa brachte und sie dann als Regierungsbeamte zurückschicke. Auch befürwortete er eine Vor-Ort-Rekrutierung für die Armee. Das mangelnde Interesse an Veränderung verhinderte aber, daß diese Pläne in die Tat umgesetzt wurden.

Der politische Weitblick des XIII. Dalai Lama war ebenfalls außergewöhnlich. In seinem schriftlichen Vermächtnis warnte er seine Landsleute in einer düsteren Prophezeiung vor dem, was bevorstehen würde, wenn sie sich nicht zu grundlegenden Reformen aufrafften:

»Es könnte passieren, daß die Religion und die Regierung hier in Tibet von innen und von außen angegriffen werden. Wenn wir unser Land nicht bewachen, wird es dazu kommen, daß der Dalai Lama und der Panchen Lama* und all die ehrwürdigen Vertreter unseres Glaubens verschwinden und ihre Namen vergessen werden. Die Macht des Gesetzes wird geschwächt werden. Die Ländereien und Güter der Regierungsbeamten werden beschlagnahmt, und diese werden gezwungen werden, dem Feind zu dienen oder wie Bettler durch das Land zu ziehen. Alle Wesen werden sehr zu leiden haben und große Angst ausstehen müssen. Die Tage und Nächte werden schmerzerfüllt sein und nur schleppend vorübergehen.«

Seiner Persönlichkeit nach war der XIII. Dalai Lama ein schlichter

---

* Die im Text erwähnten Panchen Lamas stellen in Tibet nach den Dalai Lamas die höchste spirituelle Autorität dar. Traditionsgemäß ist ihr Hauptsitz das Kloster Tashilhünpo in Shigatse, der zweitgrößten Stadt Tibets.

Mensch. Viele der alten Bräuche schaffte er ab. So war es zum Beispiel üblich, daß jedesmal, wenn der Dalai Lama seine Gemächer verließ, alle Diener, die sich gerade in der Nähe aufhielten, verschwinden mußten. Er fand, daß dieser Brauch den Leuten unnötige Unannehmlichkeiten bereitete, was dazu führte, daß er sich nur ungern zeigte. Deshalb schaffte er diese Vorschrift ab.

Als Kind hörte ich viele Geschichten über meinen Vorgänger, die zeigten, wie natürlich er war. Eine wurde mir von einem alten Mann erzählt, dessen Sohn Mönch im Kloster Namgyäl war. Sie ereignete sich zu einer Zeit, als auf dem Norbulingka-Gelände gerade ein neues Gebäude errichtet wurde. Wie es damals üblich war, kamen viele Menschen, um der Grundmauer einen Stein hinzuzufügen und dadurch ihren Respekt und ihr Wohlwollen zum Ausdruck zu bringen. Eines Tages kam von weit her ein Nomade – der Vater des alten Mannes. Er hatte einen eigensinnigen Maulesel dabei. Sobald der Mann ihm den Rücken kehrte, um seine Spende darzubringen, lief der Maulesel auch schon davon und suchte das Weite. Zum Glück kam jemand aus der entgegengesetzten Richtung, und der Nomade rief und bat ihn, den Ausreißer aufzuhalten. Der Fremde tat dies und brachte den Maulesel zurück. Der Nomade war zunächst sehr froh, staunte dann aber, als er erkannte, daß der Retter niemand anderes als der Dalai Lama war.

Der XIII. Dalai Lama war aber auch sehr streng. Zum Beispiel verbot er im Potala und im Norbulingka das Rauchen. Einmal jedoch ging er spazieren und kam an ein paar Steinmetzen vorbei, die gerade bei ihrer Arbeit waren. Diese sahen ihn nicht und unterhielten sich ganz unbefangen. Einer von ihnen beklagte sich lauthals über das Tabakverbot und betonte, wie gut Tabak gegen Müdigkeit und Hunger helfe. Er kaue deshalb auch ein wenig davon. Als der Dalai Lama dies hörte, drehte er sich um und ging fort, ohne sich zu erkennen zu geben.

Das heißt aber nicht, daß er stets so nachgiebig war. Das einzige, was ich an ihm auszusetzen hätte, ist, daß er manchmal vielleicht etwas zu selbstherrlich war. Seinen hohen Beamten gegenüber war er sehr streng und kritisierte sie auch für den geringsten Fehler in aller Schärfe. Seine Großzügigkeit beschränkte sich auf die einfachen Leute.

Thupten Gyatsos größte Verdienste auf geistlichem Gebiet lagen in seinem Bestreben, das Bildungsniveau in Tibets Klöstern, von denen es über sechstausend gab, anzuheben. Er förderte die fähigsten Mönche, auch wenn sie noch jung waren. Außerdem weihte er höchstpersönlich Tausende von Novizen, so daß bis in die siebziger Jahre hinein die meisten älteren Mönche ihre Weihe durch ihn erhalten hatten.

Als ich Anfang Zwanzig war, begann ich, das ganze Jahr über im Norbulingka zu wohnen. Vorher aber zog ich jedes Jahr zu Beginn des Frühjahrs in die Sommerresidenz und kehrte dann zirka sechs Monate später, als es wieder Winter wurde, in den Potala zurück. Der Tag, an dem ich mein düsteres Gemach im Potala verlassen konnte, war für mich einer der schönsten im ganzen Jahr. Dieser Tag begann mit einer Zeremonie, die sich über zwei unendlich lange Stunden hinzog. Dann kam die große Prozession, die ich schon beschrieben habe, für die ich aber nicht viel übrig hatte. Es hätte mir viel mehr Spaß gemacht, zu Fuß hinauszuspazieren und mich an der Schönheit der Natur und am ersten zarten Grün zu erfreuen, das nun überall zu sprießen begann.

An Zerstreuung fehlte es im Norbulingka mit Sicherheit nicht. Zum Norbulingka gehörte ein wunderschöner Park, der von einer hohen Mauer umgeben war. Innerhalb dieser Mauer standen verschiedene Gebäude für das Personal und eine weitere, innere Mauer. Diese nannte man die »Gelbe Mauer«, und sie grenzte den Bezirk ab, der dem Dalai Lama, seinem Hofstaat und bestimmten Mönchen vorbehalten war. Hier standen ein paar weitere Gebäude, darunter auch die Residenz des Dalai Lama, die von einem gepflegten Garten umgeben war.

Ich verbrachte viele glückliche Stunden, indem ich im Park mit seinen Gärten herumspazierte und die vielen Vögel und Tiere beobachtete. Zu verschiedenen Zeitpunkten lebten dort eine Herde zahmer Moschustiere, mindestens sechs Dogkhyi, riesige tibetische Bulldoggen, die als Wachhunde dienten, ein Pekinese aus Kumbum, ein paar Bergziegen, ein Affe, vier bis fünf Kamele, die man aus der Mongolei gebracht hatte, zwei Leoparden, ein greiser und ziemlich trauriger Tiger (die letzteren waren natürlich in Käfigen untergebracht), einige Papageien, ein halbes Dutzend Pfauen, einige Kraniche und rund dreißig unglückliche kanadische Wildgänse, deren Flügel gestutzt worden waren, damit sie ja nicht wegfliegen konnten. Diese taten mir besonders leid.

Einer der Papageien hatte eine Vorliebe für Kenrap Tenzin, meinen Gewandmeister, der ihn immer mit Nüssen fütterte. Und während der Papagei sie knabberte, streichelte er seinen Kopf, was den Papagei in Ekstase zu bringen schien. Auch ich wollte so ein Freundschaftsverhältnis zu ihm haben und versuchte alles, um eine derartige Reaktion beim Papagei hervorzurufen; aber umsonst. Da nahm ich ein Zweiglein und bestrafte ihn. Daraufhin floh er natürlich jedesmal, wenn er mich erblickte. Das war mir eine gute Lehre, wie man Freunde gewinnt: durch Mitgefühl und nicht durch Gewalt.

Bei den Fischen hatte ich etwas mehr Glück; es gab im Norbulingka einen großen Teich mit reichlichen Fischbeständen. Ich stand immer am Ufer und rief nach ihnen. Wenn sie kamen, belohnte ich sie mit Brotstückchen und *Pa*. Sie waren aber nicht besonders folgsam und nahmen manchmal keine Notiz von mir. Das machte mich immer wütend, und statt ihnen das Futter zuzuwerfen, bombardierte ich sie mit Steinen. Wenn sie aber herangeschwommen kamen, achtete ich immer darauf, daß auch die kleinen unter ihnen ihren Anteil an Futter bekamen. Dabei benutzte ich manchmal einen Stock, um die großen beiseite zu drängen.

Als ich einmal am Teichrand spielte, erblickte ich ein Stück Holz, das nahe am Ufer umhertrieb. Ich versuchte, es mit meinem Stock zu versenken. Dann erinnere ich mich nur noch, daß ich im Gras lag und über mir den Sternenhimmel sah. Ich war in den Teich gefallen und am Ertrinken, als mich einer meiner Diener, ein früherer Soldat aus dem westlichsten Teil Tibets, rettete. Er hatte mich glücklicherweise beobachtet.

Ein weiterer Vorzug des Norbulingka war seine Nähe zu einem Nebenfluß des Kyichu, den man zu Fuß in wenigen Minuten erreichen konnte. In Begleitung eines Dieners verließ ich als kleiner Junge oft den äußeren Bezirk und ging inkognito zum Flußufer hinunter. Anfangs schenkte man diesen Eskapaden keine Aufmerksamkeit, dann aber wurde es mir von Tadrag Rinpoche verboten. Leider war das Protokoll für den Dalai Lama sehr strikt. Meist war ich gezwungen, versteckt wie eine Eule zu leben. Die tibetische Gesellschaft war damals noch so konservativ, daß es selbst für hohe Minister unschicklich war, auf die Straße hinunterzuschauen.

Wie im Potala verbrachte ich auch im Norbulingka einen Großteil meiner Zeit mit meinen Dienern. Schon in meiner Kindheit empfand ich eine Abneigung gegen all die Formalitäten und das Protokoll und war viel lieber mit meinen Dienern zusammen als zum Beispiel mit hohen Regierungsmitgliedern. Besonders gern hatte ich die Diener meiner Eltern, mit denen ich immer viel Zeit verbrachte, wenn ich in meinem Elternhaus war. Die meisten von ihnen stammten aus Amdo und erzählten mir immer Geschichten über mein Heimatdorf und andere Dörfer der Gegend, worüber ich mich sehr freute. Ich plünderte auch gern die elterliche Vorratskammer mit ihnen. Aus naheliegenden Gründen freuten sich auch die Diener meiner Eltern über meine Anwesenheit, so daß man sagen kann, daß unsere Beziehung auf Gegenseitigkeit beruhte. Die beste Zeit für unsere Raubzüge war der Spätherbst, weil es dann immer frische Vorräte an köstlichem getrocknetem Fleisch gab, das wir in Chilisauce eintauchten und aßen. Ich liebte es so, daß ich einmal weit mehr davon aß, als für mich gut war. Nicht lange darauf war mir dann richtig schlecht, und Kenrap Tenzin kam hinzu, als ich mich gerade erbrach. Mir war dies natürlich äußerst peinlich, und so war ich ihm für seine Zuwendung nicht sonderlich dankbar.

Obwohl ich der Dalai Lama war, behandelte mich die Dienerschaft meiner Eltern nicht anders als jeden anderen kleinen Jungen. Das war, außer zu offiziellen Anlässen, eigentlich immer so. Die Leute verhielten sich mir gegenüber ganz natürlich und hatten auch keine Angst, ihre Meinung offen zu äußern. So lernte ich schon in meiner Kindheit, daß das Leben für mein Volk nicht immer leicht ist. Auch meine Diener sprachen ganz offen über ihre Erfahrungen und die Ungerechtigkeiten, die ihnen durch Beamte und hohe Lamas zugefügt worden waren. Sie versorgten mich auch mit dem täglichen Klatsch, manchmal in der Form von Liedern oder Balladen, welche die Leute bei der Arbeit sangen. Obwohl meine Kindheit also manchmal recht einsam war und mir Tadrag Rinpoche nach meinem zwölften Lebensjahr nicht mehr erlaubte, mein Elternhaus zu besuchen, war ich keineswegs so isoliert wie Prinz Siddhartha oder Pu Yi, der letzte

Kaiser von China, es gewesen waren. Außerdem lernte ich im Laufe meiner Jugendzeit eine Reihe von interessanten Persönlichkeiten kennen.

Während meiner Kindheit lebten in Lhasa ungefähr zehn Europäer, aber ich hatte praktisch keinen Kontakt zu ihnen. Die erste Gelegenheit, einen von ihnen persönlich kennenzulernen, war, als Lobsang Samten Heinrich Harrer zu mir brachte.

Unter den Europäern, die während meiner Kindheit und Jugend in Lhasa wohnten, waren Sir Basil Gould, der Leiter der britischen Handelsmission, und sein Nachfolger, Hugh Richardson, der einige Bücher über Tibet geschrieben hat, und mit dem ich im Exil mehrere wichtige Gespräche führte. Zu den Europäern gehörte auch ein britischer Amtsarzt, dessen Namen ich vergessen habe. Was ich aber nicht vergessen habe, ist, wie dieser Mann einmal in den Norbulingka gerufen wurde, um einen der Pfauen zu behandeln, der unter einem Auge eine Zyste hatte. Ich sah ihm sehr genau zu und war überrascht, als ich hörte, wie er dem Pfau gut zuredete, und zwar nicht nur im Dialekt von Lhasa, sondern auch in der höflichsten Form, die es im Tibetischen gibt (zwei fast gänzlich verschiedene Sprachen!). Ich fand es außergewöhnlich, als dieser seltsame Herr das Tier mit »ehrenwerter Pfau« anredete.

Heinrich Harrer entpuppte sich als ein äußerst liebenswerter Mensch. Er hatte blondes Haar, wie ich es noch nie gesehen hatte, und so erhielt er von mir gleich den Spitznahmen Gopse, Blondschopf. Er war gebürtiger Österreicher und während des Zweiten Weltkrieges von den Engländern in Indien interniert worden. Zusammen mit Peter Aufschnaiter, einem anderen Gefangenen, war es ihm aber gelungen, zu fliehen und sich bis nach Lhasa durchzuschlagen. Das war eine besondere Leistung, war Tibet doch für alle Ausländer Sperrgebiet, mit Ausnahme der wenigen, die eine Sondererlaubnis hatten. Sie lebten fast zwei Jahre als Nomaden, bevor sie endlich die Hauptstadt erreichten.

Die Bevölkerung war so beeindruckt von ihrem Mut und ihrer Ausdauer, daß die Regierung ihnen den Aufenthalt gewährte. Ich war einer der ersten, der über ihre Ankunft informiert wurde, und war schon ganz neugierig, sie zu sehen, besonders Harrer, denn es hatte sich bald herumgesprochen, daß er ein sehr interessanter und umgänglicher Mensch war.

Harrer sprach fließend Umgangstibetisch und hatte einen herrlichen Humor. Zugleich benahm er sich aber sehr höflich und respektvoll. Als ich ihn besser kennengelernt hatte, hielt er sich nur mehr in Anwesenheit meiner Beamten an all die Förmlichkeiten; sonst war er mir gegenüber offen und direkt. Das schätzte ich an ihm.

Das erste Mal traf ich ihn, wie ich glaube, im Jahre 1948. Von da an sahen wir uns die anderthalb Jahre bis zu seiner Abreise regelmäßig, normalerweise einmal wöchentlich. Durch ihn erfuhr ich viel über die Welt außerhalb Tibets, besonders über Europa und den Zweiten Weltkrieg. Er war mir auch beim Erlernen des Englischen behilflich, mit dem ich kurz zuvor begonnen hatte. Von einem meiner Beamten hatte ich bereits das Alphabet gelernt, das ich in die tibetische Lautform übersetzt hatte, aber ich wollte noch viel mehr lernen. Harrer half mir auch sonst in vielen praktischen Dingen, zum Beispiel mit dem Generator, den mir die Engländer mit dem Filmprojektor mitgeliefert hatten. Wie sich herausstellte, war er sehr alt und kaputt, und ich habe mich manchmal gefragt, ob die britischen Beamten nicht den für mich bestimmten Generator behielten und mir statt dessen ihren alten zukommen ließen.

Wofür ich mich zu jener Zeit ganz besonders interessierte, waren die drei Autos, die der XIII. Dalai Lama nach Tibet hatte importieren lassen. Obwohl es keine richtigen Straßen gab, hatte er sie gelegentlich benutzt und sich damit in Lhasa und Umgebung herumfahren lassen. Nach seinem Tod wurden sie aber nie mehr verwendet und standen nun in einem heruntergekommenen Zustand in einem Gebäude im Norbulingka. Eines der Autos war ein amerikanischer Dodge, die anderen beiden waren Baby Austins, alles Modelle aus den späten zwanziger Jahren. Außerdem gab es noch einen Willys Jeep, den die tibetische Handelsmission auf einer Amerika-Reise 1948 erstanden hatte, der aber nur selten benutzt wurde.

Wie bei den Filmprojektoren dauerte es auch hier eine Weile, bis ich jemanden gefunden hatte, der mit den Autos umzugehen wußte. Ich war aber fest entschlossen, sie wieder in Gang zu bringen. Schließlich fand man einen Chauffeur, Tashi Tsering. Auch er war ein jähzorniger Mann, der aus Kalimpong stammte, einem indischen Ort nahe der tibetischen Grenze. Wir bastelten beide an den Wagen herum, bis es uns endlich gelang, einen der beiden Austins zum Funktionieren zu bringen, indem wir den anderen ausschlachteten. Der Dodge und der Jeep waren in einem besseren Zustand und liefen schon nach kurzem Herumbasteln.

Als die Autos wieder fahrbereit waren, durfte ich mich ihnen natürlich nicht mehr nähern. Ich fand das unerträglich, und eines Tages, als mein Chauffeur nicht da war, beschloß ich, eine kleine Spritzfahrt zu unternehmen. Um den Dodge oder den Jeep anzulassen, benötigte man einen Schlüssel, den aber der Fahrer hatte. Der Austin hingegen hatte eine Magnetzündung und konnte mit dem Kurbelgriff gestartet werden. Ganz behutsam fuhr ich rückwärts aus dem Schuppen und machte mich dran, eine Runde um den Garten zu drehen. Leider ist der Park des Norbulingka voller Bäume, und es dauerte nicht lange, bis ich gegen einen von ihnen fuhr. Zu meinem Schrecken sah ich, daß das Glas an einem der beiden Scheinwerfer zerbrochen war. Mir war klar, daß ich es unbedingt reparieren mußte, da meine Spazierfahrt sonst entdeckt und ich in der Patsche sitzen würde.

Es gelang mir, den Wagen, ohne weiteren Schaden anzurichten, an seinen Platz zurückzufahren, wo ich gleich damit begann, ihn zu reparieren. Zu meiner Bestürzung mußte ich feststellen, daß das Glas nicht aus gewöhnlichem, sondern aus mattiertem Glas bestand. Obwohl ich alsbald ein Stück Glas fand, das ich passend zurechtschneiden konnte, ergab sich nun das Problem, daß es anders als das Original aussah. Schließlich löste ich das Problem, indem ich es mit Zuckersirup bestrich. Ich war mit dem Resultat meiner Handwerksarbeit recht zufrieden, hatte aber trotzdem sehr starke Schuldgefühle, als ich meinen Chauffeur traf. Ich war sicher, daß er etwas bemerkt hatte oder zumindest bald herausfinden würde, was passiert war. Er sprach aber nie ein Wort darüber. Ich werde Tashi Tsering nie vergessen. Er lebt jetzt in Indien, und obwohl ich ihn selten sehe, betrachte ich ihn nach wie vor als guten Freund.

Der tibetische Kalender ist eine ziemlich komplizierte Angelegenheit. Er basiert auf Mondmonaten, und statt Jahrhunderten folgen wir einem Zyklus von sechzig Jahren. Jedes Jahr entspricht einem der fünf

Elemente – der Reihe nach Eisen, Wasser, Holz, Feuer und Erde – und einem der folgenden zwölf Tierzeichen: Pferd, Schaf, Affe, Vogel, Hund, Schwein, Maus, Ochse, Tiger, Hase, Drache und Schlange. Jedes der fünf Elemente gilt für zwei aufeinanderfolgende Jahre, einmal in seiner männlichen und das andere Mal in seiner weiblichen Form und wird jedes Jahr mit einem anderen Tier kombiniert. Das Jahr 2000 zum Beispiel wird für Tibeter das männliche Eisen-Drachen-Jahr sein.

Vor dem Einmarsch der Chinesen wurden in Tibet das ganze Jahr hindurch viele traditionelle Feste gefeiert. Diese hatten meist religiösen Charakter, galten aber nicht nur für Mönche, sondern wurden von der ganzen Bevölkerung mitgefeiert. Die Bevölkerung verbrachte diese Feste, indem sie aß, trank, sang, tanzte, Spiele spielte und zwischendurch betete. Eines der wichtigsten Ereignisse des Jahres war Losar, die Neujahrsfeier, die nach dem westlichen Kalender auf den Februar oder März fällt. Bei dieser Gelegenheit fand auch meine jährliche öffentliche Begegnung mit dem Nechung, dem Staatsorakel, statt. Ich werde in einem der folgenden Kapitel noch ausführlicher darüber berichten, aber kurz gesagt hatten ich und die Regierung dadurch die Möglichkeit, uns über ein Medium (tibetisch: *Kuten*) mit Dorje Drakden, der Schutzgottheit Tibets, über das kommende Jahr zu beraten.

Eines der religiösen Feste löste sehr gemischte Gefühle in mir aus, und zwar Mönlam, das Große Gebetsfest, das gleich nach Losar stattfindet. Der Grund dafür war, daß ich als Dalai Lama schon von klein auf an der damit verbundenen, äußerst wichtigen Zeremonie teilnehmen mußte. Was alles noch verschlimmerte, war, daß ich jedesmal unter einer schweren Grippe litt, so wie es mir jetzt immer ergeht, wenn ich nach Bodh Gaya in Indien fahre. Der Grund dafür war, daß ich während der Zeit des Festes im Jokhang-Tempel wohnen mußte, wo mein Gemach noch staubiger und rußiger war als das im Potala.

Die Zeremonie oder *Puja*, vor der ich mich so fürchtete, fand an einem Nachmittag am Ende der ersten der beiden Festwochen statt. Vorher hielt der Regent einen langen Vortrag über das Leben des Shakyamuni Buddha. Die Zeremonie selbst dauerte über vier Stunden, nach welchen ich eine lange und schwierige Passage aus den

Schriften auswendig aufsagen mußte. Ich war so aufgeregt, daß ich kein einziges Wort des Vortrages in mir aufnehmen konnte. Mein Erster Tutor, der Regent, mein Zweiter Tutor, der Religiöse Zeremonienmeister, der Küchen- und der Gewandmeister waren alle ebenso nervös, vor allem deshalb, weil ich hoch oben auf einem Thron saß und mir niemand etwas vorsagen konnte, falls ich steckenblieb.

Aber meinen Text nicht zu vergessen war nur ein Teil des Problems. Da diese Angelegenheit sich so lange hinzog, plagte mich außerdem die Angst, daß meine Blase nicht so lange durchhalten würde. Schließlich verlief aber alles gut, sogar das erste Mal, als ich noch klein war. Aber ich weiß noch, daß ich vor Furcht wie gelähmt war. Als die Feier endlich vorüber war, war ich außer mir vor Freude. Nicht nur, weil ich jetzt zwölf Monate meine Ruhe hatte, sondern weil nun einer der schönsten Momente im Jahresablauf des Dalai Lama kam: Ich durfte nämlich hinaus und in den Straßen der Stadt herumgehen, um die Torma, die riesigen, buntbemalten Butterskulpturen zu sehen, die den Buddhas an diesem Tag nach altem Brauch dargebracht wurden. Außerdem gab es Puppentheater und Musik von Militärkapellen; es herrschte also größte Freude unter den Menschen.

Der Jokhang-Tempel ist der heiligste Ort in ganz Tibet. Erbaut wurde er im 7. Jahrhundert, zur Zeit von König Songtsen Gampo. Er sollte eine Statue beherbergen, die Bhrikuti Devi – eine der Frauen des Königs und Tochter des nepalesischen Königs Amshuvarman – als Brautgabe mitgebracht hatte. (Songtsen Gampo hatte noch vier weitere Frauen, von denen drei Tibeterinnen waren. Die vierte war Prinzessin Wencheng Kongjo, die Tochter des zweiten Kaisers der chinesischen Tang-Dynastie.) Der Jokhang ist im Laufe der Jahrhunderte beträchtlich vergrößert und verschönert worden. Vor seinem Eingang steht eine Stele, die Zeugnis von der einstigen Größe Tibets ablegt. In sie wurde – in tibetischer und chinesischer Sprache – der Text des Vertrags von 821/22 gemeißelt, der zwischen dem damaligen König von Tibet, Tritsug Detsen, und dem chinesischen König Wen Wu Hsiao-te Hwang-ti geschlossen wurde. Darin wird die Grenze zwischen den beiden Königreichen festgelegt und feierlich verkündet, daß beide Seiten »zum dauernden Wohl ihrer Länder, jetzt und in der Zukunft, ... keinen Krieg mehr führen oder Land beschlagnahmen« werden. »Alle Menschen sollen in Frieden leben und zehntausend

Jahre lang den Segen dieses Glücks teilen.« Der Vertragstext endet mit der Versicherung, daß beide Seiten unter Berufung auf alle überirdischen Instanzen feierlich den Eid geschworen und das Abkommen ratifiziert haben, das nun, mit allen Siegeln versehen, in den königlichen Archiven aufbewahrt wird.

Meine Kammer im Jokhang befand sich im zweiten Stock, mit anderen Worten auf dem flachen Dach dieses großen Tempels. Von den Fenstern aus hatte ich sowohl einen Blick in den Hauptteil des Gebäudes als auch auf den Marktplatz unter mir. Durch das nach Süden gerichtete Fenster sah ich auf die Haupthalle mit den ihre Gebete singenden Mönchen. Mir fiel auf, wie eifrig diese Mönche den ganzen Tag lang bei der Sache waren.

Der Blick nach Osten war allerdings ganz anders. Von dort aus konnte ich auf einen Innenhof sehen, wo junge Novizen wie ich versammelt waren. Ich schaute ihnen erstaunt zu, wie sie herumbummelten und manchmal sogar miteinander rauften. Als ich noch sehr klein war, kletterte ich manchmal die Treppen hinunter, um sie aus der Nähe zu beobachten. Nicht zu glauben, was ich da sah und hörte! Zum Beispiel rezitierten sie ihre Gebete nicht so, wie sie es hätten tun sollen, sondern sangen sie einfach, wenn sie sich überhaupt die Mühe machten, ihren Mund zu öffnen. Viele von ihnen taten noch nicht einmal das, sondern spielten die ganze Zeit. Zwischendurch brach auch immer wieder ein Handgemenge aus. Da zogen sie dann ihre hölzernen Eßschalen hervor und schlugen sie einander auf den Kopf. Solche Szenen riefen gemischte Gefühle in mir hervor. Auf der einen Seite fand ich diese Mönche außerordentlich dumm, auf der anderen Seite aber beneidete ich sie. Sie schienen sich um nichts in der Welt kümmern zu müssen. Wenn ihre Kämpfe allerdings in Ernst ausarteten, bekam ich es mit der Angst zu tun und ging weg.

Vom West-Fenster aus konnte ich auf den Marktplatz sehen. Dies war meine Lieblingsaussicht. Nur durfte ich nicht direkt durchs Fenster schauen, weil man mich dann möglicherweise erblickte und sofort jeder herbeigelaufen kam, um sich vor Respekt auf den Boden zu werfen. Deshalb guckte ich verstohlen durch die Vorhänge hindurch und kam mir dabei vor, als täte ich etwas Verbotenes.

Als ich zum ersten- oder zweitenmal im Jokhang war, also mit sieben oder acht Jahren, blamierte ich mich schrecklich. Die Menschenmenge da unten auf dem Marktplatz brachte mich aus der Fassung, und ich erdreistete mich, meinen Kopf zwischen den Vorhängen hindurchzustecken. Als ob das nicht schon schlimm genug gewesen wäre, machte ich noch mit meinem Speichel Blasen, die auf die Köpfe einiger der Menschen hinuntertropften, die sich zu Boden warfen. Allerdings kann ich sagen, daß der junge Dalai Lama schließlich doch einiges an Selbstdisziplin lernte.

Ich schaute auch immer gern auf die Verkaufsstände hinunter, und einmal sah ich das Holzmodell eines Gewehrs. Ich schickte jemanden hin, um es für mich zu kaufen. Das Geld dafür stammte von den Spenden der Pilger. Manchmal nahm ich ein wenig davon, da ich offiziell ja nicht mit Geld umgehen durfte. Auch heute kümmere ich mich nicht um Geldangelegenheiten; meine Einnahmen und Ausgaben werden alle über meine Privatkanzlei abgewickelt.

Was mich an meinen Aufenthalten im Jokhang immer freute, war die Möglichkeit, neue Freunde unter den dortigen Dienern zu gewinnen. Wie üblich verbrachte ich meine gesamte Freizeit mit ihnen, und ich glaube, es tat ihnen genauso leid wie mir, wenn ich wieder fortging. In einem Jahr aber waren die Leute, mit denen ich mich im Jahr zuvor so eng befreundet hatte, nicht mehr da. Ich war sehr überrascht, da ich mich schon gefreut hatte, sie alle wiederzusehen. Nur ein einziger war noch da, und ich erkundigte mich bei ihm, was mit den anderen passiert sei. Er erzählte mir, daß die anderen zehn alle wegen Diebstahls entlassen worden waren. Nach meiner letzten Abreise waren sie von oben durch die Decke in meine Wohnung geklettert und hatten mehrere Gegenstände – goldene Butterlampen und ähnliches – mitgenommen. Das also waren meine Freunde!

Der letzte Tag des Mönlam-Festes spielte sich wiederum im Freien ab. Zuerst wurde eine große Statue von Maitreya, dem Buddha der Zukunft, in einer Prozession durch die Ringstraße um die Altstadt getragen. Die Straße hieß Lingkhor, aber ich habe gehört, daß es sie infolge der städtebaulichen Maßnahmen der Chinesen nicht mehr gibt. Aber der innere Ring um den Jokhang, der Barkhor, existiert nach wie vor. In früheren Zeiten haben sich fromme Pilger zum Zeichen ihrer Demut den ganzen Lingkhor entlang Schritt für Schritt immer wieder auf den Boden geworfen.

Sobald die Prozession ihre Runde beendet hatte, entstand ein allgemeines Durcheinander, weil sich die Menschen nun den verschiedenen sportlichen Aktivitäten zuwandten. Dazu gehörten Pferderennen und Wettläufe, an denen auch das Publikum teilnahm und wobei sich alle sehr amüsierten. Die Pferderennen waren insofern ungewöhnlich, als die Tiere reiterlos waren. Sie wurden westlich des Klosters Drepung losgeschickt und mußten dann, von Knechten und dem Publikum unterstützt und geleitet, bis ins Zentrum von Lhasa laufen. Von einem anderen Punkt aus, der dem Ziel viel näher lag, starteten, noch bevor die Pferde dort angekommen waren, die Hobbyathleten, die am Wettlauf teilnahmen. Pferde und Läufer erreichten ungefähr zur selben Zeit das Ziel, was immer zu einem fröhlichen Durcheinander führte. Einmal kam es auch zu einem unangenehmen Zwischenfall, als sich einige der Läufer an die Schwänze der Pferde klammerten und sich von ihnen ziehen ließen. Sobald das Rennen vorüber war, beschuldigte der Oberhofmeister all jene, von denen er glaubte, daß sie gemogelt hatten. Viele von ihnen gehörten zu meinem Hofstaat. Es tat mir sehr leid, als ich hörte, daß sie wahrscheinlich bestraft werden würden. Ich konnte dann aber zu ihren Gunsten eingreifen.

Bestimmte Aspekte des Mönlam-Festes betrafen die gesamte Bevölkerung Lhasas direkt. Das hing damit zusammen, daß die Stadtverwaltung seit jeher dem Abt des Klosters Drepung oblag. Dieser ernannte unter seinen Mönchen einen Stab von Beamten und Polizisten, die für Recht und Ordnung zu sorgen hatten und in der Regel sehr streng waren. Sie teilten selbst bei geringfügigen Delikten schwere Strafen aus. Auf Reinlichkeit legte der Abt immer besonderen Wert, und so kam es, daß zu dieser Zeit alle Gebäude neu angestrichen und die Straßen gründlich gesäubert wurden.

Von allen Festen gefielen mir die Opernfestspiele am besten, die jährlich am ersten Tag des siebten Monats begannen und eine ganze Woche dauerten. Es gab Aufführungen von verschiedenen Tänzer-, Sänger- und Schauspielergruppen aus ganz Tibet. Diese Aufführungen fanden auf einem gepflasterten Areal entlang der Außenseite der »Gelben Mauer« statt, und ich konnte sie von einer behelfsmäßigen Tribüne aus verfolgen, die auf dem Dach eines angrenzenden Gebäudes aufgestellt wurde. Zu den Zuschauern gehörten auch alle Mitglieder der Regierung und deren Frauen, die diesen Anlaß dazu benutzten, mit ihrem prächtigen Schmuck und ihren feinen Gewändern miteinander zu wetteifern. Derartige Rivalitäten beschränkten sich aber nicht nur auf die Frauen. Auch die Diener im Norbulingka liebten die Zeit der Opernfestspiele, und in den Tagen davor waren sie alle damit beschäftigt, sich Kleider und Schmuck, wenn möglich Korallen, auszuborgen, die sie dann zur Schau trugen. Ihr Auftritt begann, wenn sie Gefäße voller Blumen für einen Blumenwettbewerb präsentierten, der gleichzeitig abgehalten wurde.

Einen meiner Diener werde ich nie vergessen. Er trug immer einen besonderen Hut, auf den er sehr stolz war. Der Hut hatte eine lange Quaste aus roter Seide, die er kunstvoll um seinen Hals schlang und über seine Schulter breitete.

Es kamen auch Leute aus dem Volk, um sich die Theaterstücke anzusehen. Sie hatten jedoch keine Sitzplätze wie die Regierungsbeamten und die Aristokratie. Natürlich interessierten sie sich nicht nur für die Stücke selbst, sondern waren auch gekommen, um die hohen Beamten in ihrer Festkleidung zu bewundern. Bei dieser Gelegenheit gingen sie auch, die Gebetsmühle in ihrer rechten Hand, um die »Gelbe Mauer« herum.

Es kamen aber nicht nur Leute aus Lhasa; man sah auch große, draufgängerische Khampas aus dem Osten des Landes, in deren langes Haar rote Quasten geflochten waren, nepalesische und sikkimische Händler aus dem Süden und natürlich die hageren, kleinen nomadischen Bauern. Diese Menschen verbrachten ihre Zeit damit, sich zu amüsieren – etwas, was die Tibeter von Natur aus gut können. Wir Tibeter sind zum Großteil recht einfache Menschen, die nichts lieber haben als ein tolles Spektakel und eine fröhliche Feier. Sogar Mitglieder der Mönchsgemeinschaft nahmen daran teil, heimlich natürlich, das heißt verkleidet.

Was für eine glückliche Zeit das war! Die Leute schwatzten während der Aufführungen und waren mit den Liedern und Tänzen so vertraut, daß sie jede Szene schon auswendig kannten. Fast jeder hatte etwas zum Essen dabei und natürlich Tee und Chang, und alle gingen umher, wie es ihnen gerade paßte. Junge Frauen stillten ihre Babys, und kleine Kinder liefen kreischend und lachend herum und hielten nur manchmal kurz inne, um mit großen Augen zu schauen, wenn ein neuer Schauspieler in einem bunten und ausgefallenen Kostüm die Bühne betrat. In solch einem Augenblick erhellte ein Funkeln den Blick der alten Männer, die allein und mit steinernem Gesichtsausdruck dasaßen, und die alten Weiber unterbrachen für eine Weile ihr Geschwätz. Dann ging aber alles weiter wie zuvor, während die Sonne durch die dünne, glasklare Bergluft niederbrannte.

Der einzige Moment, in dem wirklich alle ganz bei der Sache waren, war, wenn Satiren aufgeführt wurden. Dazu verkleideten sich die Schauspieler als Mönche, Nonnen, hohe Beamte oder gar als das Staatsorakel und verspotteten sie.

Zu den weiteren wichtigen Feiertagen im Jahr zählte das Fest von Mahakala am achten Tag des dritten Monats. Auf diesen Tag fiel offiziell der Sommeranfang, und alle Regierungsmitglieder trugen nun Sommerkleidung. Dies war auch der Tag, an dem ich in den Norbulingka übersiedelte. Am fünfzehnten Tag des fünften Monats war Zamling Chisang, der Weltgebetstag. Dieser Tag kennzeichnete den Beginn einer einwöchigen Ferienperiode, während der die meisten Bewohner Lhasas, mit Ausnahme der Mönche, Nonnen und Mitglieder der Regierung, auf die großen Ebenen außerhalb der Stadt hinauszogen, dort Zelte aufschlugen, Picknicks veranstalteten und viele gesellige Stunden verbrachten. Ich bin davon überzeugt, daß daran heimlich auch Menschen teilnahmen, denen dies eigentlich verboten war.

Am fünfundzwanzigsten Tag des zehnten Monats, dem Todestag von Lama Tsongkhapa, dem großen Reformer des Buddhismus in Tibet und Gründer des Gelugpa-Ordens, feierte man ein besonderes Fest. Bei dieser Gelegenheit wurden im ganzen Land Fackelzüge veranstaltet und zahllose Butterlampen angezündet. Mit diesem Fest begann offiziell der Winter, die Beamten trugen von nun an wieder ihre Wintergarderobe, und ich mußte in den Potala zurück. Ich wünschte mir damals, alt genug zu sein, um wie mein Vorgänger nach dieser Prozession heimlich wieder in den Norbulingka zurückzukehren, wo auch er viel lieber war.

Es gab auch eine Anzahl von rein weltlichen Veranstaltungen im Jahr, etwa den alljährlichen Pferdemarkt, der im ersten Monat abgehalten wurde. Und im Herbst trieben die Nomaden ihre Yaks herbei, um sie an die Schlachter zu verkaufen. Mich machte der Gedanke, daß diese Tiere nun alle bald getötet wurden, immer besonders traurig, und wenn ich sah, daß Tiere am Norbulingka vorbei zum Markt getrieben wurden, veranlaßte ich, daß jemand sie an meiner Stelle kaufte, um ihr Leben zu retten. Im Laufe der Jahre habe ich auf diese Weise mindestens zehntausend Tiere, wenn nicht mehr, vor dem sicheren Tod bewahren können. Wenn ich mir das so überlege, denke ich, daß jener schlimme Junge doch auch Gutes bewirkte.

DER EINMARSCH

Im Sommer 1950 – dem Eisen-Tiger-Jahr –, am Tag, bevor die Opern-festspiele begannen, kam ich gerade aus dem Baderaum im Norbu-lingka, als sich die Erde unter meinen Füßen bewegte. Das Beben dauerte mehrere Sekunden. Es war schon spät am Abend, und ich hatte mich wie immer mit einem Diener unterhalten, während ich mich vor dem Zubettgehen wusch. Das Bad befand sich damals in einem kleinen Außengebäude, wenige Meter von meinen Gemächern entfernt, so daß ich gerade im Freien war, als dies geschah. Zunächst dachte ich, daß es wieder ein Erdbeben gewesen sei, von denen es in Tibet ja viele gibt. Als ich dann in mein Zimmer zurückkehrte, bemerkte ich auch, daß einige Bilder schief hingen. Das erinnerte mich daran, wie ich einmal in meinem Zimmer im siebten Stock des Potala ein Erdbeben erlebt und mich zu Tode gefürchtet hatte. Dies-mal hingegen bestand kaum Gefahr, da die Gebäude im Norbulingka alle nur ein- oder zweistöckig sind. Aber gerade in dem Augenblick hörte man in der Ferne einen ohrenzerschmetternden Knall. Ich stürzte wieder ins Freie, gefolgt von einigen Dienern.

Als wir zum Himmel hinaufblickten, knallte es wieder und wieder und wieder. Es klang wie Artillerieschüsse, und so nahmen wir an, daß dies die Ursache für das Beben war – irgendein Versuch, den die tibetische Armee gerade durchführte. Insgesamt hörten wir dreißig bis vierzig solcher Explosionen, die alle aus Nordosten zu kommen schienen.

Am nächsten Tag aber erfuhren wir, daß dies mitnichten ein militärischer Test, sondern ein Naturereignis gewesen war. Manche Leute berichteten sogar, sie hätten ein seltsames rotes Leuchten am Himmel gesehen, und zwar aus derselben Richtung, aus der man die Explosionen vernommen hatte. Nach und nach fand man heraus, daß man das Beben nicht nur in der Gegend von Lhasa, sondern in ganz

Tibet gespürt hatte: in Chamdo, fast siebenhundert Kilometer östlich von Lhasa, und ebenso in Sakya, fünfhundert Kilometer südwestlich davon. Angeblich hatte man es auch in Kalkutta wahrgenommen. Als die Ausmaße dieses sonderbaren Ereignisses deutlich wurden, fingen die Leute natürlich an zu sagen, dies sei mehr als ein gewöhnliches Erdbeben gewesen, ein Omen der Götter, ein Zeichen, das auf Schreckliches hindeute.

Ich hatte schon seit meiner Kindheit ein großes Interesse an den Wissenschaften und wollte natürlich eine wissenschaftliche Erklärung für dieses außergewöhnliche Ereignis haben. Als ich ein paar Tage darauf Heinrich Harrer sah, fragte ich ihn, welche Erklärung er denn habe, und zwar nicht nur für die Erschütterungen der Erde, sondern vor allem für die seltsamen Erscheinungen am Himmel. Er sagte, er sei davon überzeugt, daß beide Erscheinungen miteinander verbunden seien und daß wir es wohl mit einer Spaltung der Erdoberfläche zu tun hätten, die durch die Aufwärtsbewegung von ganzen Gebirgen verursacht wurde.

Ich fand diese Erklärung zwar logisch, aber unwahrscheinlich. Warum sollte ein Aufbrechen der Erdkruste von einem Leuchten am nächtlichen Himmel und von Donnerschlägen begleitet sein? Wie war es außerdem möglich, daß es über so große Entfernungen beobachtet werden konnte? Mir schien, daß Harrers Erklärungen unzureichend waren, und das meine ich noch heute. Vielleicht gibt es eine wissenschaftliche Erklärung, aber ich habe das Gefühl, daß jenes Ereignis etwas wahrhaft Geheimnisvolles an sich hatte, das sich gegenwärtig noch jeder wissenschaftlichen Erklärung entzieht. Es fällt mir in diesem Fall viel leichter, es als etwas Metaphysisches oder zumindest als etwas Übernatürliches zu akzeptieren. Ob es nun aber ein Warnzeichen von oben oder einfach ein Grollen von unten war, von da an jedenfalls verschlechterte sich die Lage in Tibet sehr schnell.

Wie bereits erwähnt, ereignete sich das Erdbeben kurz vor Beginn der Opernfestspiele. Wenn es tatsächlich ein schlechtes Omen war, begann es jedenfalls schon zwei Tage später, sich zu bewahrheiten. Es war fast schon Abend, und ich wohnte gerade einer der Aufführungen bei, als ich einen Boten in meine Richtung laufen sah. Als er meine Tribüne erreichte, brachte man ihn sofort zu Tadrag Rinpoche, dem Regenten, der auf der anderen Seite der Tribüne saß.

Ich verstand sofort, daß irgend etwas nicht in Ordnung war. Unter normalen Umständen wären Regierungsangelegenheiten auf die nächste Woche verschoben worden. Natürlich war ich vor Neugierde ganz außer mir. Was konnte das wohl bedeuten? Irgendwas Schreckliches mußte passiert sein. Da ich aber noch so jung war und politisch nichts zu sagen hatte, mußte ich mich gedulden, bis Tadrag Rinpoche es für angebracht hielt, mich zu informieren. Ich hatte allerdings herausgefunden, daß ich von einer Kommode aus durch ein sehr hoch angebrachtes Fenster in seinen Raum gucken konnte. Als der Bote dort eintraf, hievte ich mich empor und belauschte mit angehaltenem Atem den Regenten. Ich konnte sein Gesicht deutlich sehen. Als er den Brief las, wurde er sehr ernst. Nach wenigen Minuten stand er auf, ging hinaus und gab Anweisungen, den Kashag einzuberufen.

Mit der Zeit fand ich heraus, daß es sich um ein Telegramm des Gouverneurs von Kham in Chamdo handelte, das von einem Überfall chinesischer Soldaten auf einen tibetischen Wachtposten berichtete, der zum Tod des verantwortlichen Offiziers geführt hatte. Das war natürlich eine bedrohliche Nachricht. Es hatte bereits im vergangenen Herbst Grenzverletzungen und Einfälle chinesischer Kommunisten gegeben, die ihre Absicht bekundet hatten, Tibet aus den Händen imperialistischer Aggressoren – wer immer das sein mochte – befreien zu wollen. Dies war geschehen, obwohl alle in Lhasa ansässigen chinesischen Beamten 1947 des Landes verwiesen worden waren.

Jetzt sah es so aus, als ob die Chinesen diese Drohung in die Tat umsetzen wollten. Wenn dies wirklich der Fall war, das wußte ich, befand sich Tibet in höchster Gefahr, da unsere Armee über nicht mehr als achttausendfünfhundert Offiziere und Soldaten verfügte und sich keinesfalls mit der erst kürzlich siegreich hervorgetretenen Volksbefreiungsarmee messen konnte.

An die Opernfestspiele jenes Jahres kann ich mich kaum noch erinnern. Ich weiß nur noch, welche Trostlosigkeit ich im Herzen fühlte. Nicht einmal die zauberhaften Tänze konnten meine Aufmerksamkeit fesseln, bei denen sich die Schauspieler in kunstvoll angefertigten Kostümen (einige Schauspieler waren als Skelette verkleidet, um den Tod darzustellen) nach einer jahrhundertealten Choreographie feierlich zu langsamen Trommelrhythmen bewegten.

Zwei Monate später, im Oktober, trafen unsere schlimmsten Befürchtungen ein. Lhasa erreichte die Nachricht, daß eine achtzigtausend Mann starke Streitmacht der Volksbefreiungsarmee den Yangtze (Drichu) östlich von Chamdo überschritten hatte. Berichten im chinesischen Rundfunk war zu entnehmen, daß am ersten Jahrestag der kommunistischen Machtübernahme in China (die Volksrepublik war am 1. Oktober 1949 ausgerufen worden) die »friedliche Befreiung« Tibets begonnen hatte.

Die Würfel waren also gefallen, und bald sollte auch das Schicksal Lhasas besiegelt sein. So einem Ansturm konnten wir unmöglich standhalten. Die tibetische Armee verfügte nicht nur über eine geringe Anzahl an Soldaten, sondern auch kaum über moderne Waffen. Das Ausbildungsniveau war zudem sehr niedrig, da die Armee während der Regierungszeit des Regenten vernachlässigt worden war. Nun versuchte man, schleunigst Einheiten aus anderen Teilen des Landes herbeizuholen und ein neues Regiment zusammenzustellen. Aber trotz ihrer Vergangenheit sind die Tibeter im Grunde friedliebende Menschen, und es galt als eine der niedrigsten Lebensformen, wenn jemand in der Armee war. Soldaten hatten dasselbe Image wie Schlachter. Deshalb war die Leistungsfähigkeit der Truppen, die nun gegen die Chinesen antreten mußten, nicht hoch.

Es ist müßig, darüber zu spekulieren, wie die Sache ausgegangen wäre, wenn die Umstände anders gewesen wären. Man muß aber betonen, daß die Chinesen bei ihrer Eroberung Tibets viele Soldaten verloren, zum Teil durch den heftigen Widerstand der Tibeter. Sie hatten aber auch große Probleme mit dem Nachschub und mit dem rauhen Klima. Viele ihrer Soldaten verhungerten, andere starben an der Höhenkrankheit, die Ausländer in Tibet seit je befallen und manchmal sogar getötet hat. Was die eigentlichen Kämpfe anbelangt, hätte die Größe und die Ausbildung der tibetischen Armee wahrscheinlich keine Rolle gespielt, denn schon damals war die Bevölkerung Chinas mehr als hundertmal größer als die tibetische.

Diese Bedrohung der Freiheit Tibets wurde auch in anderen Ländern wahrgenommen. Unterstützt von den Briten, legte die indische Regierung bei der Volksrepublik China Protest ein und erklärte, daß der chinesische Einmarsch nicht im Interesse des Friedens sei. Am 7. November 1950 appellierten der Kashag und die tibetische Regierung an die Vereinten Nationen, sich für uns einzusetzen. Aber leider

Der Einmarsch   63

hatte sich Tibet, das eine Politik der friedlichen Isolation verfolgte,
nie darum bemüht, Mitgliedsland zu werden, und so kam nichts dabei
heraus. Ebenso erfolglos waren die beiden weiteren Telegramme, die
noch vor Jahresende abgesandt wurden.

Als sich die Lage im Laufe des Winters weiter verschlechterte,
wurden Stimmen laut, man solle den Dalai Lama für volljährig erklären. Man begann sich dafür einzusetzen, daß mir schon zwei Jahre
früher die volle weltliche Macht übertragen wurde. Meine Diener
berichteten, sie hätten in Lhasa Plakate hängen sehen, die Schmähun-
gen gegen die Regierung enthielten und meine sofortige Inthronisation forderten, und es zirkulierten Lieder mit demselben Inhalt.

Es gab damals zwei Lager: Die einen hofften, daß ich das Land aus
der Krise führen würde, die anderen hielten mich noch für zu jung,
eine so große Verantwortung zu tragen. Ich gab den letzteren recht,
aber leider wurde ich nicht gefragt. Die Regierung beschloß, das
Staatsorakel zu Rate zu ziehen. Es war ein äußerst angespannter
Augenblick, als der Kuten, unter dem Gewicht seines riesigen zere-
moniellen Kopfschmuckes torkelnd, schließlich zu meinem Sitzplatz
kam und mir mit den Worten »Dü-la bab« (Seine Zeit ist gekommen)
eine weiße Seidenschleife in den Schoß legte.

Dorje Drakden hatte also gesprochen. Tadrag Rinpoche bereitete
sich alsgleich darauf vor, seine Stelle als Regent abzutreten. Allerdings
blieb er weiterhin mein Erster Tutor. Jetzt mußten nur noch die
Hofastrologen das geeignete Datum für meine Inthronisation fest-
legen. Sie einigten sich auf den 17. November 1950, da er angeblich
der günstigste Tag vor Ende des Jahres war.

Mich stimmte dieser plötzliche Umschwung sehr traurig. Einen
Monat vorher war ich noch ein sorgloser junger Mann gewesen, der
sich schon sehr auf die baldigen Opernfestspiele freute. Jetzt sah ich
mich mit der Aufgabe konfrontiert, mein Land zu führen, das sich auf
den Krieg vorbereitete. Rückblickend wird mir aber klar, daß ich
damals nicht so überrascht hätte sein dürfen. Seit einigen Jahren
schon hatte das Orakel ganz offen seine Verachtung für die Regierung
geäußert, während es mich immer mit großer Zuvorkommenheit
behandelt hatte.

Anfang November, rund zwei Wochen vor meiner Inthronisation,
kam mein ältester Bruder nach Lhasa. Ich kannte ihn kaum. Als

Taktser Rinpoche (Thupten Jigme Norbu) war er inzwischen Abt des
Klosters Kumbum geworden, wo ich jene einsamen achtzehn Monate
nach meiner Entdeckung als Dalai Lama verbracht hatte. Sobald ich
ihn erblickte, sah ich, daß er sehr gelitten hatte. Er war in einem
schlimmen Zustand, überaus angespannt und besorgt und stotterte,
als er mir seine Geschichte erzählte. Wegen ihrer großen Nähe zu
China war die Provinz Amdo, in der sich unser Geburtsort und auch
das Kloster Kumbum befanden, bereits in die Hände der Kommunisten gefallen. Er war sofort unter Druck gesetzt worden. Die Bewegungsfreiheit der Mönche wurde eingeschränkt, er selbst wurde wie
ein Gefangener in seinem eigenen Kloster gehalten. Gleichzeitig bemühten sich die Chinesen, ihm die neue kommunistische Denkweise
einzutrichtern und ihn für sich zu gewinnen. Sie hatten ihm nur
unter der Bedingung gestattet, nach Lhasa zu kommen, daß er versprach, mich zu überreden, die Herrschaft der Chinesen anzuerkennen. Sollte ich mich dagegen auflehnen, hatte er den Befehl, mich
umzubringen, wofür er belohnt werden sollte.

Das war wohl ein sehr sonderbares Ansinnen. Erstens ist die
Vorstellung, ein Lebewesen umzubringen, ganz gleich welches, für
Buddhisten ein Greuel. Der Vorschlag, er solle den Dalai Lama um-
bringen, um einen Vorteil für sich selbst zu erlangen, machte deutlich, wie wenig die Chinesen von der tibetischen Denkweise verstanden. Es sollte noch viele weitere Beispiele für diese Art von
Kurzsichtigkeit geben.

Nachdem mein Bruder aber ein Jahr lang hatte miterleben müssen,
wie die Chinesen seine Gemeinde auf den Kopf stellten, war er zu der
Einsicht gelangt, daß er nach Lhasa fliehen mußte, um mich und die
Regierung davor zu warnen, was wir in Tibet zu erwarten hatten,
wenn es von den Chinesen erobert wurde. Dieses Vorhaben konnte er
jedoch nur verwirklichen, wenn er vorgab, ihr Spiel mitzuspielen.
Deshalb willigte er schließlich in ihre Forderung ein.

Ich war entsetzt, als ich das hörte. Bisher hatte ich kaum etwas
über die Chinesen gewußt, und vom Kommunismus hatte ich absolut
keine Ahnung, außer, daß die Bevölkerung der Mongolei sehr darunter gelitten hatte. Sonst wußte ich über die Chinesen nur, was ich
einmal in einem Exemplar der Zeitschrift *Life* gelesen hatte, das mir
zufällig in die Hände geraten war. Jetzt war ich davon überzeugt, daß

sie alle Ungeheuer waren. Ich begann mir Gedanken darüber zu machen, was dies wohl für Tibet bedeuten würde, wenn sie ihren Plan, unser Land zu erobern, erfolgreich umsetzen würden. Wenn sie so wie die Briten gewesen wären, hätten wir uns keine Sorgen zu machen brauchen. Mein Bruder aber erklärte mir, daß sie nicht nur unreligiös waren, sondern der Religion sehr kritisch gegenüberstanden, während die Tibeter ein spirituell veranlagtes Volk sind. Meine Angst wurde größer und größer, als Taktser Rinpoche mir eröffnete, er sei zu dem Schluß gekommen, daß wir uns nur retten könnten, wenn wir Hilfe und Unterstützung von außen holten und uns mit Waffengewalt gegen die Chinesen wehrten.

Buddha verbat das Töten, aber er machte auch klar, daß es Umstände gab, die es rechtfertigten. Und mein Bruder meinte, daß dies nun solche Umstände waren. Er wollte sich deshalb von seinem Gelübde lossagen, seine Mönchsrobe ablegen und als Gesandter Tibets ins Ausland gehen. Er wollte zu den Amerikanern Kontakt aufnehmen, weil er sicher war, daß sie den Plan für ein freies Tibet unterstützen würden. Als er mir seinen Plan geschildert hatte, forderte er mich auf, Lhasa zu verlassen. Ich dürfe auf keinen Fall in die Hände der Chinesen fallen. Die Gefahr, sagte er, sei groß. Mich schockierten diese Ideen. Mehrere andere Personen dachten ähnlich wie er, aber nicht viele. Er flehte mich an, seinen Rat zu befolgen, unabhängig davon, was die Mehrheit dazu meinte.

Nach unserer Besprechung traf mein Bruder noch mit verschiedenen Mitgliedern der Regierung zusammen, bevor er die Hauptstadt verließ. Ich sah ihn noch ein- oder zweimal, konnte ihn aber nicht von seinem Plan abbringen. Die schrecklichen Erfahrungen im vergangenen Jahr hatten ihn zu der Überzeugung gebracht, daß dies der einzige Weg war. Ich beschäftigte mich aber auch nicht allzu sehr mit dieser Angelegenheit, da ich mit eigenen Aufgaben beschäftigt war. – Meine Inthronisation stand bevor.

Zur Feier des Tages hatte ich beschlossen, eine Generalamnestie zu gewähren. Am Tag meiner Machtübernahme wurden alle Gefangenen des Gefängnisses in Shöl auf freien Fuß gesetzt. Ich freute mich darüber, daß ich diese Möglichkeit hatte, auch wenn es mir nachträglich manchmal leid tat, da mir diese Freundschaft auf Distanz doch auch Freude bereitet hatte. Wenn ich nun mein Fernrohr auf das

Gefängnisgelände richtete, war es leer, höchstens, daß ich ein paar
Hunde erblickte, die dort nach Fressen suchten. Mir war, als ob mir
ein Teil meines Lebens abhanden gekommen sei.

Am Morgen des 17. November stand ich eine Stunde früher auf als
üblich. Es war noch finster. Als ich mich ankleidete, überreichte mir
der Gewandmeister ein grünes Stofftuch, das ich mir um die Taille
binden mußte. Das geschah auf Anordnung der Astrologen, die Grün
für eine günstige Farbe hielten. Ich beschloß, an jenem Morgen nicht
zu frühstücken, da ich bereits wußte, daß sich die Feier in die Länge
ziehen würde, ich aber von keinem menschlichen Bedürfnis abgelenkt werden wollte. Die Astrologen hatten jedoch verfügt, daß ich
vor Beginn der Zeremonie einen Apfel zu essen hatte. Ich weiß noch,
daß ich ihn fast nicht hinunterbrachte. Als dies erledigt war, ging ich
in den Gebetsraum, in dem bei Tagesanbruch die Inthronisation
stattfinden sollte.

Es wurde ein besonders feierliches Ereignis, an dem die gesamte
Regierung teilnahm, jeder in seinem besten und farbenprächtigsten
Gewand, sowie die verschiedenen ausländischen Vertreter, die in
Lhasa wohnten. Leider war es sehr dunkel, so daß ich kaum irgendwelche Einzelheiten erkennen konnte. Während der Feier übergab
man mir das Goldene Rad, das die Übernahme der weltlichen Macht
symbolisiert. Sonst weiß ich nicht mehr sehr viel darüber, außer daß
ich mit der Zeit einen starken Druck auf meiner Blase verspürte. Ich
gab natürlich den Astrologen die Schuld, denn es war ihre Idee
gewesen, daß ich einen Apfel essen sollte. Ich hatte nie viel von ihnen
gehalten, und das hat mein Vorurteil nur noch bestärkt.

Ich war immer der Ansicht, daß, wenn die wichtigsten Tage im
Leben eines Menschen, der Geburtstag und der Todestag, nicht von
den Astrologen festgesetzt werden können, es keinen Sinn hat, sich
um die anderen zu kümmern. Das ist aber meine persönliche Meinung, und es soll nicht heißen, daß ich finde, die Tibeter sollten auf
die Astrologie verzichten. Für unsere Kultur ist sie sehr wichtig.

Mein Befinden an jenem Morgen verschlechterte sich zusehends,
bis ich schließlich dem Haushofmeister die Botschaft hinunter-
reichte, er möge den Lauf der Dinge doch etwas beschleunigen.
Unsere Zeremonien dauern immer sehr lange, und ich fürchtete
schon, sie würde überhaupt nicht mehr enden.

Als die Feier endlich vorüber war, war ich das unbestrittene Oberhaupt von sechs Millionen wehrlosen Tibetern, denen der Einmarsch eines Volkes bevorstand, das auch damals schon mehr als sechshundert Millionen Menschen zählte. Und ich war erst fünfzehn Jahre alt. Ich stand nun auch an der Spitze eines zwar einzigartigen, aber hoffnungslos veralteten Regierungssystems, das nach so vielen Jahren der Regentschaft leider auch noch von Korruption durchsetzt war. Es war zum Beispiel nichts Ungewöhnliches, daß Spitzenpositionen käuflich erworben wurden.

Angesichts der wichtigen Rolle, die die Religion in unserem täglichen Leben einnahm, wurde jede Stellung vom Premierminister abwärts doppelt besetzt, und zwar jeweils mit einem Laien und einem Mönch. (Eine Ausnahme bildete der Kashag, der vier Mitglieder zählte, von denen nur einer ein Mönch war.) Ursprünglich gab es jeweils hundertfünfundsiebzig Regierungsvertreter. Zusätzlich zur Exekutivgewalt der Regierung gab es noch die Nationalversammlung, Mimang Tsongdu, die als eine Art Unterhaus fungierte.

Als der V. Dalai Lama – der erste, der sowohl das geistliche wie das weltliche Oberhaupt war – und sein Regent diese Struktur ersannen, war sie durchaus zweckmäßig. Für das 20. Jahrhundert aber war sie zu kompliziert und unzulänglich. Was die Sache noch verschlimmerte, war die schlechte Angewohnheit, daß alle die alten Regeln blind befolgten.

Selbstredend wurden kaum je Reformen durchgeführt. Nicht einmal der Dalai Lama war dazu imstande, da jeder Vorschlag von ihm zuerst dem Premierminister unterbreitet werden mußte, dann dem Kashag, dann jedem untergeordneten Mitglied der Exekutive und schließlich der Nationalversammlung. Gab es irgendwelche Einwände, war es fast ausgeschlossen, daß die Angelegenheit weitergeleitet wurde.

Dieselbe Prozedur, nur umgekehrt, galt auch, wenn die Nationalversammlung Reformen vorschlug. Wenn es dann dazu kam, daß eine vorgeschlagene Gesetzesänderung bis vor den Dalai Lama gelangte und er womöglich selbst noch ein paar Änderungen anbringen wollte, wurden diese auf Pergamentstreifchen geschrieben und ans Original geheftet, das dann wiederum durch alle Instanzen mußte. Was Reformen aber noch nachhaltiger verhinderte, war die auf Unwissen beruhende Angst, jeglicher Einfluß von außen könne dem tibetischen Buddhismus schaden.

Mir war klar, wie mangelhaft diese Verhältnisse waren. Ich wußte aber auch, daß ich den Problemen klar ins Auge blicken mußte. Ich spürte eine enorme Verantwortung. Meine erste Aufgabe war die Ernennung der beiden Premierminister. Man präsentierte mir eine Reihe von Kandidaten. Ich traf meine Wahl teilweise unter Befolgung der Ratschläge von Freunden, Ling Rinpoche und anderen, und teilweise nach eigenem Ermessen. Ich ernannte einen hohen Mönchsbeamten namens Lobsang Tashi sowie den erfahrenen Verwaltungsexperten Lukhangwa als seinen weltlichen Amtskollegen.

Nach Absprache mit dem Kashag beschloß ich, Gesandtschaften in die USA, nach Großbritannien und Nepal zu senden in der Hoffnung, die Regierungen dieser Länder davon überzeugen zu können, unsere Interessen gegenüber China zu unterstützen. Eine weitere Delegation wurde nach China entsandt, um über einen Rückzug zu verhandeln.

Diese Gesandtschaften verließen Lhasa gegen Ende des Jahres, ungefähr zu der Zeit, als wir auch beschlossen hatten, daß ich mit den ranghöchsten Mitgliedern der Regierung in den Süden des Landes ziehen sollte. Von hier aus konnte ich im Falle einer Verschlechterung der Lage leicht über die Grenze gelangen und in Indien um Exil nachsuchen. Andernfalls würde ich wieder nach Lhasa zurückkehren. In der Zwischenzeit sollten Lobsang Tashi und Lukhangwa in amtierender Stellung in Lhasa bleiben, während ich die Staatssiegel mitnahm.

EIN ZUFLUCHTSORT IM SÜDEN

Es gab viel zu organisieren, und so vergingen einige Wochen, bevor wir abreisten. Dazu kam, daß all diese Vorbereitungen im geheimen getroffen werden mußten. Meine Premierminister fürchteten nämlich, daß es zu Panikausbrüchen käme, wenn bekannt werden würde, daß der Dalai Lama die Abreise plante. Ich bin mir aber sicher, daß viele mitbekamen, was los war, da ja einige große Karawanen mit Gepäck vorausgeschickt wurden. Ohne daß ich etwas davon gewußt hätte, führten einige davon insgesamt fünfzig oder sechzig robuste Kisten mit, die mit Goldstaub und Silberbarren aus den Schatzkammern des Potala gefüllt waren. Die Idee stammte von Kenrap Tenzin, meinem ehemaligen Gewandmeister, der nun Chikyap Khenpo (Oberkämmerer) war. Ich war wütend, als ich das erfuhr, nicht wegen des Schatzes, sondern weil mein jugendlicher Stolz verletzt worden war. Indem er mir die Angelegenheit verschwiegen hatte, hatte mich Kenrap Tenzin noch immer wie ein Kind behandelt.

Ich sah dem Tag der Abreise mit Vorfreude und zugleich mit Besorgnis entgegen. Einerseits war ich sehr unglücklich darüber, mein Volk auf diese Weise im Stich zu lassen, denn ich fühlte ihm gegenüber eine starke Verantwortung. Andererseits freute ich mich schon sehr aufs Reisen. Was die Sache noch spannender machte, war der Entschluß des Oberhofmeisters, daß ich mich als gewöhnlicher Bürger verkleiden sollte. Er befürchtete, man werde versuchen, meine Abreise zu verhindern, wenn man mich erkennen würde. Daher riet er mir, inkognito zu reisen. Das fand ich aufregend. So würde ich nicht nur etwas von meinem Land zu sehen bekommen, sondern konnte dies auch noch aus der Perspektive eines gewöhnlichen Betrachters tun und nicht als Dalai Lama.

Wir verließen Lhasa mitten in der Nacht. Ich weiß noch, daß es kalt, aber sehr hell war. Die Sterne in Tibet leuchten heller, als ich es je sonstwo auf der Erde gesehen habe. Es war vollkommen still, und mir setzte jedesmal das Herz aus, wenn eines der Ponys stolperte, während wir heimlich den Potala verließen und dann am Norbulingka und am Kloster Drepung vorbeiritten.

Ziel unserer Reise war der Ort Dromo (Tromo ausgesprochen), ungefähr dreihundert Kilometer von Lhasa entfernt, nahe der Grenze zu Sikkim. Ohne Zwischenfälle würde die Reise mindestens zehn Tage dauern. Es dauerte aber nicht lange, da begannen schon die Schwierigkeiten. Nach ein paar Tagen erreichten wir den kleinen Ort Jang, wo die Mönche von Ganden, Drepung und Sera ihre Winterklausur abhielten. Sobald sie die Größe unserer Karawane sahen, war ihnen klar, daß wir keine gewöhnliche Reisegruppe waren. Es ritten mindestens zweihundert Menschen mit, darunter fünfzig hohe Beamte, mit einer ähnlichen Anzahl von Lasttieren. Die Mönche nahmen also an, daß auch ich mich darunter befand.

Zum Glück ritt ich ganz vorn an der Spitze, und niemand erkannte mich in meiner Verkleidung. So wurde ich nicht aufgehalten. Im Vorbeireiten bemerkte ich jedoch, daß die Mönche sehr bewegt waren und viele von ihnen Tränen in den Augen hatten. Kurz darauf hielten sie Ling Rinpoche an, der hinter mir herritt. Als ich mich umdrehte, sah ich, daß die Mönche auf ihn einredeten, mit mir zurückzukehren. Es war ein spannungsgeladener, äußerst emotionaler Augenblick. Ihr Glaube an mich als ihren »kostbaren Beschützer« war so stark, daß ihnen der Gedanke, ich könne sie verlassen, unerträglich war. Ling Rinpoche erklärte ihnen aber, daß ich nicht lange fortbleiben würde, und so ließen sie uns, wenn auch widerwillig, weiterziehen. Dann warfen sie sich auf den Boden und baten inständig, ich solle so bald wie möglich zurückkommen.

Nach diesem Zwischenfall gab es keine Probleme mehr, und so ritt ich voran und nutzte, wann immer ich konnte, die Gelegenheit, unerkannt mit den Leuten zu sprechen. Ich hatte nun die einzigartige Möglichkeit herauszufinden, wie meine Landsleute wirklich lebten, und konnte eine Reihe von Gesprächen führen, in denen ich meine Identität nicht preisgab. Dadurch erfuhr ich etwas über die kleineren Ungerechtigkeiten im Leben meines Volkes und faßte den Entschluß, so bald wie möglich Reformen durchzuführen.

Als unsere Karawane nach fast einer Woche Gyantse, Tibets viertgrößte Stadt, erreichte, war die geheime Absicht unseres Unternehmens bereits überall bekannt, und so strömten von allen Seiten Menschen herbei, um mich zu begrüßen. Ein kleiner Trupp der indischen Kavallerie, die Eskorte der indischen Handelsmission, präsentierte die Waffen. Wir hatten aber keine Zeit für Förmlichkeiten, sondern zogen eiligst weiter und erreichten Dromo völlig erschöpft nach einer fast zweiwöchigen Reise im Januar 1951.

Ich war sofort von seinem Zauber eingenommen. Der Ort selbst war gar nichts Besonderes – eine Gruppe von eng aneinanderliegenden kleinen Weilern –, aber die Landschaft war beeindruckend. (Dromo befand sich genau an dem Punkt, wo das Amo-chu-Tal sich teilt, auf einer Höhe von rund zweitausendsiebenhundert Metern über dem Meeresspiegel. Damit lag es neunhundert Meter niedriger als Lhasa, und ich fand es anfangs sehr belebend, diese »dickere« Luft zu atmen. Mir war, als ob ich doppelt so viel Kraft besaß als sonst.)

Ein Bach wand sich durch die Talsohle, so nah am Dorf entlang, daß man ihn Tag und Nacht rauschen hörte. Unweit des Wassers sah man steile Hänge. Manchmal floß der Bach dicht an den senkrechten Felswänden vorbei, die in den tiefblauen Himmel emporragten. Nicht weit entfernt thronten die mächtigen Berggipfel, die Tibets Landschaft zugleich so majestätisch, aber auch so bedrohlich erscheinen lassen. Überall verstreut auf den grünen Weiden standen Gruppen von Kiefern und Rhododendronbüschen. Das Klima war eher feucht. Bedingt durch die Nähe zum indischen Flachland kommt der Monsun auch nach Dromo. Aber selbst während der Regenzeit scheint oft die Sonne, die sich durch massive Wolkenbänke einen Weg bahnt und die ganze Landschaft dann in einem glanzvollen, mystischen Licht badet. Ich sehnte mich danach, die Gegend besser kennenzulernen und einige der leichter zugänglichen Berggipfel zu besteigen, sobald deren Hänge mit wilden Frühlingsblumen vollbewachsen waren. Noch aber war es tiefer Winter.

Nach meiner Ankunft in Dromo wohnte ich zunächst im Haus jenes Beamten, der mir immer Spielsachen und Äpfel geschickt hatte. Dann übersiedelte ich nach Dungkhar, einem kleinen Kloster auf einem Hügel, von wo aus man einen herrlichen Blick über das ganze Dromo-Tal hatte. Es dauerte nicht lange, bis wir uns häuslich eingerichtet hatten und ich wieder bei meinem üblichen Tagesablauf war:

Gebet und Meditation, Studium und Klausuren. Aber obwohl ich mir manchmal etwas mehr Freizeit gewünscht hätte und obwohl mir einige meiner Zerstreuungen von Lhasa fehlten, hatte ich das Gefühl, daß sich in mir etwas geändert hatte. Vielleicht hatte dies etwas mit dem Freiheitsgefühl zu tun, das ich verspürte, seit ich einen Großteil des strikten Protokolls und all der Förmlichkeiten abgeschafft hatte, die so sehr Teil meines Lebens in Lhasa waren. Natürlich fehlte mir auch die Gesellschaft meiner Diener, aber diese Leere wurde ausgeglichen durch das neue Gefühl der Verantwortung, das ich nun verspürte. Ich war auf dieser Reise zu der Einsicht gekommen, daß ich mich intensiver mit meinem Studium beschäftigen und so viel wie möglich lernen mußte. Ich schuldete es dem Vertrauen meiner Landsleute, der beste Mensch zu sein, der ich sein konnte.

Ein bedeutendes Ereignis fand schon kurz nach meiner Ankunft in Dromo statt: Ein Mönch war aus Sri Lanka gekommen und hatte eine wichtige Reliquie mitgebracht, die mir während einer ergreifenden Feier überreicht wurde.

Da meine beiden Premierminister, Lukhangwa und Lobsang Tashi, in Lhasa zurückgeblieben waren, waren meine engsten Berater in Dromo der Kashag, der Oberhofmeister, Ling Rinpoche und Trijang Rinpoche, der Erste Tsenshap, der kurz zuvor zu meinem Zweiten Tutor ernannt worden war. Mein ältester Bruder, Taktser Rinpoche, war auch dort. Er war schon einige Wochen vor mir auf seinem Weg nach Indien nach Dromo gekommen.

Die erste schlechte Nachricht, die uns dort erreichte, war, daß nur eine der Delegationen, die wir vor meiner Abreise aus Lhasa ins Ausland geschickt hatten, an ihr Ziel gelangt war, und zwar die nach China. Alle anderen waren abgewiesen worden. Das war äußerst enttäuschend. Tibet hatte immer sehr freundliche Beziehungen zu Indien und Nepal unterhalten; schließlich waren dies ja unsere nächsten Nachbarn.

Was England betrifft, so gab es seit Colonel Younghusbands Expedition nun schon fast ein halbes Jahrhundert lang eine Handelsmission in Lhasa. Auch nach der Unabhängigkeit Indiens im Jahre 1947 wurde die Handelsmission von derselben Person, Hugh Richardson, weiter geleitet. So schien es fast unglaublich, daß die britische Regierung nun damit einverstanden war, daß China irgendwelche Ansprü-

Ein Zufluchtsort im Süden 73

che auf Tibet anmeldete. Anscheinend hatten die Engländer vergessen, daß sie Tibet in der Vergangenheit, zum Beispiel als Colonel Younghusband einen Vertrag mit der tibetischen Regierung schloß, als souveränen Staat betrachtet hatten. Das war auch 1914 so, als sie die Simla-Konferenz einberiefen, zu der Tibet und China unabhängig voneinander eingeladen wurden. Abgesehen davon hatten zwischen den Briten und den Tibetern immer freundschaftliche Beziehungen bestanden. Meine Landsleute schätzten an den Engländern deren Sinn für Gerechtigkeit, deren Humor und deren Anständigkeit.

Auch die USA hatten Tibet bisher wohlwollend behandelt. So war 1948 eine tibetische Handelsdelegation in Washington sogar vom Vizepräsidenten empfangen worden. Aber anscheinend hatten es sich auch die Amerikaner anders überlegt. Ich weiß noch, wie bedrückt ich war, als mir klar wurde, was dies bedeutete: daß Tibet nun ganz allein der viel mächtigeren Volksrepublik China gegenüberstand.

Als innerhalb weniger Wochen alle Delegationen bis auf eine wieder zurückgekehrt waren, kam der nächste Schlag: ein langer Bericht von Ngapö Ngawang Jigme, dem Gouverneur von Chamdo. Die Gegend um Chamdo war inzwischen fast ganz in chinesische Hände gefallen. Deshalb war der Bericht heimlich von einem der führenden tibetischen Geschäftsleute der Gegend nach Lhasa gebracht worden. Er übergab ihn persönlich den beiden Premierministern, die ihn dann an mich weiterleiteten. Der Bericht beschrieb in dramatischen und pessimistischen Details das Ausmaß der chinesischen Gefahr und machte deutlich, daß die Volksbefreiungsarmee bald in Richtung Lhasa marschieren würde, wenn es nicht zuvor zu einer Regelung kam. Da dies unweigerlich viele Menschenleben gefordert hätte, wollte ich es um jeden Preis vermeiden.

Ngapö war der Meinung, daß uns nichts anderes übrigblieb, als zu verhandeln. Er schlug vor, selbst nach Beijing (Peking) zu reisen, um den Dialog mit den Chinesen zu eröffnen, falls die tibetische Regierung damit einverstanden sei und ihm Assistenten zur Verfügung stellte. Ich setzte mich mit Lobsang Tashi und Lukhangwa in Lhasa in Verbindung, um ihre Meinung zu hören. Sie erwiderten, daß derartige Verhandlungen eigentlich in Lhasa stattfinden sollten, aber angesichts der verzweifelten Lage seien sie gezwungenermaßen mit Beijing als Verhandlungsort einverstanden. Für mich war dies die Zustimmung, Ngapö, den ich als sehr entschlossenen Verwalter kannte, in die chinesische Hauptstadt zu entsenden, auch weil er sich ohne Zögern für diese Aufgabe zur Verfügung gestellt hatte. Ich schickte ihm noch zwei Beamte aus Dromo und zwei weitere aus Lhasa als Begleitung; er sollte der Anführer der Delegation sein. Ich hoffte, er würde imstande sein, den Chinesen klarzumachen, daß wir keine »Befreiung« brauchten, wohl aber weiterhin an friedlichen Beziehungen zu unserem großen Nachbarn interessiert waren.

Inzwischen war es Frühling geworden, und mit ihm erwachte die Natur zu neuem Leben. Es dauerte nicht lange, da waren die Hügel mit Frühlingsblumen übersät, und das Gras leuchtete in einem neuen und viel satteren Grün. Die Luft war voller frischer und überraschender Düfte. Es roch nach Jasmin, Geißblatt und Lavendel. Aus meinem Zimmer im Kloster konnte ich zum Fluß hinunterblicken, wo die Bauern ihre Schafe, Yaks und Dzomos zum Weiden brachten. Ich beobachtete auch neidvoll die kleinen Grüppchen, die fast täglich kamen, um sich am Fluß ein Feuer zu machen, sich etwas zu kochen und zu picknicken. Was ich da sah, inspirierte mich so sehr, daß ich mir ein Herz faßte und Ling Rinpoche um Urlaub bat. Er muß das schon gespürt haben, denn zu meiner großen Überraschung gewährte er ihn mir.

Ich war glücklich wie noch nie zuvor, als ich ein paar Tage in der Gegend umherstreifen konnte. Auf einem meiner Streifzüge besichtigte ich auch ein Bön-Kloster. Das einzige, was mich manchmal nachdenklich stimmte, war das Gefühl, daß wir schweren Zeiten entgegengingen. Es konnte nicht mehr lange dauern, bis wir von Ngapö aus Beijing hören würden. Ich rechnete schon fast damit, daß die Nachrichten schlecht sein würden. Trotzdem war ich auf den Schock nicht vorbereitet, als sie dann tatsächlich eintrafen.

Im Kloster gab es einen alten Bush-Radioempfänger, der an eine Sechs-Volt-Batterie angeschlossen war. Jeden Abend setzte ich mich hin, um mir die Programme in tibetischer Sprache von Radio Peking anzuhören. Manchmal hörte der eine oder andere Beamte auch zu, aber oft tat ich es allein. Der Großteil der Programme war Propaganda über das »glorreiche Mutterland«. Ich muß zugeben, daß mich vieles sehr beeindruckte, was ich hörte. Es war ständig vom industriellen Fortschritt und von der Gleichheit aller Einwohner Chinas die Rede.

Ein Zufluchtsort im Süden   75

Es klang wie die perfekte Kombination von materiellem und geisti-
gem Fortschritt. Als ich eines Abends allein vor dem Empfänger saß,
hörte ich aber ein ganz anderes Programm. Eine grelle, kratzende
Stimme verkündete, daß an diesem Tag zwischen Vertretern der Regierung der Volksrepublik China und Vertretern der, wie sie es nannten, örtlichen Regierung Tibets ein »Siebzehn-Punkte-Abkommen zur
friedlichen Befreiung Tibets« unterzeichnet worden sei.
Ich traute meinen Ohren nicht! Ich wollte hinauslaufen und alle
herbeirufen, war aber wie gelähmt. Der Ansager beschrieb, wie in den
»vergangenen hundert Jahren oder mehr« aggressive imperialistische
Kräfte in Tibet eingedrungen seien und »Betrug und Provokationen
aller Art begangen« hätten. Er fügte hinzu, daß die tibetische Nation
hierdurch »in die Tiefen der Sklaverei und des Leids gestürzt wurde«.
Mir war übel, als ich dieses unglaubliche Gemisch von Lügen und
bizarren Klischees hörte.
Aber es kam noch schlimmer. Der erste Punkt des »Abkommens«
hielt fest, daß »das tibetische Volk sich vereinen und die aggressiven
imperialistischen Kräfte aus Tibet vertreiben soll. Die Tibeter sollen in
die Völkerfamilie ihres Mutterlandes, die Volksrepublik China, zurückkehren.« Was sollte das heißen? Die letzte feindliche Armee, die
in Lhasa stationiert gewesen war, war die der Mandschu im Jahre
1912. Sonst hielt sich damals meines Wissens nur noch eine Handvoll
Europäer in Tibet auf. Und was Tibets »Rückkehr ins Mutterland«
betraf, so war dies eine schamlose Erfindung. Tibet hat nie zu China
gehört. Im Gegenteil, Tibet hat sogar historisch begründete Ansprüche auf große Teile Chinas. Abgesehen davon sind die beiden Völker
ethnisch und rassisch verschieden. Wir sprechen verschiedene Sprachen, und unsere Schrift ist grundsätzlich anders als die chinesische.
Oder wie es die Internationale Juristenkommission später formu-
lierte:
»Der Status Tibets nach der Vertreibung der Chinesen im Jahr 1912
kommt einer De-facto-Unabhängigkeit gleich ... Das heißt, daß die
Ereignisse von 1911/12 ein Zeichen für das Wiedererstehen Tibets als
gänzlich souveräner Staat sind, der *de jure* und *de facto* unabhängig
von der chinesischen Herrschaft ist.«
Besonders besorgniserregend war aber, daß Ngapö gar nicht be-
fugt war, irgend etwas in meinem Namen zu unterzeichnen; er durfte

lediglich verhandeln. Ich hatte, um sicherzugehen, sogar die Staatssiegel bei mir in Dromo behalten. Er mußte also dazu gezwungen
worden sein. Was wirklich geschehen war, erfuhr ich aber erst Monate
später. In der Zwischenzeit war die Meldung im Rundfunk unser
einziger Anhaltspunkt. Sie wurde noch mehrmals wiederholt, begleitet von selbstbeweihräuchernden Reden über die Freuden des Kommunismus, den Ruhm des Vorsitzenden Mao, die Wunder der Volksrepublik China und all das Gute, worauf sich das tibetische Volk
freuen könne, jetzt, wo unsere Schicksale vereint worden seien. Das
Ganze war ziemlich lächerlich.

Die Einzelheiten des »Siebzehn-Punkte-Abkommens« waren
trotzdem bedrückend. Artikel zwei sah vor, daß »die örtliche Regierung Tibets die Volksbefreiungsarmee aktiv in ihrem Bestreben unterstützen soll, in Tibet einzumarschieren und die nationale Verteidigung zu konsolidieren«. Meiner Meinung nach konnte dies nur
bedeuten, daß sich unsere Streitmacht sofort ergeben mußte. Artikel
acht besagte denn auch, daß die tibetische Armee in die chinesische
aufgenommen werden sollte – als ob so etwas überhaupt möglich
wäre. In Artikel vierzehn hieß es schließlich, daß Tibet von nun an
jegliche Selbständigkeit in Fragen seiner Außenpolitik verlöre. In
diese aufschlußreichen Artikel waren andere eingestreut, die Tibet
seiner religiösen Freiheit versicherten und meinen Status und unser
gegenwärtiges politisches System bestätigten. Trotz dieser Gemein-
plätze war eines klar: Das Land des Schnees unterstand von nun an
der Volksrepublik China.

Als die traurige Wirklichkeit über unsere Lage bekannt wurde,
drängten mehrere Personen, vor allem auch mein Bruder Taktser
Rinpoche, der mir einen langen Brief aus Kalkutta geschrieben hatte,
darauf, daß ich sofort nach Indien aufbrach. Sie vertraten die Mei-
nung, daß unsere einzige Hoffnung darin lag, Verbündete für den
Kampf gegen China zu finden. Als ich sie daran erinnerte, daß unsere
Delegationen bereits von Indien, Nepal, Großbritannien und den
Vereinigten Staaten abgewiesen worden waren, entgegneten sie mir,
daß diese Länder uns sicher unterstützen würden, sobald sie den
Ernst der Lage begriffen. Sie wiesen darauf hin, daß die Vereinigten
Staaten entschieden gegen jegliche kommunistischen Expansionsbe-
strebungen waren und in Korea aus ebendiesem Grund bereits Krieg

führten. Mir leuchteten ihre Argumente zwar ein, aber irgendwie hatte ich das Gefühl, daß die Tatsache, daß die USA bereits in einen Krieg mit China verwickelt waren, die Wahrscheinlichkeit verringerte, daß sie an einer zweiten Front kämpfen wollten.

Wenige Tage später erreichte mich ein Telegramm unserer Delegation in Beijing. Es enthielt nicht viel Neues, sondern wiederholte, was wir bereits im Radio gehört hatten. Offensichtlich wurde Ngapö daran gehindert, die Wahrheit zu sagen. In den letzten Jahren haben einige der Mitglieder jener Delegation in ihren Memoiren geschildert, wie sie damals gezwungen wurden, dieses »Abkommen« zu unterzeichnen und gefälschte Siegel des tibetischen Staates zu benutzen. Aber aus Ngapös Telegramm konnte man nur erahnen, was vorgefallen war. Allerdings erwähnte er, daß der neue Generalgouverneur von Tibet, General Zhang Jingwu, bereits auf dem Weg war, um über Indien nach Dromo zu kommen, und bald eintreffen mußte.

So blieb uns nichts anderes übrig, als zu warten. In der Zwischenzeit empfing ich die Äbte der drei großen klösterlichen Universitäten Ganden, Drepung und Sera, die kurz zuvor in Dromo angekommen waren. Als sie vom »Siebzehn-Punkte-Abkommen« hörten, flehten sie mich an, so bald wie möglich nach Lhasa zurückzukehren. Das tibetische Volk warte angstvoll auf meine Rückkehr, sagten sie. Lukhangwa, Lobsang Tashi und die Mehrheit der Regierungsbeamten teilten diese Ansicht.

Ein paar Tage später erhielt ich eine Nachricht von Taktser Rinpoche, dem es anscheinend gelungen war, Kontakt zu dem amerikanischen Konsulat in Kalkutta aufzunehmen und ein Visum für die USA zu bekommen. Erneut drängte er mich, nach Indien zu kommen, und fügte hinzu, daß die Amerikaner sehr daran interessiert seien, einen Kontakt zu Tibet herzustellen. Er meinte, daß zwischen unseren beiden Regierungen Abmachungen für eine Unterstützung getroffen werden könnten, wenn ich ins Exil gehen sollte. Mein Bruder beendete seinen Brief, indem er schrieb, daß ich unbedingt und auf dem schnellsten Wege nach Indien kommen solle, und fügte hinzu, daß die chinesische Delegation bereits in Kalkutta eingetroffen sei, um von dort aus nach Dromo weiterzureisen. Er wollte damit sagen, daß es zu spät wäre, wenn ich mich nicht sofort aufmachte.

Ungefähr zur selben Zeit erhielt ich von Heinrich Harrer einen

Brief mit ähnlichem Inhalt. Harrer hatte Lhasa kurz vor mir verlassen und war jetzt in Kalimpong. Er war ebenfalls der festen Meinung, ich solle in Indien um Asyl nachsuchen. Einige meiner Beamten teilten diese Meinung. Ling Rinpoche war aber ebenso felsenfest davon überzeugt, daß ich es nicht tun solle.

Jetzt saß ich also in der Zwickmühle! Wenn der Brief meines Bruders auch nur einigermaßen begründet war, dann sah es so aus, als ob doch noch Hoffnung bestünde, Unterstützung von außen zu erlangen. Aber was würde das für mein Volk bedeuten? Sollte ich wirklich mein Land verlassen, ohne mich mit den Chinesen auch nur getroffen zu haben? Und wenn ich es täte, würden uns unsere Verbündeten durch dick und dünn zur Seite stehen? Während ich mich mit diesen Gedanken auseinandersetzte, kamen mir immer wieder die folgenden zwei Überlegungen in den Sinn: Erstens stand für mich fest, daß ein Pakt mit Amerika oder sonstwem mit größter Wahrscheinlichkeit zum Krieg führen würde. Und Krieg bedeutete Blutvergießen. Zweitens waren die USA zwar ein sehr mächtiges Land, aber auch Tausende von Kilometern entfernt. China hingegen war unser Nachbar, und wenn es technisch auch viel weniger entwickelt war als Amerika, so war seine Bevölkerungszahl doch weit höher. Es konnte deshalb Jahre dauern, diese Auseinandersetzung militärisch beizulegen.

Außerdem waren die USA eine Demokratie, und ich bezweifelte, daß die Bevölkerung dort eine unbegrenzte Anzahl von Kriegsopfern hinnehmen würde. So war es ohne weiteres vorstellbar, daß wir Tibeter schließlich wieder auf uns selbst gestellt sein würden. Im Endeffekt wären wir wieder in derselben Lage, China würde seinen Willen durchsetzen, und in der Zwischenzeit hätten zahllose Menschen – Tibeter, Chinesen und Amerikaner – ihr Leben verloren, und zwar umsonst! So kam ich zum Schluß, daß es das Beste war, zu bleiben und die Ankunft des chinesischen Generals zu erwarten. Er war ja schließlich auch ein Mensch.

Am 16. Juli 1951 kam dann auch erwartungsgemäß die chinesische Delegation nach Dromo. Ein Bote lief voraus zum Kloster, um die bevorstehende Ankunft anzukündigen. Ich fühlte zugleich eine große Aufregung und eine große Besorgnis. Wie würden diese Menschen wohl aussehen? Fast dachte ich, sie würden alle Hörner auf dem Kopf tragen. Ich ging auf den Balkon hinaus und spähte ins Tal hinunter bis zum Ort; jedes Gebäude suchte ich mit meinem Fernrohr ab. Wir hatten strahlendes Wetter, obwohl wir mitten in der Regenzeit waren; Wasserdampf stieg in Wölkchen von der feuchten Erde auf, die von der sommerlichen Sonne erwärmt wurde. Plötzlich rührte sich etwas. Eine Gruppe meiner Beamten näherte sich dem Kloster. Unter ihnen konnte ich auch drei Männer in eintönigen grauen Anzügen erkennen, die neben den Tibetern in ihren traditionellen Amtsgewändern aus roter und goldener Seide ziemlich unbedeutend aussahen.

Unsere Begegnung war höflich-distanziert. Gleich zu Beginn fragte mich General Zhang Jingwu, ob ich vom »Siebzehn-Punkte-Abkommen« gehört hätte. Mit größter Zurückhaltung bejahte ich die Frage. Daraufhin überreichte er mir eine Kopie, zusammen mit zwei anderen Dokumenten. Dabei bemerkte ich, daß er eine goldene Rolex trug. Von diesen beiden zusätzlichen Dokumenten behandelte das erste die tibetische Armee. Das andere erklärte, was passiert wäre, wenn ich ins Exil gegangen wäre. Es wurde behauptet, daß ich sehr bald erkannt hätte, daß die Chinesen als Freunde gekommen waren, und ich deshalb sicherlich bald den Wunsch verspürt hätte, wieder in mein Land zurückzukehren. Man hätte mich mit offenen Armen willkommen geheißen. Es gab also keinen vernünftigen Grund, das Land zu verlassen.

Als nächstes wollte General Zhang wissen, wann ich nach Lhasa zurückzukehren gedachte. »Bald«, erwiderte ich nicht sehr entgegenkommend und verhielt mich weiterhin so zurückhaltend wie nur möglich. Die Frage machte deutlich, daß er mit mir zusammen nach Lhasa reisen wollte, um gleichsam symbolisch mit mir in die Stadt einzuziehen. Schließlich gelang es meinen Beamten, dies zu verhindern, und er reiste ein oder zwei Tage nach mir ab.

Mein erster Eindruck bestätigte also meine Vermutung. Trotz des Mißtrauens und der Aufregung, die ich vorher verspürt hatte, wurde im Laufe unserer Zusammenkunft klar, daß der General zwar angeblich mein Feind, in Wirklichkeit aber auch nur ein Mensch war, ein gewöhnliches menschliches Wesen wie ich. Diese Erkenntnis prägte sich tief in mein Bewußtsein ein; es war mir eine weitere wichtige Lehre.

Da ich General Zhang nun begegnet war, fiel es mir etwas leichter, an die Rückkehr nach Lhasa zu denken. Die Vorbereitungen für meine Rückkehr und die meiner Beamten wurden getroffen, und gegen Ende des Monats reisten wir ab. Diesmal wurde nichts unternommen, um meine Identität zu verbergen, und ich reiste mit viel mehr Pomp als auf der Hinreise. Wir hielten praktisch in jedem größeren Ort auf dem Weg, ich gewährte Audienzen und erteilte den Menschen dort religiöse Unterweisungen. Das gab mir die Gelegenheit, den Menschen persönlich zu erzählen, was in Tibet geschehen war, daß wir von einer fremden Armee überrannt worden waren, daß die Chinesen aber ihre Freundschaft erklärten. Gleichzeitig hielt ich eine kurze Rede über einen religiösen Text, den ich normalerweise so wählte, daß er in Bezug zu meinen sonstigen Aussagen stand. Ich halte mich auch heute noch an dieses Schema, da es ein guter Weg ist, um zu zeigen, daß uns die Religion viel zu sagen hat, ganz gleich, in welcher Situation wir uns gerade befinden. Heutzutage kann ich das aber viel besser als damals. Damals mangelte es mir noch an Selbstvertrauen, aber von Mal zu Mal wurde es besser. Ich erfuhr auch, daß Lehren die beste Methode ist, um selbst etwas zu lernen.

Ich war froh, daß es auf dieser Reise so viel zu tun gab. Sonst hätte ich vielleicht Zeit gefunden, traurig zu sein. Außer meinem Vater, der starb, als ich zwölf war, und Lobsang Samten, der mich begleitete, war meine gesamte Familie im Ausland. Sonst hatte ich außer meinem Hofstaat nur Tadrag Rinpoche als Reisegefährten. Er hatte mich in Dromo besucht, um mich in gewisse wichtige Lehren einzuweihen, und war nun auf dem Weg zurück in sein Kloster, das unweit von Lhasa lag. Seit ich ihn im vergangenen Winter zuletzt gesehen hatte, war er merklich gealtert, und es war jetzt offensichtlich, daß er fast siebzig Jahre alt war. Es freute mich aber sehr, mit ihm zusammen zu sein, da er nicht nur ein äußerst lieber Mensch war, sondern auch ein hervorragender spiritueller Meister. Er war zweifelsohne mein wichtigster Meister. Er weihte mich in eine Vielzahl von Überlieferungen und geheimen Lehren ein, die ihm seinerseits von den größten Meistern seiner Zeit überliefert worden waren.

Von Dromo gelangten wir nach einiger Zeit nach Gyantse, wo die indische Kavallerie wie schon zuvor aufmarschierte und ihre Waffen präsentierte. Diesmal mußten wir nicht eiligst weiter, und ich konnte mich ein paar Tage dort aufhalten. Unser nächstes Ziel war das Kloster

Samding, Sitz von Dorje Phagmo, einer der wichtigsten weiblichen Inkarnationen, und eines der schönsten Klöster in ganz Tibet. Die Landschaft auf dem Weg dorthin war einfach atemberaubend: kobaltblaue Seen, die von dünnen Streifen saftig grüner Weiden eingesäumt waren, auf denen Tausende von Schafen grasten. Das Panorama übertraf alles, was ich bisher gesehen hatte, auch wegen der klaren, frischen Sommerluft. Ab und zu sah ich Reh- und Gazellenherden, die man damals noch überall in Tibet vorfand. Ich sah ihnen immer gern zu, wie sie uns erst nervös entgegenblickten und dann auf ihren langen, geschmeidigen Beinen davonsprangen.

Auf dieser Reise machte mir sogar das Reiten Spaß, obwohl ich sonst eher Angst vor Pferden habe. Warum das so ist, kann ich mir selbst nicht erklären, da ich sonst mit jedem Tier umgehen kann, außer mit Raupen. Ich nehme Spinnen und Skorpione ohne Zögern in die Hand und habe auch nichts gegen Schlangen; ich habe aber keine Vorliebe für Pferde, und Raupen lassen mich kalt. Damals genoß ich es jedenfalls, über die weiten Ebenen zu reiten, und ich spornte mein Reittier ständig an. Eigentlich war es ein Maulesel, der einst Reting Rinpoche gehört hatte. Er hieß Grey Wheels und war sehr schnell und ausdauernd; wir wurden recht gute Freunde. Der Stallmeister hingegen war mit meiner Wahl nicht einverstanden. Er fand den Maulesel zu klein und nicht würdig genug, um vom Dalai Lama geritten zu werden.

Das Kloster Samding liegt nicht weit von der Ortschaft Nangartse entfernt, in der Nähe des Yamdrok-Tso-Sees, eines der herrlichsten Gewässer, das ich je gesehen habe. Da der See über keine ständige Wasserzufuhr und auch über keinen Abfluß verfügt, hat das Wasser eine wundervolle türkisblaue Farbe, die einem die Sinne betört. Neulich habe ich leider gehört, daß die Chinesen dort ein Wasserkraftwerk errichten und das Wasser deshalb abfließen lassen wollen. Ich wage gar nicht daran zu denken, welche Langzeitfolgen dies haben wird.

Damals aber war Samding eine blühende Gemeinschaft. Traditionsgemäß wurde das Kloster Samding von einer Äbtissin geleitet. Das ist gar nicht so verwunderlich, da es in Tibet keine Diskriminierung von Frauen gab. Während meiner Kindheit zum Beispiel lebte in einer Klause in der Nähe von Lhasa eine bedeutende spirituelle

Meisterin, die in ganz Tibet berühmt war. Sie war keine Reinkarnation, aber sie wird bis heute verehrt. Es gab auch eine große Anzahl von Nonnenklöstern, doch Samding war das einzige Mönchskloster, das von einer Äbtissin geleitet wurde.

Es ist vielleicht merkwürdig, daß Dorje Phagmo nach Vajravarahi (Diamantene Sau) benannt ist, einer Gottheit, die traditionsgemäß einen weiblichen Körper und das Gesicht eines Schweines hat. Es gibt eine Geschichte, nach der im 18. Jahrhundert eine Bande von Mongolen nach Nangartse kam. Ihr Anführer sandte einen Boten nach Samding mit der Aufforderung, die Äbtissin möge vor ihm erscheinen. Er erhielt eine höfliche Absage. Zornentbrannt machte er sich sogleich in Richtung Samding auf und brach mit seinen Kriegern ins Kloster ein. Dort fand er die Versammlungshalle voller Mönche vor, aber an deren Spitze saß auf einem Thron ein großes, wildes Schwein.

Als ich meinen Besuch dort abstattete, war die Äbtissin des Klosters ein junges Mädchen, ungefähr in meinem Alter. Bei meiner Ankunft machte sie mir ihre Aufwartung. Ich habe sie als ein scheues, junges Mädchen in Erinnerung, mit langen Zöpfen im Haar. Später floh auch sie nach Indien, kehrte dann aber aus mir unerklärlichen Gründen wieder nach Lhasa zurück, wo sie viele Jahre lang von unseren neuen Herren ausgenutzt wurde. Tragischerweise wurden das Kloster und alle Nebengebäude ebenso wie tausend andere Klöster seit Ende der fünfziger Jahre zerstört, wobei auch seine jahrhundertealte Tradition verlorenging.

Ich blieb zwei oder drei Tage in Samding, bevor ich den letzten Abschnitt unserer Reise nach Lhasa zurücklegte. Vor meiner Rückkehr in den Norbulingka begleitete ich Tadrag Rinpoche noch zu seinem Kloster, das ein paar Stunden von der Stadt entfernt lag. Er war so höflich, meinetwegen sein Zimmer zu räumen und vorübergehend auf eine Grasfläche hinter dem Hauptgebäude zu ziehen, wo normalerweise Disputationen abgehalten wurden. In den darauffolgenden Tagen hatten wir noch einige feierliche Begegnungen. Beim Abschied tat es mir aufrichtig leid, mich von ihm trennen zu müssen. Ich hatte ihm gegenüber immer ein Gefühl innigster Dankbarkeit und größten Respekts. Es stimmte mich äußerst traurig, daß sein Ruf während seiner Amtszeit als Regent so gelitten hatte. Ich frage mich manchmal, ob es nicht viel besser gewesen wäre, wenn er Lama

Ein Zufluchtsort im Süden 83

geblieben und nicht in die Politik verwickelt worden wäre. Er hatte schließlich keine Ahnung vom Regieren und keine Erfahrung mit der Verwaltung. Es war unsinnig, von ihm zu erwarten, daß er sich in etwas bewährte, wofür er nie ausgebildet worden war. Aber so war es damals in Tibet! Da man ihn wegen seines spirituellen Wissens sehr verehrte, war es selbstverständlich, daß man ihm das zweithöchste Amt im Lande gab.

Es war das letzte Mal, daß ich Tadrag Rinpoche sah. Bei unserem letzten Treffen bat er mich, ihm für die Verbote zu vergeben, die er mir als Kind auferlegt hatte. Es hat mich tief berührt, daß ein so alter und verehrungswürdiger Lehrer so etwas zu mir sagte. Ich verstand natürlich, was er meinte.

Mitte August traf ich dann nach neunmonatiger Abwesenheit in Lhasa ein, wo mir ein großer Empfang bereitet wurde. Es sah so aus, als ob die gesamte Bevölkerung gekommen sei, mich zu begrüßen und ihre Freude über meine Rückkehr auszudrücken. Ich war sehr gerührt und glücklich, wieder daheim zu sein. Es war mir aber klar, daß sich seit dem letzten Winter viel geändert hatte und daß nichts mehr so war wie früher. Ich hatte den Eindruck, daß auch mein Volk dies spürte, denn obwohl alle voller Freude waren, wirkte ihr Enthusiasmus ein bißchen übertrieben. Während meiner Abwesenheit hörte man in der Hauptstadt immer häufiger von Grausamkeiten, die in Amdo und Kham gegen Tibeter verübt wurden. Natürlich hatten die Menschen große Angst vor der Zukunft, obwohl ich sicher war, daß einige dachten, jetzt, wo ich wieder zu Hause war, sei alles gut.

Ich war sehr traurig, als ich erfuhr, daß mein Lieblingsdiener, Norbu Thöndup, einige Monate vorher gestorben war. Er war stets ein begeisterter Spielkamerad und ein treuer Freund gewesen, der immer zu Späßen aufgelegt war. Als ich klein war, schnitt er die fürchterlichsten Grimassen und erschreckte mich damit. Als ich dann größer wurde, spielten wir zusammen die wildesten Spiele. Unsere »Schlachten« endeten oft in Raufereien, und ich war manchmal wirklich gemein zu ihm, so sehr, daß ich ihn mit den Schwertern meiner Zinnsoldaten verletzte und zum Bluten brachte. Er ließ sich aber nichts gefallen und zahlte mir alles heim, ohne jedoch auch nur für eine Sekunde seinen Sinn für Humor zu verlieren.

Jetzt konnte ich natürlich nichts mehr für ihn tun, auch wenn ich seinen Kindern, einem Sohn und einer Tochter, ein wenig nützlich sein konnte. Als Buddhist wußte ich, daß es wenig Sinn hat, in Kummer zu schwelgen. Mir wurde aber klar, daß Norbu Thöndups Tod das Ende meiner Kindheit symbolisierte. Es gab keinen Weg zurück. Ein paar Tage später sollte schon das nächste Treffen mit der chinesischen Delegation stattfinden. Ich mußte alles für mein Volk tun, was ich konnte, ganz gleich, wie wenig es war, und durfte dabei nicht den Gedanken aus den Augen verlieren, daß die friedliche Ausübung der Religion eines der wichtigsten Dinge im Leben ist. Dabei war ich damals erst sechzehn Jahre alt.

Nach alter Tradition empfing ich General Zhang Jingwu im Hauptquartier meiner Leibwache. Das machte ihn rasend vor Wut, und er wollte wissen, warum ich ihn nicht in einem weniger formellen Rahmen empfing. Er betonte, daß er kein Ausländer sei und folglich auch nicht wie einer behandelt werden wolle. Die Tatsache, daß er kein Tibetisch sprach, war wohl ein Detail, das ihm entgangen war.

Zuerst verblüffte mich der Anblick seiner hervorquellenden Augen und purpurroten Wangen und die Art, wie er stammelte und stotterte und mit den Fäusten auf den Tisch hämmerte. Später fand ich heraus, daß der General oft unter solchen Wutausbrüchen litt. Ich versuchte mir einzureden, daß er im Grunde genommen wahrscheinlich ein guter Mensch war, was sich dann auch als richtig herausstellte; er war auch sehr offen. Was seine Wutanfälle betraf, so erkannte ich bald, daß dies bei Chinesen häufig vorkommt. Vielleicht werden sie deshalb von einigen Ausländern so ehrfurchtsvoll behandelt, besonders von Europäern und Amerikanern, die ihre Gefühle stärker beherrschen. Meine religiöse Erziehung ermöglichte es mir aber, Distanz gegenüber einem derartigen Verhalten zu bewahren. Ich sah, daß es manchmal durchaus gut sein konnte, seinen Ärger auf diese Weise zum Ausdruck zu bringen, besser jedenfalls, als ihn zu unterdrücken und Freundlichkeit vorzutäuschen. Nur war ein solches Verhalten nicht immer angebracht.

Zum Glück hatte ich nicht oft mit Zhang zu tun. In den ersten beiden Jahren der chinesischen Besatzung sah ich ihn vielleicht einmal im Monat. Lukhangwa, Lobsang Tashi und die Mitglieder des Kashag sahen ihn am häufigsten, und sie entwickelten schnell eine starke Abneigung gegen ihn. Sie berichteten, wie arrogant und anmaßend er war und wie wenig er für unsere Lebenseinstellung übrig hatte. Ich bemerkte bei unseren Begegnungen auch selbst, wie er und seine Landsleute die Tibeter bei jeder Gelegenheit beleidigten.

Rückblickend erscheinen mir die ersten fünf oder sechs Wochen nach meiner Rückkehr aus Dromo wie eine Gnadenfrist. Das änderte sich schlagartig, als am 9. September 1951 dreitausend Soldaten des 18. chinesischen Infanterieregiments in Lhasa einmarschierten. Sie gehörten zur selben Division, die im Jahr zuvor unsere Streitkräfte in Chamdo besiegt hatte. Zusammen mit ihnen kamen auch General Dan Guansan und General Zhang Guohua. Zur Audienz begleitete sie ein Tibeter in der traditionellen Tracht und mit einem Pelzhut. Als sie meinen Raum betraten, warf er sich dreimal förmlich zu Boden. Mir kam dies äußerst seltsam vor, da er doch offensichtlich ein Mitglied der chinesischen Delegation war. Es stellte sich heraus, daß er der Dolmetscher war und ein treuer Anhänger der Kommunisten. Als ich ihn später fragte, warum er nicht denselben Mao-Anzug wie seine Begleiter trage, erwiderte er freundlich, ich solle ja nicht den Fehler begehen zu glauben, die Revolution beziehe sich auf die Kleidung. Es sei eine Revolution der Ideen!

Ungefähr um dieselbe Zeit kehrte auch mein Bruder Gyalo Thöndup nach Lhasa zurück, wo er sich nicht lange aufhielt. Er hatte aber dennoch mehrere Zusammenkünfte mit der chinesischen Führung. Dann kündigte er seine Absicht an, sich in den Süden des Landes zu begeben, wo unsere Familie einen Landsitz hatte, den ihr die Regierung zur Zeit meiner Inthronisation übereignet hatte. Diese Reise zu unserem Landgut war allerdings nur ein Vorwand. Ich hörte kurz darauf, daß er verschwunden war. Wie sich später herausstellte, war er über die Grenze nach Assam geflüchtet, das damals noch North-Eastern Frontier Agency (NEFA) hieß. Er wollte alles unternehmen, um im Ausland Unterstützung für Tibet zu finden, hatte mir aber seinen Plan verschwiegen, da er Angst hatte, ich würde mich, jung wie ich war, verplappern.

Innerhalb kurzer Zeit kamen weitere große Abteilungen der Volksbefreiungsarmee nach Lhasa. Ich kann mich noch gut an ihre Ankunft erinnern. Bedingt durch die Höhenlage kann man in Tibet Geräusche auf große Distanz hören. So konnte ich in meinem Zimmer im Potala den dumpfen, eindringlichen Klang der Militärtrommeln hören, lange bevor ich den ersten Soldaten sah. Ich rannte mit meinem Fernrohr auf das Dach und beobachtete, wie sich eine lange, von einer Staubwolke umgebene Marschkolonne näherschlängelte. Als die Truppen die Stadtmauern erreichten, sah ich sie rote Fahnen und große Plakate vom Vorsitzenden Mao und seinem Stellvertreter Zhu De schwenken. Es folgte eine Fanfare von Trompeten und Tuben. Das alles war sehr beeindruckend, auch die Soldaten, die richtig dämonisch aussahen.

Nachdem ich ein erstes Gefühl großen Unbehagens beim Anblick all ihrer roten Fahnen (rot ist schließlich die natürliche Farbe für Gefahr) überwunden hatte, bemerkte ich, daß die Soldaten eigentlich in einem erbärmlichen Zustand waren. Ihre Uniformen waren zerfetzt, und sie sahen alle unterernährt aus. Das und der Schmutz auf ihren Gesichtern vom ewigen Staub der tibetischen Hochebene waren es, was ihnen dieses furchterregende Aussehen verlieh.

Den ganzen Winter 1951/52 hindurch setzte ich so wie früher meine Studien fort, nur war ich jetzt noch eifriger. Damals begann ich gerade mit den Lam-Rim-Meditationen, die sich auf einen Text beziehen, der den stufenweisen Pfad zur Erleuchtung durch geistiges Training beschreibt. Seit meinem achten Lebensjahr bekam ich zusätzlich zu meiner sonstigen Ausbildung Unterweisungen in tantrischen Lehren wie diesen, die außer aus den religiösen Texten auch noch aus geheimen mündlichen Anleitungen bestanden, die nur von Eingeweihten weitergegeben werden. Im Laufe der Monate konnte ich die ersten Fortschritte feststellen, da ich nun begann, das Fundament für meine spirituelle Entwicklung zu legen.

Während jener Klausur erfuhr ich, daß Tadrag Rinpoche gestorben war. Ich hätte wirklich gern an der Zeremonie seiner Einäscherung teilgenommen; da ich aber nicht fort konnte, sprach ich besondere Gebete für ihn.

In jenem Winter bemühte ich mich auch, meine Premierminister und den Kashag aufzumuntern. Ich erinnerte sie an die buddhistische Lehre vom ständigen Wandel und wies sie darauf hin, daß die gegenwärtige Lage nicht ewig dauern konnte, auch wenn sie unser ganzes Leben lang andauern sollte. In meinem Inneren aber verfolgte ich die Ereignisse mit immer größer werdender Besorgnis. Das einzige, worauf ich mich freute, war ein Besuch des Panchen Lama in Lhasa.

Ein Zufluchtsort im Süden

In der Zwischenzeit war ein weiteres Kontingent von zwanzigtausend Soldaten angekommen, was schon bald zu einem ernsten Engpaß in der Lebensmittelversorgung führte. Die Bevölkerung Lhasas hatte sich in wenigen Wochen fast verdoppelt, und es konnte nicht mehr lange dauern, bis unsere spärlichen Reserven aufgebraucht waren. Anfangs hielten sich die Chinesen mehr oder weniger an die Bestimmungen des »Siebzehn-Punkte-Abkommens«, die besagten, daß die Volksbefreiungsarmee »bei jeglichem Kauf und Verkauf gerecht vorgehen und dem Volk weder Nadel noch Faden willkürlich abnehmen soll«. Sie bezahlten das Getreide, das sie von der Regierung erhielten, und entschädigten die Besitzer der Häuser, die sie zur Unterbringung ihrer Offiziere requirierten.

Dieses System der Entschädigung versagte aber schnell. Bald sah man kein Geld mehr, und die Chinesen begannen, Unterkunft und Essen zu fordern, als ob es ihnen zustand. So kam es schnell zu einer Krise. Eine Inflation brach aus. Die Leute hatten so etwas noch nie erlebt und konnten nicht verstehen, wie sich der Preis von Getreide über Nacht verdoppeln konnte. Natürlich waren sie empört, und was bisher passiver Haß gegen die Invasoren war, wechselte nun in offenen Hohn über. In der traditionellen tibetischen Art, das Böse zu vertreiben, klatschten die Menschen in die Hände und spuckten, wenn sie Gruppen von chinesischen Soldaten erblickten. Die Kinder warfen Steine, und selbst die Mönche banden die losen Enden ihrer Roben zu einem Knoten, um damit jeden Soldaten zu schlagen, der ihnen zu nahe kam.

Gleichzeitig konnte man freche Lieder über General Zhang Jingwu hören, in denen man sich über seine goldene Armbanduhr lustig machte. Als man dann auch noch herausfand, daß viele seiner Offiziere kostbares Fellfutter in ihre nach außen gleich aussehenden Uniformen eingenäht hatten, kannte die Verachtung der Tibeter keine Grenzen mehr. Das wiederum verärgerte die Chinesen, vermutlich vor allem deshalb, weil sie zwar wußten, daß sie ausgelacht wurden, aber nicht verstehen konnten, was gesagt wurde. Es verletzte ihren Stolz und war gleichbedeutend mit einem Gesichtsverlust, das Schlimmste, was einem Chinesen passieren kann. Das Resultat dieser Vorgänge war ein äußerst amüsanter Vorfall mit General Zhang. Eines Tages besuchte er mich und verlangte, daß ich offiziell verkündigte, daß jede Kritik an den Chinesen, ob in Form von Liedern oder Plakaten, von nun an als »konterrevolutionär« verboten sei.

Aber trotz neuer Gesetze, die jegliche Opposition gegen China untersagten, tauchten in den Straßen Lhasas Plakate auf, die die chinesische Präsenz anprangerten. Eine Widerstandsbewegung wurde gegründet. Man verfaßte eine Resolution, in der die Beschwerden des Volkes in sechs Punkten dargelegt wurden und der Abzug der Garnisonen verlangt wurde. Diese Resolution wurde auch an General Zhang geschickt, der darauf mit einem Wutanfall reagierte. Er behauptete, daß dies das Werk von »Imperialisten« sei, und beschuldigte die beiden Premierminister, ein Komplott zu schmieden. Die Spannung wuchs.

In der Absicht, Lobsang Tashi und Lukhangwa zu übergehen, wandten sich die Chinesen nun direkt an mich. Zunächst weigerte ich mich, sie in Abwesenheit dieser beiden zu empfangen. Aber als Lobsang Tashi einmal eine Äußerung machte, die ihn besonders erzürnte, machte Zhang eine Bewegung, als ob er ihn schlagen wollte. Ohne nachzudenken, rannte ich zwischen die beiden und schrie, sie sollten sofort aufhören. Ich war zu Tode erschrocken. Ich hatte Erwachsene sich noch nie so aufführen sehen. Von da an erklärte ich mich bereit, die beiden Parteien getrennt zu empfangen.

Die Atmosphäre zwischen den chinesischen Anführern und meinen beiden Premierministern wurde mit der Ankunft von einer wachsenden Anzahl von Beamten und Bürokraten aus China zusehends angespannter. Statt der tibetischen Regierung freie Hand in ihrer Tätigkeit zu lassen, wie dies im »Siebzehn-Punkte-Abkommen« festgelegt worden war, mischten sie sich ununterbrochen ein. General Zhang ließ eine Sitzung nach der anderen einberufen, um mit den Mitgliedern des Kashag über eine ständige Unterkunft für diese Beamten, seine Soldaten, ihre viele tausend Kamele und anderen Lasttiere zu sprechen. Lobsang Tashi und Lukhangwa waren nicht imstande, ihm klarzumachen, daß diese Ansprüche nicht nur unzumutbar, sondern gar nicht durchführbar waren.

Als der General eine zweite Zuteilung von zweitausend Tonnen Gerste beantragte, mußten sie ihm erklären, daß so eine Menge gar nicht existierte. Die tibetische Bevölkerung Lhasas lebte ohnehin schon in der Angst vor einer Lebensmittelknappheit, und die Menge

Getreide, die sich noch in den Speichern der Regierung befand, konnte die Armee für höchstens noch zwei Monate versorgen. Sie wiesen auch darauf hin, daß es keinen triftigen Grund gab, eine derartige Anzahl von Truppen in Lhasa zu stationieren. Wenn es ihre Aufgabe war, die Nation zu verteidigen, dann solle man sie an die Grenzen schicken und nur die Offiziere in der Stadt zurückbehalten, vielleicht mit einem Regiment als Eskorte. Der General hörte sich diese Argumente in Ruhe an und antwortete höflich darauf. Er unternahm aber nichts.

Nach ihrer Anregung, man möge die Truppen doch woanders hinschicken, wurden die beiden Premierminister bei General Zhang immer unbeliebter. Anfangs konzentrierte er seinen Ärger auf Lobsang Tashi, der älter war und auch ein wenig Chinesisch verstand. Das irritierte den General, und er warf dem Mönch jedes nur erdenkliche Verbrechen vor, während er gleichzeitig Lukhangwa pries, in dem er einen potentiellen Verbündeten sah.

Wie sich dann aber herausstellte, hatte Lukhangwa trotz seines geringeren Alters einen äußerst starken Charakter, und er versuchte kein einziges Mal, seine wahren Gefühle vor dem General zu verbergen. Seine Verachtung für diesen Menschen kam auch auf der zwischenmenschlichen Ebene voll zum Ausdruck. Einmal fragte ihn Zhang ganz nebenbei, wieviel Tee er denn trinke. »Das hängt von der Qualität des Tees ab«, erwiderte Lukhangwa. Als ich diese Geschichte hörte, mußte ich lachen. Ich erkannte aber, wie angespannt das Verhältnis zwischen den beiden Männern sein mußte.

Zum Höhepunkt dieses Dramas kam es kurze Zeit später, als Zhang eine Sitzung mit den beiden Premierministern, dem Kashag und allen seinen Beamten einberief. Als sie begann, kündigte er als Tagesthema die Aufnahme der tibetischen Streitkräfte in die Volksbefreiungsarmee an. Das war Lukhangwa nun zuviel. Er sagte ganz offen, daß dieser Vorschlag inakzeptabel sei, auch wenn er eine der Klauseln des »Siebzehn-Punkte-Abkommens« bilde. Die Chinesen hätten die darin enthaltenen Bedingungen schon so oft verletzt, daß dieses als Dokument ohnehin wertlos sei. Es wäre unvorstellbar, betonte er, daß die tibetische Armee auf die Seite der Volksbefreiungsarmee überwechselte.

Zhang hörte ruhig zu. »In diesem Fall«, sagte er, »werden wir nichts weiter tun, als die tibetische Fahne durch die chinesische zu ersetzen.« – »Man wird sie mit Sicherheit herunterreißen und verbrennen, wenn Sie das tun«, war Lukhangwas Antwort. »Und das wird für Sie peinlich sein.« Und dann sagte er ganz offen, daß es doch absurd sei, von den Tibetern freundschaftliche Beziehungen zu erwarten, nachdem die Chinesen die Integrität des Landes verletzt hätten. »Wenn man einem Mann den Schädel einschlägt und die Wunde noch nicht geheilt ist, dann ist es zu früh zu erwarten, daß er Freundschaft mit einem schließt.« Hierauf stürmte Zhang aus dem Sitzungssaal hinaus. Die nächste Sitzung sollte in drei Tagen stattfinden.

Ich war natürlich bei keiner dieser Sitzungen dabei, wurde aber genauestens über alles informiert, was dort vor sich ging. Es hatte den Anschein, daß ich bald mehr damit zu tun haben würde, falls die Lage sich nicht bessere.

Wie geplant, wurde die Sitzung drei Tage später wieder einberufen. Der Vorsitzende war diesmal General Fan Ming. Gleich zu Beginn bemerkte er, daß sich Lukhangwa doch sicherlich für seine Äußerungen vom letzten Mal entschuldigen wolle. Lukhangwa korrigierte ihn sofort und sagte, daß er keineswegs die Absicht habe, sich zu entschuldigen. Er stehe zu allem, was er gesagt habe, und fügte hinzu, daß er es als seine Pflicht ansehe, die Chinesen genauestens über den tibetischen Standpunkt aufzuklären. Die Bevölkerung sei über die Anwesenheit so vieler chinesischer Truppen beunruhigt. Sie sei außerdem besorgt darüber, daß die Verwaltung Chamdos noch immer nicht an die tibetische Zentralregierung zurückgegeben worden sei und daß es auch anderswo in Tibet keine Anzeichen gebe, daß die chinesischen Soldaten die Absicht hätten, bald nach China zurückzukehren. Was die Vorschläge bezüglich der tibetischen Armee betreffe, so würde es sicher zu Unruhen kommen, wenn sie verwirklicht werden würden.

Fan Ming war empört. Er beschuldigte Lukhangwa, mit ausländischen Imperialisten unter einer Decke zu stecken, und sagte, er werde darauf bestehen, daß der Dalai Lama ihn seines Amtes enthebe. Darauf entgegnete Lukhangwa, wenn der Dalai Lama es von ihm verlange, gäbe er nicht nur sein Amt, sondern gern auch sein Leben her. Damit endete die Sitzung in allgemeiner Verwirrung.

Kurz darauf sandten mir die Chinesen einen Bericht, in dem es hieß, daß Lukhangwa eindeutig ein imperialistischer Reaktionär sei, der nicht an besseren Beziehungen zwischen China und Tibet interessiert sei; ich solle ihn deshalb seines Amtes entheben. Ich erhielt auch eine mündliche Empfehlung des Kashag, daß es wohl das Beste sei, beide Premierminister um ihren Rücktritt zu bitten. Das stimmte mich sehr traurig. Beide hatten so viel Loyalität und Rückgrat bewiesen, so viel Redlichkeit und Aufrichtigkeit und so viel Liebe zu ihrem Volk, dem sie dienten.

Als beide ein oder zwei Tage später zu mir kamen, um mir ihr Rücktrittsgesuch zu überreichen, hatten sie Tränen in den Augen. Auch mir standen die Tränen in den Augen. Ich verstand nun zum erstenmal die eigentliche Bedeutung des Wortes »Schikane«. Aber ich sah ein, daß ihr Leben auf dem Spiel stand, wenn ich diese Situation nicht akzeptierte. So nahm ich schweren Herzens ihre Amtsniederlegung an, in der Hoffnung, dadurch die Beziehungen zu den Chinesen zu verbessern, mit denen ich von nun an direkt verhandeln mußte.

Dies war auch ungefähr die Zeit, als der Panchen Lama nach Lhasa kam. Bedauerlicherweise war er unter Aufsicht der Chinesen großgezogen worden und war jetzt zum erstenmal auf dem Weg zum Kloster Tashilhünpo, um dort seine rechtmäßige Stellung zu bekleiden. Er brachte ein weiteres großes Kontingent chinesischer Truppen (seine »Leibwache«) aus Amdo mit sowie seine Familie und seine Tutoren.

Kurz nach seiner Ankunft begrüßte ich den jungen Panchen Lama auf einem offiziellen Empfang. Anschließend hätten wir ein privates Mittagessen einnehmen sollen, aber leider hatte er einen sehr aufdringlichen chinesischen Leibwächter bei sich, der uns nicht allein lassen wollte und ständig versuchte, unseren Raum zu betreten. Meine Mönche wollten ihn daran hindern, mit dem Resultat, daß es fast zu einem blutigen Zwischenfall gekommen wäre: Der Mann war nämlich bewaffnet. Schließlich konnte ich dann doch noch einige Zeit mit dem Panchen Lama allein verbringen, der den Eindruck erweckte, ein ehrlicher und glaubwürdiger junger Mann zu sein. Er war drei Jahre jünger als ich und noch in keiner Machtposition. Er hatte noch etwas Unschuldiges an sich, und ich empfand ihn als einen sehr glücklichen und angenehmen Menschen. Ich spürte eine starke Verbundenheit mit ihm. Nur gut, daß damals keiner von uns wußte, was für ein tragisches Leben er führen würde!

Kurz nach dieser Begegnung mit dem Panchen Lama wurde ich wieder ins Kloster Tadrag eingeladen, wo ich mit einer sorgfältig ausgeführten, fünfzehn Stunden dauernden Zeremonie die Stupa (Reliquienschrein) meines Meisters einweihte. Ich war traurig, als ich mich in voller Länge vor ihr auf den Boden warf. Anschließend unternahm ich einen Ausflug in die Umgebung und in die Berge, erleichtert darüber, unserer unglückseligen Lage für kurze Zeit entfliehen zu können.

Bei meinem Besuch erlebte ich noch etwas Interessantes: Als man mir ein Stück von Tadrag Rinpoches Schädel zeigte, das den Flammen bei der Verbrennung widerstanden hatte, konnte man darauf ganz deutlich den tibetischen Buchstaben erkennen, der seiner Schutzgottheit entspricht. Diese geheimnisvolle Erscheinung kommt bei hohen Lamas ziemlich häufig vor. Die Knochen verändern sich auf eine Weise, daß Buchstaben oder Bilder sichtbar werden. Manchmal passiert es auch, wie bei meinem Vorgänger, daß diese Zeichen sich am Körper selbst zeigen.

Nach den Zwangsrücktritten von Lukhangwa und Lobsang Tashi zu Beginn des Frühjahrs 1952 folgte eine eher beklemmende Waffenruhe mit den chinesischen Behörden, die ich jedoch dazu benutzte, das Reformkomitee zusammenzustellen, das mir schon seit meiner Reise nach Dromo vorgeschwebt war. Eines meiner wichtigsten Ziele war es, eine unabhängige Justiz aufzubauen.

Wie ich im Zusammenhang mit Reting Rinpoche erwähnt habe, hatte ich als Minderjähriger keine Möglichkeit, Menschen zu helfen, die mit der Regierung in Konflikt geraten waren, auch wenn ich das oft gern getan hätte. Ich erinnere mich zum Beispiel an den traurigen Fall eines Mannes, der in der Verwaltung tätig war und dabei ertappt wurde, wie er Goldstaub entwendete, der für die Anfertigung von Thangkas gedacht war. Ich beobachtete durch mein Fernrohr, wie ihm die Hände gefesselt wurden und er rücklings auf einen Maulesel gesetzt und aus der Stadt gejagt wurde. Das war nämlich die traditionelle Strafe für derartige Verbrechen.

Manchmal habe ich das Gefühl, ich hätte doch öfter eingreifen können. Es gab einen ähnlichen Fall, den ich im Potala mitverfolgte. Ich hatte schon zu Beginn meines Aufenthalts dort verschiedene Stellen entdeckt, von denen aus ich durch Fenster oder Dachluken spähen und Dinge in anderen Räumen beobachten konnte, die ich sonst nicht gesehen hätte. Einmal wurde ich auf diese Weise Zeuge einer Besprechung zwischen den Sekretären des Regenten, die sich zusammengefunden hatten, um über die Klagen eines Pächters über seinen Gutsherrn zu entscheiden. Ich kann mich noch genau daran erinnern, wie armselig dieser Mann aussah. Er war schon ziemlich alt, klein und vornübergebeugt, mit grauem Haar und einem dünnen Schnurrbart. Zu seinem Pech hatte die Familie seines Gutsherrn gute Beziehungen zu der des Regenten (das war damals noch Reting Rinpoche), und so wurde sein Fall abgewiesen. Ich empfand tiefstes Mitleid mit ihm, aber ich konnte nichts für ihn tun. Als ich nun Berichte über ähnliche Fälle hörte, bestärkte mich dies in meiner Überzeugung, daß eine Justizreform vonnöten war.

Ich wollte mich auch für das Erziehungswesen einsetzen. Damals gab es in Tibet noch immer kein allgemeines Bildungssystem. Es gab lediglich ein paar Schulen in Lhasa und einige wenige in den ländlichen Gebieten, aber in der Regel waren die Klöster die einzigen Bildungsstätten. Doch ihr Bildungsangebot stand nur der klösterlichen Gemeinschaft offen. Daher beauftragte ich den Kashag, mir Vorschläge für ein gutes Erziehungsprogramm zu unterbreiten.

Auch auf dem Gebiet der Verkehrswege waren Neuerungen dringend nötig. Es gab damals nicht eine einzige Straße in ganz Tibet, und die einzigen Fahrzeuge waren die drei Autos des XIII. Dalai Lama. Es war leicht zu begreifen, daß viele Leute erheblich von einem Straßen- und Verkehrsnetz profitieren würden. Aber wie bei dem Erziehungswesen handelte es sich hier um ein langfristiges Unterfangen, und es war mir klar, daß viele Jahre vergehen würden, bevor sich der erste Fortschritt zeigen würde.

Andere Änderungen aber konnten sofort zu positiven Ergebnissen führen. Dazu gehörte die Abschaffung der Vererbung von Schulden. Sowohl durch meine Diener als auch durch die Gespräche während meiner Reise nach Dromo hatte ich erfahren, daß dies eine der größten Heimsuchungen der bäuerlichen und ländlichen Bevölkerung Tibets war. Schulden, die man beispielsweise infolge einer Reihe von Mißernten bei einem Gutsherrn hatte, wurden von einer Generation auf die nächste weitervererbt. Das führte dazu, daß viele Familien keine Chance hatten, genug für ihren Lebensunterhalt zu verdienen oder gar eines Tages frei zu sein. Fast genauso schädlich war die Einrichtung, daß kleine Grundbesitzer in Zeiten der Not Geld von der Regierung borgen konnten. Auch in diesem Fall waren die Schulden erblich. So beschloß ich, das Prinzip der vererbbaren Schulden abzuschaffen und alle Gelder abschreiben zu lassen, die nicht in Lebensfrist an den Staat zurückgezahlt werden konnten.

Da ich annahm, daß diese Reformen bei dem Adel und anderen Interessengruppen nicht gerade auf Begeisterung stoßen würden, überredete ich den Oberhofmeister, die Erlasse nicht wie sonst auf öffentlich ausgehängten Plakaten bekanntzugeben, sondern sie auf kleine Handzettel zu drucken, die wie die Blätter mit religiösen Texten aussahen. So bestand eine bessere Chance, daß diese Informationen eine weite Verbreitung fanden. Jeder, der sonst die Absicht gehabt hätte, ihre Verbreitung zu verhindern, würde nun mit ein wenig Glück erst dann Verdacht schöpfen, wenn es bereits zu spät war.

Eine der Klauseln des »Siebzehn-Punkte-Abkommens« lautete, daß »die örtliche Regierung Tibets von sich aus Reformen durchführen kann« und daß »die Obrigkeit« (sprich: die Chinesen) dabei keinerlei »Zwang ausüben« werde. Obwohl nun diese ersten Schritte in Richtung auf eine Landreform Tausenden von Menschen aus meinem Volk Vorteile brachten, wurde bald deutlich, daß unsere Befreier einen grundsätzlich anderen Ansatz für die Organisation der Landwirtschaft hatten. In Amdo hatte die Kollektivierung bereits begonnen. Nach und nach wurde sie in ganz Tibet eingeführt. Die unmittelbaren Folgen waren eine weitverbreitete Hungersnot und der Tod von Hunderttausenden von Tibetern. Und obwohl die Behörden nach der Kulturrevolution nachgiebiger geworden sind, sind die Auswirkungen der kollektiven Landwirtschaft auch heute noch spürbar. Viele Tibet-Besucher haben beobachten können, daß die Menschen in den ländlichen Gebieten infolge von Unterernährung klein und unterentwickelt sind.

Aber damals lag all dies noch vor uns. Ich drängte die Regierung, alles zu unternehmen, um alte und unproduktive Praktiken abzuschaffen. Ich war fest entschlossen, alles in meiner Macht Stehende zu tun, um Tibet ins 20. Jahrhundert zu befördern.

Wenn ich mich recht erinnere, war es im Sommer 1953, daß ich von Ling Rinpoche die Kalacakra-Einweihung erhielt, eine der wichtigsten Weihen in der tantrischen Tradition, die eine besondere Bedeutung für den Weltfrieden hat. Im Gegensatz zu anderen tantrischen Ritualen wird diese Initiation vor einem großen Publikum durchgeführt. Sie ist äußerst kompliziert, und allein die Vorbereitungen dauern sieben bis zehn Tage. Die eigentliche Initiation dauert drei Tage. Zu ihren Besonderheiten gehört die Anfertigung eines großen Mandalas, der zweidimensionalen Darstellung eines dreidimensionalen Symbols, aus gefärbtem Sand. Als ich zum erstenmal eines dieser Mandalas sah, erschien es mir so schön, daß mir durch das bloße Hinsehen ganz schwindelig wurde.

Nach der Initiation verbrachte ich einen Monat in Klausur. Diese Zeit ist mir als eine ergreifende Erfahrung für Ling Rinpoche und mich in Erinnerung geblieben. Ich empfand es als ein ungeheures Privileg, in eine Tradition eingeführt zu werden, die im Laufe von zahllosen Generationen von auserwählten spirituellen Meistern zur Perfektion entwickelt worden war. Als ich den letzten Vers des Widmungsgebets rezitierte, war ich so gerührt, daß mir die Worte im Hals steckenblieben. Im nachhinein begreife ich diesen Umstand als glückverheißend, als ein Vorzeichen dafür, daß ich die Kalacakra-Initiation viel öfter durchführen würde als irgendeiner meiner Vorgänger.

Im darauffolgenden Jahr erhielt ich während des Mönlam-Festes vor der Chenrezig-Statue im Jokhang die volle Ordination als buddhistischer Mönch (Bhikshu). Ling Rinpoche vollzog die Zeremonie, die wieder ein bewegendes Ereignis wurde. In jenem Sommer führte ich zum erstenmal in diesem Leben die Kalacakra-Initiation durch, und zwar auf Wunsch einer weiblichen Laiengruppe.

Diese Zeit der tastenden Koexistenz mit den chinesischen Machthabern nutzte ich dazu, mich stärker auf meine religiösen Verpflichtungen zu konzentrieren. So fing ich an, großen und kleinen Gruppen regelmäßig Unterweisungen zu geben. Dadurch bekam ich einen persönlichen Kontakt zu meinem Volk. Und obwohl ich anfangs recht nervös war, vor Publikum zu reden, gewann ich schon bald Selbstvertrauen. Dennoch mußte ich mir immer wieder eingestehen, daß das »Entgegenkommen« der Chinesen an der Stadtgrenze von Lhasa endete und mein Volk ansonsten ein entbehrungsreiches Leben zu führen hatte. Außerdem konnte ich jetzt besser nachvollziehen, warum meine beiden Premierminister die Chinesen so verachtet hatten. Wenn General Zhang Jingwu mich zum Beispiel besuchte, stellte er jedesmal seine Leibwachen vor dem Zimmer auf, obwohl er sicherlich wußte, daß die Unverletzlichkeit des Lebens einer der Grundsätze des Buddhismus ist. Aber weit schlimmer war die zunehmende Anzahl an Beweisen, daß die Kommunisten, ungeachtet meiner Reformbemühungen, ihre eigenen Vorstellungen hatten, wie man die Dinge angehen sollte.

Trotzdem hielt ich mir Buddhas Lehre vor Augen, daß ein vermeintlicher Feind in gewisser Hinsicht wertvoller ist als ein Freund, da er einen Dinge lehrt, die man von einem Freund normalerweise nicht lernt, etwa Geduld. Hinzu kam mein fester Glaube, daß, ganz gleich, wie schlecht die Dinge liegen, sie irgendwann auch wieder besser werden. Am Ende triumphiert doch der allen Menschen angeborene Wunsch nach Wahrheit, Gerechtigkeit und Verständnis über Unwissenheit und Verzweiflung. Wenn uns die Chinesen also unterdrückten, so konnte uns das nur stärken.

IN DER VOLKSREPUBLIK CHINA

Ungefähr ein Jahr nach der Entlassung von Lobsang Tashi und Lukhangwa machten die Chinesen den Vorschlag, daß eine Gruppe
Tibeter China besuchen solle, um sich selbst davon zu überzeugen,
wie herrlich das Leben im Mutterland sei. So wurde eine Gruppe von
Beamten zusammengestellt und auf eine Rundreise durch China geschickt. Als sie nach vielen Monaten zurückkamen, lieferten sie einen
Bericht ab, der voll des Lobs, der Bewunderung und der Lügen war.
Mir war sofort klar, daß dieses Dokument unter chinesischer Aufsicht
angefertigt worden war. Ich hatte mich inzwischen schon daran gewöhnt, daß es oft unmöglich war, in Anwesenheit unserer neuen
Herren die Wahrheit zu sagen. Ich mußte selbst eine ähnliche Form
der Kommunikation lernen: wie man einen falschen Anschein vor-
täuscht, wenn die Lage schwierig wird.

Nicht lange darauf, Anfang 1954, wurde ich nach China eingeladen. Ich fand dies eine ausgezeichnete Idee. Erstens konnte ich
dadurch mit dem Vorsitzenden Mao persönlich zusammentreffen, und
zweitens hatte ich die Möglichkeit, ein bißchen von der Außenwelt
kennenzulernen. Aber nur wenige andere Tibeter waren bei dem
Gedanken glücklich. Sie fürchteten, daß man mich in Beijing festhalten würde und ich nicht mehr zurückkommen könne. Manche Leute
fürchteten sogar um mein Leben, und viele taten ihr Möglichstes, mir
diese Reise auszureden. Ich hatte aber keine Angst und beschloß zu
reisen, ganz gleich, was mir alle einzureden versuchten. Hätte ich
nicht diese Entschlossenheit gezeigt, wäre dieser Vorschlag wohl
kaum angenommen worden.

Schließlich brach ich mitsamt meinem Gefolge auf, zu dem meine
Familie, meine beiden Tutoren, die beiden Tsenshaps, der Kashag und
viele andere Beamte gehörten. Insgesamt waren wir vielleicht fünfhundert Personen. Als wir eines Morgens im Hochsommer abreisten,

fand am Ufer des Kyichu eine offizielle Abschiedsfeier mit Militärkapellen und einer Parade von Beamten statt. Zehntausende von Menschen nahmen daran teil, viele mit religiösen Fahnen und Räucherstäbchen in der Hand, um mir eine sichere Reise und eine gute Rückkehr zu wünschen. Es gab damals noch keine Brücke über den Kyichu. Deshalb mußten wir ihn in Booten aus Yakhaut überqueren. Am anderen Flußufer warteten Mönche vom Kloster Namgyäl, die Gebete rezitierten. Als ich in mein Boot stieg (eine Sonderanfertigung aus zwei zusammengebundenen Yakhautbooten) und mich umdrehte, um meinen Landsleuten zuzuwinken, bemerkte ich, in welch erregtem Zustand sie waren. Viele weinten, und es hatte den Anschein, als ob sich einige von ihnen am liebsten ins Wasser gestürzt hätten, so überzeugt waren sie, daß sie mich nun zum letztenmal sahen. Ich war ebenfalls traurig, aber zugleich auch voller Vorfreude, wie schon ein Jahr zuvor bei meiner Abreise nach Dromo. Mir brach beim Anblick meiner verzweifelten Landsleute fast das Herz, doch zugleich war die Aussicht auf das bevorstehende Abenteuer äußerst reizvoll für mich.

Die Entfernung zwischen Lhasa und Beijing beträgt über dreitausend Kilometer. 1954 gab es zwischen den beiden Ländern noch keine Straßen, obwohl die Chinesen mit dem Bau einer solchen, dem Qinghai Highway, begonnen hatten, wofür sie Tibeter zwangsverpflichteten. Der erste Teil war schon fertig, wodurch ich ein Stück im Dodge des XIII. Dalai Lama fahren konnte. Der Wagen war ebenfalls über den Fluß transportiert worden.

Unser erstes Reiseziel war das rund fünfzig Kilometer von Lhasa entfernte Kloster Ganden, wo ich mich ein paar Tage lang aufhielt. Dies war ein weiteres bewegendes Erlebnis für mich. Ganden ist die drittgrößte klösterliche Universität Tibets. Als ich meine Reise nach China fortsetzte, bemerkte ich beim Aufbruch etwas sehr Seltsames: Eine Statue, die eine der Schutzgottheiten Tibets mit einem Büffelhaupt als Kopf darstellt, hatte sich deutlich bewegt. Als ich sie zum erstenmal sah, schaute sie mit einem etwas unterwürfigen Blick nach unten. Diesmal aber blickte sie mit einem grimmigen Ausdruck im Gesicht nach Osten. (Außerdem erzählte man mir, daß zur Zeit meiner Flucht ins Exil in Ganden über die Wände eines Gebetsraums Blut geflossen sei.)

In der Volksrepublik China   99

Ich setzte meine Reise im Wagen fort. Es dauerte aber nicht lange, da mußte ich von diesem stattlichen Fahrzeug auf einen Maulesel überwechseln, denn in Kongpo war die Straße weggeschwemmt worden, und viele Brücken waren nicht befahrbar. Bald wurde der Straßenzustand sehr gefährlich. Es gab immer wieder Überschwemmungen, da die Gebirgsbäche nach der Schneeschmelze angeschwollen waren, und häufige Erdrutsche. Felsklumpen und Steine stürzten neben uns nieder. Bedingt durch die Jahreszeit, gab es auch schwere Regenfälle, und über weite Strecken war der Schlamm so tief, daß man bis weit über die Knöchel einsank. Mir tat es besonders für die älteren Leute leid, die oft kaum noch mithalten konnten.

Die Bedingungen waren insgesamt sehr schlecht. Unsere tibetischen Führer versuchten unsere chinesische Eskorte dazu zu bringen, die Route so abzuändern, daß wir uns auf den bewährten, im Gebirge verlaufenden Wegen bewegten, statt dem für die Straße geplanten Verlauf zu folgen, der ihrer Meinung nach ungeeignet war. Die Chinesen weigerten sich aber mit der Begründung, daß wir auf dem anderen Weg auf alle Annehmlichkeiten verzichten müßten. So zogen wir weiter. Es ist wohl ein Wunder, daß nicht mehr als drei Menschen dabei ihr Leben verloren. Die Verunglückten waren unschuldige chinesische Soldaten, die zusammen mit vielen anderen entlang des Straßenrandes aufgestellt worden waren, um uns vor Lawinen zu schützen. Ich empfand tiefes Mitleid für diese Leute. Sie hatten keine Wahl. Außerdem stürzten einige Maulesel die Abhänge hinunter und brachen sich das Genick.

Eines Abends kam General Zhang Jingwu, der auch dabei war, in mein Zelt und erklärte, daß am darauffolgenden Tag der Straßenzustand noch schlimmer sein werde. Wir würden absitzen und zu Fuß gehen müssen. In seiner Eigenschaft als Vertreter der Zentralregierung der Volksrepublik werde er sich aber persönlich bei mir einhaken und mich auf meinem Weg begleiten. Als er dies sagte, schien es mir fast so, als ob der General glaubte, nicht nur Macht auf meine beiden Premierminister ausüben zu können, sondern auch die Natur zu beherrschen.

Wie geheißen, marschierte ich am nächsten Tag Arm in Arm mit Zhang. Er war viel älter als ich und hatte überhaupt keine Kondition, so daß dies ein ziemlich mühseliges Unterfangen war.

Jedesmal, wenn wir während der Reise eine Rast einlegten, war dies bei einem Militärstützpunkt, der von Soldaten der Volksbefreiungsarmee besetzt und mit roten Fahnen geschmückt war. Die chinesischen Soldaten kamen dann herbei und boten uns Tee an. Einmal war ich so durstig, daß ich welchen annahm, ohne lange nach meiner eigenen Schale zu suchen. Als ich meinen Durst gestillt hatte, bemerkte ich, daß der Becher, aus dem ich getrunken hatte, ekelerregend schmutzig war.

Nach rund zwei Wochen erreichten wir einen Ort namens Demo, wo wir unser Lager für die Nacht neben einem Fluß aufschlugen. Wir hatten herrliches Wetter, und ich weiß noch, wie bezaubert ich von dem Blick auf die Flußufer war, die dicht mit gelben Butterblumen und violett- und rosafarbenen Primeln bewachsen waren. Zehn Tage später gelangten wir in die Region Poyül. Von da an war die Straße befahrbar, und unsere Gruppe reiste nun per Jeep und Laster. Ich empfand dies als eine große Wohltat, da ich schon ganz wund vom Reiten war. Das ging aber nicht nur mir so. Ich werde nie den Anblick eines meiner Beamten vergessen, dessen wunde Sitzfläche ihn inzwischen so schmerzte, daß er schief im Sattel saß, um jeweils eine Seite seines Hinterteils zu schonen.

So weit von Lhasa entfernt hatten die Chinesen das Land schon viel besser unter Kontrolle. Sie hatten viele Kasernen für ihre Soldaten und Unterkünfte für ihre Beamten gebaut. In jedem Dorf und in jeder Stadt standen Lautsprecher, aus denen chinesische Militärmusik ertönte und Aufforderungen an die Bevölkerung ergingen, mit noch mehr Einsatz »für den Ruhm des Mutterlandes« zu arbeiten.

Bald darauf erreichten wir Chamdo, die Hauptstadt der Provinz Kham, wo mich ein großer offizieller Empfang erwartete. Da dieser Ort unter chinesischer Verwaltung stand, hatten die Feierlichkeiten ein sehr eigenartiges Kolorit: Die Militärkapellen spielten Lobeshymnen auf den Vorsitzenden Mao und auf die Revolution, und die Tibeter schwenkten rote Fahnen.

Von Chamdo brachte mich ein Jeep nach Chengdu, der ersten chinesischen Stadt auf unserer Reise. Wir überquerten einen Hügel und kamen an Dartsedo vorbei, der historischen Grenze zwischen Tibet und China. Als wir auf der anderen Seite ins Flachland hinabfuhren, wunderte ich mich darüber, wie anders die Landschaft hier aussah. Ob der Unterschied zwischen dem chinesischen Volk und meinem so groß war wie jener zwischen der chinesischen Landschaft und der unseren?

Von Chengdu sah ich nicht sehr viel, da ich bei meiner Ankunft krank wurde und einige Tage mit Fieber im Bett liegen mußte. Sobald ich mich erholt hatte, brachte man mich und einige ranghöhere Mitglieder meines Gefolges nach Shingang, wo wir mit dem Panchen Lama zusammentrafen, der einige Monate zuvor aus Shigatse abgereist war. Dann flog man uns nach Xi'an.

Die Maschine, mit der wir flogen, war uralt, und selbst ich konnte sehen, daß sie bereits bessere Zeiten miterlebt hatte. Die Sitze bestanden aus äußerst unbequemen Stahlgestellen ohne jegliche Polsterung. Aber ich war von dem Gedanken zu fliegen so begeistert, daß ich leicht über die offensichtlichen Mängel hinwegsehen konnte und überhaupt keine Angst hatte. Seitdem bin ich, was das Fliegen anbelangt, viel vorsichtiger. Heutzutage habe ich nicht viel dafür übrig, und ich bin ein recht armseliger Flugnachbar. Denn ich sage viel lieber Gebete auf, als daß ich mich mit meinem Sitznachbarn unterhalte.

In Xi'an wechselten wir wieder das Verkehrsmittel und legten den letzten Teil unserer Reise im Zug zurück. Das war ebenfalls ein wunderbares Erlebnis. Die eigens für den Panchen Lama und mich reservierten Waggons waren mit jedem erdenklichen Komfort ausgestattet: von Betten und Waschräumen bis hin zu einem reichverzierten Speisewagen. Das einzige, was mir den Spaß verdarb, war ein wachsendes Gefühl der Besorgnis, je mehr wir uns der chinesischen Hauptstadt näherten. Als wir schließlich im Bahnhof von Beijing ankamen, war ich äußerst nervös, beruhigte mich aber ein wenig, als ich die Riesenmenge junger Menschen sah, die versammelt war, um uns zu begrüßen. Aber ich merkte schon bald, daß ihre Zurufe und ihr Lächeln bloß Heuchelei waren und daß sie auf Befehl dort standen, worauf meine innere Unruhe wieder aufflackerte.

Als wir ausstiegen, begrüßte uns der Premierminister Zhou Enlai und der stellvertretende Vorsitzende der Volksrepublik China, Zhu De. Beide gaben sich freundlich. Bei ihnen war auch derselbe Tibeter mittleren Alters, den ich schon in Lhasa in Begleitung von General Dan Guansan gesehen hatte. Nach den üblichen Höflichkeiten

brachte mich dieser Mann, dessen Name Phüntsog Wangyäl war, in
mein Quartier, einen Bungalow mit einem schönen Garten, der einst
der japanischen Botschaft gehört hatte, und erklärte mir das Programm für die nächsten Tage.

Mit der Zeit schloß ich enge Freundschaft mit Phüntsog Wangyäl.
Er war schon viele Jahre vorher zum Kommunismus übergetreten.
Bevor er nach China gekommen war, hatte er an einer Schule in Lhasa
unterrichtet, die von der chinesischen Gesandtschaft betrieben worden war. Außerdem war er als Agent für die Kommunisten tätig
gewesen. Als die Schule infolge der Ausweisung der chinesischen
Delegierten im Jahre 1949 geschlossen wurde, verließen auch er und
seine Frau, eine muslimische Tibeterin, das Land. Er selbst stammte
aus Kham. Als Kind hatte er eine christliche Missionsschule in seinem
Heimatort Batang besucht, wo er auch ein wenig Englisch gelernt
hatte. Als ich ihn kennenlernte, konnte er perfekt Chinesisch und war
ein ausgezeichneter Dolmetscher zwischen Mao und mir.

Wie sich herausstellte, war Phüntsog Wangyäl ein sehr fähiger
Mann. Er war ruhig und vernünftig und dazu ein guter Denker. Ich
war immer gern mit ihm zusammen. Offensichtlich war er äußerst
glücklich über seinen Auftrag, mein offizieller Dolmetscher zu sein,
nicht zuletzt, weil er dadurch Zugang zu Mao hatte, den er sehr
verehrte. Seine Gefühle mir gegenüber waren aber ebenso stark. Als
wir uns einmal über Tibet unterhielten, erklärte er mir, daß er angesichts meiner Aufgeschlossenheit voller Optimismus für Tibets Zukunft sei. Er erzählte mir auch, daß er vor vielen Jahren an einer
öffentlichen Audienz im Norbulingka teilgenommen und dort einen
kleinen Jungen auf einem Thron gesehen habe. »Und jetzt sind Sie
kein kleiner Junge mehr, sondern mit mir hier in Beijing.« Dieser
Gedanke rührte ihn so sehr, daß er weinte.

Nach einigen Minuten fuhr er fort, diesmal als überzeugter Kommunist. Er sagte mir, daß sich der Dalai Lama beim Regieren des
Landes nicht auf die Astrologie stützen dürfe. Er meinte auch, daß die
Religion keine verläßliche Grundlage für das Leben sei. Da er es
ehrlich meinte, hörte ich ihm aufmerksam zu. Zum Thema Astrologie
erklärte ich ihm, daß Buddha selbst betont habe, man müsse alles
genau überprüfen, bevor man es entweder als richtig oder als falsch
beurteile. Ich sagte aber auch, daß ich davon überzeugt bin, daß die

In der Volksrepublik China 103

Religion unbedingt erforderlich ist, besonders für die, die in der Politik tätig sind. Am Ende unserer Unterhaltung fühlte ich, daß wir beide großen Respekt voreinander hatten. Die Unterschiede zwischen uns betrafen unsere persönlichen Auffassungen, doch im Grunde genommen waren wir beide Tibeter, die ernsthaft über die Zukunft unseres Landes nachdachten. Deshalb gab es keinen Anlaß für einen ernsthaften Konflikt.

Ein oder zwei Tage nach unserer Ankunft erfuhr ich, daß sämtliche Mitglieder der tibetischen Delegation zu einem Bankett geladen waren. Am Nachmittag mußten wir eine Generalprobe für die Feierlichkeiten am Abend absolvieren. Wie sich herausstellte, waren unsere Gastgeber äußerst genau, was das Protokoll anging (später fand ich heraus, daß dies generell auf die Beamten der Volksrepublik zutrifft), und unsere Verbindungsoffiziere steigerten sich in höchste Aufregung hinein. Sie hatten schreckliche Angst davor, wir würden die ganze Sache ins Lächerliche ziehen und sie bloßstellen. Deshalb gaben sie uns strikte und detaillierte Anweisungen darüber, wie wir uns verhalten mußten, und gingen sogar so weit, uns genau vorzuschreiben, wie viele Schritte wir zu machen hatten und nach wie vielen wir uns nach rechts oder links drehen mußten. Es war wie bei einer Militärparade. Es gab auch eine genaue Reihenfolge, in der jeder von uns erscheinen mußte. Ich mußte den Saal als erster betreten, gefolgt vom Panchen Lama, meinen beiden Tutoren und – ihrem Dienstalter entsprechend – den Kalöns, den vier Kashag-Mitgliedern; dann kamen all die anderen, auch sie gemäß ihrer Rangordnung. Jeder von uns mußte ein Geschenk überbringen, das wiederum dem Status des Überbringers entsprechen mußte. Das Ganze schien eine sehr komplizierte Prozedur zu sein, selbst für einen Tibeter. Die Nervosität unserer Gastgeber war ansteckend, und bald waren wir alle aufgeregt, mit Ausnahme von Ling Rinpoche, dem jede Formalität zuwider war. Er wollte einfach nichts damit zu tun haben.

Wenn ich mich recht erinnere, hatte ich am nächsten Tag meine erste Begegnung mit dem Vorsitzenden Mao. Es war ein offizielles Treffen, von der Aufmachung her dem Bankett ähnlich. Wir mußten wieder alle unserem Rang entsprechend aufmarschieren. Als wir die Halle betraten, bemerkte ich als erstes eine Reihe von Scheinwerfern, die für ein ganzes Heer von offiziellen Fotografen angebracht worden waren. Im Scheinwerferlicht stand Mao, der einen ruhigen und gelassenen Eindruck machte. Er hatte nicht die Aura eines besonders intelligenten Mannes. Beim Händeschütteln aber fühlte ich die Kraft einer starken Ausstrahlung. Trotz all der Formalitäten um uns herum wirkte er freundlich und ungezwungen. Es sah fast so aus, als ob meine Befürchtungen unbegründet gewesen wären.

Insgesamt traf ich mich mindestens zehnmal mit Mao, meistens in größerem Rahmen, aber manchmal auch privat, im Beisein von Phüntsog Wangyäl. Aber was immer auch der Anlaß war, ein Bankett oder eine Sitzung, er ließ mich stets neben sich sitzen, und einmal servierte er mir sogar das Essen. Das beunruhigte mich ein bißchen, da ich gerüchtweise gehört hatte, er leide an Tuberkulose.

Ich fand, daß er ein höchst beeindruckender Mensch war. Schon rein physisch war er außergewöhnlich. Er hatte eine sehr dunkle Gesichtsfarbe, aber gleichzeitig eine glänzende Haut. Es sah so aus, als benutzte er irgendeine Creme. Seine Hände waren sehr schön, mit perfekt geformten Fingern und besonders wohlgestalteten Daumen und hatten denselben sonderbaren Glanz wie seine Haut. Ich merkte auch, daß Mao Zedong beim Atmen Schwierigkeiten hatte und oft nach Luft ringen mußte. Das hat vielleicht auch seine Art zu sprechen beeinflußt, denn er sprach immer langsam, präzise und in kurzen Sätzen. Auch in seinen Bewegungen und Gebärden war er langsam. Wenn er seinen Kopf von links nach rechts drehte, benötigte er dazu ein paar Sekunden, was ihm ein würdevolles und selbstsicheres Aussehen verlieh.

Im Gegensatz zur Vornehmheit seiner Haltung stand seine Kleidung, die einen abgetragenen Eindruck machte. Seine Hemdsärmel waren an den Enden immer zerschlissen, und die Jacken, die er anhatte, waren schäbig. Sie waren mit denen identisch, die auch sonst alle trugen; sie hatten bloß einen anderen Grauton. Das einzige an seiner Kleidung, das gepflegt aussah, waren seine Schuhe, die immer blank geputzt waren. Er benötigte aber keine aufwendige Kleidung. Obwohl er so heruntergekommen aussah, lag in seinem Auftreten etwas Gebieterisches und Überzeugendes. Allein schon seine Gegenwart gebot Respekt. Ich fühlte auch, daß er durch und durch ungekünstelt und äußerst entschlossen war.

Während der ersten Wochen unserer China-Reise bildete das

In der Volksrepublik China 105

Hauptgesprächsthema unter uns Tibetern natürlich die Frage, wie wir unsere Bedürfnisse wohl am besten mit den Interessen Chinas vereinbaren konnten. Ich betätigte mich als Mittelsmann zwischen dem Kashag und der kommunistischen Führung. Es gab eine Reihe von Vorbesprechungen, die alle gut verliefen. Diese Diskussionen erhielten einen neuen Auftrieb, nachdem ich mein erstes privates Treffen mit Mao gehabt hatte. Im Laufe unseres Gesprächs berichtete er mir, daß er zu dem Schluß gekommen sei, daß es noch zu früh war, alle Klauseln des »Siebzehn-Punkte-Abkommens« durchzuführen. Einer der Punkte könne vorläufig getrost beiseite gelassen werden, und zwar der, der die Einrichtung einer Kommission für Militärische Angelegenheiten in Tibet vorsah, wodurch das Land in Wirklichkeit durch die Volksbefreiungsarmee regiert worden wäre. Mao meinte: »Es wäre besser, ein Vorbereitendes Komitee zur Errichtung der Autonomen Region Tibet aufzustellen.« Dieses Gremium werde dafür sorgen, daß das Tempo für die Reformen von den Wünschen des tibetischen Volkes selbst bestimmt werde. Er betonte nachdrücklich, daß die Punkte des »Abkommens« so langsam, wie wir dies für nötig hielten, ausgeführt werden sollten. Als ich diese Neuheiten dem Kashag überbrachte, waren alle zutiefst erleichtert. Es sah wirklich so aus, als ob wir einen akzeptablen Kompromiß erzielen würden, wo wir nun direkt mit der Spitze des Landes verhandelten.

Bei einer späteren privaten Begegnung mit Mao eröffnete er mir, wie sehr es ihn freue, daß ich nach Beijing gekommen sei. Er fuhr fort, daß die Chinesen nur deshalb in Tibet seien, um uns zu helfen. »Tibet ist ein großes Land«, meinte er. »Sie haben eine großartige Geschichte. Vor langer Zeit haben Sie sogar weite Teile Chinas erobert. Aber jetzt sind Sie im Rückstand, und wir wollen Ihnen helfen. Vielleicht sind Sie in zwanzig Jahren im Vorsprung, dann ist es an Ihnen, China zu helfen.« Ich traute meinen Ohren nicht, aber es sah wirklich so aus, als ob er aus Überzeugung so gesprochen hätte und nicht bloß aus taktischem Kalkül.

Ich entwickelte eine richtige Begeisterung für die Möglichkeiten einer Vereinigung Tibets mit der Volksrepublik China. Je mehr ich mich mit dem Marxismus beschäftigte, desto besser gefiel er mir. Hier war ein Gesellschaftssystem, das auf Gleichheit und Gerechtigkeit für alle beruhte und das ein Allheilmittel gegen die Übel der Welt zu sein versprach. Der einzige theoretische Nachteil des Marxismus war, soweit ich das beurteilen konnte, daß er auf einer rein materialistischen Sichtweise der menschlichen Existenz beharrte. Damit konnte ich nicht einverstanden sein. Ich machte mir auch Sorgen wegen der Methoden, die die Chinesen bei der Verwirklichung ihrer Ideale anwendeten. Ich hatte einen starken Eindruck von Unnachgiebigkeit. Trotzdem äußerte ich den Wunsch, Parteimitglied zu werden. Ich fühlte, und das tue ich noch immer, daß es möglich sein müßte, eine Synthese zwischen buddhistischen und rein marxistischen Überzeugungen herzustellen, um daraus einen wirksamen Weg politischen Handelns zu entwickeln.

Gleichzeitig begann ich damit, Chinesisch zu lernen und auf Anraten meines chinesischen Sicherheitsbeamten, einem wunderbaren Mann, der im Korea-Krieg gekämpft hatte, Sport zu treiben. Er erschien jeden Morgen und beaufsichtigte mich dabei. Er war überhaupt nicht daran gewöhnt, früh aufzustehen und konnte nicht begreifen, warum ich jeden Tag bereits vor fünf Uhr aufstand, um zu beten. Oft erschien er mit zerzaustem Haar und ungewaschen. Sein Trainingsprogramm schien aber wirkungsvoll zu sein. Mein Brustkorb, der bis dahin recht knöchrig und eng gewesen war, wurde nun bedeutend breiter und glatter.

Insgesamt verbrachte ich nach unserer Ankunft ungefähr zehn Wochen in Beijing. Den Großteil der Zeit wurde ich von politischen Begegnungen und Konferenzen in Anspruch genommen, ganz zu schweigen von den zahllosen Banketten. Das Essen bei diesen gewaltigen Anlässen war im allgemeinen recht gut, auch wenn mich bei dem Gedanken an die hundert Jahre alten Eier, die angeblich eine Delikatesse sein sollten, noch immer schaudert. Ihr Geruch war überwältigend. Er hing noch lange Zeit in der Luft, so daß man nicht wußte, ob es der Geschmack war, den man noch spürte, oder einfach der Geruch. Die Sinne waren schlicht überfordert. Einige europäische Käsesorten haben, wie ich feststellen konnte, dieselbe Wirkung. Unsere Gastgeber nahmen diese Bankette sehr wichtig, wohl in dem Glauben, daß echte Freundschaft durch geselliges Zusammensein am Eßtisch entstehen könne. Dies ist natürlich unsinnig.

Als zu dieser Zeit die erste Versammlung der Kommunistischen Partei stattfand, ernannte man mich zum stellvertretenden Vorsitzenden des Ständigen Ausschusses der Politischen Konsultativkonferenz des Chinesischen Volkes. Diese Ernennung war prestigeträchtig, und möglicherweise war mit ihr sogar eine gewisse politische Macht verbunden. (Im Ständigen Ausschuß diskutierte man über die zu verfolgende Politik, bevor die Angelegenheit vor das Politbüro kam, bei dem die eigentliche Macht lag.)

Die politischen Debatten und Konferenzen des Ständigen Ausschusses waren eine viel nützlichere Erfahrung als die Bankette, auch wenn sie sich oft sehr in die Länge zogen. Manchmal sprach jemand vier, fünf oder gar sieben Stunden ohne Unterbrechung, was extrem langweilig wurde. Währenddessen trank ich schlückchenweise heißes Wasser – und sehnte das Ende herbei. Wenn Mao an einer Sitzung teilnahm, war das etwas ganz anderes. Er war ein fesselnder Redner. Am spannendsten wurde es, wenn er am Ende die Meinung des Publikums ausforschte. Er wollte stets die innersten Gefühle der Menschen kennenlernen und war bereit, jede Antwort zu akzeptieren. Mehr als einmal ging er sogar so weit, sich selbst zu kritisieren, und als er einmal nicht erreichte, was er wollte, zog er einen Brief aus seinem Heimatdorf aus der Tasche, in dem sich jemand über das Verhalten der dortigen Parteifunktionäre beklagte. Wie beeindruckend! Mit der Zeit bemerkte ich aber, wie gekünstelt der Großteil dieser Sitzungen war. Die Leute hatten Angst, ihre wahre Meinung zu äußern, besonders diejenigen, die keine Parteimitglieder waren und sich stets bemühten, bei letzteren Anklang zu finden und ihnen gegenüber höflich zu sein.

So langsam wurde mir klar, daß das politische Leben in China voller Widersprüche war, auch wenn ich nicht genau sagen konnte, woran das lag. Jedesmal wenn ich Mao sah, empfand ich das als neue Inspiration. Ich erinnere mich, wie er einmal ohne Voranmeldung vor meiner Tür stand. Er wollte privat etwas mit mir besprechen, ich weiß nicht mehr was, aber während unseres Gesprächs überraschte er mich sehr, als er anfing, Gutes über Buddha zu sagen. Er lobte, daß er gegen das Kastenwesen, gegen die Korruption und gegen die Ausbeutung war. Er erwähnte auch die Gottheit Tara, einen berühmten weiblichen Bodhisattva. Plötzlich schien er der Religion gegenüber freundlich gesinnt zu sein.

Bei einer anderen Gelegenheit saß ich an einer langen Tafel dem

Großen Vorsitzenden, wie man Mao auch nannte, gegenüber; an jedem Ende saß ein General. Er deutete auf sie und sagte, er werde die beiden nach Tibet abkommandieren. Dann fixierte er mich mit seinem Blick und sagte: »Ich schicke diese beiden Männer, damit sie Ihnen dienen. Wenn sie Ihnen nicht gehorchen, müssen Sie es mich wissen lassen, und ich werde sie abberufen.« Aber während ich auf der einen Seite diese positiven Eindrücke sammeln konnte, sah ich auf der anderen Seite, wie paranoid die große Mehrheit der Parteifunktionäre in der Verrichtung ihrer Pflichten war. Sie lebten in der ständigen Furcht, ihre Arbeit, wenn nicht ihr Leben, zu verlieren.

Außer Mao sah ich auch Zhou Enlai und Liu Shaoqi häufig. Letzterer war ein äußerst wortkarger Mann, der kaum je lachte. Es war nicht leicht, mit ihm gut auszukommen. Einmal war ich bei einem Treffen zwischen Liu und dem Ministerpräsidenten von Birma, U Nu, anwesend. Vor dem Treffen erhielt jede Person genaue Anweisungen, für welches Gesprächsthema sie verantwortlich war. Mein Thema war die Religion. Falls der birmesische Regierungschef über Religion sprechen wollte, so war es meine Aufgabe zu antworten. Das war aber unwahrscheinlich und überhaupt nicht das, was U Nu am Herzen lag. Er wollte Liu über die chinesische Unterstützung der kommunistischen Rebellen in seinem Land befragen. Als er aber erwähnte, daß die Guerillas seiner Regierung Schwierigkeiten bereiteten, schaute Liu einfach weg. Er weigerte sich, ins Gespräch gezogen zu werden, und U Nus Frage blieb unbeantwortet. Ich war entsetzt, tröstete mich aber bei dem Gedanken, daß Liu wenigstens nicht gelogen oder ihn zu täuschen versucht hatte. Zhou Enlai hätte sicher eine passende Antwort parat gehabt.

Zhou gehörte zu einem ganz anderen Menschenschlag. Während Liu gesetzt und immer ernst war, hatte Zhou ständig ein Lächeln im Gesicht und sprühte vor Charme und Intelligenz. Eigentlich war er übertrieben freundlich, was immer ein Zeichen dafür ist, daß man jemandem nicht trauen kann. Er war auch sehr aufmerksam. Ich erinnere mich, wie er bei einem Bankett, an dem auch ich teilnahm, einen ausländischen Würdenträger begleitete, der plötzlich über eine Stufe stolperte. Zhou hatte einen kranken Arm, aber als sein Gast stolperte, war sein anderer Arm bereits in Stellung, um ihn aufzufangen. Er unterbrach nicht einmal das Gespräch.

Auch seine Zunge war sehr scharf. Nach U Nus Besuch in Beijing hielt Zhou eine Rede vor über tausend Beamten, in der er abfällige Bemerkungen über den birmesischen Premierminister machte. Das schien mir wirklich seltsam, da er ihm gegenüber immer extrem höflich und liebenswürdig gewesen war.

Ich wurde während meines Beijing-Aufenthaltes auch gebeten, einigen chinesischen Buddhisten religiöse Unterweisungen zu erteilen. Bei dieser Gelegenheit war ein chinesischer Mönch mein Dolmetscher, der, wie ich hörte, bei einem tibetischen Lama in Tibet studiert hatte. In früheren Zeiten war es durchaus üblich, daß chinesische Mönche in Tibet ausgebildet wurden, besonders auf dem Gebiet der Dialektik. Ich war sehr von ihm beeindruckt und fand, daß er seinen Glauben gewissenhaft und aufrichtig ausübte.

Einige der Kommunisten, die ich kennenlernte, waren äußerst nette Menschen, ganz und gar selbstlos in ihrem Dienst an der Menschheit und mir persönlich sehr behilflich. Ich lernte sehr viel von ihnen. Da war zum Beispiel ein hoher Beamter in der Abteilung für Minderheiten namens Liu Kaping. Ihm hatte man die Aufgabe übertragen, mir Unterricht in Marxismus und Chinesischer Revolution zu erteilen. Er war eigentlich ein Muslim, und ich fragte ihn oft neckend, ob er denn nie Schweinefleisch esse. Ich weiß noch, daß ihm ein Finger fehlte. Es war angenehm, mit ihm zusammenzusein, und wir wurden gute Freunde. Seine Frau, die um einiges jünger war als er, so daß sie seine Tochter hätte sein können, freundete sich ebenso gut mit meiner Mutter und meiner älteren Schwester an. Als ich mich am Ende meiner Reise von ihm verabschiedete, weinte er wie ein Kind.

Ich blieb bis nach den Oktoberfeierlichkeiten in Beijing. Man beging in jenem Jahr den fünften Jahrestag der Gründung der Volksrepublik China, und so wurde um die Zeit herum gerade eine Reihe von ausländischen Würdenträgern erwartet, darunter Chruschtschow und Bulganin, denen ich vorgestellt wurde. Von keinem der beiden war ich sonderlich beeindruckt. Ganz anders war dies bei Pandit J. Nehru, der auch nach Beijing kam, als ich dort war. Er war der Ehrengast bei einem Bankett, dem Zhou Enlai vorsaß, und wie üblich mußten alle anderen Gäste an ihm vorbeidefilieren, um ihm vorgestellt zu werden. Aus der Entfernung schien er sehr umgänglich, und er hatte keine Schwierigkeiten, ein paar Worte für jeden zu finden, der zu ihm kam. Als ich aber an der Reihe war und seine Hand schüttelte, wurde er verlegen. Er blickte starr geradeaus und war völlig sprachlos. Mir war das sehr peinlich, und so brach ich das Eis, indem ich sagte, wie sehr es mich freue, ihn kennenzulernen, und daß ich schon viel von ihm gehört hätte, obwohl Tibet ja ein so entlegenes Land sei. Schließlich sprach auch er, aber bloß ein paar nichtssagende Worte.

Ich war zutiefst enttäuscht, da ich gern mehr mit ihm gesprochen und die Haltung seines Landes gegenüber Tibet erfahren hätte. So aber war dies eine merkwürdige Begegnung.

Zu einem anderen Zeitpunkt allerdings hatte ich – auf dessen Wunsch hin – eine Zusammenkunft mit dem indischen Botschafter. Dieses Treffen war aber fast genauso ein Fehlschlag wie die Begegnung mit Nehru. Denn obwohl ich einen tibetischen Beamten bei mir hatte, der ausgezeichnet Englisch sprach, bestanden die Chinesen darauf, daß ich statt dessen einen ihrer Dolmetscher mitnahm. Das hieß, daß alles, was der indische Botschafter sagte, zuerst mühselig ins Chinesische und dann ins Tibetische übersetzt werden mußte. Es war eine sehr unangenehme Situation. Gewisse Dinge, die ich gern zur Sprache gebracht hätte, konnten in Anwesenheit der Chinesen natürlich nicht geäußert werden. Der beste Teil des Nachmittags kam, als ein Diener eintrat und uns allen Tee servierte. Dabei stieß er eine große Schale mit exotischen Früchten um, die sicherlich teuer gewesen waren. Beim Anblick all der Aprikosen, Pfirsiche und Pflaumen, die auf dem Boden herumrollten, bückten sich mein äußerst ernster chinesischer Dolmetscher und sein Assistent (ein Beamter ging nie allein irgendwo hin) und krochen auf allen vieren auf dem Teppich herum, um die Früchte aufzulesen. Nur mit Mühe konnte ich ein Lachen unterdrücken.

Ich verstand mich viel besser mit dem russischen Botschafter, der beim Bankett neben mir saß. Zu jener Zeit waren die Sowjetunion und China noch enge Freunde, und so bestand diesmal keine Gefahr der Einmischung. Der Botschafter war sehr freundlich und erkundigte sich nach meinen Eindrücken über den Sozialismus. Als ich erwiderte, daß ich darin große Möglichkeiten sah, sagte er, ich müsse die Sowjetunion besuchen. Mir gefiel dieser Vorschlag auf Anhieb, und ich entwickelte sofort ein starkes Verlangen, eine Rußland-Reise zu unternehmen, wenn möglich als gewöhnliches Mitglied einer Delegation. Das hatte den Vorteil, daß ich als Delegationsmitglied überall dorthin kam, wohin die Gruppe reiste, gleichzeitig aber von sämtlichen Verpflichtungen frei war und folglich tun konnte, was mir Spaß machte. Leider wurde daraus nichts. Es vergingen mehr als zwanzig Jahre, bis mein Wunsch, die UdSSR zu besuchen, Wirklichkeit wurde. Und natürlich waren die Umstände ganz anders, als ich es mir damals in meiner Phantasie ausgemalt hatte.

Im allgemeinen ließen mich die chinesischen Behörden nur äußerst ungern mit Ausländern zusammenkommen. Ich muß für sie wohl recht unbequem gewesen sein. Als die Chinesen in Tibet einmarschierten, wurden sie von vielen Ländern der Erde verurteilt. Das irritierte sie natürlich, und sie bemühten sich nun sehr, ihr Image aufzupolieren und zu beweisen, daß die Besetzung Tibets sowohl geschichtlich gerechtfertigt war als auch unter dem Aspekt, daß hier eine stärkere Nation einer schwächeren half. Mir fiel auf, wie sehr sich das Verhalten unserer Gastgeber änderte, wenn ausländische Gäste anwesend waren. Während ihre Einstellung Ausländern gegenüber normalerweise arrogant war, verhielten sie sich in deren Anwesenheit immer unterwürfig und demutsvoll.

Einige der Ausländer, die in Beijing zu Besuch waren, äußerten den Wunsch, mich zu treffen. Darunter war auch eine ungarische Tanzgruppe, deren Mitglieder alle ein Autogramm von mir wollten, das ich ihnen auch gab. Es kamen auch ein paar tausend Mongolen eigens nach Beijing, um mich und den Panchen Lama zu sehen. Die chinesischen Behörden waren darüber nicht sonderlich erfreut, vielleicht weil für sie die Vorstellung einer tibetisch-mongolischen Verbindung unbehagliche Erinnerungen an die Vergangenheit weckte. Tibet war es im 8. Jahrhundert gelungen, die Chinesen zur Zahlung von Tributen zu verpflichten. Und die Mongolen haben China nach der geglückten Invasion unter ihrem Anführer Kublai Khan sogar von 1279 bis 1368 regiert.

Während der Zeit der mongolischen Herrschaft geschah folgende interessante Begebenheit: Kublai Khan trat zum Buddhismus über und hatte einen tibetischen Meister. Dieser Lama brachte den Mongolenführer dazu, den chinesischen Bevölkerungszuwachs nicht länger dadurch zu kontrollieren, daß er Tausende von ihnen im Meer ertränken ließ. Hierdurch rettete der Tibeter vielen Chinesen das Leben.

Im Winter 1954 unternahm ich eine ausgedehnte China-Rundreise, begleitet von meinem Gefolge, meiner Mutter und Tenzin Chögyäl, meinem jüngsten Bruder. Dabei sollten wir die Wunder des industriellen und materiellen Fortschritts zu sehen bekommen. Mir bereitete dies große Freude, aber meine tibetischen Beamten waren an diesem Angebot überhaupt nicht interessiert und stießen jedesmal einen Seufzer der Erleichterung aus, wenn es hieß, daß es diesmal keine Besichtigung gab. Meine Mutter war in China besonders unglücklich. Dies verstärkte sich, als sie bei einem Ausflug Fieber bekam, dem ein recht schwerer Grippeanfall folgte. Zum Glück war mein Leibarzt, der »fette Doktor«, mit dabei. Er war ein überaus gelehrter Mann und eng mit meiner Mutter befreundet. Er verschrieb ihr ein Medikament, das sie sofort einnahm. Leider hatte sie aber seine Angaben mißverstanden, und so nahm sie auf einmal, was sie im Laufe von zwei Tagen hätte einnehmen sollen. Das rief eine heftige Reaktion bei ihr hervor, die sie zusätzlich zur Grippe erst richtig krank machte. Einige Tage lang fühlte sie sich sehr schwach, und ich begann, mir Sorgen um sie zu machen. Aber nach einer Woche ging es ihr wieder besser, und sie lebte noch über fünfundzwanzig weitere Jahre. Sie war eine Frau mit viel Kraft. Auch Ling Rinpoche wurde sehr krank; er erholte sich aber nicht besonders gut und erlangte erst im Exil in Indien seine Kräfte wieder.

Tenzin Chögyäl, der zwölf Jahre jünger ist als ich, war eine ständige Quelle der Freude und des Schreckens für alle – auch für die Chinesen, die ihn sehr gern mochten. Durch seine bemerkenswerte Intelligenz konnte er schon nach wenigen Monaten fließend Hochchinesisch sprechen, was zugleich ein Vorteil und ein Nachteil war. Es machte ihm immer besonderen Spaß, wenn er Erwachsene in Verlegenheit bringen konnte. Jedesmal wenn meine Mutter oder sonstwer eine abfällige Bemerkung über einen unserer Gastgeber machte, konnte man sicher sein, daß mein kleiner Bruder die Information weiterleitete. Wir mußten alle genau aufpassen, was wir in seiner Anwesenheit sagten. Aber auch dann hatte er einen guten Riecher

In der Volksrepublik China 113

dafür, wenn jemand auswich. Er war aber so niedlich, daß Trijang Rinpoche, mein Zweiter Tutor, der einzige war, dem es gelang, ihm gegenüber ernst zu bleiben, wohl auch deshalb, weil mein kleiner Bruder auf allen Möbeln herumtollte und Trijang Rinpoche Angst hatte, er werde den Chinesen erklären müssen, wie es zu den Beschädigungen gekommen war. Ling Rinpoche hingegen war ein hervorragender Spielkamerad für ihn. Ich selbst sah meinen Bruder nicht so oft. Kürzlich aber erinnerte er mich daran, daß ich ihn einmal dabei ertappte, als er gerade sämtliche Karpfen aus einem Zierteich gefischt und sie fein säuberlich im Gras daneben ausgebreitet hatte. Er sagte, ich hätte ihm damals ein paar kräftige Ohrfeigen gegeben.

Obwohl nicht viele meiner Beamten mein Interesse für den materiellen Fortschritt in China teilten, muß ich sagen, daß ich sehr davon beeindruckt war, was die Chinesen auf dem Gebiet der Schwerindustrie geleistet hatten. Besonders gefiel mir ein Wasserkraftwerk, das man uns in der Mandschurei vorführte. Es bedurfte keiner blühenden Phantasie, um zu erkennen, daß es in Tibet zahllose Möglichkeiten für diese Art der Elektrizitätserzeugung gab. Was mir aber besonders in Erinnerung blieb, war das Gesicht, das der Beamte, der uns das Werk zeigte, machte, als ich ihm ein paar detaillierte Fragen über die Stromerzeugung stellte. Durch mein Herumbasteln an jenem alten Dieselgenerator in Lhasa waren mir die Grundprinzipien wohlbekannt. Es muß aber recht merkwürdig gewirkt haben, daß ein junger Ausländer im Mönchsgewand ihn über Kilowattstunden und Turbinengröße befragte.

Der Höhepunkt dieser Exkursion war der Besuch an Bord eines alten Kriegsschiffes in der Mandschurei. Ich war fasziniert. Es spielte keine Rolle, daß es so alt war und daß ich mich mit den Instrumenten und Anzeigen nicht auskannte. Es genügte, einfach an Bord dieser riesigen grauen Metallkonstruktion zu sein und den eigenartigen Geruch von Öl und Salzwasser einzuatmen.

Negativ zu verzeichnen ist, daß mir die Chinesen, wie mir nach und nach klar wurde, keinen Kontakt zur gewöhnlichen chinesischen Bevölkerung gestatteten. Jedesmal wenn ich das vorgegebene Programm durchbrechen oder mir einfach einmal selbst ein paar Dinge anschauen wollte, hinderten mich die Beamten daran, die dort waren, um auf mich aufzupassen. Immer hieß es »Die Sicherheit erfordert es...« Meine Sicherheit war ihre ständige Ausrede. Ich war aber nicht der einzige, der vom einfachen Volk ferngehalten wurde; das traf ebenso auf alle Chinesen aus der Hauptstadt zu. Auch ihnen war es verboten worden, selbständig etwas zu unternehmen.

Einer meiner Tsenshaps, Serkong Rinpoche, schaffte es trotzdem, seine eigenen Wege zu gehen. Er hörte nie auf das, was die Chinesen sagten, und tat einfach, was ihm paßte. Und vielleicht, weil er unverdächtig war und hinkte, dachte niemand daran, ihn davon abzuhalten. Er war dadurch der einzige, der einen Einblick in die Wirklichkeit des täglichen Lebens in der jungen Volksrepublik erhielt. Ich erfuhr sehr viel durch ihn. Er malte mir ein düsteres Bild von großer Armut und Angst in der Bevölkerung.

Ich hatte allerdings auch eine aufschlußreiche Unterhaltung mit einem Hotelportier, als wir ein Industriegebiet besuchten. Er erzählte mir, daß er Bilder von meiner Abreise aus Lhasa gesehen und sich gefreut habe, daß mein Volk so begeistert über meine China-Reise gewesen sei. Als ich ihm sagte, daß dies überhaupt nicht stimme, war er überrascht. »Aber so stand es doch in der Zeitung!« rief er aus. Worauf ich erwiderte, daß die Begebenheit wohl falsch dargestellt worden sei, da der Großteil meines Volkes in Wirklichkeit verzweifelt darüber gewesen sei. Er war schockiert und verwundert. Mir hingegen wurde zum erstenmal klar, wie sehr die Dinge in der kommunistischen Presse verdreht wurden. Es schien, als ob das Lügen den chinesischen Behörden im Blut lag.

Während dieser China-Rundreise überquerte ich auch die Grenze zur Mongolei und reiste mit Serkong Rinpoche zu seinem Geburtsort. Es war ein ergreifendes Erlebnis, das mir zeigte, wie eng die Verbindung zwischen jenem Land und meinem eigenen ist.

Ende Januar 1955 kamen wir wieder nach Beijing zurück, gerade rechtzeitig, um das tibetische Neujahr, Losar, zu feiern. Um seine Bedeutung zu unterstreichen, beschloß ich, ein großes Bankett zu veranstalten und dazu den Vorsitzenden Mao und die anderen der »Großen Vier« einzuladen: Zhou Enlai, Zhu De und Liu Shaoqi. Sie nahmen alle die Einladung an. Mao war während des ganzen Abends sehr freundlich. Einmal lehnte er sich zu mir herüber und erkundigte sich, warum ich eine Prise Tsampa in die Luft warf. Ich erklärte ihm, daß dies eine symbolische Opfergabe war, worauf auch er sich eine

In der Volksrepublik China   115

Prise nahm und mich nachahmte. Dann nahm er abermals eine Prise
und warf diese zweite Opfergabe mit einem spitzbübischen Ausdruck
im Gesicht zu Boden.

Diese respektlose Geste warf einen Schatten auf diesen sonst in
jeder Hinsicht gelungenen Abend, der auf die Möglichkeit einer echten Brüderlichkeit zwischen unseren beiden Ländern hinzudeuten
schien. Sicherlich stellte auch die chinesische Seite dieses Ereignis so
dar. Zu diesem Zweck hatte man das übliche Heer von Fotografen
bestellt, die die Szene verewigen sollten. Einige der Bilder wurden ein
bis zwei Tage später in der Zeitung abgedruckt, zusammen mit enthu-
siastischen Berichten, die besonders auf die Reden, die dort gehalten
wurden, eingingen. Diese Bilder müssen zugleich in ganz China
verteilt worden sein, denn als ich wieder in Lhasa war, fand ich eines
in einem von Chinesen herausgegebenen Lokalblatt. Es zeigte Mao
und mich, wie wir nebeneinandersaßen, mein Kopf zu ihm hingeneigt
und meine Hände in einer unerklärlichen Bewegung fixiert. Der
tibetische Bildredakteur hatte diese Szene auf seine eigene Weise
interpretiert, denn in der Bildlegende stand, daß hier Seine Heiligkeit,
der Dalai Lama, dem Großen Steuermann erkläre, wie man Khabse,
die traditionellen Losar-Kekse, backt!

Am Tag vor meiner geplanten Rückreise nach Tibet, im Frühjahr
1955, nahm ich an einer Sitzung des Ständigen Ausschusses teil. Liu
Shaoqi, der den Vorsitz hatte, war gerade mitten in einer Rede, als
plötzlich mein Sicherheitsbeamter hereinplatzte und auf mich zuge-
stürmt kam. »Der Vorsitzende Mao will Sie sofort sehen! Er erwartet
Sie!« Ich wußte nicht, was ich sagen sollte. Ich konnte nicht einfach
aufstehen und die Sitzung verlassen, und Liu machte keine Anstalten,
eine kurze Verschnaufpause einzulegen. »Wenn das so ist, dann müssen Sie mich hier entschuldigen lassen«, erwiderte ich, was er auch
prompt tat.

Wir gingen schnurstracks zu Maos Büro, wo dieser tatsächlich auf
mich wartete. Es war unsere letzte Zusammenkunft. Er sagte, daß er
mir ein paar Ratschläge für das Regieren geben wolle, bevor ich nach
Tibet zurückkehre, und erklärte, wie man Sitzungen veranstaltet, wie
man die Meinungen der anderen sondiert und schließlich über die
wesentlichen Punkte entscheidet. Was er mir vermittelte, waren äußerst brauchbare Informationen, und ich schrieb, wie immer bei

unseren Begegnungen, alles eifrig mit. Mao betonte, wie lebenswichtig die Kommunikation für jede Form von materiellem Fortschritt sei und wie wichtig es wäre, so viele junge Tibeter wie möglich auf diesem Gebiet auszubilden. Er fügte hinzu, daß er seine Mitteilungen an mich über einen Tibeter weiterleiten wolle. Schließlich rückte er näher und sagte: »Wissen Sie, Sie haben eine gute Einstellung. Aber die Religion ist Gift. Zum einen reduziert sie die Bevölkerung, weil Mönche und Nonnen keusch bleiben müssen, und dann verhindert sie den materiellen Fortschritt.« Als er dies sagte, spürte ich ein starkes Brennen auf meinem ganzen Gesicht und hatte plötzlich große Angst. »Ja«, dachte ich, »er ist also doch der Zerstörer des Dharma, der Lehren des Buddhismus.«

Inzwischen war es spät am Abend geworden. Nachdem Mao diese verhängnisvollen Worte ausgesprochen hatte, beugte ich mich vor, als wollte ich etwas aufschreiben, in Wirklichkeit aber, um mein Gesicht zu verbergen. Ich hoffte, daß er das Entsetzen nicht spürte, das in mir aufstieg. – Es hätte vielleicht sein Vertrauen in mich zerstört. Zum Glück war damals, aus irgendeinem Grund, nicht Phüntsog Wangyäl der Dolmetscher. Er hätte meine Gedanken sicherlich erraten, vor allem auch, weil wir nachher immer alles besprachen. Lange hätte ich meine Gefühle aber auch in dieser Situation nicht mehr verheimlichen können, und so traf es sich gut, daß Mao dieses Interview wenige Minuten später beendete. Ich war erleichtert, als er aufstand, um mir die Hand zu schütteln. Erstaunlicherweise sprühten seine Augen nur so vor Leben, und er war trotz der späten Stunde hellwach. Wir gingen zusammen hinaus in die Stille der Nacht. Mein Wagen wartete schon. Mao öffnete die Tür für mich und schloß sie dann. Als der Wagen davonrollte, drehte ich mich um, um zu winken. Das letzte, was ich von ihm sah, war, wie er ohne Jacke und ohne Mütze in der Kälte stand und mir nachwinkte.

An die Stelle von Erstaunen und Angst trat nun Verwirrung. Wie konnte er mich nur so falsch eingeschätzt haben? Wie konnte es ihm nur in den Sinn gekommen sein, daß ich nicht bis ins Innerste religiös war? Was hatte ihn veranlaßt, so zu denken? Alles, was ich tat, wurde festgehalten, das wußte ich genau: wie viele Stunden ich schlief, wie viele Schalen Reis ich aß, was ich während dieser oder jener Sitzung sagte. Zweifelsohne wurde mein Verhalten eingehend

In der Volksrepublik China   117

analysiert und Mao wöchentlich ein Bericht darüber zugesandt. Es
konnte ihm deshalb auf keinen Fall entgangen sein, daß ich täglich
mindestens vier Stunden in Gebet und Meditation verbrachte und
daß ich zudem noch während der ganzen Zeit meines China-Aufent-
haltes meinen religiösen Unterricht mit meinen beiden Tutoren fortsetzte. Er mußte auch erfahren haben, daß ich mich mit ganzem
Einsatz auf die Abschlußprüfung meines mönchischen Studiums
vorbereitete, die in höchstens sechs oder sieben Jahren stattfinden
würde.

Die einzige plausible Erklärung war, daß er mein großes Interesse
an der Naturwissenschaft und am materiellen Fortschritt falsch aus-
gelegt hatte. Es stimmte zwar, daß ich Tibet in Übereinstimmung mit
der Volksrepublik China modernisieren wollte, und auch, daß ich
grundsätzlich naturwissenschaftlich orientiert bin. Mao kannte aber
offensichtlich Buddhas Anweisung nicht, daß jeder, der seine Lehren
praktizieren wollte, sie genau auf ihre Gültigkeit hin prüfen sollte. So
stand ich den Entdeckungen und Erkenntnissen der modernen Wissenschaft immer offen gegenüber. Vielleicht war es das, was Mao zu
der Annahme verleitet hatte, meine religiöse Praxis sei nichts als
Fassade oder Tradition. Was auch immer er gedacht haben mag, mir
war nun klar, daß er mich völlig falsch eingeschätzt hatte.

Am nächsten Tag verließ ich Beijing, und die Rückreise nach Tibet
begann. Wir kamen schneller voran als im Jahr zuvor, da der Qinghai
Highway in der Zwischenzeit fertiggestellt worden war. Während der
Reise nutzte ich die Gelegenheit, an verschiedenen Orten jeweils zwei
bis drei Tage haltzumachen, damit ich möglichst viele meiner Landsleute wiedertreffen und ihnen von meinen Erfahrungen in China und
von meinen Hoffnungen für die Zukunft berichten konnte. Trotz der
Tatsache, daß ich meine Meinung über Mao revidieren mußte, fand
ich noch immer, daß er ein großartiger Führer und vor allem auch ein
aufrichtiger Mensch war. Er war nicht hinterlistig. Ich war deshalb
davon überzeugt, daß, solange seine Beamten in Tibet seine Anweisungen ausführten, und vorausgesetzt, daß er sie fest in der Hand
hatte, es gute Gründe gab, optimistisch zu sein. Außerdem war ich
der Überzeugung, daß eine positive Haltung das einzig Vernünftige
war. Es war sinnlos, eine negative Einstellung zu hegen; das macht
eine schlechte Lage nur noch schlimmer.

Mein Optimismus wurde aber nur von wenigen in meinem Gefolge geteilt. Die meisten hatten in China keinen positiven Eindruck gewonnen und befürchteten, daß die strengen Methoden der Kommunisten zur Unterdrückung in Tibet führen würden. Beunruhigung rief auch ein Gerücht hervor, das damals gerade über einen hohen Beamten in der chinesischen Regierung namens Gan Kung zirkulierte. Man munkelte, daß er Liu Shaoqi kritisiert habe und deshalb auf brutale Weise ermordet worden sei.

Es dauerte dann nicht lange, bis auch mir neue Zweifel kamen. Als ich ganz im Osten Tibets Tashikhyil (Labrang) besuchte, war eine große Menschenmenge anwesend. Tausende waren dorthin gereist, um mich zu sehen und zu begrüßen. Ich war gerührt von ihrer Hingebung, aber entsetzt, als ich später erfuhr, daß die chinesischen Behörden den Menschen vorgetäuscht hatten, daß ich eine Woche später dort erscheinen würde, als dies tatsächlich der Fall war. Sie belogen sie, um sie daran zu hindern, mich zu sehen. So erschienen weitere Tausende erst, als ich bereits abgefahren war.

Ein weiterer Grund für mein Unbehagen war die übertriebene Vorsicht der Chinesen bezüglich meiner persönlichen Sicherheit. Sie bestanden darauf, daß ich von niemandem Essen annehmen durfte außer von meinem Koch. Das hieß, daß ich beim Besuch meines Heimatdorfes keine der Opfergaben akzeptieren durfte, die mir die Menschen dort entgegenbrachten, obwohl einige von ihnen Mitglieder meiner eigenen Familie waren, die noch in Taktser lebten. Als ob es einem dieser einfachen, bescheidenen und demütigen Menschen je in den Sinn gekommen wäre, den Dalai Lama zu vergiften! Meine Mutter war darüber sehr verärgert. Sie wußte nicht, was sie den Leuten sagen sollte. Und wenn ich zu den Tibetern dort sprach und mich nach ihren Lebensbedingungen erkundigte, sagten sie alle unisono: »Durch den Vorsitzenden Mao, den Kommunismus und die Volksrepublik China sind wir sehr glücklich.« Dabei standen ihnen aber Tränen in den Augen.

Auf der ganzen Reise nach Lhasa empfing ich unzählig viele Menschen, was in Tibet im Gegensatz zu China entschieden einfacher war. Tausende kamen und brachten ihre alten und gebrechlichen Verwandten mit, und dies alles nur, um einen flüchtigen Blick auf mich zu erhaschen. Es kamen auch viele Chinesen zu diesen Versammlungen, was mir die Chance gab, ihnen zu erklären, warum sie die tibetische Mentalität verstehen lernen mußten. Dabei versuchte ich herauszufinden, wer von ihnen Parteimitglied war und wer nicht. Die Erfahrung hatte mir gezeigt, daß erstere freimütiger waren.

Die Haltung der chinesischen Behörden in Tibet mir gegenüber war sehr interessant. Zu irgendeinem Anlaß sagte ein Beamter einmal: »Die Chinesen lieben den Vorsitzenden Mao nicht im selben Maße, wie die Tibeter den Dalai Lama lieben.« Ein anderes Mal kam ein Aufseher, der sich auf brutale Art aufgespielt hatte, zu meinem Jeep herüber und wollte wissen, wo der Dalai Lama sei. »Hier«, sagte ich, und er nahm seine Mütze ab und bat mich, ihn zu segnen. Als ich Chengdu verließ, weinten beim Abschied viele der chinesischen Beamten, die mich während meines ganzen China-Besuchs begleitet hatten. Auch ich hatte sehr herzliche Gefühle für sie. Trotz unserer verschiedenen Auffassungen hatten wir eine starke persönliche Beziehung entwickelt.

Als ich nach so vielen Monaten wieder die Landbevölkerung in Tibet sah, konnte ich einen neuen Vergleich zwischen ihnen und der chinesischen Landbevölkerung anstellen. Um es gleich zu sagen, man erkannte allein schon an ihrem Gesichtsausdruck, daß die Tibeter viel glücklicher waren. Ich glaube, da spielte eine Reihe von Faktoren eine Rolle. Zum einen war die Beziehung zwischen Leibeigenen und Gutsherren in Tibet viel menschlicher als in China, und die Lebensbedingungen für die Armen waren weniger hart. Dann gab es in Tibet niemals die Barbarei des Fußbindens und der Kastration, die in China bis vor kurzem weit verbreitet war. Ich glaube, daß diese Unterschiede den Chinesen entgangen sind und daß sie deshalb unser Feudalsystem als ein Ebenbild ihres eigenen betrachteten.

Kurz vor meiner Ankunft in Lhasa sah ich Zhou Enlai noch einmal. Er war zu einem Ort in Kham geflogen, in dem es ein Erdbeben gegeben hatte, und wollte mich sehen. Es war eine seltsame Zusammenkunft, bei der er sich positiv über die Religion äußerte. Ich frage mich noch immer, warum er das tat, da es gar nicht zu ihm paßte. Vielleicht hatte Mao ihn beauftragt, um dadurch den Schaden, den er bei unserer letzten Begegnung angerichtet hatte, zu beheben.

KEINE HILFE VON NEHRU

Als ich im Juni 1955 nach Lhasa zurückkam, begrüßte mich wie üblich eine große Menschenmenge. Meine lange Abwesenheit hatte unter den Tibetern viel Kummer hervorgerufen, und so waren sie nun sichtlich erleichtert, den Dalai Lama wieder unter sich zu haben. Auch ich war erleichtert. Es war offensichtlich, daß die Chinesen hier mehr Zurückhaltung übten als in Osttibet. Auf meiner Rückreise aus China hatte ich außer den vielen gewöhnlichen Menschen auch zahlreiche Abordnungen von Stammesführern empfangen, die mich alle anflehten, ich möge doch unsere neuen Herren bitten, ihre Politik in diesen ländlichen Gegenden zu ändern. Sie sahen nämlich, daß die Chinesen die tibetische Lebensweise unmittelbar bedrohten, und hatten große Angst.

In Lhasa war alles mehr oder weniger so wie immer, mit der einzigen Ausnahme, daß es jetzt viele Autos und Lastwagen gab und zum erstenmal in der Geschichte der Stadt auch Verkehrslärm und Luftverschmutzung. Die Lebensmittelversorgung hatte sich gebessert, und an die Stelle der früheren offenen Zornesbekundungen waren Unmut und passiver Widerstand getreten. Jetzt, wo ich wieder im Lande war, war sogar ein neuer Optimismus zu spüren. Ich hatte das Gefühl, daß mein Ansehen bei den chinesischen Behörden durch Maos öffentliche Demonstration seines Vertrauens zu mir gestiegen war, und so sah auch ich der Zukunft mit gedämpftem Optimismus entgegen.

Ich war mir aber dessen bewußt, daß die Welt uns den Rücken gekehrt hatte. Noch schlimmer war, daß unser Nachbar und spiritueller Mentor, Indien, stillschweigend Chinas Ansprüche gegenüber Tibet akzeptiert hatte. Im April 1954 hatte Nehru ein Abkommen zwischen Indien und China unterzeichnet, in dessen Präambel, Panch Sheel genannt, es hieß, daß Indien und China sich auf keinen Fall in die »internen Angelegenheiten« des jeweils anderen einmischen würden. Dem Inhalt dieses Abkommens entsprechend war Tibet jedoch ein Teil Chinas.

Der Sommer 1955 war sicherlich der beste in den zehn Jahren unbehaglicher Koexistenz zwischen den chinesischen Behörden und meiner eigenen tibetischen Verwaltung. Aber der Sommer ist in Tibet eine kurze Jahreszeit, und schon nach wenigen Wochen kamen mir beunruhigende Dinge über die Aktivitäten der Chinesen in Kham und Amdo zu Ohren. Statt die Menschen dort in Ruhe zu lassen, hatten die Chinesen damit begonnen, von sich aus »Reformen« jeglicher Art einzuführen. Es wurden neue Steuern auf Häuser, Grund und Vieh eingeführt, und als ob das nicht schon schlimm genug gewesen wäre, wurde die Innenausstattung von Klöstern auf ihren Steuerwert geschätzt. Große Besitzungen wurden konfisziert und von den jeweiligen chinesischen Kadern nach den Prinzipien ihrer politischen Ideologie umverteilt. Grundbesitzer wurden öffentlich angeklagt und für »Verbrechen gegen das Volk« bestraft. Einige bezahlten dafür sogar zu meinem großen Entsetzen mit dem Leben. Gleichzeitig fingen die chinesischen Behörden damit an, Tausende von nomadischen Bauern zusammenzutreiben, die sonst immer in diesen fruchtbaren Gegenden herumgestreift waren. Unsere neuen Herren hatten eine starke Abneigung gegen das Nomadentum. Für sie roch es nach Barbarei. (Der Ausdruck »Mantze«, den die Chinesen oft für die Tibeter verwenden, heißt auch »Barbar«.)

Eine weitere schlechte Nachricht war, daß sich die Chinesen auch in die Tätigkeit der Klöster einmischten und die Bevölkerung gegen die Religion aufhetzten. Mönche und Nonnen wurden brutal schikaniert und öffentlich gedemütigt. Um nur ein Beispiel zu nennen: Sie wurden gezwungen, an Vertilgungsprogrammen von Insekten, Ratten, Vögeln und verschiedenen Arten von Ungeziefer teilzunehmen, obwohl die Chinesen ganz genau wußten, daß das Töten im Buddhismus verboten ist. Weigerten sie sich, wurden sie geschlagen. Die Chinesen in Lhasa hingegen verhielten sich so, als ob alles in Ordnung wäre. Dadurch, daß sie sich hier in der Hauptstadt nicht in religiöse Angelegenheiten einmischten, hofften sie offensichtlich, mich in Sicherheit zu wiegen, während sie anderswo taten, was sie wollten.

Gegen Ende 1955 begann man mit den Vorbereitungen für die Zusammenstellung des Vorbereitenden Komitees zur Errichtung der Autonomen Region Tibet, Maos Alternative zur Beherrschung durch eine Militärkommission. Mit Eintritt des Winters wurden die Nachrichten aus dem Osten des Landes immer schlimmer. Die Khampas, die es nicht gewöhnt waren, daß man sich in ihre Angelegenheiten einmischte, reagierten alles andere als freundlich auf die chinesischen Methoden. Der kostbarste Besitz eines Khampa ist nämlich seine Waffe, und als die chinesischen Kader die Waffen zu konfiszieren begannen, reagierten die Khampas mit Gewalt. Im Laufe der Wintermonate verschlechterte sich die Lage zusehends. Infolgedessen kamen immer mehr Flüchtlinge nach Lhasa, die der chinesischen Unterdrückung zu entkommen versuchten. Sie brachten Greuelgeschichten über Brutalität und Erniedrigung mit. Die Chinesen reagierten auf den Widerstand der Khampas mit Tücke: Man führte nicht nur öffentliche Auspeitschungen und Hinrichtungen durch, sondern ließ diese auch noch oft von den Kindern der Opfer ausführen. Eine weitere chinesische Neuerung waren öffentliche Verhöre (Thamzing), welche die chinesischen Kommunisten mit großer Vorliebe durchführten. Der »Verbrecher« wird so an einem Seil aufgehängt, daß die Schultergelenke ausgerenkt werden. Wenn das Opfer schließlich gänzlich hilflos ist und vor Schmerzen schreit, wird das Publikum – einschließlich der Frauen und Kinder – eingeladen, ihm noch weitere Verletzungen zuzufügen. Die Chinesen dachten offenbar, daß dies genügen würde, um jemanden umzustimmen, und benutzten dieses Verfahren deshalb als Hilfsmittel für die politische Umerziehung.

Bei den Losar-Feierlichkeiten Anfang 1956 hatte ich eine sehr interessante Begegnung mit dem Nechung-Orakel, das verkündete, daß »der Glanz des Wunscherfüllenden Juwels [eine in Tibet übliche Bezeichnung für den Dalai Lama] im Westen leuchten wird«. Ich interpretierte das so, daß ich in jenem Jahr nach Indien reisen würde. Heute ist mir aber bewußt, daß diese Prophezeiung eine tiefere Bedeutung hatte.

Damals machte ich mir aber eher um die vielen Flüchtlinge Sorgen, die aus Kham und Amdo nach Lhasa geströmt kamen. Erstmals hatte die Neujahrsfeier einen unverhohlen politischen Charakter. Überall in der Stadt fand man gegen die Chinesen gerichtete Plakate, und es wurden Flugblätter verteilt. Die Leute hielten öffentlich politische Veranstaltungen ab und wählten unter dem Volk Führer aus. Etwas Derartiges hatte es in Tibet noch nie gegeben! Dies erregte natürlich den Zorn der Chinesen. Sie sperrten sofort drei Männer ein, die, wie sie sagten, zu antidemokratischen Verbrechen angestiftet hatten. Das änderte aber überhaupt nichts am öffentlichen Unmut über ihre Herrschaft.

Während der Mönlam-Festtage fingen führende Geschäftsleute der Amdowas und Khampas an, Geld für die später stattfindende Sertri-Chenmo-Zeremonie zu sammeln. Bei dieser Zeremonie bringt man den Schutzgottheiten Tibets Opfergaben dar und bittet sie, dem Dalai Lama ein langes und glückliches Leben zu gewähren. Die Spendenaktion war so erfolgreich, daß ich zu jenem Anlaß einen riesigen, mit Juwelen übersäten goldenen Thron geschenkt bekam. Wie ich später herausfand, hatte diese Aktion aber noch einen anderen Sinn. Sie war auch der Anlaß für die Gründung einer Vereinigung namens Chushi Gangdruk, was soviel wie »vier Flüsse, sechs Gebirgszüge« heißt, von alters her eine Sammelbezeichnung für die beiden Provinzen Kham und Amdo. Später steuerte diese Organisation eine weitverbreitete Guerilla-Widerstandsbewegung.

Nach Mönlam gingen die Vorarbeiten für die bevorstehende Einsetzung des Vorbereitenden Komitees unverzüglich weiter, dessen Vorsitzender ich werden sollte. Innerhalb weniger Monate stampften die Chinesen unter Einsatz tibetischer Arbeitskräfte drei große öffentliche Gebäude aus dem Boden: ein Gästehaus für chinesische Beamte, die zu Besuch in Lhasa waren, ein Badehaus und ein Rathaus. Letzteres wurde genau gegenüber dem Potala errichtet und war ein moderner zweistöckiger Bau mit einem Dach aus Wellblech. Es hatte einen Saal mit Sitzmöglichkeiten für rund tausendfünfhundert Personen, dreihundert davon auf der Galerie.

Im April des Jahres 1956 kam Marschall Zhen Yi, stellvertretender Ministerpräsident und Außenminister der Volksrepublik China, mit seiner Frau sowie einer großen Delegation aus Beijing, um den Vorsitzenden Mao zu vertreten. Ich kannte Zhen Yi bereits von meinem China-Besuch. Privat war er ein netter Mensch, aber als Redner war er berüchtigt. Einmal, so heißt es, hat er sieben Stunden lang ununterbrochen gesprochen. Bei seiner Ankunft trug der Marschall eine

Keine Hilfe von Nehru   125

Krawatte, auf die er sehr stolz war, auch wenn er nicht wußte, wie
man sie trägt. Das Hemd, das er anhatte, platzte fast, weil er einen so
dicken Bauch hatte. Das schien ihn aber alles nicht zu stören. Er war
fröhlich, hatte eine Vorliebe für Luxus, und es fehlte ihm nicht an
Selbstbewußtsein. Seine Ankunft in Lhasa war der Anfang einer be-
eindruckenden Show. Die Chinesen hatten ausreichend für Unterhaltung für Zhen Yi gesorgt, dem zu Ehren viele Bankette und Reden
abgehalten wurden.

Am Tag der offiziellen Einsetzung des Vorbereitenden Komitees
zur Errichtung der Autonomen Region Tibet wurde der Saal im neuen
Rathaus mit vielen Fahnen und Transparenten geschmückt, die den
Vorsitzenden Mao und seine engsten Mitarbeiter darstellten. Eine
chinesische Militärkapelle spielte, und man sang kommunistische
Lieder. Die Stimmung war sehr feierlich. Daraufhin hielt der Marschall eine (vergleichsweise kurze) Rede, in der er verkündete, man
müsse »notwendige Reformen« durchführen, »um Tibet aus seiner
Rückständigkeit herauszuholen«. Er erklärte, daß dies notwendig sei,
um die Tibeter auf das Niveau ihrer »fortschrittlichen« chinesischen
Mitbürger zu bringen. Es folgte eine Reihe schmeichlerischer Reden
sowohl von chinesischer als auch von tibetischer Seite, in denen in
überschwenglichen Tönen der Sozialismus und die Partei gerühmt
und die Chinesen in Tibet willkommen geheißen wurden. Ich mußte
auch eine Rede halten, in der ich pointiert bemerkte, daß ich davon
überzeugt sei, daß die Chinesen ihre Reformen in einem vom Volk
gewollten Tempo durchführen und die freie Ausübung der Religion
erlauben würden.

Die Satzung des Vorbereitenden Komitees sah die Einrichtung
verschiedener neuer Regierungsämter vor, zum Beispiel für die Bereiche Finanzen, Bildungswesen, Landwirtschaft, Fernmeldewesen,
Gesundheitswesen, Religion und Sicherheit. Diese Ämter sollten vorwiegend von Tibetern besetzt werden. Chamdo sollte wieder von
Lhasa aus verwaltet werden, mit dem zusammen es die sogenannte
Autonome Region Tibet bilden sollte. Der Rest von Kham und das
gesamte Amdo würden weiterhin der direkten Herrschaft Beijings
unterstehen.

Für das Komitee waren einundfünfzig regionale Vertreter vorgesehen, von denen nur fünf Chinesen waren. Der Kashag und die Natio-

nalversammlung sollten auch weiterhin bestehen bleiben, obwohl es offensichtlich war, daß die Chinesen sie mehr und mehr ins Abseits drängen und schließlich diese letzten Reste der traditionellen Regierungsstrukturen ganz abschaffen wollten. Obwohl dieses Vorbereitende Komitee dem Papier nach ein wesentlicher Schritt in Richtung auf Autonomie zu sein versprach, war es in Wirklichkeit ganz anders. Als Zhen Yi bekanntgab, wer die einundfünfzig Delegierten sein würden – es war ja keiner von ihnen gewählt worden –, sah man ganz deutlich, daß mit wenigen Ausnahmen alle ihre Stellung den Chinesen zu verdanken hatten. Sie genossen ihre Macht und ihren Besitz nur so lange, wie sie sich den Chinesen nicht widersetzten. Mit anderen Worten: Es war alles nur Schein.

Es gab jedoch ein paar Überraschungen. Eine davon war Lobsang Samtens Ernennung zum Mitglied des neugegründeten Amtes für Sicherheit. Liebenswürdig und sensibel wie er war, hätte es keinen Ungeeigneteren als ihn für dieses Amt geben können. Ich werde nie den Ausdruck in seinem Gesicht vergessen, als er einmal von einer Sitzung mit seinem chinesischen Amtskollegen zurückkehrte. Es lief alles bestens, bis dieser sich Lobsang Samten zuwandte (der ein wenig Chinesisch verstand) und ihn fragte, wie man auf tibetisch »Bringt ihn um!« sagt. Bisher hatte Lobsang immer den Eindruck gehabt, dieser Beamte sei recht liebenswürdig und offen, aber seine Frage brachte ihn aus der Fassung. Selbst das Töten eines Insektes lag ihm so fern, daß er keine Worte dafür finden konnte. Als er an jenem Abend im Norbulingka ankam, stand ihm seine Bestürzung ins Gesicht geschrieben. »Was soll ich tun?« fragte er mich. Diese Geschichte zeigte einmal mehr, wie sehr sich die chinesische und die tibetische Haltung voneinander unterscheiden.

Kurz nach der Einsetzung des Vorbereitenden Komitees erfuhr ich, daß die chinesischen Behörden in Kham einen Versuch unternommen hatten, alle Khampaanführer für sich zu gewinnen. Sie riefen sie zusammen und baten sie, ihre Stimme über die Einführung »demokratischer Reformen« abzugeben. Damit war insbesondere die Einführung Tausender von landwirtschaftlichen Genossenschaften gemeint, zu denen mehr als hunderttausend Familien in der Gegend von Garchu und Kanze zusammengeschlossen werden sollten. Von den dreihundertfünfzig dort versammelten Personen äußerten rund zweihundert, daß sie damit einverstanden wären, wenn ich und mein Kabinett dem zustimmen würden; vierzig erklärten sich bereit, die Reformen vorbehaltlos anzunehmen, und der Rest betonte, daß sie diese sogenannten Reformen auf keinen Fall wollten. Daraufhin wurden alle nach Hause geschickt.

Einen Monat später wurden alle die, die sich gegen die Reformen ausgesprochen hatten, noch einmal zusammengerufen. Diesmal war der Tagungsort eine alte Festung, Jomdha Dzong, die im Nordosten von Chamdo liegt. Sobald sie sich alle im Innern der Festung befanden, wurde der Bau von fünftausend Soldaten der Volksbefreiungsarmee umstellt. Den Gefangenen sagte man, sie würden nicht eher freigelassen werden, bis sie sich mit den Reformen einverstanden erklärten und versprachen, ihre Durchführung zu unterstützen. Nach zwei Wochen der Gefangenschaft gaben die Khampas nach. Es gab anscheinend keine Alternative. In der darauffolgenden Nacht wurden die Wachen um die Festung herum reduziert. Die Khampaanführer erkannten darin ihre Chance und flüchteten in die Berge. Dadurch hatten die Chinesen es fertiggebracht, auf einen Streich einen Kern von Guerillakämpfern entstehen zu lassen, die ihnen in den darauffolgenden Jahren viele Schwierigkeiten bereiten sollten.

Dieser Zwischenfall auf Jomdha Dzong ereignete sich ungefähr zur selben Zeit, als man mir ein Exemplar einer Zeitung überbrachte, die von den Chinesen in Kanze herausgegeben wurde. Zu meinem Schrecken fand ich darin die Aufnahme einer Reihe von abgeschlagenen Köpfen. Der Bildtext lautete, daß es die Köpfe »reaktionärer Krimineller« waren. Das war der erste eindeutige Beleg für chinesische Greueltaten, der mir zu Augen kam. Von da an wußte ich, daß alles, wessen man unsere neuen Herren bezichtigte, stimmte. Als die Chinesen erkannten, welch negative Reaktion diese Zeitung bei der Bevölkerung hervorrief, starteten sie eine Rückrufaktion und boten sogar Geld für zurückgebrachte Exemplare an.

Da ich über diese neue Information verfügte und wußte, daß das Vorbereitende Komitee nichts als Augenwischerei war, begann ich mich zu fragen, ob wirklich noch Hoffnung für die Zukunft bestand. Die Prophezeiungen meines Vorgängers erwiesen sich mehr und mehr als äußerst präzise. Ich war zutiefst betrübt. Nach außen hin ging mein Leben aber wie gewohnt weiter. Ich betete, meditierte und studierte eifrig unter Anleitung meiner Tutoren und nahm weiterhin an allen religiösen Festen und Zeremonien teil. Außerdem gab ich auch selbst Unterweisungen. Manchmal reiste ich in Ausübung meines Amtes aus Lhasa fort, um verschiedene Klöster zu besuchen. Einer dieser Ausflüge führte mich zum Kloster Reting, dem Sitz des früheren Regenten, das ein paar Tagesreisen nördlich von Lhasa lag.

Was für eine Erleichterung war es, die Stadt und all den Wahnsinn hinter mir zu lassen! Denn es war Wahnsinn zu versuchen, mit den chinesischen Behörden zusammenzuarbeiten und gleichzeitig den Schaden, den sie anrichteten, in Grenzen zu halten. Wie gewöhnlich reiste ich so unauffällig wie möglich und bemühte mich, unerkannt zu bleiben. Auf diese Weise konnte ich die Menschen der Gegend kennenlernen und mir anhören, was sie zu sagen hatten. Dabei kam ich unweit von Reting auch einmal mit einem Hirten ins Gespräch. »Wer sind Sie?« erkundigte er sich. Er war ein großer Mann von robustem Körperbau und mit langem, strähnigem Haar, das Yakzotteln glich. »Ein Diener des Dalai Lama«, erwiderte ich. Wir sprachen über sein Leben hier auf dem Lande und über seine Hoffnungen und Ängste hinsichtlich der Zukunft. Er wußte kaum etwas über die Chinesen und war noch nie in Lhasa gewesen. Er war zu sehr damit beschäftigt, dem kargen Boden seinen Lebensunterhalt abzuringen, um sich Sorgen über die Ereignisse in den Städten oder noch weiter weg zu machen. Es freute mich aber sehr, daß er trotz all seiner Einfachheit ein tiefreligiöser Mensch war und daß Buddhas Lehre selbst in dieser Einöde gedieh. Er lebte, wie einfache Bauern überall leben, in Harmonie mit der Natur und der Umwelt, aber ohne großes Interesse an der Welt, die außerhalb seines unmittelbaren Lebensumfelds lag.

Ich wollte auch wissen, welche Erfahrungen er mit den dortigen Regierungsbeamten gemacht habe. Er sagte, die meisten seien anständig, einige aber übereifrig. Ich genoß unsere Unterhaltung und fand sie aufschlußreich. Vor allem konnte ich lernen, daß dieser Mensch, obwohl er überhaupt keine Schulbildung genossen hatte, zufrieden war, und daß er, obwohl er ohne jeglichen materiellen Komfort lebte, sein Selbstgefühl aus dem Wissen bezog, daß sein Leben genauso wie das von zahllosen Generationen von Vorfahren war und wie es zweifelsohne auch für seine Kinder und Kindeskinder sein würde. Zugleich sah ich aber, daß diese Weltanschauung nicht mehr der Zeit entsprach, daß Tibet nicht mehr in dieser selbstgewählten Isolation weiterleben konnte, ganz gleich, wie der Konflikt mit den chinesischen Kommunisten ausgehen mochte. Als wir uns am Ende verabschiedeten, gingen wir als gute Freunde auseinander.

Die Geschichte ist aber noch nicht zu Ende. Es traf sich, daß ich gebeten wurde, am folgenden Tag vor der Bevölkerung des nächsten Ortes eine Ansprache zu halten und sie zu segnen. Man stellte einen provisorischen Thron für mich auf, und es versammelten sich einige hundert Menschen. Es ging alles gut, bis ich beim Herumschauen meinen Freund vom Tag zuvor im Publikum erblickte. Er sah äußerst verwirrt aus. Er traute seinen Augen nicht. Ich lächelte ihm zu, aber er starrte mich nur an. Es tat mir dann leid, ihn an der Nase herumgeführt zu haben.

Nachdem ich schließlich im Kloster Reting angekommen war und der wichtigsten Statue dort meine Ehrerbietung dargebracht hatte, überkam mich plötzlich und ohne offensichtlichen Grund ein sehr starkes Gefühl. Ich spürte intensiv, daß ich auf irgendeine Weise schon seit langem mit dem Ort verbunden war. Seitdem habe ich oft den Wunsch verspürt, mir in Reting eine Klause zu bauen und den Rest meines Lebens dort zu verbringen.

Im Sommer 1956 ereignete sich etwas, das mir mehr Kummer bereitet hat als irgend etwas vorher oder nachher in meinem Leben. Der Bund der Khampa- und Amdowa-Freiheitskämpfer verzeichnete seine ersten beachtlichen Erfolge. Bis Anfang Juni waren zahlreiche Teilstrecken der chinesischen Militärstraße sowie eine große Anzahl von Brücken zerstört worden. Infolgedessen forderte die Volksbefreiungsarmee noch weitere vierzigtausend Mann Verstärkung an. Das war genau das, was ich befürchtet hatte. Ganz gleich, wie erfolgreich der Widerstand war, am Ende würden die Chinesen immer die Stärkeren sein, da sie uns einfach zahlen- und waffenmäßig weit überlegen waren. Was ich aber nicht voraussehen konnte, war die Bombardierung des Klosters in Litang in Kham. Als ich davon erfuhr, weinte ich, da ich nicht glauben mochte, daß Menschen so grausam sein können.

Dem Bombenangriff folgten die gnadenlosen Folterungen und Hinrichtungen von Frauen und Kindern, deren Männer und Väter der

Widerstandsbewegung beigetreten waren, sowie die unglaublichen Entwürdigungen von Mönchen und Nonnen. Nachdem man sie festgenommen hatte, zwang man diese schlichten, religiösen Menschen, in aller Öffentlichkeit ihr Keuschheitsgelübde miteinander zu brechen und sogar Menschen umzubringen. Ich wußte nicht, *was* ich tun sollte, ich wußte aber, *daß* ich etwas tun mußte. Ich verlangte ein sofortiges Treffen mit General Zhang Guohua, dem ich mitteilte, daß ich vorhätte, dem Vorsitzenden Mao persönlich zu schreiben. »Wie sollen die Tibeter den Chinesen trauen, wenn Sie sich so aufführen?« wollte ich wissen. Ich sagte ihm geradeheraus, daß sie einen schweren Fehler begangen hatten. Damit begann unsere Auseinandersetzung. Meine Kritik sei eine Beleidigung des Mutterlandes, das doch nur mein Volk beschützen und ihm beistehen wolle, meinte Zhang Guohua. Er fügte hinzu, daß, wenn einige meiner Landsleute die Reformen nicht wollten – Reformen, die doch den Massen zugute kamen, da sie die Ausbeutung verhinderten –, sie damit rechnen mußten, daß man sie bestrafte. Seine Logik war die eines Verrückten. Ich antwortete, daß dies auf keinen Fall die Mißhandlung unschuldiger Menschen rechtfertige, und erst recht nicht einen Luftangriff.

Meine Bemühungen waren natürlich umsonst. Der General war nicht bereit, seinen Standpunkt zu überdenken. Meine einzige Hoffnung gründete sich nun darauf, daß Mao erfuhr, daß seine Untergebenen seine Anweisungen mißachteten.

Ich schickte ihm sofort einen Brief, bekam aber keine Antwort. So sandte ich noch einen ab, wieder auf dem offiziellen Weg. Zugleich überredete ich Phüntsog Wangyäl, einen dritten Brief Mao persönlich zu übergeben. Aber auch dieser Brief blieb unbeantwortet. Als ich auch nach Wochen noch nichts aus Beijing gehört hatte, begann ich erstmals, die Absichten der chinesischen Führungsspitze in Frage zu stellen. Ich war erschüttert. Trotz der vielen negativen Eindrücke hatte ich nach meiner China-Reise im Grunde genommen eine positive Einstellung gegenüber den Kommunisten. Jetzt fing ich jedoch an zu begreifen, daß die Worte Maos einem Regenbogen glichen: Sie waren schön, doch ohne Substanz.

Phüntsog Wangyäl war zur Zeit der Einsetzung des Vorbereitenden Komitees nach Lhasa gekommen. Ich war froh, ihn wiederzusehen. Er war nach wie vor ein engagierter Kommunist. Nach den

Feierlichkeiten im April begleitete er einige hohe chinesische Beamte auf einer Rundreise durch die Außenbezirke. Nach seiner Rückkehr erzählte er mir eine lustige Geschichte: Einer der chinesischen Beamten fragte einen Bauern in einem entlegenen Weiler, was er denn von der neuen Regierung halte. Dieser Mann erwiderte, er sei recht glücklich. »Bloß eins stört mich: diese neue Steuer.« – »Welche neue Steuer denn?« wollte der Beamte wissen. »Die Klatschsteuer. Jedes Mal, wenn uns ein Chinese besucht, müssen wir alle hingehen und klatschen.«

Ich war immer der Ansicht, daß Tibet nicht verloren sei, solange Phüntsog Wangyäl das Vertrauen Maos genoß. Als er wieder nach Beijing abgereist war, händigte ich General Zhang Jingwu ein Gesuch aus, man möge Phüntsog Wangyäl doch als Parteisekretär nach Tibet entsenden. Zuerst wurde mein Vorschlag prinzipiell angenommen, dann hörte ich aber lange nichts mehr in dieser Sache. Ende 1957 informierte mich dann ein chinesischer Beamter, daß Phüntsog Wangyäl nicht mehr nach Tibet kommen werde, da er gefährlich sei.

Es überraschte mich sehr, dies zu hören, da ich wußte, wie sehr ihn der Vorsitzende Mao schätzte. Der Beamte erklärte, daß es dafür mehrere Gründe gebe. Der erste und wichtigste sei, daß er, als er noch in Kham lebte, also noch bevor er nach Lhasa gekommen war, eine eigenständige Tibetische Kommunistische Partei gegründet habe, der chinesische Staatsbürger nicht beitreten konnten. Wegen dieses Verbrechens sei Phüntsog Wangyäl degradiert worden, und er dürfe von nun an nicht mehr nach Tibet kommen.

Ich war zutiefst betrübt, als ich dies hörte. Aber noch trauriger war ich im darauffolgenden Jahr, als ich erfuhr, daß mein alter Freund seines Amtes enthoben und festgenommen worden war. Er kam ins Gefängnis, wo er, offiziell zur »Nicht-Person« erklärt, bis in die späten siebziger Jahre blieb. Und das, obwohl er zweifellos ein überzeugter und engagierter Kommunist war. Ich begriff nun, daß die chinesische Führung nicht aus Marxisten bestand, die nur das Ziel hatten, eine bessere Welt für alle zu schaffen, sondern in Wirklichkeit höchst nationalistisch dachte. Diese Leute waren nichts anderes als chinesische Chauvinisten, die sich als Kommunisten ausgaben – ein Haufen engstirniger Fanatiker.

Phüntsog Wangyäl ist nun schon sehr alt, aber noch am Leben. Vor seinem Tod würde ich ihn gern noch einmal sehen. Ich schätze ihn noch immer als alten, erfahrenen tibetischen Kommunisten. Die jetzigen Machthaber Chinas wissen das, und ich hege nach wie vor die Hoffnung, ihn noch einmal zu sehen.

Ein sehr willkommener Gast in Lhasa war im Frühling 1956 der Maharaja Kumar von Sikkim, der Kronprinz des kleinen Staates, der an unserer Südgrenze lag. Er war ein wunderbarer Mensch: groß, ruhig, liebenswürdig, mit langgestreckten Ohren (eines der Attribute eines Buddha; Anm. d. Übers.). Er brachte einen Brief der indischen Maha Bodhi Society mit, deren Präsident er war. Diese vertritt Buddhisten des ganzen Subkontinents und lud mich ein, den Buddha-Jayanti-Feierlichkeiten zum zweitausendfünfhundertsten Geburtstag Buddhas beizuwohnen.

Ich war außer mir vor Freude. Für uns Tibeter ist Indien Aryabhumi, das Land der Heiligen. Mein ganzes Leben schon hatte ich den Wunsch, einmal eine Pilgerreise dorthin zu machen. Es gab keinen Ort der Erde, den ich lieber besucht hätte. Außerdem bot eine Indien-Reise die Gelegenheit, mit Pandit J. Nehru und anderen Nachfolgern Mahatma Gandhis zu sprechen. Ich wollte unbedingt Kontakt zur indischen Regierung aufnehmen, schon um zu sehen, wie eine Demokratie funktioniert. Es bestand natürlich die Möglichkeit, daß mich die Chinesen nicht fortlassen würden, ich mußte es aber versuchen. So zeigte ich den Brief General Fan Ming.

Leider war Fan Ming von allen chinesischen Führern der bei weitem unangenehmste. Er war aber nicht unfreundlich, als er mich empfing. Als ich ihm jedoch eröffnete, worum es ging, nahm er eine ausweichende Haltung an. Er meinte, daß dies keine gute Idee sei, da es in Indien viele Reaktionäre gebe und es dort gefährlich sei. Abgesehen davon habe das Vorbereitende Komitee viel zu tun, und er bezweifele, daß man mich entbehren könne. »Außerdem ist es ja nur eine Einladung von einer religiösen Vereinigung«, meinte er. »Das ist ja nicht so, als wenn die indische Regierung Sie eingeladen hätte. Machen Sie sich also keine Sorgen, Sie brauchen die Einladung nicht anzunehmen!« Ich war am Boden zerstört. Es war offensichtlich, daß die chinesischen Behörden mich auch an der Ausübung meiner religiösen Pflichten hindern wollten.

Es vergingen mehrere Monate, in denen ich nichts mehr davon

hörte. Irgendwann im Oktober meldete sich dann Fan Ming bei mir.
Er erkundigte sich, wen ich zum Leiter der Delegation ernennen
wolle – die Inder wollten es wissen. Ich entgegnete ihm, daß ich
Trijang Rinpoche, meinen Zweiten Tutor, schicken werde, und fügte
hinzu, daß die Delegation abreisebereit sei, sobald sie die endgültige
Genehmigung dazu erhalten würde. Es vergingen weitere zwei Wochen, und ich fing schon an, mir die ganze Sache aus dem Kopf zu
schlagen, als plötzlich Zhang Jingwu, der gerade aus Beijing zurückgekommen war, bei mir vorsprach und mir sagte, die chinesische
Regierung habe beschlossen, daß ich doch nach Indien reisen könne.
»Aber seien Sie vorsichtig!« warnte er mich. »Indien steckt voller
Spione und reaktionärer Elemente. Falls Sie irgend etwas mit denen
im Sinn haben sollten, möchte ich Sie darauf hinweisen, daß in Tibet
dasselbe passieren wird wie in Polen und Ungarn.«

Ich fand es klüger, meine Freude zu verbergen und statt dessen
einen besorgten Eindruck zu machen. Ich zeigte mich über seine
Warnungen vor Imperialisten und Reaktionären sehr überrascht und
betroffen. Das beruhigte Zhang, und er nahm eine versöhnlichere
Haltung an. »Aber machen Sie sich keine zu großen Sorgen!« sagte er.
»Falls Sie irgendwelche Probleme haben sollten, wird Ihnen unser
Botschafter immer zur Seite stehen.« Damit endete unsere Zusammenkunft. Der General stand auf und verabschiedete sich mit der
gewohnten Förmlichkeit. Sobald er gegangen war, stürzte ich hinaus
und verkündete meinen Dienern die große Neuigkeit.

In den wenigen Tagen bis zu unserer Abreise hörte ich eine interessante Erklärung für diesen plötzlichen Meinungsumschwung der
chinesischen Behörden. Irgendwie war durchgesickert, daß sich das
indische Konsulat in Lhasa bei meinen Beamten erkundigt hatte, ob
ich nach Indien zu den Buddha-Jayanti-Feierlichkeiten reisen werde.
Als dies verneint wurde, gaben die Inder diese Nachricht an ihre
Regierung weiter, mit dem Ergebnis, daß sich Nehru persönlich des
Falles annahm. Die Chinesen wollten mich aber immer noch nicht
fortlassen. Erst als General Zhang nach Lhasa zurückgekommen war
und hörte, daß der indische Konsul eine Reihe von Personen von
Nehrus Stellungnahme in Kenntnis gesetzt hatte, sahen sich die Chinesen gezwungen, ihre Meinung zu ändern, um die indisch-chine-
sischen Beziehungen nicht zu trüben.

Ende November 1956 verließ ich schließlich Lhasa. Ich war voller Freude über die Aussicht, mich endlich frei bewegen zu können und nicht ständig der Kontrolle der chinesischen Beamten unterstellt zu sein. Mein Gefolge war diesmal ziemlich klein, und da es jetzt das ganze Land durchziehende Militärstraßen gab, die Tibet mit China verbanden, konnten wir fast den ganzen Weg bis Sikkim im Auto fahren. In Shigatse machten wir halt, um den Panchen Lama abzuholen. Dann ging die Reise weiter nach Chumbithang, der letzten Ortschaft vor dem Nathu-Paß, der Grenze zu Sikkim. Dort tauschten wir die Autos gegen Pferde aus, und ich sagte General Tin Mingyi Lebewohl, der uns seit Lhasa begleitet hatte. Ich hatte das Gefühl, daß es ihm aufrichtig leid tat, daß ich fortging. Ich glaube, er war davon überzeugt, daß mein Leben nun ernsthaft von ausländischen Imperialisten, Spionen, Revanchisten und all den anderen Dämonen des kommunistischen Pantheons bedroht sei. Er warnte mich noch einmal mit ähnlichen Worten wie schon General Zhang und legte mir nahe, auf der Hut zu sein. Er fügte hinzu, ich müsse den ausländischen Reaktionären, denen ich begegnete, alles über die enormen Fortschritte in Tibet seit der »Befreiung« erzählen; wenn sie mir nicht glaubten, meinte er, solle ich sie nach Tibet einladen, damit sie sich selbst davon überzeugen konnten. Ich versicherte ihm, mein Bestes zu tun. Dann schwang ich mich in den Sattel meines Ponys und begann den langen Aufstieg in nebelige Höhen.

Oben auf dem Nathu-Paß lag ein großer Steinhaufen, der mit bunten Gebetsflaggen verziert war. Wie es der Brauch vorschreibt, legte jeder von uns einen Stein dazu und schrie, so laut er konnte: »Lha Gyäl Lo!« (Sieg den Göttern!) Dann begann der Abstieg ins Königreich Sikkim.

Jenseits der Grenze wartete bereits eine Gruppe von Menschen, um uns willkommen zu heißen. Sie bestand aus einer Militärkapelle, die sowohl die tibetische wie die indische Nationalhymne spielte, und verschiedenen Beamten. Einer von ihnen war Apa B. Pant, der frühere indische Konsul in Lhasa und jetziger politischer Beauftragter in Sikkim. Außerdem waren Sönam Topgyäl Kazi, ein Sikkimer, der während meines ganzen Besuches mein Dolmetscher war, und natürlich mein Freund Thöndup Namgyäl, der Maharaja Kumar, gekommen.

Von der Grenze wurde ich bis zu einem kleinen Dorf am Ufer des Tsongo-Sees hinunterbegleitet, wo wir die Nacht verbrachten. Inzwischen war es schon dunkel und kalt geworden, und auf dem Boden lag tiefer Schnee. Als wir in dem Ort ankamen, erlebte ich eine große Überraschung: Taktser Rinpoche und Gyalo Thöndup, die ich schon seit Jahren nicht mehr gesehen hatte, waren beide gekommen, um mich zu begrüßen. Lobsang Samten und der kleine Tenzin Chögyäl waren mit mir gekommen, und so waren wir fünf Brüder nun zum erstenmal in unserem Leben alle beisammen.

Den darauffolgenden Tag reisten wir zuerst auf Ponys, dann im Jeep und schließlich das letzte Stück des Weges in einer Limousine nach Gangtok, der Hauptstadt von Sikkim. Der Eigentümer der Limousine war der Maharaja von Sikkim, Sir Tashi Namgyäl, der uns entgegengekommen war. Bevor wir in Gangtok einfuhren, ereignete sich eine lustige, aber bezeichnende Geschichte. Da sich eine riesige Menschenmenge versammelt hatte, hielt unser Konvoi kurz an, Tausende von Menschen, darunter viele fröhliche Schulkinder, stürmten mit Katags (weißen, seidenen Glücksschleifen) und Blumen in den Händen von allen Seiten auf uns ein und hinderten uns am Weiterfahren. Plötzlich schoß ein unbekannter junger Chinese vor uns aus dem Boden. Ohne ein Wort zu sagen, riß er die tibetische Fahne vom Wagen, die auf einem der Kotflügel gegenüber der sikkimischen angebracht worden war, und ersetzte sie durch einen chinesischen Wimpel.

Wir verbrachten eine Nacht in Gangtok und fuhren am nächsten Tag nach Bagdogra zum Flughafen weiter. Ich erinnere mich noch, daß es eine unangenehme Fahrt war. Ich war noch sehr müde von der langen Reise aus Lhasa; zudem hatte es am Abend zuvor ein Staatsbankett gegeben. Und als ob das noch nicht genug wäre, mußte ich zum Frühstück Nudeln essen! Außerdem herrschte im Wagen eine stickige Hitze, als wir ins indische Flachland hinabfuhren.

Das Flugzeug, das auf uns wartete, war viel bequemer als das, mit dem ich in China geflogen war. Es brachte uns nach Allahabad, wo wir unser Mittagessen einnahmen, und dann weiter zum Palam-Flughafen nach Neu Delhi. Als wir so Tausende von Metern über Indiens Landschaft und Städten, in denen es nur so von Menschen wimmelte, flogen, dachte ich darüber nach, wie sehr sich Indien doch von China unterschied. Obwohl ich erst so kurz dort war, hatte ich bereits bemerkt, wie groß der Kontrast zwischen den Lebensweisen in beiden Ländern war. Irgendwie schien Indien viel offener und in Einklang mit sich selbst zu sein.

Dieser Eindruck verstärkte sich noch, als wir in der indischen Hauptstadt landeten. Dort erwartete uns eine große Ehrengarde zusammen mit Premierminister Jawaharlal Nehru und Dr. Radhakrishnan, dem Vizepräsidenten. Es ging viel feierlicher zu, als ich es jemals in China erlebt hatte, aber trotzdem schwang in jedem Wort, das gesprochen wurde, ob es nun eine offizielle Grußbotschaft des Premierministers oder ein privates Gespräch mit einem untergeordneten Beamten war, etwas Aufrichtiges mit. Die Menschen brachten ihre wahren Gefühle zum Ausdruck und sagten nicht nur, was sie glaubten, sagen zu müssen.

Vom Flughafen aus brachte man mich direkt zum Rashtrapati Bhavan, wo ich den indischen Staatspräsidenten Rajendra Prasad traf. Er war ein alter, bescheidener Mann mit langsamen Bewegungen. Einen scharfen Kontrast dazu bildeten sein Adjutant, ein großer, eindrucksvoller Mann in einer prächtigen Uniform, sowie die imposante Leibwache.

Am Tag darauf pilgerte ich zum Rajghat an den Ufern des Jamuna, wo Mahatma Gandhi eingeäschert worden war. Es war ein ruhiger und schöner Platz, und ich fühlte eine tiefe Dankbarkeit, daß ich dort sein durfte als Gast eines Volkes, das wie mein eigenes die Fremdherrschaft erleiden mußte, in einem Land, in dem Gandhis Lehre von der Gewaltlosigkeit weiterlebte. Während ich betete, fühlte ich eine tiefe Traurigkeit, weil ich nie die Möglichkeit haben würde, Mahatma Gandhi persönlich kennenzulernen, und zugleich eine große Freude über das wunderbare Vorbild, das sein Leben bot. Er ist für mich ein vollkommener Politiker, ein Mensch, dessen höchstes Prinzip die Nächstenliebe war. Ich bin davon überzeugt, daß seine Hingabe an die Sache der Gewaltlosigkeit der einzig sinnvolle Weg ist, Politik zu betreiben.

Die nächsten Tage wurden ganz von den Buddha-Jayanti-Feierlichkeiten in Anspruch genommen. Ich hielt eine Rede, in der ich meine Überzeugung äußerte, daß Buddhas Lehren nicht nur Einzelpersonen zum inneren Frieden verhelfen können, sondern auch ein geeignetes

Fundament sind, Frieden zwischen den Nationen zu stiften. Bei dieser Gelegenheit hatte ich auch viele Gespräche mit Anhängern Gandhis darüber, wie es Indien gelungen war, durch Gewaltlosigkeit die Unabhängigkeit zu erlangen.

Inzwischen war mir aufgefallen, daß die Bankette und Empfänge, zu denen ich geladen wurde, weit weniger aufwendig waren als die in China. Dafür herrschte hier aber ein Klima der Aufrichtigkeit, wodurch es möglich war, echte freundschaftliche Beziehungen herzustellen. Demgegenüber schien in der Volksrepublik China die Vorstellung vorzuherrschen, daß man andere umstimmen konnte, indem man sie unter Druck setzte. Jetzt, wo ich einen direkten Vergleich ziehen konnte, wurde mir klar, daß der chinesische Ansatz auf einem Trugschluß beruhte. Freundschaft kann sich nur auf der Basis von Wahrheit und gegenseitigem Respekt entwickeln. Hierdurch kann man Menschen für sich gewinnen, aber niemals mit Gewalt.

Auf Grund dieser Beobachtungen und eingedenk des alten tibetischen Sprichwortes, daß ein Gefangener, dem es endlich gelungen ist zu fliehen, nicht zurückkehren sollte, begann ich zu überlegen, ob ich nicht lieber in Indien bleiben sollte. Ich beschloß, bei einem Treffen mit Nehru die Möglichkeit anzusprechen, in Indien um politisches Asyl nachzusuchen.

Ich traf Nehru zu verschiedenen Anlässen. Er sah gut aus, und seine nordischen Gesichtszüge wurden durch die Gandhi-Mütze noch hervorgehoben. Er schien weniger selbstsicher zu sein als Mao, aber dafür hatte er auch nichts Autoritäres an sich. Offenbar war er aufrichtig, was auch der Grund dafür war, daß er sich später von Zhou Enlai täuschen ließ. Als ich ihn zum erstenmal in Indien traf, nutzte ich die Gelegenheit, ihm genau zu erzählen, wie die Chinesen in unser friedliches Land einmarschiert waren, wie unvorbereitet wir gewesen waren und wie sehr ich mich bemüht hatte, es den Chinesen recht zu machen, sobald ich begriffen hatte, daß kein anderes Land bereit war, unseren rechtmäßigen Anspruch auf Unabhängigkeit anzuerkennen.

Zunächst hörte er mir aufmerksam zu und nickte höflich. Meine leidenschaftliche Rede muß ihm aber irgendwann zu lang geworden sein, denn nach einer Weile ließ seine Konzentration nach, und es sah fast so aus, als würde er einnicken. Schließlich sah er mich an und sagte, daß er sehr wohl verstehe, was ich meine. »Aber Sie müssen einsehen, daß Indien Ihnen nicht helfen kann«, fügte er etwas ungeduldig hinzu.

Das waren zwar schlechte, aber nicht unerwartete Neuigkeiten. Und obwohl Nehru seinen Standpunkt unmißverständlich zum Ausdruck gebracht hatte, sprach ich weiter und erwähnte, daß ich mich mit dem Gedanken trüge, nach Indien ins Exil zu gehen. Wieder erhob er einen Einwand: »Sie müssen in Ihr Land zurückkehren und versuchen, mit den Chinesen auf der Grundlage des ›Siebzehn-Punkte-Abkommens‹ zusammenzuarbeiten!« Ich protestierte und wiederholte, daß ich bereits alles Erdenkliche unternommen hätte, mich mit den Chinesen zu einigen, daß diese aber jedesmal, wenn ich geglaubt hätte, mit ihnen zu einer Übereinkunft gekommen zu sein, mein Vertrauen gebrochen hätten. Und daß die Lage in Osttibet inzwischen so bedrohlich sei, daß ich mit massiven und brutalen Repressalien rechnete, die die ganze Nation vernichten könnten. Wie sollte ich noch daran glauben, daß das »Siebzehn-Punkte-Abkommen« eine brauchbare Grundlage sein könnte? Nehru versicherte mir daraufhin, daß er diese Angelegenheit mit Zhou Enlai persönlich besprechen werde, der am Tag darauf auf der Durchreise nach Europa in Delhi haltmache. Er werde sich auch bemühen, ein Treffen zwischen mir und dem chinesischen Premierminister zustande zu bringen.

Nehru hielt, was er versprochen hatte, und am nächsten Morgen fuhren wir gemeinsam zum Palam-Flughafen, wo er für mich noch für denselben Abend eine Zusammenkunft mit Zhou arrangierte. Als ich Zhou Enlai wiedersah, war mein Freund ganz der alte: immer lächelnd, überaus charmant und voller Lügen. Diesmal fiel ich aber nicht auf seine raffinierte Art herein. Ich sagte ihm ins Gesicht, wie besorgt ich über die Vorgehensweise der Chinesen in Osttibet sei. Und ich wies auf den eklatanten Unterschied zwischen der indischen und der chinesischen Regierungsform hin, auf die Freiheit der Menschen in Indien zu sagen, was sie wirklich dachten, und gegebenenfalls auch die Regierung zu kritisieren. Wie gewöhnlich hörte Zhou sehr aufmerksam zu, bevor er mit honigsüßen Worten antwortete. »Sie waren nur zum Zeitpunkt des Ersten Nationalen Volkskongresses in China«, sagte er. »Inzwischen hat bereits der Zweite Nationale Volkskongreß getagt, und es ist alles weit besser geworden.« Ich glaubte ihm kein Wort, aber es war sinnlos, darüber zu diskutieren. Dann sagte er, er habe das Gerücht gehört, daß ich in Indien zu bleiben gedachte.»Das wäre ein Fehler«, warnte er mich.»Ihr Land braucht Sie.« Das mochte zwar stimmen, aber nach dem Treffen hatte ich das Gefühl, nichts erreicht zu haben.

Während Zhou Enlais Aufenthalt in Delhi trafen auch meine Brüder Taktser Rinpoche und Gyalo Thöndup mit ihm zusammen. Sie waren noch direkter, als ich es gewesen war, und machten keinen Hehl daraus, daß sie nicht die Absicht hatten, nach Lhasa zurückzukehren, obwohl er sie dringend darum bat.

In der Zwischenzeit begann ich endlich meine Pilgerreise zu den heiligen Stätten Indiens. Ich versuchte, die Politik meine Gedanken nicht beeinflussen zu lassen, aber leider war es mir beinahe unmöglich, meine Sorgen über die Zukunft meines Landes abzuschütteln. Der Panchen Lama, der mich überallhin begleitete, war eine ständige Erinnerung an unsere schreckliche Lage. Er war nicht mehr der einfache, freundliche Junge, den ich einst gekannt hatte, sondern der ständige chinesische Einfluß, dem sein jugendlicher Geist ausgesetzt gewesen war, hatte unweigerlich Spuren hinterlassen.

Trotzdem gab es Augenblicke, in denen ich mich ganz den tiefen Gefühlen von Freude und Ehrfurcht hingeben konnte, welche unsere Reise quer durch Indien – von Sanchi nach Ajanta, dann weiter nach Bodh Gaya und Sarnath – in mir hervorrief. Ich hatte das Gefühl, in meine spirituelle Heimat zurückgekehrt zu sein. Irgendwie kam mir alles bekannt vor.

Im Bundesstaat Bihar besuchte ich Nalanda, wo einst die größte und berühmteste buddhistische Universität stand, von der nun schon seit Jahrhunderten nur noch Ruinen übrig sind. Viele tibetische Gelehrte hatten dort studiert, und als ich jetzt vor den kümmerlichen Überresten dieser Geburtsstätte wichtiger Grundlagen des buddhistischen Gedankengutes stand, mußte ich wieder daran denken, wie wahr doch die buddhistische Lehre von der Vergänglichkeit aller Dinge ist. Schließlich gelangte ich nach Bodh Gaya. Welch ergreifendes Erlebnis war es, genau an dem Ort zu sein, an dem Buddha seine Erleuchtung erlangt hatte. Mein Glück war jedoch nur von kurzer Dauer. Während ich noch dort war, ließen mich meine chinesischen

Begleiter wissen, daß Zhou Enlai auf dem Weg nach Delhi sei und mich zu sehen wünsche. Kurz darauf, in Sarnath, erhielt ich ein Telegramm von General Zhang Jingwu, in dem stand, ich solle unverzüglich nach Lhasa zurückkehren. Umstürzlerische Reaktionäre und imperialistische Kollaborateure planten eine Revolte, hieß es darin, und meine Gegenwart sei dringend notwendig.

Ich fuhr mit der Bahn nach Delhi zurück, wo mich der chinesische Botschafter am Bahnhof empfing. Zum Schrecken meiner Leibwache und des Oberhofmeisters bestand er darauf, daß ich mit ihm in seinem Wagen zur Botschaft fuhr, um Zhou Enlai zu treffen. Die beiden befürchteten, daß man mich entführen wolle, und als sie zur Botschaft kamen und nicht genau wußten, ob ich tatsächlich dort war oder nicht, baten sie jemanden, mir einen Pullover zu überbringen, um zu sehen, wie man darauf reagierte.

In der Zwischenzeit hatte ich eine offene Aussprache mit Zhou. Er berichtete, daß sich die Lage in Tibet verschlimmert habe, und meinte, die chinesischen Behörden seien bereit, jede Volkserhebung mit Gewalt niederzuwerfen. Daraufhin erklärte ich noch einmal ganz deutlich, was ich von der Vorgehensweise der Chinesen in Tibet hielt, die uns unerwünschte Reformen aufzwangen, obwohl sie uns immer wieder versicherten, sie würden so etwas nie tun. Zhou war wie immer sehr charmant und sagte, der Vorsitzende Mao habe verkündigt, China werde noch mindestens sechs Jahre warten, bevor in Tibet Reformen durchgeführt werden würden, und wenn wir dann noch nicht so weit wären, könnte man damit, wenn nötig, auch noch fünfzig Jahre warten. China sei ja nur in Tibet, um uns zu helfen.

Damit konnte er mich aber nicht überzeugen. Daraufhin erwähnte Zhou, er habe gehört, daß ich eine Fahrt nach Kalimpong unternehmen wolle. Das stimmte. Man hatte mich gebeten, der zahlreichen tibetischen Gemeinde dort buddhistische Unterweisungen zu geben. Er riet mir sehr davon ab, da der Ort »voller Spione und reaktionärer Elemente« sei, und fügte hinzu, ich solle mich auch vor den indischen Beamten in acht nehmen, von denen einige wohlgesinnt, andere aber gefährlich seien. Dann wechselte er das Thema. Er fragte mich, ob ich bereit wäre, nach Nalanda zurückzukehren und in meiner Eigenschaft als Vertreter der Volksrepublik China der dortigen Organisation einen Scheck und eine Reliquie von Tang S'en, dem chinesischen Meister, zu überreichen. Da ich wußte, daß bei diesem Anlaß auch Pandit Nehru anwesend sein würde, nahm ich an.

Bei unserer nächsten Begegnung hatte der indische Premierminister ein Exemplar des »Siebzehn-Punkte-Abkommens« bei sich. Wieder drängte er mich, nach Tibet zurückzukehren und mit den Chinesen auf der Basis dieses »Abkommens« zusammenzuarbeiten. Es gebe keinen anderen Ausweg, meinte er und unterstrich, daß Indien Tibet in keiner Weise zu Hilfe kommen könne. Er meinte auch, ich solle Zhou Enlais Anweisungen befolgen und direkt nach Lhasa zurückkehren, ohne einen Zwischenaufenthalt in Kalimpong einzulegen. Als ich aber auf meinem Vorhaben bestand, änderte er plötzlich seine Meinung. »Indien ist schließlich ein freies Land«, sagte er. »Sie würden damit ja kein Gesetz brechen.« Er unternahm dann alles Notwendige, um meinen Besuch in Kalimpong vorzubereiten.

Im Februar 1957 reiste ich mit meinem kleinen Gefolge per Bahn nach Kalkutta. Ich erinnere mich noch, wie meine Mutter unterwegs, ohne daran zu denken, daß dies vielleicht verboten sein könnte, einfach einen kleinen Kocher auspackte und eine köstliche Thugpa (die traditionelle tibetische Nudelsuppe) kochte. Nach unserer Ankunft blieben wir noch mehrere Tage in der Hauptstadt Westbengalens, bevor wir nach Bagdogra im Norden flogen, wo sich die Ausläufer des Himalaya-Gebirges schroff aus dem hitzeglühenden indischen Flachland erheben. Den letzten Teil des Weges bestritten wir im Jeep.

Als wir Kalimpong erreichten, brachte man mich im gleichen Haus unter, in dem schon der XIII. Dalai Lama während seines Exils in Indien gewohnt hatte. Es gehörte der Familie des bhutanischen Premierministers, den man später ermordete. Man gab mir dasselbe Zimmer, das damals mein Vorgänger benutzt hatte. Es war ein seltsames Gefühl, sich unter ähnlichen Umständen dort aufzuhalten. Die Familie war sehr freundlich; sie hatten drei Söhne, von denen der kleinste ein besonderes Interesse an dem Hausgast hatte. Er kam immer wieder in mein Zimmer, als ob er mich kontrollieren wollte. Dann rutschte er wieder kichernd das Treppengeländer hinunter.

Nicht lange nach meiner Ankunft traf ich Lukhangwa, meinen früheren Premierminister, der gerade erst aus Lhasa gekommen war, angeblich um eine Pilgerreise zu unternehmen. Ich war hoch erfreut, ihn wiederzusehen, merkte aber bald, daß er strikt gegen meine

Rückkehr nach Tibet war. Meine beiden Brüder, die auch nach Kalimpong gekommen waren, teilten seine Meinung und versuchten, mich davon zu überzeugen, daß es besser wäre, wenn ich in Indien blieb. Sie redeten auch alle drei auf den Kashag ein, mich nicht zurückkehren zu lassen.

In Bodh Gaya hatten meine Brüder Kontakte zu verschiedenen uns wohlgesinnten indischen Politikern aufgenommen. Einer von diesen, Jaya Prakash Narayan, hatte versprochen, bei der nächsten günstigen Gelegenheit Indiens Stimme zur Unterstützung der tibetischen Freiheit zu erheben. Meine beiden Brüder, Lukhangwa und einige andere waren davon überzeugt, daß Nehru dann gezwungen sein würde, für die Unabhängigkeit Tibets einzutreten. Schließlich konnte den Indern nichts daran gelegen sein, daß chinesische Truppen an ihrer Nordflanke aufmarschierten.

Ich war mir noch immer nicht sicher, ob ich nicht doch nach Tibet zurückkehren sollte, und fragte Ngapö Ngawang Jigme (den Leiter der Delegation, die damals gezwungen worden war, das »Siebzehn-Punkte-Abkommen« zu unterzeichnen) nach seiner Meinung. Sein Ratschlag lautete, daß es möglicherweise sinnvoll wäre zu bleiben, wenn hiermit ein klarer Plan verbunden werden könnte. Da ich aber nichts Konkretes in der Hand hätte, bliebe mir wohl nichts anderes übrig, als zurückzukehren.

Schließlich befragte ich das Orakel. Es gibt drei wichtige Orakel, bei denen sich der Dalai Lama Rat holen kann. Zwei davon, das Nechung- und das Gadong-Orakel, waren anwesend. Beide sagten, ich solle zurückkehren. Während einer dieser Konsultationen trat Lukhangwa in den Raum, worauf das Orakel zornig wurde und ihn hinausschickte. Es war, als ob das Orakel wußte, daß Lukhangwa seine Entscheidung bereits getroffen hatte. Lukhangwa schenkte ihm aber keine Beachtung und setzte sich einfach hin. Nachher kam er zu mir und sagte: »Wenn Menschen verzweifelt sind, befragen sie die Götter. Wenn die Götter verzweifelt sind, dann lügen sie!«

Meine beiden Brüder waren der festen Überzeugung, daß ich *nicht* nach Tibet zurückkehren solle. Sie waren wie Lukhangwa überzeugende, starke Persönlichkeiten. Keiner von ihnen konnte meine Unschlüssigkeit verstehen. Sie glaubten, man müsse alles Erdenkliche gegen die Chinesen unternehmen, jetzt, wo die Existenz des tibetischen Volkes bedroht war. Sie fanden, daß mir dies von Indien aus am ehesten gelingen könnte. Von dort aus wäre es auch möglich, Hilfe aus dem Ausland anzufordern, die sicherlich nicht ausbleiben würde. Sie waren davon überzeugt, daß Amerika uns helfen würde.

Obwohl damals nicht davon die Rede war, einen bewaffneten Kampf gegen die Chinesen zu führen, hatten meine Brüder ohne mein Wissen bereits Kontakte zur CIA aufgenommen. Anscheinend waren die Amerikaner bereit, den tibetischen Freiheitskämpfern eine gewisse Unterstützung zu gewähren. Nicht, weil ihnen besonders viel an der tibetischen Unabhängigkeit lag, sondern weil es zu ihrer Strategie gehörte, kommunistische Regierungen auf der ganzen Welt zu schwächen. Zu diesem Zweck warfen sie für die Freiheitskämpfer kleinere Mengen einfacher Waffen mit Fallschirmen ab. Es wurden auch Pläne ausgeheckt, denen zufolge die CIA einige von ihnen auf Guam oder Okinawa in der Guerillakriegführung ausbildete und sie dann per Fallschirmen wieder über Tibet absetzte. Meine Brüder hielten es für klüger, mich von diesen Dingen nicht in Kenntnis zu setzen, da sie wußten, wie ich darauf reagiert hätte.

Als ich ihnen erklärte, daß ich ihre Ausführungen zwar verstünde, sie aber nicht akzeptieren könne, wurde Gyalo Thöndup sichtlich erregt. Er war und ist noch immer der glühendste Patriot unter meinen Brüdern und hat einen sehr starken Charakter. Seine Zielstrebigkeit grenzt manchmal an Eigensinn. Im Grunde genommen ist er aber gutherzig, und er war derjenige, der beim Tode unserer Mutter am meisten weinte. Taktser Rinpoche wirkt sanftmütiger, aber hinter seinem ruhigen und fröhlichen Äußeren verbirgt sich ein harter und unnachgiebiger Kern. Er behält sonst auch in Krisen die Nerven, aber in dieser Situation war er aufgebracht. Doch keiner der beiden konnte mich wirklich überzeugen, und ich beschloß, nach Tibet zurückzukehren und es ein letztes Mal mit den Chinesen zu versuchen. Damit entsprach ich dem Rat Nehrus und den Zusicherungen Zhou Enlais.

Nach meiner Abreise aus Kalimpong mußte ich noch einen ganzen Monat in Gangtok verbringen, bevor der Nathu-Paß wieder passierbar war. Das tat mir überhaupt nicht leid, und ich nutzte die Gelegenheit, der Bevölkerung dort religiöse Unterweisungen zu geben.

Ende März 1957 trat ich schließlich schweren Herzens die Rückreise nach Lhasa an. Meine Traurigkeit erhöhte sich noch dadurch, daß Lobsang Samten sich in letzter Minute entschloß, wegen seines schlechten Gesundheitszustands – er war gerade am Blinddarm operiert worden – doch in Indien zu bleiben. Als ich die Grenze erreichte und meinen indischen Freunden, die alle weinten, Lebewohl sagen mußte, wurde ich erst recht deprimiert. Neben den bunten tibetischen Gebetsflaggen wehte mindestens ein Dutzend blutrote Fahnen, das Symbol der Volksrepublik China. Es tröstete mich überhaupt nicht, daß General Chin Rhaworhen gekommen war, um mich zu empfangen. Er war zwar ein anständiger Mensch, aber angesichts der Militäruniform, die er trug, konnte ich ihn nur damit in Verbindung bringen und nicht mit dem Begriff »Befreiung«.

FLUCHT INS EXIL

Nachdem ich die tibetische Grenze überquert hatte, fuhr ich über Dromo, Gyantse und Shigatse nach Lhasa zurück. An jedem dieser Orte hielt ich gutbesuchte Ansprachen, zu denen ich auch tibetische und chinesische Beamte einlud. Wie üblich erteilte ich kurze religiöse Unterweisungen und verband sie mit dem, was ich über weltliche Angelegenheiten zu sagen hatte. Dabei verwies ich mit Nachdruck auf die Verpflichtung aller Tibeter, sich den Chinesen gegenüber aufrichtig und korrekt zu verhalten. Ich bestand darauf, daß es die Pflicht eines jeden sei, Unrecht wiedergutzumachen, unabhängig davon, wer es begangen hatte. Ich legte meinem Volk auch sehr ans Herz, sich an die Klauseln des »Siebzehn-Punkte-Abkommens« zu halten. Und ich berichtete von meinen Gesprächen mit Nehru und Zhou Enlai, und daß Mao in der ersten Februarwoche dieses Jahres selbst öffentlich verkündet hatte, Tibet sei noch nicht reif für Reformen. Schließlich erinnerte ich meine Zuhörer an die chinesische Behauptung, daß die Chinesen in Tibet seien, um den Tibetern zu helfen. Wenn die chinesischen Behörden uns also nicht behilflich wären, handelten sie gegen die Regeln der Kommunistischen Partei. Ich fügte hinzu, daß andere zwar Lobeshymnen singen mochten, wir den Anweisungen Maos entsprechend aber Selbstkritik üben sollten. Immer wenn ich dies sagte, wurden die anwesenden Chinesen sichtlich unruhig.

Auf diese Weise versuchte ich, meinem Volk zu zeigen, daß ich alles tat, was ich konnte, und gleichzeitig unsere neuen, fremden Herren warnte, daß wir von nun an nicht mehr zögern würden, Übeltaten anzuprangern. Auf jeder Station unserer Reise wurde meinem ohnehin nur mühsam bewahrten Optimismus aber durch die Nachrichten und Berichte über die ausgedehnten Kämpfe im Osten Tibets erneut zugesetzt.

Eines Tages kam General Dan Guansan, der Politkommissar, zu

mir und bat mich, einen Vertreter zu entsenden und die Freiheitskämpfer zu bitten, ihre Waffen niederzulegen. Da dies auch meinen
eigenen Wünschen entsprach, stimmte ich zu und schickte einen
Lama, der mit ihnen reden sollte. Sie weigerten sich aber, und als ich
am 1. April 1957 in Lhasa eintraf, wurde mir klar, daß sich die Lage in
ganz Tibet mehr und mehr nicht nur der chinesischen, sondern auch
meiner eigenen Kontrolle entzog.

Gegen Mitte des Sommers herrschte in Kham und Amdo bereits
offener Krieg. Unter dem Kommando eines Mannes namens Gompo
Tashi sammelten sich täglich mehr Freiheitskämpfer, und ihre An-
griffe wurden immer verwegener. Die Chinesen zögerten nicht zu-
rückzuschlagen. Städte und Dörfer wurden von Flugzeugen aus bom-
bardiert, und ganze Gebiete wurden durch Artilleriefeuer verwüstet.
Die Folge davon war, daß nun Tausende von Menschen aus Kham und
Amdo nach Lhasa flohen und in den weiten Ebenen außerhalb der
Stadt ihre Zelte aufschlugen. Einige der Geschichten, die sie mitbrachten, waren so entsetzlich, daß ich jahrelang nicht daran glauben
mochte. Die Methoden, auf die die Chinesen zurückgriffen, um die
Bevölkerung einzuschüchtern, waren so grauenhaft, daß ich sie mir
kaum vorstellen konnte.

Erst als ich 1959 den Bericht der Internationalen Juristenkommission las, begriff ich, daß wahr war, was ich früher gehört hatte; zum
Beispiel, daß es üblich war, die Opfer zu kreuzigen, sie lebendig zu
sezieren und zu zerstückeln oder ihnen den Bauch aufzuschlitzen.
Ebenso üblich war es, daß Menschen gehängt, geköpft, verbrannt,
lebendig begraben oder zu Tode geprügelt wurden, wenn man sie
nicht gar durch galoppierende Pferde zu Tode schleifen ließ, sie
kopfüber aufhängte oder gefesselt in eiskaltes Wasser warf. Und damit
sie auf dem Wege zur Hinrichtung nicht »Lang lebe der Dalai Lama!«
rufen konnten, hatte man ihnen vorher mit Fleischhaken die Zunge
herausgerissen.

Im Bewußtsein, daß die Tragödie unmittelbar bevorstand, kündigte ich an, daß ich 1959 anläßlich des Mönlam-Festes, also in
achtzehn Monaten, zur Abschlußprüfung meines Studiums antreten
würde. Ich hatte das Gefühl, mein Examen so bald wie möglich
ablegen zu müssen, weil die Zeit knapp zu werden schien. Gleichzeitig freute ich mich schon sehr auf den Lhasa-Besuch von Pandit

Nehru, der meine Einladung angenommen hatte, im darauffolgenden Jahr nach Tibet zu kommen. Der chinesische Botschafter hatte dem begeistert zugestimmt. Ich hoffte, daß Nehrus Anwesenheit die Chinesen zwingen würde, sich zivilisiert aufzuführen.

Das Leben in der Hauptstadt verlief weiterhin so, wie es in den sechs Jahren seit dem ersten Einmarsch der Chinesen verlaufen war, obwohl die Chinesen spürbar aggressiver geworden waren. Wenn die chinesischen Generäle nun zu mir zu Besuch kamen, waren sie immer bewaffnet. Sie trugen ihre Waffe aber nicht offen, sondern unter ihrer Kleidung verborgen, und mußten deshalb beim Sitzen oft eine ungeschickte Haltung einnehmen. Aber selbst dann konnte man den Pistolenlauf noch deutlich erkennen. In den Gesprächen machten sie die üblichen Zusicherungen, aber ihre errötenden Gesichter verrieten ihre wahren Gefühle.

Daneben gab es regelmäßige Zusammenkünfte des Vorbereitenden Komitees, bei denen über bedeutungslose politische Veränderungen gesprochen wurde. Es war unglaublich, wie sehr sich die Chinesen bemühten, eine Fassade aufrechtzuerhalten, hinter der sie in anderen Teilen des Landes ihre Greueltaten verrichten konnten. Ich kam mir völlig machtlos vor, wußte aber, daß mein Rücktritt – ich dachte ernsthaft daran – oder eine offene Opposition gegen die Chinesen verheerende Auswirkungen haben würde. Und ich konnte es nicht zulassen, daß auch noch Lhasa und die bisher verschont gebliebenen Teile des Landes in ein Blutbad gestürzt wurden.

Zu diesem Zeitpunkt standen bereits mindestens acht Divisionen der Volksbefreiungsarmee in Osttibet – mehr als hundertfünfzigtausend ausgebildete Soldaten mit modernem Kriegsgerät, die eine Schar von Reitern und Gebirgskriegern bekämpften. Je häufiger ich über die Zukunft nachdachte, desto weniger Hoffnung hatte ich. Es hatte den Anschein, daß – ganz gleich, was ich oder irgend jemand von meinen Leuten tat – Tibet früher oder später in einen Vasallenstaat des neuen chinesischen Reiches umgewandelt werden und alle religiösen und kulturellen Freiheiten verlieren würde – von politischer Meinungsfreiheit gar nicht zu reden.

Im Norbulingka, wo ich nun meinen ständigen Wohnsitz hatte, verlief das Leben in seinen gewohnten Bahnen. Die vielen vergoldeten Buddhastatuen, die im sanften Lichtschein zahlloser Butterlampen schimmerten, machten mir immer wieder bewußt, daß wir in einer Welt der Vergänglichkeit und der Illusion leben. Mein Tagesablauf hatte sich wenig verändert, obwohl ich nun noch früher – meistens vor fünf Uhr – aufstand, um zu beten und in Ruhe Texte zu studieren. Am Vormittag kam einer meiner Tutoren, und wir besprachen den Text, den ich gelesen hatte. Dann kamen die Tsenshaps dazu, von denen es inzwischen vier gab, und ich verbrachte den Rest des Tages vorwiegend mit Disputationen, denn meine Abschlußprüfung würde ja in dieser Form stattfinden. Und an bestimmten Tagen mußte ich Pujas, Zeremonien, in einem der vielen Gebetsräume des Norbulingka vorstehen.

Das Stadtbild von Lhasa hatte sich in den Jahren seit dem Einmarsch allerdings sichtlich verändert. Ein ganz neuer Stadtteil war gebaut worden, um die kommunistischen Beamten und ihre Angehörigen unterzubringen. Es gab bereits Anzeichen für die Herausbildung einer modernen chinesischen Stadt, die eines Tages die alte Hauptstadt ganz verdrängen würde. Ein Krankenhaus und eine neue Schule waren ebenfalls gebaut worden, doch kamen diese der tibetischen Bevölkerung leider kaum zugute. Es gab auch einige neue Kasernen. Angesichts der sich ständig verschlechternden Lage hatten die Militärs begonnen, Schützengräben um ihre Quartiere auszuheben und sie mit Sandsäcken zu befestigen. Und wenn sie ausgingen, geschah das nicht mehr wie früher zu zweit – allein sah man sie ohnehin nie –, sondern nur noch in Gruppen. Ich hatte aber kaum direkten Kontakt zu diesen Kreisen, und was ich davon weiß, erfuhr ich aus den bedrückenden Berichten meiner Diener und verschiedener Beamten.

Im Frühling 1958 bezog ich ein neues Gebäude im Norbulingka. Traditionsgemäß ließ sich jeder Dalai Lama ein eigenes Gebäude im Juwelenpark errichten. Wie die anderen war auch meines ziemlich klein und nur als Privatresidenz für mich gedacht. Besonders daran war nur die neuartige Einrichtung. Ich hatte ein modernes Eisenbett statt meiner alten Holzkiste und außerdem ein Bad mit fließendem Wasser. Es gab sogar Leitungen für warmes Wasser, aber leider endete meine Zeit im Norbulingka, bevor der Boiler richtig zum Funktionieren gebracht werden konnte. Es gab im ganzen Haus auch elektrisches Licht. Mein Audienzzimmer hatte ich für meine ausländischen Besucher statt mit den traditionellen tibetischen Kissen mit Sesseln und Tischen ausstatten lassen. Außerdem besaß ich ein großes Radiogerät. Wenn ich mich recht erinnere, war es ein Geschenk der indischen Regierung.

Ich fühlte mich in meinem Haus sehr wohl. Draußen hatte ich einen kleinen Teich, einen Garten, dessen Bepflanzung ich überwachte, und einen Steingarten. In Lhasa wächst alles sehr gut, und es dauerte nicht lange, bis der Garten in allen Farben erblühte. Insgesamt war ich dort sehr glücklich, aber dieses Glück war nur von kurzer Dauer.

Die Auseinandersetzungen in Kham, Amdo und nun auch in Zentraltibet wurden immer heftiger. Bis zum Frühsommer hatten sich Tausende von Freiheitskämpfern zusammengeschlossen, und sie rückten mit ihren Angriffen immer näher auf Lhasa zu. Und das, obwohl sie nur schlecht mit Waffen und Munition ausgerüstet waren. Teile davon hatten sie von den Chinesen erbeutet; ein anderer Teil stammte von einem Überfall auf ein Munitionslager der tibetischen Regierung in der Nähe von Tashilhünpo, und ein kleiner Teil war ihnen von der CIA zur Verfügung gestellt worden.

Als ich ins Exil ging, erfuhr ich nähere Einzelheiten über das Geld und die Waffen, die von Flugzeugen aus über Tibet abgeworfen worden waren. Diese »Gaben« fügten den Tibetern fast größeren Schaden zu als den chinesischen Streitkräften. Denn die Amerikaner wollten vermeiden, daß man die Herkunft dieser Lieferungen herausbekam. Deshalb achteten sie darauf, den Freiheitskämpfern ja nicht in den USA hergestelltes Material zukommen zu lassen. Deshalb warfen sie nur ein paar schlechtgebaute Bazookas und einige uralte britische Gewehre ab, die einst in Indien und Pakistan zur Standardausrüstung gehört hatten. Ihr Ursprung war also, falls sie abgefangen wurden, nicht feststellbar. Aber die Waffen wurden bereits beim Abwurf so stark beschädigt, daß sie fast unbrauchbar waren.

Ich selbst sah nie einen Kampf. In den siebziger Jahren erzählte mir jedoch ein alter Lama, der gerade aus Tibet geflohen war, von einem Gefecht, das er von seiner Einsiedelei hoch oben im Gebirge aus in Amdo beobachtet hatte. Eine kleine Schar von sechs Reitern verübte einen Angriff auf ein mehrere hundert Mann starkes Feldlager der Volksbefreiungsarmee, das ganz in der Nähe einer Flußbiegung errichtet worden war. Das führte zu einem wahren Chaos. Die Chinesen gerieten in Panik und schossen wild in der Gegend herum, wodurch viele ihrer eigenen Soldaten getötet wurden. Die Reiter, die inzwischen den Fluß überquert und das Weite gesucht hatten, kehrten aus einer anderen Richtung zurück und griffen das Lager von der Flanke aus an, bevor sie endgültig in den Bergen verschwanden. Ich war sehr bewegt, als ich von so viel Tapferkeit hörte.

Zur eigentlichen Krise kam es in der zweiten Hälfte des Jahres 1958, als Mitglieder der Chushi Gangdruk, der Allianz der Freiheitskämpfer, eine größere Garnison der Volksbefreiungsarmee in Tsethang, keine zwei Tagesreisen von Lhasa entfernt, belagerten. Von da an bekam ich immer häufiger Besuch von General Dan Guansan. Er sah aus wie ein Bauer, hatte gelbe Zähne, kurzgeschnittenes Haar und kam nun fast wöchentlich in Begleitung von äußerst arroganten Dolmetschern, um mich zu bedrängen, mir zu schmeicheln und um mich zu beschimpfen. Seine Besuche ließen mir meinen neuen Audienzraum im Norbulingka zuwider werden. Die Luft dort war von der Spannung unserer Begegnungen vergiftet, und ich betrat ihn nur noch ungern.

Anfangs verlangte der General, daß ich das tibetische Heer gegen die Freiheitskämpfer mobil machte. Er meinte, das wäre meine Pflicht. Als ich ihm erwiderte, daß die Soldaten dies mit Sicherheit als gute Gelegenheit betrachten würden, auf die Seite der Freiheitskämpfer überzuwechseln, wurde er wütend. Von da an beschränkte er sich darauf, sich über die Undankbarkeit der Tibeter zu beklagen und zu betonen, daß dies alles noch schlimm für uns enden werde. Schließlich identifizierte er meine Brüder Taktser Rinpoche und Gyalo Thöndup sowie einige meiner ehemaligen Beamten (die inzwischen alle im Ausland lebten) als die Anstifter und befahl mir, ihnen die tibetische Staatsbürgerschaft abzuerkennen. Das tat ich auch, weil ich erstens dachte, daß sie ohnehin im Ausland lebten und folglich in Sicherheit waren, und zweitens, weil ich es besser fand, die Chinesen zu besänftigen, statt es zu einer offenen militärischen Konfrontation in Lhasa selbst kommen zu lassen. Das wollte ich um jeden Preis vermeiden, denn ich befürchtete, daß es keine Hoffnung mehr gab, den Frieden wiederherzustellen, wenn die Bevölkerung Lhasas in die Kämpfe mit hineingezogen wurde.

Die Freiheitskämpfer waren aber überhaupt nicht geneigt, auf

Kompromisse einzugehen. Sie verlangten sogar meine moralische Unterstützung, die ich ihnen aber nicht geben konnte, obwohl ich als junger Mensch und Patriot durchaus einige Neigung hatte, es zu tun. Ich setzte meine Hoffnung noch immer in den bevorstehenden Besuch Nehrus, der von den chinesischen Behörden aber in letzter Minute abgesagt wurde. General Dan Guansan ließ wissen, daß er für die Sicherheit des indischen Premierministers nicht garantieren könne und daß die Einladung deshalb zurückgenommen werden müsse. Ich spürte, daß dies nichts Gutes bedeutete.

Gegen Ende des Sommers 1958 begab ich mich zuerst zum Kloster Drepung und dann zum Kloster Sera, um den ersten Teil meiner klösterlichen Abschlußprüfung abzulegen. Dazu gehörten mehrtägige Disputationen mit den hervorragendsten Gelehrten dieser beiden Ausbildungszentren. Der erste Tag in Drepung begann mit dem wundervoll harmonischen Gesang mehrerer tausend Mönche in der öffentlichen Versammlungshalle. Ihre Lobeshymnen auf Buddha und seine Nachfolger rührten mich zu Tränen.

Bevor ich Drepung verließ, erklomm ich nach altem Brauch den höchsten Berggipfel hinter dem Kloster, von wo aus man einen Rundblick über Hunderte von Kilometern genießt. Der Berg ist so hoch, daß selbst für Tibeter die Gefahr der Höhenkrankheit besteht. Man findet dort aber wunderschöne Vögel, die hoch über dem Plateau ihre Nester bauen, und eine Fülle von wildwachsenden Blumen, die auf tibetisch Upel heißen. Diese auffälligen Pflanzen haben hellblaue Blüten, sind groß und voller Dornen und ähneln dem Rittersporn.

Was meinen Aufenthalt auf diesem Berggipfel beeinträchtigte, war die Notwendigkeit, zu meinem Schutz tibetische Soldaten aufzustellen. In unmittelbarer Nähe des Klosters Drepung war nämlich eine chinesische Garnison, die sich mit Bunkern und Stacheldraht umgeben hatte. Täglich konnte man ihre Schießübungen hören.

Als ich nach Lhasa zurückkehrte, erfuhr ich, daß ich die Prüfungen soweit sehr gut bestanden hatte. Einer der Äbte, ein äußerst gelehrter Mönch namens Pema Gyältsen, meinte, daß ich es zu Bestleistungen hätte bringen können, wenn ich genausoviel Zeit für mein Studium gehabt hätte wie ein gewöhnlicher Mönch. Ich war froh, daß ich trotz meiner anfänglichen Nachlässigkeit am Ende doch keine so schlechte Figur gemacht hatte.

In Lhasa hatte sich die Lage während meiner kurzen Abwesenheit erheblich verschlechtert. Auf der Flucht vor den Greueltaten der Chinesen waren abermals Tausende von Menschen aus der weiteren Umgebung in die Hauptstadt geströmt und hausten nun vor den Toren der Stadt in Zelten. Die tibetische Bevölkerung der Stadt hatte sich dadurch mindestens verdoppelt. Es herrschte eine spannungsgeladene Waffenruhe.

Als ich mich im Laufe des Herbstes zum Kloster Ganden begab, um meine Disputationen fortzusetzen, legten mir einige meiner Berater nahe, mich in den Süden des Landes abzusetzen, der sich zum Großteil in den Händen der »Verteidiger des Buddhadharma« befand. Dort sollte ich das »Siebzehn-Punkte-Abkommen« zurückweisen und meine eigene Regierung wieder als rechtmäßige Regierung Tibets einsetzen. Ich dachte ernsthaft über diesen Vorschlag nach, kam aber notgedrungen wieder zu dem Schluß, daß solch ein Verhalten nichts Gutes bewirken würde. Eine derartige Erklärung hätte die Chinesen nur provoziert, einen Großangriff durchzuführen.

So fuhr ich wieder nach Lhasa zurück, um meine Studien während der langen, kalten Wintermonate fortzuführen. Die letzte Prüfung war für Mönlam am Beginn des darauffolgenden Jahres angesetzt. Es fiel mir aber schwer, mich auf meine Arbeit zu konzentrieren. Fast täglich erreichten mich Berichte über chinesische Ausschreitungen gegen die nichtkämpfende Bevölkerung. Manchmal waren die Nachrichten vorteilhaft für die tibetische Seite, aber das war kein Trost für mich. Was mich am Leben erhielt, waren meine Verantwortung für die sechs Millionen Tibeter und mein Glaube. Jeden Tag, wenn ich im Morgengrauen vor meinem Altar betete, auf dem eine Reihe von Statuetten stand, die in der Stille ihren Segen ausstrahlten, konzentrierte ich mich darauf, Mitgefühl für alle lebenden und fühlenden Wesen zu entwickeln. Ich rief mir ständig Buddhas Aussage ins Gedächtnis, daß unser Feind in gewisser Hinsicht unser größter Lehrmeister ist. Manchmal fiel mir das sehr schwer, aber ich habe niemals wirklich daran gezweifelt.

Schließlich rückte das Neujahrsfest heran, und ich zog vorübergehend vom Norbulingka in den Jokhang-Tempel, wo die Mönlam-Feierlichkeiten und anschließend mein Abschlußexamen stattfinden sollten. Kurz zuvor empfing ich noch General Zhang Jingwu, der mir

Flucht ins Exil 153

wie üblich einen Neujahrsgruß überreichte. Dabei kündigte er mir auch die Ankunft einer chinesischen Tanzgruppe an und fragte mich, ob ich an einer Aufführung interessiert wäre. Ich bejahte dies. Darauf sagte er, die Gruppe könne überall auftreten. Da es aber im chinesischen Militärhauptquartier eine Bühne mit Rampenlicht gebe, wäre es wohl das Beste, wenn ich dorthin ginge. Im Norbulingka gab es keine derartige Einrichtung. Daher schien mir seine Erklärung plausibel zu sein, und ich deutete an, daß ich gern kommen würde.

Als ich beim Jokhang-Tempel ankam, sah ich, daß sich dort mehr Menschen als je zuvor zusammendrängten. Aber das hatte ich erwartet. Zusätzlich zur Laienbevölkerung, die aus den fernsten Ecken des Landes gekommen war, waren sicherlich an die fünfundzwanzig- bis dreißigtausend Mönche unter dem Publikum.

Jeden Tag wimmelte es auf dem Lingkhor und dem Barkhor von Pilgern, die fromm ihre Runden drehten. Mit der Gebetsmühle in der Hand rezitierten einige die heiligen Worte »Om mani padme hum« (»O du Kleinod im Lotos«), die man fast als das tibetische Nationalmantra bezeichnen könnte. Andere berührten mit gefalteten Händen still Stirn, Hals und Brust, bevor sie sich in voller Länge auf den Boden warfen. Auf dem Marktplatz vor dem Haupteingang drängten sich ebenfalls die Menschen: Frauen in ihren bodenlangen Gewändern und bunten Schürzen; forsche Khampas, die rote Wollzöpfe in ihr langes Haar geflochten hatten und Gewehre über ihren Schultern trugen; runzelige Nomaden aus den Bergen und überall fröhliche Kinder. Noch nie hatte ich solch ein geschäftiges Treiben gesehen, wie ich es jetzt durch die Vorhänge meines Zimmers hindurch beobachtete. Dieses Jahr lag eine besondere Erwartung in der Luft, die ich selbst in meiner Abgeschiedenheit spüren konnte. Es war, als ob jeder wußte, daß irgend etwas von großer Wichtigkeit bevorstand.

Sobald der Hauptteil der Mönlam-Zeremonie vorüber war (jener, der eine lange Rezitation enthält), kamen zwei chinesische Beamte unangemeldet zu mir, um General Zhang Jingwus Einladung für die Tanzvorstellung zu wiederholen. Sie erkundigten sich auch, an welchem Tag ich kommen wolle. Ich antwortete ihnen, daß ich gern nach den ganzen Feierlichkeiten kommen würde, im Augenblick aber an wichtigere Dinge zu denken hätte, besonders an mein Abschlußexamen, das bald stattfinden würde.

Als ich am Abend vor meinem Endexamen tief im Gebet versunken dasaß, fühlte ich mehr als je zuvor, welch große Verantwortung mit meinem Amt verbunden ist. Am darauffolgenden Morgen erschien ich zu den Disputationen, die vor einem Tausende von Menschen zählenden Publikum abgehalten wurden. Am Vormittag wurde ich in Logik und Erkenntnistheorie geprüft. Meine Gegenspieler waren Studenten wie ich. Gegen Mittag wechselten wir zu Madhyamika und Prajnaparamita über, die wiederum mit Studenten disputiert wurden. Am Abend rückte man mir dann mit allen fünf Hauptfächern zu Leibe; diesmal waren meine Gegenspieler aber weit ältere und erfahrenere Mönche als ich, die alle schon ihr Studium abgeschlossen hatten.

Endlich, gegen sieben Uhr abends, war dann alles vorüber. Ich war erschöpft, aber auch erleichtert und erfreut, als die Prüfungskommission einstimmig befand, daß mir der Doktorgrad in Buddhismuskunde und damit der Geshe-Titel zuerkannt werden sollte.

Am 5. März 1959 zog ich wieder wie üblich in einer feierlichen Prozession zurück zum Norbulingka. Zum letztenmal wurde mit großer Feierlichkeit der ganze Prunk einer über tausend Jahre alten Zivilisation entfaltet. Die Sänfte, in der ich getragen wurde, war umgeben von meinen Leibwächtern in ihren prächtigen, bunten Uniformen. Links und rechts von ihnen ritten hoch zu Roß die Mitglieder des Kashag und Vertreter des Hochadels von Lhasa in prachtvollen, wallenden Seidenroben. Selbst die Pferde schritten stolz einher, als ob sie gewußt hätten, daß die Kandaren in ihren Mäulern aus Gold waren. Hinter ihnen folgten die bedeutendsten Äbte und Lamas des Landes. Einige von ihnen sahen asketisch-hager aus, andere hingegen eher wie wohlhabende Kaufleute und nicht wie bedeutende spirituelle Meister, die sie ja waren.

Schließlich kamen die Tausenden von erwartungsvollen Zuschauern, die den Straßenrand der rund sieben Kilometer langen Strecke zwischen den beiden Gebäuden säumten. Die einzigen, die fehlten, waren die Chinesen, die zum erstenmal keine Vertreter geschickt hatten. Das beruhigte aber weder meine Leibwache noch das Heer, das unter dem Vorwand, mich vor den Freiheitskämpfern zu »beschützen«, in den umliegenden Hügeln Wachen aufgestellt hatte. Meine Leibwache hatte ähnliche Befürchtungen. Einige meiner Leibwächter hatten ganz offen Position bezogen und hielten ihre Maschinengewehre auf das chinesische Militärhauptquartier gerichtet.

Erst zwei Tage später hörte ich wieder etwas von den chinesischen Behörden. Sie wollten nun definitiv wissen, wann ich Zeit hätte, der Tanzvorführung beizuwohnen. Ich teilte ihnen mit, daß mir der 10. März angenehm wäre. Zwei Tage später, am Tag vor der Aufführung, erschienen einige Chinesen in der Wohnung des Kusung Depön, des Befehlshabers meiner Leibwache, und sagten, sie wären beauftragt, ihn ins Hauptquartier zu Brigadekommandeur Fu zu bringen, der ihm genaue Anweisungen für die zu treffenden Vorkehrungen für meinen Besuch am darauffolgenden Abend geben wolle.

Der Brigadekommandeur eröffnete ihm, daß die chinesischen Behörden von uns verlangten, auf die üblichen Förmlichkeiten meiner Besuche zu verzichten. Er bestand vor allem darauf, daß mich keine tibetischen Soldaten begleiteten, höchstens, wenn es sein mußte, zwei oder drei unbewaffnete Leibwachen. Und er fügte hinzu, daß die ganze Sache absolut geheimgehalten werden solle. Das waren seltsame Wünsche, über die meine Berater nachher lange diskutierten. Sie waren sich aber einig, daß ich nicht absagen konnte, ohne einen groben Fauxpas zu begehen, der äußerst negative Auswirkungen haben konnte. Deshalb erklärte ich mich einverstanden, unauffällig und in Begleitung eines kleinen Stabes dort hinzugehen.

Auch Tenzin Chögyäl, mein jüngerer Bruder, war eingeladen. Er war damals Student im Kloster Drepung und mußte folglich allein kommen. Inzwischen wurde die Nachricht verbreitet, daß der Verkehr in der Nähe der Steinbrücke, die über den Fluß nahe beim chinesischen Hauptquartier führte, am darauffolgenden Tag eingeschränkt werden würde.

Es war natürlich vollkommen unmöglich, meine Schritte geheimzuhalten, und die Tatsache, daß die Chinesen dies versuchten, wurde von der Bevölkerung, die ohnehin schon sehr um meine Sicherheit besorgt war, mit größter Bestürzung aufgenommen. Die Nachricht verbreitete sich wie ein Lauffeuer.

Das Ergebnis war katastrophal. Am nächsten Morgen ging ich nach meinen Gebeten und nach dem Frühstück hinaus, um bei Tagesanbruch in Ruhe in meinem Garten spazierenzugehen. Plötzlich schreckte ich auf, da ich in der Ferne laute Stimmen hörte. Ich lief zurück und gab einigen Dienern die Anweisung herauszufinden, woher der Lärm käme. Als sie zurückkamen, berichteten sie, die Menschen strömten aus der Stadt in Richtung Norbulingka. Sie hätten beschlossen, mich vor den Chinesen zu beschützen. Ihre Zahl nahm im Lauf des Vormittags ständig zu. Einige ließen sich in Gruppen vor den Eingängen des Juwelenparks nieder, andere umschritten ihn im Uhrzeigersinn. Bis Mittag hatten sich ungefähr dreißigtausend Menschen versammelt.

Schon am Vormittag hatten drei Kashag-Mitglieder Schwierigkeiten, sich einen Weg durch die Menschenmenge vor dem Haupteingang zu bahnen. Die Leute zeigten sich allen gegenüber feindselig, die sie der Kollaboration mit den Chinesen verdächtigten. Ein hoher Beamter, der mit seinem Leibwächter im Wagen saß, wurde mit Steinen beworfen und schwer verletzt, weil man ihn für einen Verräter hielt. Diese Annahme war jedoch irrig. Später wurde sogar jemand getötet.

Ich war über diese Entwicklung entsetzt. Irgend etwas mußte unternommen werden, um die Situation zu entschärfen. Es hatte den Anschein, daß die Menschenmassen in einem Ausbruch kollektiven Zorns sogar versucht sein konnten, die chinesische Garnison anzugreifen. Spontan waren mehrere Anführer vom Volk gewählt worden, die nach den Chinesen riefen und verlangten, daß sie Tibet den Tibetern überließen. Ich betete, daß sich die Menschen beruhigten. Zugleich wurde mir klar, daß ich an jenem Abend auf keinen Fall ins chinesische Hauptquartier gehen konnte. Der Oberhofmeister rief deshalb dort an, um abzusagen und mein Bedauern auszudrücken. Meinen Anweisungen entsprechend fügte er hinzu, daß ich hoffte, die Lage werde sich baldigst normalisieren und die Menschenmenge könne überredet werden, sich aufzulösen.

Die Menge vor den Toren des Norbulingka aber war entschlossen, nicht von der Stelle zu weichen. Sie und ihre Anführer glaubten, das Leben des Dalai Lama sei in Gefahr, und sie waren nicht gewillt abzuziehen, bis ich ihnen nicht persönlich versicherte, an jenem Abend nicht ins chinesische Militärhauptquartier zu gehen. Das tat ich dann auch über einen meiner Beamten. Es genügte ihnen nicht. Sie forderten nun, daß ich nie mehr dorthin ging. Wiederum erhielten sie meine Zusicherung, worauf die meisten Anführer in die Stadt zurückkehrten, wo weitere Demonstrationen stattfanden. Der Großteil der Menschen blieb aber vor dem Norbulingka. Unglücklicherweise sahen sie nicht ein, daß ihre weitere Anwesenheit dort eine viel größere Gefahr darstellte als ihr Abzug.

Am selben Tag sandte ich drei meiner ranghöchsten Beamten zu General Dan Guansan. Als sie ins Hauptquartier kamen, sahen sie, daß Ngapö Ngawang Jigme bereits dort war. Anfangs waren die Chinesen höflich. Aber der General konnte seine Wut nur schlecht verbergen. Zusammen mit zwei anderen hohen Offizieren hielt er meinen Beamten eine stundenlange Strafpredigt über die Niedertracht der »imperialistischen Rebellen« und beschuldigte die tibetische Regierung sogar, heimlich Unruhen gegen die chinesischen Behörden angestiftet zu haben. Außerdem habe sie den Befehl der Chinesen, die »Rebellen« in Lhasa zu entwaffnen, nicht befolgt. Sie könne sich nun auf drakonische Maßnahmen gefaßt machen, mit denen dieser Aufstand niedergeschlagen werde.

Als meine Beamten am Abend wieder in meinem Audienzzimmer im Norbulingka eintrafen und mir davon berichteten, wurde mir klar, daß die Chinesen uns ein Ultimatum gestellt hatten. Inzwischen hielt eine Gruppe von rund siebzig niederen Regierungsbeamten mit den zurückgebliebenen Volksanführern und Mitgliedern meiner Leibgarde ein Treffen vor dem Juwelenpark ab, in dessen Verlauf sie sich einer Resolution anschlossen, in der das »Siebzehn-Punkte-Abkommen« für ungültig erklärt und hinzugefügt wurde, daß man die chinesische Herrschaft nicht mehr länger anerkenne. Als ich davon hörte, ließ ich sie wissen, daß es die Pflicht der Anführer sei, die bestehende Spannung abzubauen, und nicht, sie noch zu verstärken. Meine Ratschläge stießen aber auf taube Ohren.

Noch am selben Abend erhielt ich einen Brief von General Dan Guansan, der mir in verdächtig zurückhaltendem Ton nahelegte, ich solle um meiner eigenen Sicherheit willen in sein Hauptquartier übersiedeln. Seine Unverfrorenheit verblüffte mich. Dergleichen kam überhaupt nicht in Frage. Um Zeit zu gewinnen, schrieb ich einen freundlichen Antwortbrief.

Am nächsten Tag, dem 11. März, kündigten die Volksanführer an, sie würden vor dem Kabinettsgebäude, das innerhalb der Außenmauer des Norbulingka stand, Wachen aufstellen. Dadurch wollten sie verhindern, daß irgendein Minister das Gelände verließ. Sie befürchteten, daß die tibetische Regierung von den chinesischen Behörden zu einem Kompromiß gezwungen werden könnte, wenn sie die Sache nicht selbst in die Hand nähmen. Daraufhin hielt der Kashag eine Versammlung mit den Anführern ab und ersuchte sie, die Aktion zu unterlassen, da sie leicht zu einer offenen Konfrontation führen könne.

Anfangs zeigten sich die Anführer bereit, diese Anweisungen zu befolgen, doch dann kamen zwei weitere Briefe von General Dan Guansan. Einer davon war an mich gerichtet, der andere an den Kashag. Der erste glich im Inhalt dem vorigen Brief des Generals. Ich antwortete wieder in einem höflichen Ton, daß auch ich der Meinung sei, daß sich gefährliche Elemente unter dem Volk befänden, die die Beziehungen zwischen Tibet und China gefährdeten, und daß es vielleicht angebracht sei, wenn ich mich aus Sicherheitsgründen in sein Hauptquartier begäbe.

In dem anderen Brief befahl der General den Ministern, der Menschenmenge anzuordnen, die Barrikaden, die außerhalb der Stadt auf der Hauptverbindungsstraße nach China errichtet worden waren, abzubauen. Dies löste eine heftige Reaktion aus. Die Volksanführer interpretierten diese Worte als deutlichen Hinweis der Chinesen, daß sie planten, Verstärkung in die Stadt zu bringen, um den Dalai Lama anzugreifen. Daher lehnten sie es ab, dieser Aufforderung nachzukommen.

Als ich das hörte, beschloß ich, selbst mit den Männern zu reden. Ich erklärte ihnen, daß die Chinesen die Menschenmenge mit größter Wahrscheinlichkeit gewaltsam auflösen würden, falls sie nicht freiwillig ging. Meine dringende Bitte wurde teilweise befolgt, denn bald darauf kündigten sie an, sie würden sich nach Shöl, dem Dorf am Fuße des Potala, zurückziehen, wo es später zu vielen heftigen Demonstrationen kam. Aber der Großteil der Menschen blieb vor dem Norbulingka.

Zu diesem Zeitpunkt befragte ich das Nechung-Orakel, das eiligst herbeigerufen worden war, ob ich bleiben oder zu fliehen versuchen sollte. Das Orakel äußerte ganz deutlich, ich solle bleiben und den Dialog mit den Chinesen aufrechterhalten. Zum erstenmal bezweifelte ich die Weisheit dieses Rates. Ich mußte an Lukhangwas Bemerkung denken, daß die Götter lügen, wenn sie verzweifelt sind. So verbrachte ich den ganzen Nachmittag damit, Mos auszulegen, eine andere tibetische Form der Wahrsagekunst. Das Ergebnis war aber das gleiche.

Die nächsten Tage vergingen in angstvoller Ungewißheit. Ich hörte Berichte, daß die Chinesen militärische Verstärkung geholt hätten. Die Stimmung im Volk wurde zusehends hysterischer. Ich befragte wieder das Orakel. Es gab mir aber genau dieselben Anweisungen wie zuvor. Am 16. März erhielt ich einen dritten und letzten Brief vom General, zusammen mit einem Brief von Ngapö. Im Brief des Generals stand ungefähr dasselbe wie in den beiden vorhergehenden. Ngapös Brief hingegen machte deutlich, wovon wir alle schon eine vage Vorahnung hatten, daß die Chinesen einen Angriff auf die Menschenmenge und den Norbulingka planten, den sie mit Granaten beschießen wollten. Ngapö wollte, daß ich auf einer Karte meinen genauen Standort eintrug, damit die Artilleristen unterwiesen werden konnten, nicht auf dieses Gebäude zu zielen.

Es war ein Augenblick des Schreckens, als ich den Sinn dieser Nachricht begriff. Jetzt war nicht nur mein eigenes Leben in Gefahr, sondern es schien, daß viele Tausende von Menschen einem sicheren Tod entgegengingen. Wenn ich sie nur überzeugen konnte, nach Hause zurückzukehren! Sie mußten doch erkennen, daß sie den Chinesen die Intensität ihrer Gefühle gezeigt hatten. Solche Gedanken waren aber müßig, denn die anwesenden Tibeter waren so gegen diese unwillkommenen Ausländer und ihre brutalen Methoden aufgebracht, daß nichts sie von der Stelle bewegen konnte. Sie würden bis zum bitteren Ende bleiben und dafür sterben, daß sie ihren kostbaren Beschützer bewachten.

So machte ich mich daran, eine Antwort für Ngapö und General Dan zu verfassen, in der ich in etwa sagte, daß ich über das Verhalten der reaktionären Elemente unter der Bevölkerung Lhasas bestürzt sei. Ich versicherte ihnen, daß ich es noch immer eine gute Idee fand, im chinesischen Hauptquartier Zuflucht zu suchen, daß dies unter den gegebenen Umständen aber schwierig sei. Ich fügte hinzu, daß ich hoffte, auch sie würden die Geduld haben, diese Unruhen durchzustehen. Alles nur, um Zeit zu gewinnen. Schließlich konnten die Menschenmengen ja nicht ewig bleiben. Ich verschwieg auch absichtlich meinen genauen Aufenthalt, in der Hoffnung, die fehlende Kenntnis würde Konfusion und weitere Verzögerungen verursachen.

Nachdem ich meine Antworten abgeschickt hatte, wußte ich aber nicht mehr, was ich tun sollte. Am nächsten Tag befragte ich das Orakel ein weiteres Mal. Zu meiner Überraschung riet es diesmal: »Geh! Geh! Heute abend noch!« Noch in Trance torkelte das Medium dann nach vorn, ergriff Papier und einen Stift und zeichnete klar und deutlich den Fluchtweg vom Ausgang des Norbulingka bis zum letzten tibetischen Dorf vor der indischen Grenze auf. Seine Anweisungen waren anders, als man vielleicht erwartet hätte. Daraufhin brach das Medium, ein junger Mönch namens Lobsang Jigme, ohnmächtig zusammen, ein Zeichen, daß Dorje Drakden seinen Körper verlassen hatte. Im selben Augenblick explodierten zwei Granaten in den Sümpfen vor dem nördlichen Tor des Norbulingka – als sollten die Anweisungen des Orakels dadurch bekräftigt werden.

Wenn ich heute, nach über einunddreißig Jahren, darauf zurückblicke, bin ich sicher, daß Dorje Drakden die ganze Zeit schon wußte, daß ich am 17. März Lhasa verlassen müßte, dies aber nicht sagen wollte, aus Angst, es könnte bekannt werden. Solange keine Vorbereitungen getroffen wurden, konnte es auch niemand erfahren.

Ich fing aber nicht sofort mit den Vorbereitungen an. Zuerst wollte ich, daß die Entscheidung des Orakels bestätigt wurde, und so legte ich noch ein Mo aus. Das Ergebnis stimmte mit dem Rat des Orakels überein, auch wenn die Aussicht auf Erfolg extrem gering schien. Da war nicht nur die Menschenmenge vor dem Norbulingka, die niemanden hinaus- oder hereinließ, ohne ihn vorher genau durchsucht und verhört zu haben. Aus Ngapös Brief ging auch hervor, daß die Chinesen bereits daran gedacht hatten, daß ich fliehen könnte. Sie mußten also schon entsprechende Vorkehrungen getroffen haben. Aber die übernatürlichen Ratschläge, die ich erhalten hatte, stimmten mit meinen eigenen Überlegungen überein. Ich war davon überzeugt, daß meine Flucht das einzige Mittel war, um die Menschenansammlung aufzulösen. Sobald ich nicht mehr im Norbulingka war, gab es keinen Grund, ihn noch weiter zu belagern. So beschloß ich, dem Rat zu folgen.

Angesichts der verzweifelten Lage schien es mir klug, so wenig Menschen wie möglich von meiner Entscheidung in Kenntnis zu

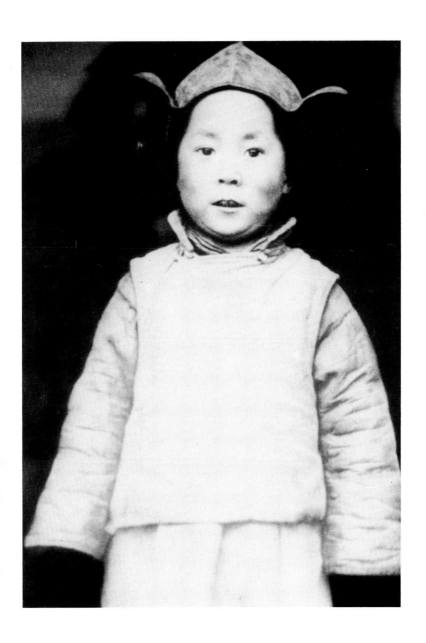

Ich als kleines Kind

Rechts: Mein Vorgänger
Thupten Gyatso, der
XIII. Dalai Lama
Unten: Reting Rinpoche,
mein erster Regent

Links: Ein tausendarmiger Chenrezig, Bodhisattva des Mitgefühls (Ausschnitt)
Unten: Blick auf den Potala, zu dessen Füßen das Dorf Shöl liegt

Oben links: Aufnahme von meiner Mutter, als sie bereits über Sechzig war
Oben rechts: Ein Foto von mir als Jugendlicher
Rechts: Bei dieser Zeremonie in Dromo wurde mir eine Reliquie überreicht

Links: Zwei maskierte Tänzer, wie sie jeden Sommer bei den Opernfestspielen auftraten
Unten: Mönche und Laien bei einer religiösen Zeremonie

Vorhergehende Seite oben: Mit dem Panchen Lama (zweiter von links), Zhu De (ganz links) und Zhou Enlai (ganz rechts) 1954 bei der Ankunft im Bahnhof von Beijing. Zweiter von rechts: Phüntsog Wangyäl
Vorhergehende Seite unten: Mit meinen Tutoren, dem Kashag, ranghöheren Dienern und Mitgliedern meiner Familie in Beijing. Rechts im Bild sind meine Mutter, mein jüngster Bruder, Tenzin Chögyäl, sowie meine ältere Schwester, Tsering Dölma, zu erkennen

Links: Mit Thöndup Namgyäl, dem Maharaja Kumar von Sikkim, in Gangtok. Er interessierte sich ebenso wie ich für Fotografie
Unten: Eine der wenigen Aufnahmen meiner Familie, auf der lediglich mein Vater fehlt. V. l. n. r.: meine Mutter, Tsering Dölma, Gyalo Thöndup, Taktser Rinpoche, Lobsang Samten, ich, Jetsün Pema und Tenzin Chögyäl. Indien 1956/57

Oben: Demonstration tibetischer Frauen in Shöl am
12. März 1959
Unten: Die Flucht ins Exil

Nach der Ankunft in Indien, April 1959

Rechts: Beim Gebet unter dem Bodhi-Baum, dem Baum der Erleuchtung. Links von mir Ling Rinpoche
Unten: Mit Jawaharlal Nehru und seiner Tochter Indira Gandhi in der Residenz des Premierministers in Delhi am 7. September 1959

Oben: Eine der ersten tibetischen Flüchtlingssiedlungen in Indien
Links: In feierlicher Robe

Rechts: Trijang Rinpoche, Indien 1978
Unten links: Ling Rinpoche, Indien 1978
Unten rechts: Das Nechung-Orakel in Trance

Oben: Mit Papst Johannes Paul II., Italien 1982
Links: Mit dem Erzbischof von Canterbury, Dr. Robert Runcie, England 1988

Oben: Das Kloster Ganden nach der Zerstörung durch chinesische Truppen
Rechts: Die Ruinen des Klosters Töling, die heute als Pferdestall genutzt werden

Einmarsch der Volksbefreiungsarmee mit Panzern in Lhasa im März 1989

Mönche, die Deckung suchen. Lhasa, März 1989

Mit der Medaille und der Urkunde des Friedens-
nobelpreises. Oslo, 10. Dezember 1989

setzen. Deshalb benachrichtigte ich zunächst nur den Oberhofmeister und den Chikyab Khenpo. Ihre Aufgabe war es nun, alles so in die Wege zu leiten, damit eine Gruppe in dieser Nacht das Palastgelände verlassen konnte, ohne daß jemand wußte, wer zu ihr gehörte. Wir beschlossen, daß ich nur meine engsten Berater, meine beiden Tutoren und die nächsten anwesenden Familienmitglieder mitnehmen würde.

Am späteren Nachmittag verließen meine Tutoren und die vier Kashag-Mitglieder – unter der Plane eines Lastwagens versteckt – den Norbulingka. Mit der Ausrede, auf dem Weg zu einem Nonnenkloster am Südufer des Kyichu zu sein, gelangten am Abend meine Mutter, Tsering Dölma und Tenzin Chögyäl hinaus. Dann ließ ich die Volksanführer zusammenrufen und klärte sie über meinen Plan auf, wobei ich betonte, daß ich nicht nur auf ihre Hilfe angewiesen sei – die mir ohnehin sicher war –, sondern auch auf ihr absolutes Schweigen. Ich war nämlich davon überzeugt, daß die Chinesen ihre Spitzel in der Menschenmasse hatten. Sobald diese Männer wieder gegangen waren, schrieb ich ihnen noch einen Brief, in dem ich meine Beweggründe für die Flucht erläuterte und sie bat, ihre Schußwaffen nur zur Selbstverteidigung zu benutzen. Ich hoffte fest, daß sie diese Botschaft ihren Mitstreitern weitergeben würden. Der Brief sollte ihnen am nächsten Tag ausgehändigt werden.

Bei Einbruch der Dunkelheit ging ich zum letztenmal in den Meditationsraum, der Mahakala, meiner persönlichen Schutzgottheit, geweiht ist. Als ich den Raum durch die schwere, knarrende Tür betrat, hielt ich kurz inne, um in mich aufzunehmen, was ich vor mir sah: Eine Gruppe von Mönchen saß vor einer großen Statue des Beschützers und rezitierte Gebete. Es gab in diesem Raum kein elektrisches Licht, nur das Leuchten von Dutzenden von Butterlampen, die in goldenen und silbernen Schalen aufgereiht waren. Die Wände waren mit zahlreichen Fresken bedeckt. Auf einem Teller auf dem Altar lag ein Häufchen Tsampa als Opfergabe. Ein Diener, dessen Gesicht halb beschattet war, beugte sich über einen großen Topf voller Butter, womit er die Schalen nachfüllte. Niemand schaute auf, obwohl ich mir sicher war, daß sie mein Kommen vernommen hatten. Rechts von mir nahm ein Mönch die großen Becken in die Hand, während ein anderer ein Horn an den Mund setzte und einen langen, düsteren Ton blies. Dann erschallten die Becken, und ihr vibrierender Ton klang noch lange nach; ein wohltuender Klang.

Ich ging nach vorn und überreichte der Gottheit einen Katag, die weiße Seidenschleife. Dies ist eine traditionelle tibetische Abschiedsgeste und mehr als eine Opfergabe. Dadurch kommt auch die Absicht zum Ausdruck, wieder zurückzukehren. Ich verbrachte noch einige kurze Augenblicke in stillem Gebet. Die Mönche wußten nun wohl, daß ich fortging, aber ich konnte mir ihres Schweigens sicher sein. Bevor ich den Meditationsraum verließ, setzte ich mich noch kurz hin, um aus Buddhas Sutras zu lesen. Ich las bis zu der Stelle, wo von der Notwendigkeit, Zuversicht und Mut zu entwickeln, die Rede ist.

Im Fortgehen gab ich noch Anweisungen, im ganzen Gebäude die Beleuchtung zu dämpfen. Dann ging ich in das untere Geschoß, wo einer meiner Hunde war. Ich streichelte ihn und war froh, daß er nie besonders anhänglich gewesen war; so fiel mir der Abschied leichter. Viel trauriger stimmte es mich, alle meine Diener und Leibwächter zurücklassen zu müssen. Dann trat ich in die kühle Märzluft hinaus. Vor dem Haupteingang war ein Treppenabsatz mit Stufen, die links und rechts bis zur Erde hinunterreichten. Ich ging um diesen herum und hielt kurz an der Stelle, die am weitesten vom Eingang entfernt lag. Dort machte ich mir in Gedanken ein Bild von meiner guten Ankunft in Indien. Dann ging ich zur Tür zurück und stellte mir meine Rückkehr nach Tibet vor.

In ungewohnten Hosen und mit einem langen schwarzen Mantel verkleidet, hängte ich mir kurz vor zehn Uhr ein Gewehr über meine rechte Schulter und ein altes Thangka, das dem II. Dalai Lama gehört hatte, über die linke. Mit meiner Brille in der Tasche ging ich dann hinaus. Ich hatte große Angst. Zwei Soldaten begleiteten mich schweigend bis zum Tor in der inneren Mauer, wo bereits der Kusung Depön, der Befehlshaber meiner Leibwache, auf uns wartete. Mit ihnen tappte ich durch den dunklen Park. Ich konnte kaum etwas erkennen. Als wir die äußere Mauer erreichten, schloß sich uns noch der Chikyap Khenpo an, der mit einem Schwert bewaffnet war. Mit seiner tiefen, beruhigenden Stimme sagte er mir, ich solle unter allen Umständen bei ihm bleiben. Als wir durch das Tor schritten, kündigte er den dort versammelten Menschen kühn an, er wolle nur einen Inspektionsrundgang machen. Daraufhin wurden wir durchgelassen.

Als ich im Dunkeln weiterstolperte, fühlte ich die Anwesenheit einer großen Menschenmenge, die uns aber keine Beachtung schenkte, und schon nach wenigen Minuten waren wir wieder allein. So hatten wir uns erfolgreich einen Weg durch die Menge gebahnt. Jetzt mußten wir noch mit den Chinesen fertig werden. Der Gedanke, gefangengenommen zu werden, ängstigte mich. Zum erstenmal in meinem Leben hatte ich wirklich Angst, weniger um mich selbst als um die Millionen von Menschen, die ihren ganzen Glauben in mich gesetzt hatten. Wenn man mich gefangennehmen würde, wäre alles verloren. Außerdem bestand die Gefahr, daß Freiheitskämpfer, die von der Sache nichts wußten, uns für chinesische Soldaten hielten.

Das erste Hindernis auf unserem Weg war ein Nebenfluß des Kyichu, den ich in meiner Kindheit immer besucht hatte, bis Tadrag Rinpoche es mir verbot. Um ihn zu überqueren, mußten wir Trittsteine benutzen, was mir ohne meine Brille extrem schwerfiel. Mehr als einmal verlor ich fast mein Gleichgewicht. Dann machten wir uns zu den Ufern des Kyichu auf. Kurz bevor wir dort ankamen, stießen wir auf eine größere Gruppe von Menschen. Der Oberhofmeister sprach mit ihren Anführern, dann gingen wir weiter zum Flußufer. Dort warteten schon Fährmänner mit ihren Yakhautbooten auf uns.

Die Flußüberquerung verlief ganz ruhig, auch wenn ich sicher war, daß jeder Riemenschlag ins Wasser das Maschinengewehrfeuer auf uns ziehen würde. Es waren damals Zigtausende von Soldaten der Volksbefreiungsarmee in und um Lhasa stationiert, und so war es unvorstellbar, daß sie keine Spähtrupps im Einsatz hatten. Am anderen Flußufer stießen wir auf eine Gruppe von Freiheitskämpfern, die dort mit ein paar Ponys auf uns gewartet hatten. Hier gesellten sich auch meine Mutter, meine Schwester, mein Bruder und meine Tutoren zu uns. Wir warteten, bis uns meine hohen Beamten, die nach uns kamen, eingeholt hatten. Bei dieser Gelegenheit tauschten wir in einem emotionsgeladenen Geflüster Bemerkungen über das schändliche Verhalten der Chinesen aus, das uns zu diesem Schritt gezwungen hatte. Ich setzte mir auch endlich wieder die Brille auf, da ich es nicht länger aushielt, so blind zu sein. Das bereute ich aber schnell, denn nun konnte ich in aller Deutlichkeit die Suchscheinwerfer der chinesischen Posten erkennen, welche die nur wenige hundert Meter von uns entfernte Garnison bewachten. Zum Glück schien der Mond wegen der niedrigen Wolken nicht, so daß uns die Dunkelheit einigen Schutz bot.

Sobald die anderen nachgekommen waren, machten wir uns auf den Weg in die Berge zum Che-La-Paß, der zwischen dem Lhasa- und dem Tsangpo-Tal liegt. Gegen drei Uhr morgens hielten wir an einem einfachen Bauernhaus, dem ersten von vielen, die uns im Laufe der kommenden Wochen beherbergten. Wir blieben aber nicht lange, und schon bald darauf setzten wir unseren Treck zum Paß fort, den wir ungefähr um acht Uhr morgens erreichten. Kurz bevor wir dort ankamen, wurde es Tag, und wir mußten feststellen, daß es in der Eile zu einer lustigen Verwechslung bei den Reittieren und ihren Zäumen gekommen war. Da das Kloster, das uns die Tiere zur Verfügung gestellt hatte, erst unmittelbar zuvor benachrichtigt worden war, hatte man in der Dunkelheit den besten Tieren die schlechtesten Sättel aufgebunden und sie den falschen Personen zugeteilt, während einige der struppigsten und ältesten Maulesel das feinste Geschirr trugen und von den ranghöchsten Beamten geritten wurden.

Nachdem wir den viertausendachthundert Meter hohen Che-La-Paß (den »Sandigen Paß«) erreicht hatten, hielt der Knecht, der mein Pony führte, drehte sich um und sagte, dies sei die letzte Chance auf dieser Reise, Lhasa noch einmal zu sehen. Wie sie sich dort in der Ferne ausbreitete, sah die alte Stadt so friedlich aus wie eh und je. Ich betete einige Minuten, bevor ich abstieg und den sandigen Abhang zu Fuß hinunterging, von dem der Paß seinen Namen hat. Dann legten wir wieder eine kurze Pause ein, bevor wir uns in Richtung Tsangpo aufmachten, den wir kurz vor Mittag erreichten. Es gab nur eine Stelle, wo man ihn mit der Fähre überqueren konnte, und uns blieb nur die Hoffnung, daß die Truppen der Volksbefreiungsarmee ihn nicht schon vor uns erreicht hatten. Das hatten sie aber nicht.

Am anderen Flußufer machten wir in einem kleinen Dorf halt, dessen Einwohner alle herbeikamen, um mich zu begrüßen. Viele von ihnen weinten. Wir waren nun am Rande eines der unwegsamsten Gelände Tibets, einer nur äußerst dünnbesiedelten Gegend. Hier hatten die Freiheitskämpfer die Überhand. Ich wußte aber, daß wir hier von Hunderten von »unsichtbaren« Guerillakämpfern begleitet wurden, die über unsere bevorstehende Durchreise informiert worden waren und deren Aufgabe es war, uns zu beschützen.

Flucht ins Exil 181

Es wäre für die Chinesen schwierig gewesen, uns auf dem Landweg zu folgen. Wenn sie aber Informationen über unseren Standort erhalten hätten, wäre es ihnen möglich gewesen, unsere Route zu errechnen und Truppen zu mobilisieren, die uns weiter vorn hätten abfangen können. Darum hatte man zu unserem Schutz eine Eskorte von rund dreihundertfünfzig tibetischen Soldaten zusammengestellt, und dazu noch etwa fünfzig Guerillas. Unsere Fluchttruppe selbst war bis jetzt auf rund hundert Menschen angewachsen.

Außer mir waren fast alle schwer bewaffnet, sogar der mir zugeteilte Privatkoch, der eine Riesenbazooka trug und einen Gürtel voll tödlicher Geschosse. Er war einer der jungen Männer, die von der CIA trainiert worden waren. Er war so erpicht darauf, seine prächtige, furchterregende Waffe zu benutzen, daß er sich einmal auf den Boden warf und mehrere Schüsse abfeuerte, als er eine feindliche Stellung zu erkennen glaubte. Es dauerte aber so lange, bis er die Waffe neu geladen hatte, daß ich überzeugt war, daß ein richtiger Feind kurzen Prozeß mit ihm gemacht hätte. Alles in allem war es also keine sehr eindrucksvolle Vorführung.

Es war noch ein weiterer CIA-Agent in unserer Gruppe, ein Funker, der anscheinend während unserer ganzen Reise mit seinem Hauptquartier in Verbindung stand. Mit wem genau er Kontakt hatte, weiß ich bis zum heutigen Tage nicht. Ich weiß nur, daß er ein Morsegerät bei sich hatte.

Am Abend hielten wir an einem Kloster namens Rame, wo ich schnell einen Brief an den Panchen Lama schrieb, in dem ich ihm von meiner Flucht berichtete und ihm riet, mir nach Indien zu folgen, wenn er konnte. Ich hatte seit Mitte des Winters nichts mehr von ihm gehört, als er mir alles Gute für das kommende Jahr gewünscht hatte. In einem separaten und geheimen Brief hatte er auch die Meinung geäußert, daß wir angesichts der sich im ganzen Land verschlechternden Lage eine Strategie für die Zukunft entwickeln müßten. Es war dies das erste Anzeichen dafür, daß er nicht mehr ganz im Bann unserer chinesischen Herren stand. Leider hat ihn mein Brief aber nie erreicht, und er blieb in Tibet.

Der nächste Paß war der Sabo-La, den wir zwei oder drei Tage später erreichten. Dort tobte ein Schneesturm, und es war bitterkalt. Ich fing an, mir ernsthafte Sorgen um einige meiner Reisegenossen zu machen. Vor allem die Älteren in meinem Gefolge fanden die Reise sehr beschwerlich. Doch wir trauten uns nicht, unser Tempo zu verlangsamen, da noch immer die Gefahr bestand, daß die Chinesen uns irgendwo auflauerten. Besonders gefährdet wären wir gewesen, wenn uns chinesische Truppen aus Gyantse und aus der Kongpo-Region, wo sie ebenfalls stationiert waren, mit einer Zangenbewegung eingeschlossen hätten.

Anfangs hatte ich noch die Absicht, bei der Festung Lhüntse Dzong, nicht weit von der indischen Grenze, haltzumachen, das »Siebzehn-Punkte-Abkommen« für ungültig zu erklären, meine Regierung als die einzig rechtmäßige in Tibet wiedereinzusetzen und zu versuchen, Verhandlungen mit den Chinesen einzuleiten. Am fünften Tag unserer Flucht holte uns aber eine Reiterschar ein, die schreckliche Nachrichten brachte. Kaum mehr als achtundvierzig Stunden nach meiner Abreise hatten die Chinesen begonnen, den Norbulingka mit Granatfeuer zu beschießen und mit Maschinengewehren auf die wehrlose Menschenmenge zu feuern, die sich noch immer dort befand. Meine schlimmsten Befürchtungen hatten sich somit bewahrheitet. Ich begriff, daß ich mit Leuten, die sich so brutal und kriminell verhielten, unmöglich verhandeln konnte. Das einzige, was wir jetzt tun konnten, war, so schnell wie möglich weiterzukommen. Indien war noch viele Tagesreisen entfernt, und es lagen noch einige hohe Pässe vor uns.

Als wir nach über einer Woche endlich Lhüntse Dzong erreichten, hielten wir uns nur zwei Nächte lang dort auf, gerade lange genug, daß ich das »Siebzehn-Punkte-Abkommen« öffentlich für ungültig erklären und die Bildung meiner eigenen Regierung als der einzig rechtmäßig eingesetzten Autorität ankündigen konnte. Mehr als tausend Menschen wohnten der damit verbundenen Feier bei. Ich wäre gern noch länger dort geblieben, aber Berichten zufolge gab es nicht weit von uns chinesische Truppenbewegungen. So trafen wir schweren Herzens die letzten Vorbereitungen und machten uns auf den Weg zur indischen Grenze, die nur noch hundert Kilometer Luftlinie von uns entfernt lag. Tatsächlich mußten wir wohl doppelt so viele zurücklegen, da wir eine Bergkette überqueren mußten. So benötigten wir für diese Strecke mehrere Tage, weil unsere Ponys erschöpft waren und wir nur noch sehr wenig Futter für sie dabeihatten. Wir mußten

Flucht ins Exil

oft Pausen einlegen, um sie bei Kräften zu halten. Vor unserer Abreise hatte ich eine kleine Gruppe unserer stärksten Männer vorausgeschickt, die die indische Grenze so schnell wie möglich erreichen sollten, um die Beamten dort davon in Kenntnis zu setzen, daß ich in Indien um Asyl nachsuchen wollte.

Das nächste Dorf nach Lhüntse Dzong war Jhora, von wo aus wir den Aufstieg zum Karpo-Paß, dem letzten vor der Grenze, begannen. Kurz bevor wir den höchsten Punkt erreichten, erlebten wir noch einmal einen Schock. Plötzlich tauchte ein Flugzeug aus dem Nichts auf und flog direkt über uns hinweg. Wir sahen es nur kurz, zu kurz, um seine Hoheitszeichen erkennen zu können. Die Zeit war aber nicht kurz genug, als daß uns die Besatzung an Bord hätte übersehen können. Das war kein gutes Zeichen. Wenn es eine chinesische Maschine gewesen war, wie wir vermuteten, bestand die Wahrscheinlichkeit, daß sie nun genau wußten, wo wir uns befanden. Sie konnten umkehren und uns aus der Luft angreifen, wogegen wir uns nicht zur Wehr hätten setzen können. Woher das Flugzeug aber auch immer kam, es bestätigte nur, daß wir nirgendwo in Tibet sicher sein konnten. Das beseitigte alle Zweifel, die ich noch hinsichtlich meiner Flucht haben konnte. Ich war nun vollkommen sicher, daß Indien unsere einzige Hoffnung war.

Kurz darauf kehrten die Männer, die ich vorausgeschickt hatte, mit der Nachricht zurück, daß die indische Regierung ihre Bereitschaft signalisiert hatte, mich aufzunehmen. Ich war sehr erleichtert, als ich dies hörte, denn ich hätte den indischen Boden nur ungern ohne Erlaubnis betreten.

Meine letzte Nacht in Tibet verbrachte ich in einem kleinen Dorf namens Mangmang. Gerade als wir an diesem letzten Vorposten des Landes des Schnees ankamen, begann es zu regnen. Dabei hatten wir nun schon eine ganze Woche lang grauenhaftes Wetter gehabt, bei dem wir abwechselnd mit Schneestürmen und den blendenden Reflexen der Sonne auf dem Schnee zu kämpfen hatten. Wir waren alle erschöpft, und Regen war wirklich das letzte, was wir benötigten. Es goß aber die ganze Nacht über in Strömen. Was die Sache noch verschlimmerte, war, daß mein Zelt nicht wasserdicht war. Wo immer ich mein Bettzeug auch hinschob, ich konnte dem Wasser nicht entgehen, das sich im Zeltinneren zu Bächlein formte. Die Folge war, daß zu dem Fieber, gegen das ich schon seit einer Woche versucht hatte anzukämpfen, über Nacht eine richtige Ruhr hinzukam.

Am nächsten Morgen war ich zu krank, um weiterzureiten. So blieben wir, wo wir waren. Meine Reisegefährten brachten mich in ein kleines Haus, das aber auch nicht viel mehr Schutz bot als mein Zelt. Zudem bedrückte mich der Gestank der Kühe, der vom Erdgeschoß in meine Kammer heraufdrang. An diesem Tag hörte ich in einem kleinen Transistorradio, das wir dabeihatten, einen Bericht des Senders All-India Radio, in dem es hieß, ich sei auf dem Weg nach Indien vom Pferd gefallen und schwer verletzt. Das fand ich sehr amüsant, denn gerade dieses eine Mißgeschick hatte ich bislang vermeiden können. Doch ich wußte, daß sich meine Freunde nun Sorgen machen würden.

Am Tag darauf beschloß ich weiterzuziehen. Mir stand nun die schwere Aufgabe bevor, mich von all den Soldaten und Freiheitskämpfern, die mich von Lhasa bis hierher begleitet hatten, verabschieden zu müssen. Sie hatten beschlossen, zurückzukehren und den Kampf gegen die Chinesen aufzunehmen. Auch einer der Beamten zog es vor zu bleiben. Seiner Meinung nach konnte er in Indien nicht von Nutzen sein; deshalb wollte er in Tibet bleiben und weiterkämpfen. Ich bewunderte seine Zielstrebigkeit und seinen Mut.

Nachdem ich diesen Menschen mit Tränen in den Augen Lebewohl gesagt hatte, half man mir auf den breiten Rücken einer Dzomo, da ich noch zu krank war, auf einem Pferd zu reiten. Auf diesem bescheidenen Transportmittel verließ ich mein Heimatland.

EIN VERZWEIFELTES JAHR

Wir müssen auf die indischen Wachposten, die uns an der Grenze empfingen, einen bemitleidenswerten Eindruck gemacht haben: eine Gruppe von achtzig physisch erschöpften und geistig schwer geprüften Reisenden. Ich war aber erfreut, als ich einen Beamten wiedersah, den ich noch von meinem Indien-Besuch von vor zwei Jahren kannte. Er war eigens hergeschickt worden, um uns zu empfangen. Außerdem hatte er den Auftrag, uns bis Bomdila zu begleiten, einer großen Stadt, die ungefähr eine Wochenreise entfernt lag; dort konnten wir uns ausruhen.

Bei unserer Ankunft dort waren seit der Abreise aus Lhasa drei Wochen vergangen – drei Wochen, die mir wie eine Ewigkeit erschienen. In Bomdila wurde ich von meinem früheren Verbindungsoffizier, Herrn Menon, und meinem ehemaligen Dolmetscher, Sönam Topgyäl Kazi, erwartet. Einer von ihnen überreichte mir folgendes Telegramm des Premierministers: »Meine Kollegen und ich heißen Sie willkommen und senden Ihnen anläßlich Ihrer sicheren Ankunft in Indien unsere Grüße. Es wird uns eine Freude sein, Ihnen, Ihrer Familie und Ihrer Begleitung alle nötigen Annehmlichkeiten zur Verfügung zu stellen, damit Sie sich in Indien niederlassen können. Das indische Volk, das Sie sehr verehrt, wird Ihrer Person zweifelsohne die gebührende Hochachtung erweisen. Mit freundlichen Grüßen, Nehru.«

Ich blieb ungefähr zehn Tage in Bomdila, wo ich von der Familie des Bezirkskommissars bestens versorgt wurde. Als die zehn Tage vorüber waren, hatte ich mich wieder völlig von der Ruhr erholt. Am Morgen des 18. April 1959 wurde ich in einem Jeep zu einem Feldlager namens Foothills gebracht, wo mich eine kleine Ehrengarde begrüßte, die links und rechts eines behelfsmäßigen Teppichs aus Leinen aufgestellt worden war, der bis zum Haus des Aufsehers führte, wo ich den Vormittag über untergebracht war. Nach meiner Ankunft servierte man mir ein Frühstück und dazu frische Bananen, von denen ich viel zu viele aß, was dementsprechende Auswirkungen hatte. Herr Menon unterrichtete mich dann über die Vorbereitungen, die die indische Regierung für mich getroffen hatte.

An jenem Nachmittag wollte man mich nach Tezpur bringen und von dort aus nach Mussoorie, einem Erholungsort im Gebirge unweit von Delhi, wo ein Haus für mich bereitgestellt worden war. In Tezpur wartete bereits ein Sonderzug für diese zweitausendfünfhundert Kilometer lange Reise.

Als ich beim Verlassen des Gebäudes in Foothills in den großen roten Wagen stieg, in dem ich die fünfzig Kilometer bis zum Bahnhof gefahren werden sollte, bemerkte ich zahlreiche Reporter. Man erklärte mir, dies seien Vertreter der internationalen Presse, die gekommen seien, um über die »Jahrhundertstory« zu berichten. Ich solle mich darauf gefaßt machen, noch viel mehr von ihnen zu sehen, sobald ich die Stadt erreichte.

In Tezpur brachte man mich direkt zum Bezirksgebäude, wo mich Hunderte von Botschaften, Briefen und Telegrammen mit Grüßen und Glückwünschen aus der ganzen Welt erwarteten. Ich wurde von einem Gefühl der Dankbarkeit überwältigt. Doch schon bald rief mich die Pflicht. Als erstes mußte ich eine kurze Presseerklärung für all die wartenden Reporter verfassen, die sie ihren Zeitungen weiterleiten konnten. Darin gab ich eine kurze Zusammenfassung der Ereignisse, die ich in den vorhergehenden Kapiteln geschildert habe. Anschließend fuhren wir nach einem leichten Mittagessen zum Bahnhof. Die Abfahrt unseres Zuges war für ein Uhr festgesetzt worden.

Auf dem Weg dorthin drängten sich Hunderte, wenn nicht Tausende von Menschen um unseren Konvoi, um zu winken und mir ihre Willkommensgrüße entgegenzurufen. Das ging auf der ganzen Reise bis Mussoorie so. An manchen Stellen mußten sogar die Schienen von der jubelnden Menge geräumt werden. Nachrichten verbreiten sich in ländlichen Gegenden wie Lauffeuer, und es hatte den Anschein, daß jeder wußte, wer in jenem Zug fuhr. Tausende und Abertausende von Menschen waren zusammengekommen und riefen mir begeistert zu: »Dalai Lama Ki Jai! Dalai Lama Zinda-bad!« (»Gruß dem Dalai Lama! Lang lebe der Dalai Lama!«) Ich war tief gerührt. In drei größeren Städten auf unserer Route, in Siliguri, Benares und Lucknow, sah ich mich gezwungen, meinen Waggon zu verlassen und vor der jubelnden Menge, die sich spontan eingefunden hatte und mir Blumen zuwarf, eine Ansprache zu halten. Die ganze Reise war wie ein außergewöhnlicher Traum. Wenn ich nun zurückdenke, bin ich dem indischen Volk für diesen überschwenglichen Beweis seiner Zuneigung noch heute zutiefst dankbar.

Nach einigen Tagen Zugfahrt erreichten wir endlich den Bahnhof von Dehra Dun. Wieder gab es eine große Willkommensfeier für mich. Von dort aus fuhren wir ungefähr eine Stunde nach Mussoorie. Man brachte mich ins Birla House, das einer der wirtschaftlich einflußreichsten Familien Indiens gehörte und das von der indischen Regierung für mich requiriert worden war. Dort durfte ich bleiben, bis man einen langfristigen Plan ausgearbeitet hatte. Insgesamt war es dann für ein Jahr mein Zuhause.

Am Tag nach meiner Ankunft berichtete man mir, die Nachrichtenagentur Neues China habe verbreitet, die Erklärung, die ich in Tezpur abgegeben hätte, könne nicht authentisch sein, da sie in der dritten Person abgefaßt sei. In der gleichen Meldung wurde auch behauptet, daß ich offensichtlich von »Rebellen« meiner Freiheit beraubt und entführt worden sei und daß meine Erklärung ein »grobschlächtiges Dokument« sei, »voller Denkfehler, Lügen und Ausflüchte«. Die chinesische Version vom Aufstand des tibetischen Volkes lautete, daß er von einer »reaktionären Clique aus den gehobenen Schichten« organisiert worden sei. Doch mit Hilfe von »patriotischen tibetischen Mönchen und der Zivilbevölkerung« habe »die Volksbefreiungsarmee den Aufstand vollständig zerschlagen« können. Dies sei möglich gewesen, weil das tibetische Volk »patriotisch ist, die Zentralregierung unterstützt, die Volksbefreiungsarmee innig liebt und gegen alle Imperialisten und Verräter ist«. Deshalb gab ich ein weiteres kurzes Kommuniqué heraus, in dem ich bestätigte, daß jene Erklärung von mir autorisiert worden war.

Am 24. April kam Pandit Nehru nach Mussoorie. Unterstützt von einem einzigen Dolmetscher, sprachen wir über vier Stunden lang miteinander. Zunächst erzählte ich ihm, was sich nach meiner Rückkehr alles ereignet hatte. Ich erwähnte, daß ich mich genauso verhalten hatte, wie von ihm empfohlen, den Chinesen gegenüber aufrichtig und fair gewesen war, sie, falls nötig, kritisiert und mich strikt an die Klauseln des »Siebzehn-Punkte-Abkommens« gehalten hatte. Ich erklärte ihm auch, daß ich ursprünglich nicht beabsichtigt hatte, Indiens Gastfreundschaft in Anspruch zu nehmen, sondern daß ich in Lhüntse Dzong meine Regierung hatte aufstellen wollen; die Ereignisse in Lhasa hätten mich aber umgestimmt. An dieser Stelle wurde Nehru sichtlich nervös. »Die indische Regierung hätte Ihre Regierung sowieso nicht anerkannt!« sagte er. Langsam gewann ich den Eindruck, daß Nehru in mir einen jungen Menschen sah, den er von Zeit zu Zeit zurechtweisen mußte.

Mehr als einmal schlug er während unseres Gesprächs mit der Faust auf den Tisch. »Wie ist das möglich?« fragte er ein- oder zweimal ganz entrüstet. Ich ließ mich aber nicht beirren und erzählte weiter, obwohl mir mehr und mehr klar wurde, daß er etwas autoritär war. Am Ende sagte ich mit großer Bestimmtheit, daß mein Anliegen zweiseitig sei: »Ich bin entschlossen, Tibet seine Unabhängigkeit zurückzugeben, aber zunächst ist es notwendig, dem Blutvergießen ein Ende zu setzen.« Da konnte er sich nicht mehr länger beherrschen. »Sie behaupten, Sie wollen die Freiheit, und im selben Atemzug sagen Sie, Sie wollen kein Blutvergießen mehr. Das ist ganz unmöglich!« rief er mit zornerfüllter Stimme, und seine Unterlippe bebte vor Erregung.

Langsam begriff ich, daß sich der Premierminister in einer überaus heiklen und komplizierten Situation befand. Als die Nachricht meiner Flucht aus Lhasa bekannt wurde, hatte es im indischen Parlament eine weitere hitzige Debatte über die Tibet-Frage gegeben. Seit Jahren schon war er von vielen Politikern wegen seiner Haltung in dieser Frage heftig kritisiert worden. Jetzt hatte ich das Gefühl, daß sich sein schlechtes Gewissen doch ein wenig regte, weil er im Jahre 1957 so nachdrücklich auf meiner Rückkehr nach Tibet bestanden hatte.

Gleichzeitig gab es aber keinen Zweifel daran, daß Nehru die freundschaftlichen Beziehungen zu China aufrechterhalten wollte und fest entschlossen war, sich an die im Panch-Sheel-Memorandum festgesetzten Prinzipien zu halten, auch wenn der indische Politiker Acharya Kripalani von diesem Abkommen gesagt hatte, es sei »in Sünde geboren, um der Zerstörung einer traditionsreichen Nation das

Ein verzweifeltes Jahr 189

Siegel unserer Zustimmung aufzudrücken«. Nehru vertrat eindeutig die Auffassung, daß die indische Regierung nicht daran denken könne, sich wegen der Rechte Tibets mit China auf eine Auseinandersetzung einzulassen. Er meinte, ich solle mich zunächst einmal ausruhen und keine Pläne für die unmittelbare Zukunft machen. Wir würden schon noch Gelegenheit für weitere Diskussionen haben. Als ich das hörte, wurde mir klar, daß meine Zukunft und die meines Volkes viel unsicherer war, als ich gedacht hatte. Am Ende unserer Zusammenkunft war die Stimmung zwar herzlich, aber als der Premierminister fortging, überkam mich ein Gefühl tiefer Enttäuschung.

Wie sich aber schon bald herausstellte, gab es dringendere Probleme als die Unabhängigkeit Tibets. Kaum waren wir in Mussoorie angekommen, erhielten wir die Nachricht, daß große Mengen von Flüchtlingen nicht nur in Indien, sondern auch in Bhutan eintrafen. Sofort entsandte ich einige meiner hohen Beamten, die die Flüchtlinge in den Lagern, welche die indische Regierung eiligst für sie bereitgestellt hatte, willkommen heißen sollten.

Von den Neuankömmlingen erfuhr ich, daß die Chinesen nach der Bombardierung des Norbulingka ihre Geschütze auch auf den Potala und den Jokhang gerichtet und dabei Tausende verwundet und getötet hatten. Auch diese beiden Gebäude erlitten schwere Schäden. Und die medizinische Hochschule auf dem Chakpori-Hügel wurde vollkommen zerstört.

Niemand kann mit Sicherheit sagen, wie viele Menschen bei diesem Ansturm ums Leben kamen, aber in einem Dokument der Volksbefreiungsarmee, das den Freiheitskämpfern in den sechziger Jahren in die Hände fiel, heißt es, daß in der Zeit vom März 1959 bis zum September 1960 insgesamt siebenundachtzigtausend Tote als Opfer militärischer Aktionen verzeichnet wurden. (Diese Zahl enthält nicht all jene, die durch Selbstmord und Folter endeten beziehungsweise verhungerten.)

Die Folge davon war, daß Abertausende Tibeter versuchten, das Land zu verlassen. Viele starben dabei. Entweder gerieten sie in die Hände der Chinesen und wurden von ihnen umgebracht, oder sie starben an Verletzungen, Unterernährung, Krankheit und Kälte. Diejenigen, denen es gelang zu fliehen, kamen in einem vollkommen heruntergekommenen Zustand an. Zwar erhielten sie bei ihrer Ankunft Essen und ein Dach über dem Kopf, aber die gnadenlose indische Sonne machte ihnen nun schwer zu schaffen.

Es gab damals zwei große Durchgangslager, eines in Missamari, in der Nähe von Tezpur, und das andere in Buxa Duar. Letzteres war ein ehemaliges britisches Gefangenenlager im Nordosten des Landes, nahe der Grenze zu Bhutan. Beide Orte lagen viel niedriger als das tausendachthundert Meter hoch gelegene Mussoorie, so daß die Hitze unerträglich war. Es kann im Sommer auch in Tibet recht heiß werden, aber die Luft dort ist auf Grund der Höhe extrem trocken, während es im indischen Flachland nicht nur heiß, sondern auch feucht ist, was für diese Menschen vollkommen ungewohnt war. Die Hitze war aber nicht nur unangenehm. In vielen Fällen war sie für die Flüchtlinge verhängnisvoll, denn in dieser neuen Umgebung grassierten Krankheiten, die den Tibetern gänzlich unbekannt waren. So bestand zusätzlich zu der Gefahr, an den auf der Flucht erlittenen Verletzungen zu sterben, auch noch das Risiko, einem Hitzschlag oder Krankheiten wie der Tuberkulose zu erliegen, die sich unter diesen Umständen schnell verbreiteten. Es starben viele.

Jenen unter uns, die in Mussoorie untergebracht waren, erging es viel besser als dem Großteil unserer Landsleute. Im Birla House gab es Ventilatoren, und so litt ich wahrscheinlich am wenigsten unter der Hitze. Diese Ventilatoren bargen aber auch ihre Tücken. Man war versucht, sie auch in der Nacht laufen zu lassen, was zu Verdauungsstörungen führte. Das brachte mir einen Satz in Erinnerung, den einer meiner Diener im Potala einmal gesagt hatte: »Im Winter ist es kalt, und man deckt sich in der Nacht gut zu. Im Sommer ist es warm, und man vergißt es.«

Eine kleine Kostprobe des Unbehagens, dem meine Mitexilanten durch die Hitze ausgesetzt waren, erhielt ich, als ich mich in den Sommermonaten ins Flachland begeben mußte. Den ersten Anlaß dazu gab es im Juni, als ich zum Premierminister nach Delhi mußte, um mit ihm über das wachsende Flüchtlingsproblem zu sprechen. Es gab mittlerweile schon zwanzigtausend Flüchtlinge, und ihre Zahl nahm täglich zu. Zunächst setzte ich mich dafür ein, daß die Neuankömmlinge an einen Ort geschickt wurden, wo ihnen das Klima weniger zusetzte als in Tezpur und in Buxa Duar. Wenn sie ankamen, trugen sie noch ihre langen, schweren Mäntel und Fellstiefel, nichtsahnend, was für eine Hitze sie erwartete. Und während die Flüchtlinge anfangs noch hauptsächlich Männer aus Lhasa und Umgebung waren, die den mörderischen Händen der »Befreier« Tibets entrinnen wollten, kamen später ganze Familien. Diese Menschen stammten hauptsächlich aus den Gegenden nahe der Grenze, wo die Chinesen noch keine absolute Kontrolle ausübten.

Ich versuchte Nehru klarzumachen, daß die meisten von ihnen sterben würden, wenn man sie in den jetzigen Lagern ließ. Zunächst zeigte er sich etwas irritiert darüber und sagte, ich verlange zuviel. Indien sei immerhin ein Entwicklungsland. Dann siegten aber doch seine humanitären Gefühle. Es hatte bereits Gespräche zwischen dem Kashag und den indischen Behörden über einen Plan gegeben, die Flüchtlinge an Straßenbaustellen in Nordindien einzusetzen. Nehru versprach nun, sich darum zu kümmern, daß die Vorbereitungen dazu so schnell wie möglich getroffen wurden. Auf diese Weise konnten die Flüchtlinge ihren Lebensunterhalt selbst verdienen und sich gleichzeitig in einem für sie geeigneteren Klima aufhalten.

Als nächstes schnitt Nehru das Thema Erziehung an, für das er alsbald so viel Begeisterung und Interesse entwickelte, daß es am Ende schien, als betrachte er diese Angelegenheit als sein persönliches Anliegen. Da wir seiner Ansicht nach für die nächste Zukunft erst einmal in Indien zu Gast sein würden, betrachtete er unsere Kinder als unseren wertvollsten Besitz. Sie sollten eine gute Erziehung genießen. Damit die tibetische Kultur bewahrt werden könne, so Nehru, sei es notwendig, sie in eigene Schulen zu schicken. Deshalb solle im indischen Erziehungsministerium eine unabhängige Gesellschaft für das Tibetische Erziehungswesen eingerichtet werden. Er fügte hinzu, daß die indische Regierung sämtliche Kosten für die Errichtung der Schulen tragen werde. (Bis zum heutigen Tag kommt sie für den Großteil unseres Erziehungsprogramms auf.)

Schließlich betonte er, daß es zwar wichtig sei, daß die Kinder mit einer gründlichen Kenntnis ihrer Geschichte und ihrer Kultur aufwüchsen, daß es für sie aber lebensnotwendig sei, mit dem Lauf der Dinge in der modernen Welt vertraut gemacht zu werden. Ich stimmte ihm aus ganzem Herzen zu. Aus diesem Grund, meinte er, wäre es klug, Englisch als Unterrichtssprache zu verwenden, da dies die internationale Sprache der Zukunft sei.

Nach dieser Besprechung gab es ein Mittagessen, zu dem Nehru auch den Erziehungsminister, Dr. Shrimali, bat. Das gab uns die Möglichkeit, unser Gespräch fortzusetzen. Am Nachmittag berichtete mir der Premierminister dann, daß die Regierung die Einrichtung der Gesellschaft noch am selben Tag bekanntgeben werde. Von dieser schnellen Reaktion war ich zutiefst beeindruckt.

Im Laufe der Jahre haben das indische Volk und seine Regierung außerordentlich viel für uns tibetische Flüchtlinge getan, sowohl in finanzieller als auch in vielerlei anderer Hinsicht – und dies, obwohl sie selbst mit beträchtlichen wirtschaftlichen Schwierigkeiten zu kämpfen haben. Ich bezweifle, ob andere Flüchtlinge von ihren Gastgebern so gut behandelt worden sind. Und wenn wir Tibeter gezwungen waren, mehr Geld zu verlangen, war mir immer bewußt, daß gleichzeitig Hunderttausende von indischen Kindern nicht einmal die elementarste Schulbildung genossen.

Andererseits gibt es aber gute Gründe, warum gerade Indien uns zu Hilfe gekommen ist. Der Buddhismus kam von Indien nach Tibet, und dasselbe kann man auch von vielen anderen kulturellen Einflüssen behaupten. Ich habe überhaupt keinen Zweifel daran, daß Indien mehr Anspruch auf Tibet hat als China, das im Laufe der Geschichte nur einen geringen Einfluß auf uns hatte. Ich vergleiche das Verhältnis zwischen Indien und Tibet gern mit dem zwischen Meister und Schüler: Gerät der Schüler in Schwierigkeiten, ist der Meister dafür verantwortlich, dem Schüler zu Hilfe zu kommen.

Kaum weniger großzügig als das indische Volk waren die vielen internationalen Hilfsorganisationen. Ihre Unterstützung war meist praktischer Natur und konzentrierte sich auf die Ausbildung und die medizinische Versorgung. Sehr wichtig war ihre Hilfe auch bei der Errichtung von Werkstätten für das Kunsthandwerk und für andere Tätigkeiten, wodurch viele Menschen einen sinnvollen Arbeitsplatz erhielten. Die ersten dieser Werkstätten waren die Teppichwebereien in Darjeeling, der Stadt nahe der Grenze zu Nepal, die für ihren Tee berühmt ist, und in Dalhousie, unweit von Dharamsala. Beide wurden von der indischen Regierung Ende 1959 errichtet und waren die Vorbilder für viele weitere solcher Werkstätten, die mit der Unterstützung internationaler Hilfsorganisationen gebaut wurden, welche sich teilweise auch heute noch für uns einsetzen. Seitdem sind viele Jahre

Ein verzweifeltes Jahr   193

vergangen, und diejenigen, die uns vom Anfang unseres Exils an
unterstützt haben, haben ihre volle Zufriedenheit über die Fortschritte geäußert, welche die Flüchtlinge unter ihrer Anleitung gemacht haben.

Diese positive Reaktion auf die uns zuteil gewordene Hilfe ist für
uns die beste Möglichkeit, unsere tiefe Dankbarkeit auszudrücken.
Dies ist nicht zuletzt deshalb so wichtig, weil das Geld, das diesen
Einrichtungen gespendet wurde, oft aus den Taschen von Menschen
stammt, die selbst nur über bescheidene Mittel verfügen.

Als ich nach diesem Besuch in Delhi wieder nach Mussoorie zurückkehrte, hatte ich das Gefühl, die Zeit sei reif, mein selbstauferlegtes
Schweigen zu brechen, und so gab ich am 20. Juni eine Pressekonferenz. Noch immer war eine große Menge von Reportern in Mussoorie,
die auf eine Äußerung von mir warteten. Und obwohl die »Story«
nun bereits zwei Monate alt war, nahmen hundertdreißig Journalisten aus aller Herren Länder daran teil.

Noch einmal erklärte ich das »Siebzehn-Punkte-Abkommen« für
ungültig. Ich begründete dies damit, daß China sein »Abkommen«
selbst schon so oft gebrochen hatte, daß es keine rechtliche Grundlage mehr dafür gab, es anzuerkennen. Dann erläuterte ich meine
ursprüngliche kurze Erklärung und schilderte einige der Greueltaten,
die an den Tibetern verübt worden waren. Ich war davon überzeugt,
daß die Menschen meinen Aussagen mehr Glauben schenken würden
als den unglaublichen Erfindungen, die von den Chinesen verbreitet
worden waren. Aber obwohl diese zweite Presseerklärung von mir
eine weite Verbreitung fand, hatte ich die Wirkung einer gezielten
Pressekampagne unterschätzt, wie sie die chinesische Regierung
durchführen konnte. Oder überschätzte ich vielleicht die Bereitschaft
der Menschheit, der Wahrheit ins Gesicht zu schauen? Ich glaube, es
bedurfte erst des Beweises der Kulturrevolution und dann der Fern-
sehbilder über das Massaker auf dem Tiananmen-Platz im Jahre 1989,
bevor die Weltöffentlichkeit begriff, wie grausam und verlogen die
chinesischen Kommunisten sind.

Noch am selben Abend veröffentlichte die indische Regierung ein
Kommuniqué, in dem es hieß, daß sie die Exilregierung des Dalai
Lama nicht anerkenne. Zunächst überraschte und kränkte mich dies.

Auch wenn ich wußte, daß sie uns politisch nicht unterstützte, erschien mir eine solch offizielle Distanzierung dennoch unnötig. Aber dieses Gefühl der Kränkung wich bald einem tiefempfundenen Gefühl der Dankbarkeit, als ich zum erstenmal erlebte, was »Demokratie« wirklich bedeutet. Denn obwohl die indische Regierung meinen Standpunkt ablehnte, untersagte sie mir nicht, ihn zu vertreten.

Delhi mischte sich auch nie in die Art ein, wie ich und die wachsende Zahl von tibetischen Flüchtlingen unser Leben führten. Auf Wunsch der Öffentlichkeit begann ich, im Garten von Birla House wöchentliche Audienzen abzuhalten. Dadurch konnte ich viele Leute kennenlernen und ihnen die wahre Lage in Tibet schildern. Nach und nach konnte ich auf diese Weise auch das Protokoll abschaffen, das dafür verantwortlich gewesen ist, daß der Dalai Lama stets von seinem Volk abgesondert lebte. Ich war fest davon überzeugt, daß wir nicht an alten Bräuchen festhalten sollten, die nicht mehr zeitgemäß waren, und erinnerte die Menschen immer wieder daran, daß wir jetzt Flüchtlinge waren. Ich bestand darauf, daß alle Förmlichkeiten bewußt reduziert wurden, besonders im Umgang mit Ausländern. Denn ich meine, daß man Menschen durch eine natürliche, offene Art viel eher für sich gewinnen kann, als wenn man zurückhaltend ist und sich hinter der Etikette versteckt.

Ich führte auch ein, daß meine Besucher immer auf einem gleichhohen Stuhl wie ich saßen statt auf einem niedrigeren, wie es der Brauch vorschrieb. Anfangs war dies auch für mich nicht leicht, da ich damals noch nicht sehr selbstsicher war. Doch trotz der Bedenken, die einige meiner älteren Berater äußerten, glaube ich, daß lediglich einige der Neuankömmlinge aus Tibet etwas verwirrt waren, weil diese neuen Umgangsformen für sie gänzlich ungewohnt waren.

Im Birla House wäre Pomp ohnehin fehl am Platz gewesen. Es war weder besonders groß noch luxuriös, und manchmal war es ziemlich überfüllt. Ich wohnte dort mit meiner Mutter und meiner Dienerschaft zusammen, der Rest meines Hofstaates lebte in unmittelbarer Nähe. Es war das erste Mal in meinem Leben, daß ich einen so engen Kontakt zu meiner Mutter hatte, worüber ich mich freute.

Ich schaffte nicht nur viele Formalitäten ab, sondern vereinfachte auch mein Privatleben. In Lhasa besaß ich vieles, wofür ich wenig Verwendung hatte. Es war aber schwierig, etwas davon zu verschenken. Jetzt besaß ich fast nichts, und es fiel mir viel leichter, Dinge, die ich erhalten hatte, weiterzugeben, wenn sie anderen Flüchtlingen von Nutzen sein konnten.

Auch auf dem Gebiet der Verwaltung gelang es mir, radikale Änderungen durchzuführen. Ich sorgte zum Beispiel dafür, daß in der tibetischen Regierung neue Ämter geschaffen wurden, die es vorher nicht gegeben hatte. Dazu gehörten ein Amt für Information, eines für Erziehung und Rehabilitation, eines für Sicherheit, eines für Wirtschaftsangelegenheiten und eines für Religionsfragen. Ich ermutigte insbesondere Frauen, sich an der Regierung zu beteiligen, und vertrat den Standpunkt, daß die Auswahl für wichtige Ämter nicht vom Geschlecht abhängig gemacht werden darf, sondern lediglich von den Eigenschaften und Fähigkeiten des Kandidaten. Wie ich bereits erwähnte, haben Frauen in der tibetischen Gesellschaft immer eine wichtige Rolle gespielt, und heute besetzen viele Frauen Schlüsselpositionen in der tibetischen Exilregierung.

Im September reiste ich wieder nach Delhi. Zu jenem Zeitpunkt hatten meine Sorgen um das Schicksal der Flüchtlinge etwas nachgelassen. Ihre Zahl war inzwischen auf fast dreißigtausend angewachsen, aber Nehru hatte sein Wort gehalten, und viele von ihnen arbeiteten bei Straßenbauprojekten in den Gebirgen Nordindiens mit. Mein wichtigstes Ziel war nun, die Frage der Unabhängigkeit Tibets vor die Vereinten Nationen zu bringen.

Gleich zu Beginn meines Besuchs traf ich mich wieder mit dem Premierminister. Eine Zeitlang diskutierten wir über den Vorschlag, einen Teil der tibetischen Neuankömmlinge nach Südindien zu bringen. Nehru hatte bereits Regierungschefs verschiedener südindischer Regierungen angeschrieben und sich erkundigt, wer bereit wäre, uns Tibetern Land zur Verfügung zu stellen.

Nachdem ich meine Genugtuung darüber geäußert hatte zu hören, daß schon mehrere Angebote vorlagen, erwähnte ich meinen Plan, ein Hearing vor der UNO-Vollversammlung zu beantragen. Daraufhin schien Nehru wieder sehr nervös zu werden. Da weder Tibet noch China Mitgliedsstaaten der Vereinten Nationen seien, sei es höchst unwahrscheinlich, daß meinem Antrag stattgegeben würde, sagte er. Und selbst dann würde ich dadurch nicht viel erreichen. Ich erwiderte, ich sei mir der Schwierigkeiten bewußt, wolle aber, daß die

Welt die Not Tibets nicht vergesse. Darauf meinte Nehru: »Die Tibet-Frage wird nicht durch die UNO am Leben gehalten, sondern durch die richtige Erziehung eurer Kinder. Aber tun Sie, was Sie wollen; Sie leben in einem freien Land!«

Ich hatte bereits die Regierungen vieler Länder angeschrieben und kam nun mit einigen ihrer Botschafter zusammen. Ich empfand dies als eine sehr anstrengende Herausforderung, denn ich war ja erst vierundzwanzig und meine Erfahrung im Umgang mit hochrangigen Beamten beschränkte sich auf meine China-Reise und meine wenigen Gespräche mit Nehru und seinen Kollegen. Die Mühe zahlte sich aber aus, denn ich lernte einige Menschen kennen, die verständnisvoll waren und mir Ratschläge erteilten, welche Schritte ich unternehmen konnte. Und alle meine Gesprächspartner versprachen, ihre Regierungen von meiner Bitte um Unterstützung in Kenntnis zu setzen. Am Ende unterstützten der Malaiische Bund und die Republik Irland einen Resolutionsentwurf, der im Oktober vor der UNO-Vollversammlung diskutiert wurde und schließlich mit fünfundvierzig Stimmen bei neun Gegenstimmen und sechsundzwanzig Stimmenthaltungen angenommen wurde; Indien gehörte zu den Staaten, die sich der Stimme enthalten hatten.

Bei meinem Besuch in der Hauptstadt hatte ich auch mehrere Begegnungen mit uns wohlgesinnten indischen Politikern, darunter auch Jaya Prakash Narayan, der sein Versprechen von 1957 gehalten und ein Unterstützungskomitee für Tibet gegründet hatte. Er war der Ansicht, daß nun der Zeitpunkt günstig sei, die Regierung zu einer Änderung ihres Standpunktes gegenüber Tibet zu bewegen. Sein Enthusiasmus war ansteckend und rührend. Instinktiv wußte ich aber, daß Nehru seine Einstellung nicht ändern würde.

Eine andere willkommene Nachricht war, daß die Internationale Juristenkommission, eine unabhängige Organisation, die weltweit für Gerechtigkeit eintritt, erst kürzlich ein Dokument über den rechtlichen Status von Tibet veröffentlicht hatte, das unsere Haltung uneingeschränkt bestätigte. Die Kommission, die sich unseres Falls zu Beginn des Jahres angenommen hatte, plante, eine gründliche Untersuchung durchzuführen.

Einen Monat später – ich war inzwischen wieder in Mussoorie – erhielt ich weitere willkommene moralische Unterstützung, als das

Afro-Asiatische Komitee in Delhi eine Konferenz abhielt, die fast ausschließlich der Tibet-Frage gewidmet war. Die Mehrheit der Delegierten stammte aus Ländern, die selbst schon Opfer kolonialer Unterdrückung gewesen waren und die Tibet deshalb von vornherein wohlwollend gegenüberstanden. Als ich von ihrer einstimmigen Unterstützung Tibets erfuhr, erfüllten mich Freude und großer Optimismus. Aber tief im Innern war mir doch klar, daß Nehru recht hatte: Wir Tibeter konnten nicht mit einer baldigen Rückkehr in unser Heimatland rechnen. Statt dessen mußten wir uns bemühen, eine starke Exilgemeinde aufzubauen, damit wir zum gegebenen Zeitpunkt imstande sein würden, unser durch diese Erfahrung verwandeltes Leben zu Hause weiterzuführen.

Nehrus Angebot, uns Land zur Verfügung zu stellen, schien hierfür eine vielversprechende Voraussetzung zu bieten. Rund tausendzweihundert Hektar unweit von Mysore in Südindien standen uns, wenn wir wollten, ab sofort zur Verfügung. Das war zwar ein sehr großzügiges Angebot; ich zögerte aber zunächst, es anzunehmen. Auf der Pilgerreise bei meinem ersten Indien-Besuch war ich auch in jene Gegend gekommen und wußte, daß sie nur dünn besiedelt war. Dafür war es dort aber auch wesentlich heißer als im Norden, und ich befürchtete, daß die Lebensbedingungen in Mysore zu extrem waren.

Andererseits waren die Aussichten, bald wieder nach Tibet zurückzukehren, eher gering, und so mußten wir uns mit dem Gedanken tragen, uns für eine Zeitlang hier in Indien anzusiedeln. Nur so war es möglich, ein Unterrichtsprogramm zu entwickeln und umzusetzen sowie entsprechende Maßnahmen zu ergreifen, um den Fortbestand der tibetischen Kultur zu sichern. Diese Überlegung gab den Ausschlag, und so nahm ich das Angebot schließlich dankbar an.

Anfang 1960 sollten die ersten sechshundertsechsundsechzig Siedler dort mit der Arbeit beginnen, das Land bewohnbar zu machen. Unser Ziel war es, in Mysore eine Siedlung für rund dreitausend Menschen zu errichten.

Gegen Ende 1959 erfuhren wir dann, daß zwei Organisationen, der Zentrale Hilfsfond unter der Leitung von Acharya Kripalani und das Amerikanische Soforthilfekomitee für Tibetische Flüchtlinge, entstanden waren, um uns zu helfen. Diesen folgten später noch weitere

Organisationen in anderen Ländern, die alle von unschätzbarer Hilfe für uns waren.

Zwischendurch erhielt ich auch immer wieder interessante Besuche. Beispielsweise kam jener Mönch, der mich damals in Dromo besucht hatte, um mir eine Reliquie Buddhas zu übergeben. Ich war sehr erfreut, ihn wiederzusehen. Er war ausgesprochen belesen und hatte ein besonderes Interesse an sozialen und wirtschaftlichen Fragen. Seit wir uns das letzte Mal begegnet waren, hatte er viel Zeit und Energie dafür aufgewendet, eine Synthese zwischen der marxistischen Ideologie und den Prinzipien des Buddhismus herzustellen. Das interessierte mich sehr. Da ein großer Teil Asiens, von der Grenze Thailands bis hinauf nach Sibirien, buddhistisch war, zur Zeit aber schrecklich unter der Religionsfeindlichkeit der Marxisten zu leiden hatte, fand ich diesen Ansatz äußerst wichtig.

Ungefähr zur selben Zeit besuchte mich ein weiterer, linksgerichteter Mönch aus Sri Lanka, dem damaligen Ceylon. Am Ende seines Aufenthaltes in Mussoorie lud mich mein neuer Freund in sein Heimatland ein. Ich war begeistert über diesen Vorschlag, bot mir ein solcher Besuch doch die Gelegenheit, die wichtigste aller Reliquien, den Zahn Buddhas, zu sehen.

Einige Monate später, als der Zeitpunkt für die Abreise näher rückte, erhielt ich einen schlagenden Beweis dafür, wie unsicher die Position eines Flüchtlings ist. Die ceylonesische Regierung drückte in einer Mitteilung ihr Bedauern darüber aus, daß mein Besuch auf einen unbestimmten Zeitpunkt verschoben werden müsse, da es »unvorhergesehene Entwicklungen« gegeben habe. Wie sich zeigte, hatten diese ihren Ursprung in Beijing. Wieder einmal wurde mir klar, welche Macht meine chinesischen Brüder und Schwestern hatten, da sie, wenn sie wollten, selbst religiöse Aktivitäten im Ausland unterbinden konnten.

Die Notwendigkeit eines Dialogs mit den Chinesen zeigte sich erneut, als ich die Delegation eines anderen Volkes empfing, das ebenfalls Opfer des kommunistischen Expansionismus war. Sie kam aus Ostturkestan, das 1949 von China überrannt worden war. Es gab viel zu besprechen, und wir tauschten stundenlang unsere Erfahrungen aus. Dabei erfuhr ich, daß die ostturkestanischen Flüchtlinge noch viel zahlreicher waren als wir, und daß einer ihrer Anführer ein

Jurist war. Das beeindruckte mich sehr, denn damals gab es in der gesamten tibetischen Bevölkerung nicht einen Juristen. Ausführlich diskutierten wir, auf welche Weise wir den Freiheitskampf für unsere Völker weiterführen konnten, und obwohl die tibetische Sache in der Weltöffentlichkeit bekannter geworden ist als die ihre, sind wir bis heute in engem Kontakt geblieben.

Im Dezember unternahm ich erneut die sechsstündige Reise nach Delhi, diesmal als Beginn einer zweiten Pilgerreise. Ich wollte mich noch einmal an den Orten, die ich Anfang 1957 besucht hatte, aufhalten. In Delhi besuchte ich auch wieder den Premierminister, da ich neugierig war, was er zur UNO-Resolution zu sagen hatte. Insgeheim erwartete ich, daß er verärgert sein würde. Tatsächlich aber gratulierte er mir herzlichst. Mir wurde mehr und mehr bewußt, daß Nehru trotz seiner gelegentlichen Grobheit doch ein großmütiger Mensch war. Und wieder einmal begriff ich, was das Wort »Demokratie« bedeutet. Denn obwohl ich eine andere Meinung vertreten hatte als er, hatte sich an seiner Einstellung gegenüber den Tibetern überhaupt nichts geändert. Das führte dazu, daß ich mehr denn je bereit war, ihm zuzuhören. Im Gegensatz zu den Chinesen, die ich kennengelernt hatte, lächelte Nehru nicht oft. Er saß ruhig da und hörte zu (wobei seine hervorstehende Unterlippe leicht bebte), bevor er eine Antwort gab, die immer offen und ehrlich war. Am wichtigsten war, daß er mir die Freiheit ließ, meinem eigenen Gewissen zu gehorchen. Die Chinesen hingegen lächelten stets, doch hinter ihrem Lächeln verbarg sich Falschheit.

Ich traf auch Dr. Rajendra Prasad wieder, den indischen Präsidenten, dessen Gast ich im Rastrapathi-Bhavan-Palast war. Wie schon bei unserer ersten Begegnung im Jahre 1956 war ich tief beeindruckt von der Bescheidenheit des Präsidenten. Er erschien mir wie ein richtiger Bodhisattva. Das letzte Mal sah ich ihn im Garten seiner Residenz. Ich ging sehr früh am Morgen hinunter, um dort spazierenzugehen, und bemerkte, daß auch er dort war: ein alter, würdevoller Mann mit krummem Rücken, der in einem großen schwarzen Rollstuhl saß.

Von Delhi aus fuhr ich weiter nach Bodh Gaya. Dort empfing ich eine Gruppe von rund sechzig tibetischen Flüchtlingen, die ebenfalls auf Pilgerreise waren. Es war ein ergreifender Augenblick, als ihre Anführer zu mir kamen und mir sagten, daß sie ihr Leben ganz dem Kampf für ein freies Tibet widmeten. Wenig später weihte ich zum erstenmal in diesem Leben eine Gruppe von hundertzweiundsechzig jungen tibetischen Novizen zu Bhikshus. Ich empfand es als besondere Ehre, diese Zeremonie in dem tibetischen Kloster abhalten zu können, das in Sichtweite des Mahabodhi-Tempels steht, gleich neben dem Bodhi-Baum, unter dem Buddha seine Erleuchtung erlangt hatte.

Von dort aus reiste ich nach Sarnath weiter, wo der Wildpark liegt, in dem Buddha zum erstenmal seine Lehre verkündet hat. Begleitet wurde ich unter anderem von Ling Rinpoche, Trijang Rinpoche und natürlich von dem Religiösen Zeremonienmeister, dem Gewand- und dem Küchenmeister. Als ich ankam, hatten sich etwa zweitausend tibetische Flüchtlinge, die gerade über Nepal nach Indien gekommen waren, dort versammelt, weil sie gehört hatten, daß ich eine religiöse Unterweisung geben wollte. Sie befanden sich in einem jämmerlichen Zustand, trugen ihre Not aber mit großer Würde und Entschlossenheit.

Die Tibeter sind unermüdliche Händler, und viele hatten bereits kleine Verkaufsstände aufgestellt. Einige boten die wenigen Wertsachen, die sie mitgebracht hatten, zum Verkauf an, andere verkauften alte Kleider. Viele verkauften bloß Tee. Ihre Tatkraft angesichts all des Leids flößte auch mir viel Mut ein. Jeder von ihnen hätte eine lange Geschichte über Grausamkeiten und verzweifeltes Elend erzählen können, aber trotzdem waren sie dort und versuchten, das Beste aus dem wenigen zu machen, das das Leben ihnen gewährte.

Diese einwöchige Unterweisung im Wildpark war für mich ein wunderbares Erlebnis. Ich lehrte an genau derselben Stelle, an der Buddha zweitausendfünfhundert Jahre vorher gelehrt hatte. Im Laufe meiner Unterweisungen betonte ich besonders die positiven Aspekte unseres Schicksals. Ich erinnerte alle an Buddhas Worte, das Leid sei der erste Schritt zur Befreiung. Es gibt auch einen alten tibetischen Spruch: »Die Freude mißt man am Leid.«

Kurz nach meiner Rückkehr nach Mussoorie erfuhr ich, daß die indische Regierung mir in einem Ort namens Dharamsala einen festen Wohnsitz einrichten wollte. Die Nachricht kam gänzlich unerwartet und irritierte uns zunächst. Ich suchte Dharamsala auf einer Land-

Ein verzweifeltes Jahr 201

karte und fand heraus, daß es wie Mussoorie eine »Hill Station«*, ein
Erholungsort im Gebirge war, aber viel abgelegener lag. Ich hörte
dann, daß es eine ganze Tagesreise von Delhi entfernt war, während
man von Mussoorie aus nur wenige Stunden bis in die Hauptstadt
brauchte. Ich hatte den Verdacht, daß die indische Regierung uns an
einen schwer zugänglichen Ort abschieben wollte, in der Hoffnung,
wir Tibeter würden dadurch aus dem Blickwinkel der Öffentlichkeit
verschwinden.

Deshalb holte ich die Genehmigung ein, einen Beamten der tibetischen Exilregierung nach Dharamsala schicken zu dürfen, um feststellen zu lassen, ob der Ort für unsere Bedürfnisse auch wirklich
geeignet war. Meiner Bitte wurde stattgegeben, und so entsandte ich
ein Kashag-Mitglied, W. G. Kündeling, den Ort auszukundschaften.
Nach einer Woche kam er zurück und verkündete, das Wasser in
Dharamsala sei besser als die Milch in Mussoorie. Also trafen wir alle
Vorbereitungen, unseren Aufenthaltsort so schnell wie möglich zu
verlegen.

Ungefähr zur selben Zeit stattete ich den nordindischen Provinzen
den ersten von vielen Besuchen ab. Dort waren Tausende von Tibetern
als Straßenarbeiter beschäftigt. Als ich sie sah, brach es mir fast das
Herz. Kinder, Frauen und Männer arbeiteten Seite an Seite in Kolon-
nen; ehemalige Nonnen, Bauern, Mönche, Beamte – alle waren durch-
einandergewürfelt. Tagsüber mußten sie vom frühen Morgen an in
der sengenden Hitze härteste Arbeit leisten, und nachts schliefen sie
zusammengepfercht in winzigen Zelten. Noch hatte sich niemand
richtig akklimatisiert, und obwohl es etwas kühler als in den Durch-
gangslagern war, forderten die Hitze und die Feuchtigkeit doch einen
erschreckend hohen Tribut. Die Luft roch schlecht und war voller
Moskitos. Krankheiten waren weit verbreitet und oft verhängnisvoll,
da die Menschen ohnehin schon geschwächt waren. Hinzu kam, daß
die Arbeit sehr riskant war. Meist wurde sie an steilen Berghängen
ausgeführt und erforderte den Einsatz von Dynamit, was zusätzlich
zu einer nicht unbeträchtlichen Zahl von Opfern führte.

---

* Da die Temperaturen im indischen Flachland im Sommer bis zu fünfundvierzig
Grad bei hoher Luftfeuchtigkeit betragen, zogen sich die Engländer auf diese »Hill
Stations« zurück. (Anm. d. Übers.)

Noch heute tragen einige der älteren Flüchtlinge Narben von dieser schrecklichen Arbeit am Körper oder sind verkrüppelt. Obwohl die Früchte ihrer Mühen inzwischen deutlich zu erkennen sind, gab es damals Momente, in denen dieses ganze Unterfangen sinnlos schien. Es genügte oft ein einziger heftiger Regenguß, und alle Ergebnisse ihrer Mühen wurden in einer Lawine aus rotem Schlamm zu Tal geschwemmt. Aber trotz ihrer verzweifelten Lage begegneten sie mir immer mit tiefstem Respekt und hörten mir aufmerksam zu, wenn ich ihnen sagte, wie lebensnotwendig es sei, daß sie ihre Ausdauer beibehielten. Das hat mich tief berührt.

Bei meinen ersten Besuchen in den Lagern der Straßenarbeiter wurde mir aber auch ein neues Problem bewußt: Die Kinder der Straßenarbeiter litten stark an Unterernährung, und die Sterblichkeitsrate unter ihnen war sehr hoch. Also benachrichtigte ich die indische Regierung, die sofort ein neues Durchgangslager errichtete, das auf die speziellen Bedürfnisse der Kinder abgestimmt war. Gleichzeitig schickte man eine Gruppe von fünfzig Kindern nach Mussoorie, wo die erste unserer Schulen eingerichtet worden war.

Am 1. Februar 1960 kamen die ersten Siedler nach Bylakuppe im indischen Bundesstaat Mysore. Später wurde mir berichtet, daß viele von ihnen zusammenbrachen und weinten, als sie das Land sahen. Die Arbeit, die ihnen bevorstand, schien zu hart zu sein. Sie waren mit Zelten und einfachem Werkzeug ausgerüstet, aber ansonsten waren sie ganz auf ihre eigene Findigkeit und Entschlossenheit angewiesen.

Am 10. März, kurz bevor ich mit den rund achtzig Beamten der tibetischen Exilregierung nach Dharamsala zog, hielt ich die inzwischen zur Tradition gewordene Ansprache anläßlich des Jahrestages des tibetischen Volksaufstandes. Bei dieser ersten Gelegenheit unterstrich ich die Notwendigkeit für mein Volk, die Lage in Tibet aus der Langzeitperspektive zu betrachten. Für diejenigen unter uns, die im Exil lebten, habe die Neuansiedlung und die Kontinuität unserer kulturellen Traditionen absolute Priorität. Im Hinblick auf die Zukunft brachte ich meinen Glauben zum Ausdruck, daß wir Tibeter uns mit den Waffen der Wahrheit, der Gerechtigkeit und des Mutes eines Tages durchsetzen und die Freiheit für Tibet wiedererlangen werden.

HUNDERTTAUSEND FLÜCHTLINGE

Die Reise nach Dharamsala erfolgte teils mit dem Nachtzug und teils mit dem Auto. Zusammen mit meinem Gefolge verließ ich Mussoorie am 29. April 1960 und kam am nächsten Tag am Bahnhof von Pathankot im Bundesstaat Himachal Pradesh an. Ich kann mich noch gut an die anschließende Autofahrt erinnern. Nachdem wir ungefähr eine Stunde unterwegs gewesen waren, sah ich in der Ferne turmhoch die weißen Berggipfel emporragen. Wir fuhren direkt auf sie zu und kamen dabei durch eine der schönsten Landschaften Indiens: üppig bewachsene, mit Bäumen bestandene, grüne Wiesen und überall die buntesten Blumen. Nach drei Stunden gelangten wir ins Zentrum von Dharamsala. Hier mußte ich von meiner Limousine in einen Jeep umsteigen, in dem wir die letzten Kilometer zu meinem neuen Wohnsitz zurücklegten, der unmittelbar oberhalb des Dorfes McLeod Ganj lag und von dem aus man einen weiten Blick über das Tal hatte.

Der Weg hinauf war beängstigend steil, und ich mußte an einige meiner Ausflüge in die Umgebung von Lhasa zurückdenken, wo man vom Straßenrand aus auch Hunderte von Metern ins Tal hinunterblicken konnte. Als wir McLeod Ganj erreichten, sahen wir, daß man für uns ein neues Bambustor errichtet hatte, auf das man oben mit goldenen Buchstaben »Willkommen« geschrieben hatte. Von dort aus waren es nur noch ein bis zwei Kilometer bis zum Swarg Ashram, meinem neuen Zuhause, das einst Highcroft House geheißen hatte und in den Tagen der britischen Herrschaft die Residenz des Bezirkskommissars gewesen war. Es war ein kleineres Gebäude in einem Wald, umgeben von einem Komplex von Nebengebäuden; in einem von ihnen war die Küche untergebracht. Drei weitere Häuser waren für meine Beamten bereitgestellt worden.

Es war schon ziemlich spät, als wir ankamen, und so konnte ich nicht mehr viel sehen. Als ich am nächsten Morgen aufwachte, hörte ich als erstes den charakteristischen Ruf eines Vogels, der, wie ich später herausfand, typisch für diese Gegend ist. Als ich zum Fenster hinausblickte, konnte ich ihn aber nirgendwo entdecken. Dafür bot sich meinen Augen der phantastische Anblick der Berge.

Im großen und ganzen sind wir in Dharamsala recht glücklich, obwohl ich erwähnen sollte, daß W. G. Kündeling offensichtlich wieder auf den Geschmack von Mussoories Milch gekommen ist, da er sich nach seiner Pensionierung in dessen Nähe, in Rajpur, niedergelassen hat. Der einzig wirkliche Nachteil der Gegend von Dharamsala ist der häufige Niederschlag. Dieses Gebiet weist die zweitgrößte Niederschlagsmenge des ganzen indischen Subkontinents auf.

Am Anfang waren wir insgesamt weniger als hundert Tibeter in Dharamsala, aber inzwischen ist die Flüchtlingsbevölkerung dort auf über fünftausend Personen angewachsen. Wir haben bisher nur ein- oder zweimal daran gedacht, uns einen neuen Standort zu suchen. Das letzte Mal war dies vor einigen Jahren, als mehrere Gebäude durch ein schweres Erdbeben beschädigt wurden. Es wurden Stimmen laut, die meinten, der Ort sei zu gefährlich. Wir sind aber dennoch geblieben. Denn obwohl die Erde recht häufig bebt, sind die Erdstöße meistens nur leicht. Das letzte ernste Beben ereignete sich 1905, als die Briten den Ort noch als Sommerfrische benutzten. Damals stürzte der Turm ihrer kleinen Pfarrkirche ein. Man kann deshalb wohl annehmen, daß schwerwiegende Beben nur sporadisch vorkommen. Abgesehen davon wäre eine Umsiedlung schon aus rein praktischen Gründen problematisch.

Wie in Birla House teilte ich mein neues Zuhause mit meiner Mutter und außerdem mit zwei Lhasa-Apso-Hunden, die mir kurz zuvor geschenkt worden waren. Diese Tiere sorgten für ständige Unterhaltung im Haus. Sie waren beide unverwechselbare Persönlichkeiten. Der größere von ihnen hieß Sangye, und ich dachte oft, daß er in seinem vorigen Leben ein Mönch gewesen sein mußte, vielleicht einer von denen, die wie so viele in Tibet verhungerten. Denn er hat nie ein Interesse für das andere Geschlecht gezeigt, sondern immer nur begeistert gefressen. Selbst wenn sein Magen schon zum Bersten voll war, fand er noch Platz für mehr. Außerdem war er mir gegenüber sehr anhänglich.

Tashi hingegen war ganz anders. Obwohl er kleiner war, war er viel

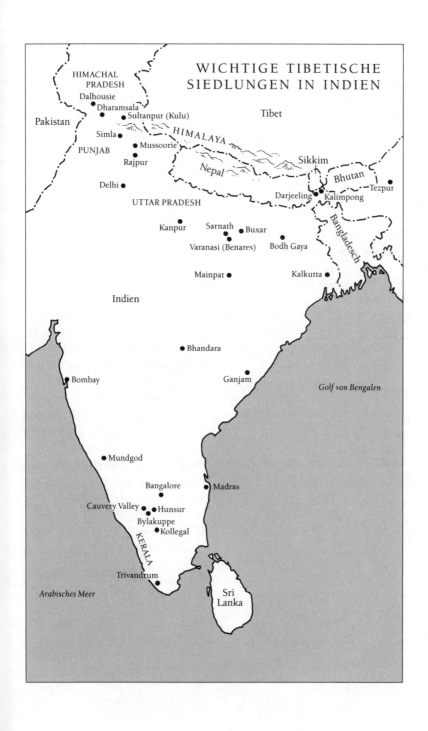

tapferer; Tenzin Norgay, der Everest-Besteiger, hatte ihn mir geschenkt. Vielleicht hatte es damit etwas zu tun. Ich kann mich noch gut erinnern, wie er einmal krank wurde und der Tierarzt ihm Spritzen geben mußte. Nach der ersten Spritze bekam er große Angst. Daraufhin mußte er jedesmal eingefangen und von zwei Personen festgehalten werden, wenn der Tierarzt ihm eine Spritze geben wollte. Dabei knurrte Tashi seinen Peiniger böse an, der nach getaner Arbeit das Haus schnellstens verlassen mußte. Dann erst konnte man den kleinen Hund wieder frei laufen lassen, der nun davonraste und im ganzen Haus herumschnüffelte, um zu sehen, wo der arme Mann geblieben war. Auch wenn er einen grimmigen Eindruck machte, war sein Bellen viel schlimmer als sein Biß. Seine Kiefer überlappten einander nämlich auf eine Weise, daß er nirgendwo richtig hineinbeißen konnte.

Als ich nach Dharamsala zog, stellte mir die indische Regierung einen Verbindungsoffizier, Herrn Nair, und mehrere indische Leibwächter zur Verfügung. Mit Herrn Nair verstand ich mich außerordentlich gut. Er bot sich an, mir Englischunterricht zu geben. Da ich wußte, wie wichtig Englisch war, hatte ich dafür gesorgt, daß Tenzin Chögyäl auf die englische North-Point-Schule nach Darjeeling geschickt wurde. Ich selbst hatte schon in Mussoorie mit Englischstunden begonnen. Die indische Regierung hatte mir großzügigerweise jemanden besorgt, der mir zwei- bis dreimal die Woche Privatunterricht gab. Da ich damals aber kein besonders fleißiger Schüler war und schon nach kurzer Zeit Ausreden erfand, den Unterricht zu schwänzen, hatte ich keine sonderlichen Fortschritte gemacht. Die Zusammenarbeit mit meinem neuen Verbindungsoffizier hingegen machte mir Spaß, und unter seiner Anleitung kam ich gut voran, auch wenn ich mich nicht über die vielen schriftlichen Hausaufgaben freute, die er mir aufgab. Es tat mir sehr leid, als Herr Nair nach zwei Jahren versetzt wurde.

Von da an war mein Englischunterricht eher sporadisch. Verschiedene Personen waren mir behilflich, sogar ein paar Tibeter, aber ich bezweifle, daß ich heute wesentlich besser Englisch spreche als vor fünfundzwanzig Jahren. Das wird mir immer dann schmerzlich bewußt, wenn ich ins Ausland fahre. Mir sind meine schrecklichen Fehler dann immer furchtbar peinlich, und inzwischen bereue ich,

Hunderttausend Flüchtlinge

daß ich mich damals nicht mehr angestrengt habe, als ich die Möglichkeiten dazu hatte.

Zusätzlich zum Englischunterricht widmete ich mich in jenen ersten Jahren in Dharamsala erneut meinen religiösen Studien. Ich begann, eine Anzahl von tibetischen Texten neu durchzugehen, die ich bereits als Jugendlicher gelesen hatte. Gleichzeitig ließ ich mich von hohen Lamas der verschiedenen Richtungen des tibetischen Buddhismus unterweisen, die ebenfalls ins Exil gegangen waren. Obwohl ich noch immer weit von der Verwirklichung von Bodhicitta, dem Streben nach der Buddhaschaft zum Wohl aller denkenden und fühlenden Wesen, entfernt war, fand ich das Studium nun viel angenehmer als damals, als ich zum Lernen gezwungen wurde, und ich kam gut voran. Leider entwickelte sich der Mangel an Zeit bald zu einem großen Hindernis für weitere Fortschritte auf diesem Gebiet. Jedenfalls verdanke ich meine spirituellen Fortschritte nicht gerade meinen übermäßigen Anstrengungen auf diesem Gebiet.

Schon vierzehn Tage nach meiner Ankunft in Dharamsala konnte ich das erste Heim für tibetische Flüchtlingskinder eröffnen. Das Gebäude war klein und ziemlich heruntergekommen, aber die indische Regierung hatte es angemietet, um die wachsende Anzahl von Waisenkindern unter den neuangekommenen Flüchtlingen unterzubringen. Ich beauftragte meine Schwester Tsering Dölma mit der Leitung des Heimes. Als die erste Gruppe von fünfzig Kindern ankam, gab es nicht viel Platz für sie. Sie lebten aber noch luxuriös im Vergleich zu später, denn schon am Jahresende hatte sich ihre Zahl verzehnfacht, und ein Ende des Zuwachses war nicht in Sicht. Einmal mußten sich hundertzwanzig Waisenkinder einen einzigen Schlafraum teilen. In jedem Bett schliefen fünf oder sechs Kinder, und zwar quer, damit sie alle reinpaßten. Obwohl die Lebensbedingungen schlimm waren, freute ich mich jedesmal, wenn ich meine Schwester und ihre Großfamilie besuchte. Diese armen Kleinen hatten zwar alle keine Eltern, aber sie waren so voller Humor und Freude, daß es fast so schien, als würden sie ihr Elend mit Leichtigkeit ertragen.

Meine Schwester war eine großartige Heimleiterin, die sich nie der Verzweiflung hingab. Sie war eine kraftvolle Frau, sehr konsequent und geriet leicht in Wut, was bei uns in der Familie liegt. Im Herzen war sie jedoch äußerst gütig, und sie hatte auch Sinn für Humor. Ihr Beitrag in jenen schweren Zeiten war unbezahlbar. Als einfaches Mädchen vom Lande hatte sie keinerlei Schulbildung genossen und den Großteil ihrer Kindheit damit verbracht, meiner Mutter im Haushalt zu helfen. Sie war eine unermüdliche Arbeiterin, und zusammen mit ihrer kämpferischen Veranlagung machte sie dies zu einer ausgezeichneten Führungspersönlichkeit.

Es wurde aber schon bald klar, daß weder wir noch die indische Regierung über die nötigen Mittel verfügten, um für all die tibetischen Waisenkinder zu sorgen. Daher beschloß ich, mich darum zu bemühen, daß wenigstens ein Teil von ihnen im Ausland adoptiert wurde, wenn das möglich war. Ich kontaktierte einen Freund in der Schweiz, Dr. Aeschimann, und bat ihn, sich diesbezüglich zu erkundigen. Die Schweiz schien mir ein idealer Ort dafür zu sein, da sie ein relativ kleines Land mit guter Infrastruktur ist und obendrein noch Berge hat, die an zu Hause erinnern. Die Schweizer Regierung kam uns von Anfang an sehr entgegen und erklärte sich bereit, sofort zweihundert Kinder aufzunehmen. Diese sollten zwar von Schweizer Familien adoptiert werden, aber man wollte sich zusätzlich darum bemühen, ihnen, so gut es ging, Möglichkeiten anzubieten, ihre spezifische tibetische Kultur und Identität zu bewahren.

Dieser ersten Gruppe von Kindern folgten weitere, und später erlaubte man tibetischen Studenten, in der Schweiz zu studieren. Schließlich durften sich sogar tausend erwachsene Flüchtlinge dort ansiedeln. Als sich unsere Lage verbesserte, waren wir nicht mehr gezwungen, an die Großzügigkeit der Schweizer zu appellieren. Ich bin ihnen aber weiterhin außerordentlich dankbar für alles, was sie für mein Volk geleistet haben.

Schon bald nach meiner Ankunft in Dharamsala lernte ich einige Mitglieder der Internationalen Juristenkommission persönlich kennen, deren Studie uns im vergangenen Jahr so viel Mut gemacht hatte. Ich wurde eingeladen, als Zeuge vor dem Untersuchungsausschuß der Kommission aufzutreten, was ich gerne tat. Die Ergebnisse dieser Untersuchung wurden 1960 in Genf veröffentlicht. Wieder einmal wurde unser Standpunkt ohne Einschränkung bestätigt. China, hieß es, habe sechzehn Artikel der Internationalen Menschenrechtserklärung verletzt und sich in Tibet des Völkermords schuldig gemacht.

Die Untersuchung führte auch die abscheulichen Greueltaten auf, die ich bereits erwähnt habe. Durch die Diskussionen mit den Vertretern der Kommission lernte ich etwas sehr Wichtiges. Einer von ihnen, ein Engländer, glaube ich, fragte mich, ob jemand von uns regelmäßig Berichte von Radio Peking höre. Als ich dies verneinte, war er etwas schockiert und erläuterte, warum es notwendig sei, genau mitzuverfolgen, was die Chinesen zu berichten hatten. Es war ein Beweis unseres Mangels an Klugheit, daß niemand daran gedacht hatte. Unserer Meinung nach verbreitete Radio Peking nichts als Lügen und Propaganda. Wir hatten nicht erkannt, daß es durchaus sinnvoll sein konnte, sich diese anzuhören, um zu erfahren, was in den Köpfen der Chinesen vorging. Mir leuchtete diese Argumentation ein, und so gab ich sofort Anweisungen an den Kashag, einen Dienst zur Auswertung der Nachrichten aus China einzurichten; diesen Dienst gibt es noch heute.

Das ganze Jahr 1960 hindurch bemühte ich mich weiterhin um eine Neuordnung der tibetischen Verwaltung, und zusammen mit dem Kashag und anderen brachte ich den schwierigen Prozeß der Demokratisierung in Gang. Am 2. September setzte ich die Kommission der Abgeordneten des Tibetischen Volkes ein. Die Mitgliedschaft in diesem höchsten legislativen Organ der Regierung stand frei gewählten Vertretern der drei tibetischen Provinzen Ü-Tsang, Kham und Amdo offen. Außerdem waren Sitze für die Vertreter der wichtigsten Richtungen innerhalb des tibetischen Buddhismus vorgesehen. Später schloß man noch Anhänger der älteren Bön-Religion ein. Die Kommission, die jetzt offiziell Versammlung der Abgeordneten des Tibetischen Volkes heißt (auf tibetisch »Bö Mimang Chitü Lhenkhang«), gleicht in ihrer Funktionsweise einem Parlament. Ihre Mitglieder treffen sich einmal im Monat mit dem Kashag und den Staatssekretären der verschiedenen Ministerien (Lhenkhang) zu einer Besprechung. Zu bestimmten Anlässen treffen sich die Abgeordneten mit dem gesamten Nationalen Arbeitskomitee (Gyünle), das aus den Leitern der verschiedenen Lhenkhangs und Mitgliedern des Kashag besteht, die inzwischen nicht mehr von mir ernannt, sondern gewählt werden. Die Beschlüsse der Volksabgeordneten sind rechtskräftig und müssen dem Resultat der Abstimmung entsprechend ausgeführt werden.

Am Anfang war diese neue Einteilung nicht sonderlich befriedigend. Da die Tibeter diese Neuerungen als ausgesprochen radikal empfanden, war bereits die Rede davon, die Regierung in Dharamsala praktiziere den »wahren« Kommunismus. Drei Jahrzehnte danach sind wir noch immer mit vielen Problemen konfrontiert, die Dinge entwickeln sich aber zunehmend zum Positiven hin. Wir sind unseren Brüdern und Schwestern in China sicher weit voraus, und sie könnten viel von uns lernen. Während ich dies schreibe, ist die tibetische Exilregierung gerade dabei, neue Maßnahmen einzuführen, die noch mehr Demokratie bringen sollen.

Einige der älteren Beamten im Exil hatten anfangs Probleme, diese Änderungen hinzunehmen. Im großen und ganzen aber erkannten auch sie die Notwendigkeit für eine Erneuerung unseres Systems und setzten sich mit Begeisterung dafür ein. Ich denke immer gern an sie zurück. Denn während ich in den ersten Jahren über ein gewisses Maß an Komfort verfügen konnte, war dies bei den meisten Regierungsbeamten überhaupt nicht der Fall. Viele von ihnen, darunter sogar einige ältere Herren, waren gezwungen, in sehr ärmlichen Verhältnissen zu leben – einige sogar in Kuhställen. Das taten sie aber bereitwillig und ohne sich je zu beklagen, obwohl sie in Tibet meist außerordentlich gut gelebt hatten. Auch wenn einige von ihnen auf Grund ihrer konservativen Überzeugung in ihrem Innersten nicht mit dem von mir eingeschlagenen Kurs einverstanden waren, leistete jeder in jenen schweren Tagen auf irgendeine Weise seinen Beitrag. Sie standen unseren Problemen mit großer Entschlossenheit und Zuversicht gegenüber, und jeder tat, was er konnte, um die zerschlagene Existenz unserer Landsleute wieder aufzubauen, ohne dabei je auf den eigenen Vorteil bedacht zu sein. Ihr Gehalt betrug damals nicht mehr als fünfundsiebzig Rupien oder drei Pfund monatlich; mit ihrer Schulbildung hätten sie anderswo weit mehr verdienen können.

Das soll natürlich nicht heißen, daß die Verwaltungsarbeit damals einfach gewesen wäre. Es gab persönliche Differenzen zwischen den Leuten und ein gehöriges Maß an kleinlichem Gezänk. Das gehört zur menschlichen Natur. Im allgemeinen aber setzten sich alle mit Begeisterung und Selbstlosigkeit für das Wohl der anderen ein.

Mein anderes zentrales Anliegen war die Erhaltung der Religion. Ohne sie, das wußte ich, würde der Urquell unserer Kultur versiegen.

Anfangs erklärte sich die indische Regierung bereit, dafür zu sorgen, daß im ehemaligen Gefangenenlager von Buxa Duar nahe der Grenze zu Bhutan eine klösterliche Gemeinschaft von dreihundert Mönchen untergebracht wurde. Als wir sie aber davon überzeugen konnten, daß der Buddhismus einen hohen Wissensstand erfordert, verpflichtete sie sich, tausendfünfhundert Mönche der verschiedenen Richtungen des tibetischen Buddhismus zu unterstützen. Es sollten dies die jüngsten und fähigsten unter den rund sechstausend Mönchen sein, denen die Flucht ins Exil gelungen war, sowie alle erfahrenen Meister, die überlebt hatten.

Leider blieben die Bedingungen in Buxa Duar weiterhin sehr schlecht. Es war dort besonders heiß und feucht, und es grassierten viele Krankheiten. Was alles noch verschlimmerte, war der Umstand, daß das Essen aus großer Entfernung herbeigeschafft werden mußte, so daß es bei der Ankunft oft schon fast ungenießbar war. Bereits nach wenigen Monaten litten einige hundert dieser gelehrten Mönche an Tuberkulose. Trotzdem arbeiteten und studierten sie mit vollem Einsatz, bis man sie woanders unterbringen konnte. Ich konnte sie leider nie besuchen, tat aber mein Möglichstes, ihnen durch Briefe und Tonbandbotschaften Kraft zu geben. Am Ende haben sich unsere Anstrengungen doch ausgezahlt, denn obwohl das Lager diese schrecklichen Probleme nie meistern konnte, entstand aus den Überlebenden der Kern einer starken Mönchsgemeinschaft.

Eine der größten Schwierigkeiten während jener ersten Jahre war der Mangel an Geld. Dank der Großzügigkeit der indischen Regierung und der verschiedenen internationalen Hilfsorganisationen wirkte er sich nicht auf unser Erziehungs- und Umsiedlungsprogramm aus. Sie finanzierten viele unserer Projekte, aber ich fand es nicht angebracht, sie auch für Dinge wie unsere Verwaltung um Unterstützung zu bitten.

Unsere eigenen Einnahmen waren gering; sie beschränkten sich auf eine freiwillige »Freiheitssteuer« von zwei Rupien im Monat pro Person sowie auf eine ebenfalls freiwillige Einkommensteuer von zwei Prozent für alle, die ein festes Gehalt bezogen. Damit kamen wir nicht weit. Wir hatten aber eine Geldquelle, und zwar den Schatz, den Kenrap Tenzin 1950 in weiser Voraussicht nach Sikkim gebracht hatte. Dort war er noch immer.

Zunächst hatte ich im Sinn, den Schatz der indischen Regierung zu verkaufen, wie Nehru es vorgeschlagen hatte. Meine Berater insistierten aber darauf, daß er auf dem freien Markt angeboten wurde. Sie waren davon überzeugt, daß wir so mehr dafür bekämen. Er wurde schließlich in Kalkutta verkauft, wo wir umgerechnet acht Millionen Dollar dafür bekamen, was mir damals als ungeheure Summe erschien.

Dieses Geld wurde in eine Reihe von Unternehmen investiert. Eines war ein Betrieb, in dem Eisenrohre hergestellt wurden, ein anderes eine Papierfabrik, und dann gab es noch weitere angeblich garantiert profitable Projekte. Es dauerte aber nicht lange, bis jeder der Versuche scheiterte, unser kostbares Kapital gewinnbringend einzusetzen. Mit Bedauern mußte ich feststellen, daß uns verschiedene Personen, die uns angeblich helfen wollten, einen schlechten Dienst erwiesen hatten. Es scheint, daß sie ihre eigenen Interessen besser vertraten als die unseren, und so ging ein Großteil der Mittel verloren. Was der Chikyap Khenpo mit soviel Weitsicht geplant hatte, war nun zum Großteil vergeudet. Weniger als ein Achtel der ursprünglichen Summe konnte gerettet werden und bildete den Grundstock für die Karitative Stiftung Seiner Heiligkeit des Dalai Lama, die 1964 ins Leben gerufen wurde.

Obwohl diese ganze Geschichte eine traurige Seite hat, beklage ich mich nicht über den Lauf der Dinge. Im nachhinein ist mir klar, daß dieser Schatz dem ganzen tibetischen Volk gehörte, nicht nur denen, die imstande waren zu fliehen. Wir hatten keinen alleinigen Anspruch, kein karmisches Anrecht darauf.

Was meine persönlichen Finanzen anbelangt, so gab es früher zwei Büros, die sich um die finanziellen Angelegenheiten des Dalai Lama kümmerten. Seit 1959 gibt es nur noch meine Privatkanzlei, die mein Einkommen und meine Ausgaben sowie mein Taschengeld verwaltet. Dieses erhalte ich in Form eines Gehalts von zwanzig Rupien täglich, das mir die indische Regierung nach wie vor auszahlt. Umgerechnet sind dies knapp zwei Mark pro Tag. Theoretisch müßte ich davon mein Essen und meine Kleidung bestreiten. Wie schon in alten Zeiten habe ich jedoch nicht direkt mit Geld zu tun. Das ist vielleicht auch gut so, da ich den Verdacht habe, daß ich eher verschwenderisch veranlagt bin, obwohl ich von meiner Kindheit her weiß, daß ich bei kleinen Beträgen durchaus kleinlich sein kann. Aber natürlich kann ich bestimmen, was mit dem Geld passiert, das ich erhalte – zum Beispiel mit der Summe, die ich mit dem Nobelpreis erhielt.

In jenem ersten Sommer in Dharamsala fand ich zwischendurch auch Zeit für Freizeitbeschäftigungen, und ich fing an, fast jeden Abend Badminton zu spielen (natürlich nicht im Mönchsgewand). Im ersten Winter, der sehr kalt war, war es für uns alle ein Vergnügen, im Schnee zu spielen. Trotz ihres Alters nahmen meine Mutter und meine ältere Schwester begeistert an Schneeballschlachten teil.

Eine etwas anspruchsvollere Art der Freizeitgestaltung waren die Wanderungen im nahegelegenen Dhauladar-Gebirge, dessen höchste Gipfel bis über fünftausend Meter reichen. Ich habe die Berge immer geliebt. Einmal bestieg ich mit einigen meiner Leibwächter einen hohen Gipfel. Als wir oben ankamen, waren wir alle erschöpft, und ich schlug vor, eine kurze Rast einzulegen. Als wir noch ganz außer Atem die herrliche Aussicht genossen, bemerkte ich, daß uns einer der Bergbewohner beobachtete. Er war klein, dunkelhäutig und hatte einen verstohlenen Blick. Ein paar Minuten lang starrte er uns an, setzte sich dann auf etwas, das wie ein Stück Holz aussah, und glitt in hohem Tempo den Berghang hinunter. Fasziniert schaute ich zu, wie er viele hundert Meter weiter unten als kleiner Punkt verschwand, und schlug vor, diese Abstiegsmethode auch zu wählen.

Jemand packte ein Seil aus, und wir banden uns alle zusammen. Dann ahmten wir unseren schweigsamen Freund nach, indem wir uns entweder auf Holzstücke oder auf flache Steine setzten und alle den Berg hinuntersausten. Es war sehr lustig, wenn auch gefährlich. Der Schnee wehte uns um die Ohren, und am Ende des Abhangs prallten wir alle in- und aufeinander. Zum Glück wurde niemand verletzt, auch wenn einige von uns blaue Flecken davontrugen. Aber von da an stellte ich fest, daß die meisten meiner Diener sich nur sehr ungern vom Basislager entfernten. Und meine Leibwachen reagierten jedesmal sehr zögerlich, wenn ich eine neue Expedition ankündigte.

Zu meinen anderen Freizeitbeschäftigungen in jener Zeit gehörte die Arbeit an meiner ersten Autobiographie *Mein Leben und mein Volk*, die ich zusammen mit dem englischen Autor David Howarth schrieb.

1961 veröffentlichte die tibetische Regierung die Zusammenfassung eines Verfassungsentwurfs für Tibet. Die gesamte tibetische Bevölkerung wurde gebeten, Stellung zu nehmen und Kritik zu üben. Die Kritik entzündete sich vor allem an einem Artikel über das Amt des Dalai Lama. Als wichtige Maßnahme für den Übergang von einer Theokratie zu einer Demokratie verfügte ich, daß der Amtsinhaber mit einer Zweidrittelmehrheit von der Nationalversammlung abgewählt werden kann. Leider fanden es viele Tibeter unvorstellbar, daß der Dalai Lama absetzbar sein sollte. Deshalb mußte ich ihnen erklären, daß sich die Demokratie sehr wohl mit buddhistischen Prinzipien vereinbaren läßt, und bestand darauf – vielleicht etwas selbstherrlich –, daß dieser Artikel beibehalten wurde.

Am Jahresbeginn 1961 besuchte ich wieder die Straßenarbeiterkolonnen und stattete auch der neuen Ansiedlung in Bylakuppe meinen ersten Besuch ab. Nach meiner Ankunft stellte ich fest, daß die Siedler alle braungebrannt und hager waren. Mir war auch sofort klar, warum sie alle so pessimistisch gewesen waren. Es gab dort vorläufig nur ein paar Zelte am Rande des Waldes, und obwohl die Landschaft genauso schön war, wie ich sie noch von meiner Pilgerreise her in Erinnerung hatte, sah das Land nicht gerade vielversprechend aus. Außerdem war die Hitze, die durch das Verbrennen des Abraums zusätzlich zur glühenden Sonnenhitze entstand, fast unerträglich.

Die Siedler hatten für mich ein eigenes Zelt aus Bambuswänden und einem Stoffdach errichtet. Obwohl es gut gebaut war, bot es keinen Schutz gegen den schrecklichen Staub, der durch die Räumungsarbeiten verursacht wurde. Jeden Tag hing eine dicke Wolke aus Staub und Ruß über dem ganzen Gelände. Nachts legte sich die Wolke dann langsam, und der Staub drang in jede kleinste Öffnung, so daß man beim Aufwachen am Morgen mit einer dünnen Schicht aus feinstem Pulver bedeckt war. Durch diese Umstände war die Stimmung sehr gedrückt. Ich konnte aber nicht viel mehr tun, als diese Pioniere immer wieder zu ermutigen. Ich sagte ihnen, daß wir die Hoffnung nicht aufgeben durften, und versicherte ihnen – obwohl ich selbst kaum daran glauben konnte –, daß es uns eines Tages wieder gutgehen werde. Ich versprach ihnen, daß wir uns durchsetzen würden. Zum Glück glaubten sie jedes Wort, das ich ihnen sagte, und tatsächlich veränderte sich ihre Lage nach und nach.

Hunderttausend Flüchtlinge

Dank der Großzügigkeit verschiedener indischer Bundesstaaten waren wir in den frühen sechziger Jahren imstande, mehr als zwanzig Siedlungen zu errichten. Dadurch konnten wir viele der Flüchtlinge, die im Straßenbau tätig waren, anderswo einsetzen, und heutzutage verdienen sich nur noch wenige Hundert von inzwischen über hunderttausend Flüchtlingen auf diese Weise ihr Brot, und das, weil sie es selbst so wollen.

Da fast die Hälfte des Landes, das uns zur Verfügung gestellt wurde, in Südindien lag, wo das Klima viel heißer ist als im Norden, machte ich es zur Bedingung, daß in der Anfangsphase nur die Gesündesten und Stärksten dorthin entsandt wurden. Trotzdem lag die Sterberate durch Hitzschlag und Sonnenstich so hoch, daß ich mich häufig fragte, ob es wirklich klug gewesen war, dieses Land in den Tropen anzunehmen. Ich war mir aber sicher, daß sich mein Volk mit der Zeit den Verhältnissen anpassen würde. So wie sie mir vertrauten, vertraute ich ihnen.

Oft mußte ich während meiner Besuche in den Lagern die Flüchtlinge in ihrer Verzweiflung trösten. Die Vorstellung, so weit von zu Hause entfernt und ohne jede Hoffnung zu sein, Eis oder Schnee, geschweige denn unsere geliebten Berge zu sehen, war für sie nur schwer zu ertragen. Ich versuchte ihnen zuzureden, nicht so oft an die Vergangenheit zu denken, und betonte, wie sehr die Zukunft Tibets von uns Flüchtlingen abhänge. Wenn wir unsere Kultur und unsere Lebensweise erhalten wollten, war es wichtig, starke Exilgemeinden aufzubauen. Ich unterstrich, wie wichtig die Erziehung war, und hob sogar die Bedeutung der Ehe hervor. Obwohl es für einen Mönch nicht gerade angebracht ist, solche Ratschläge zu erteilen, legte ich den Frauen nahe, nach Möglichkeit tibetische Männer zu heiraten, damit die Kinder, die sie gebären würden, ebenfalls Tibeter waren.

Die Mehrheit der Siedlungen wurde zwischen 1960 und 1965 gegründet. Während jener Jahre besuchte ich sie alle, sooft ich konnte. Obwohl ich nie daran dachte, daß so ein Projekt scheitern könnte, gab es Momente, in denen die Hindernisse unüberwindbar schienen. Die ersten Flüchtlinge für eine Siedlung in Bhandara im Bundesstaat Maharashtra zum Beispiel kamen im Frühling, unmittelbar vor Beginn der Hitzeperiode. Innerhalb weniger Wochen waren schon hundert – ein Fünftel von ihnen – an der Hitze gestorben. Als ich sie zum erstenmal besuchte, kamen sie mit Tränen in den Augen zu mir und flehten mich an, sie in eine kühlere Gegend bringen zu lassen. Es blieb mir nichts anderes übrig, als ihnen zu sagen, daß sie zu einem ungünstigen Zeitpunkt dorthin gekommen seien, das Schlimmste aber sicherlich überstanden hätten. Sie sollten deshalb lernen, den Lebensstil der Einheimischen nachzuahmen, und versuchen, das Beste aus der Situation zu machen. Ich bat sie, noch ein Jahr durchzuhalten, und versprach ihnen, dafür zu sorgen, daß sie an einen anderen Ort kämen, falls sie bis zu meinem nächsten Besuch im darauffolgenden Winter noch keine Fortschritte erzielt hätten.

Wie sich herausstellte, verlief von da an alles gut. Zwölf Monate später kehrte ich in die Siedlung zurück und fand, daß die Bewohner gut vorangekommen waren. »Ihr seid also nicht alle tot!« sagte ich, als ich die Siedlungsleiter traf. Sie lachten und berichteten, daß sich alles genau so zugetragen hätte, wie ich es vorausgesagt hatte. Ich muß aber hinzufügen, daß wir wegen der unglaublichen Hitze nicht mehr als rund siebenhundert Siedler für jene Siedlung gewinnen konnten. Wie in Bylakuppe hatte man uns ungefähr tausendzweihundert Hektar Land zur Verfügung gestellt, wobei man davon ausging, rund dreitausend Menschen anzusiedeln. Da aber nicht mehr Flüchtlinge dorthin wollten, verloren wir das Anrecht auf einen Teil des Landes, das anderen Flüchtlingen übergeben wurde; sie hielten es dort aber auch nicht lange aus.

Obwohl wir viele Hindernisse voraussehen konnten, bevor sie auftauchten, war eine der großen Schwierigkeiten im Umsiedlungsprogramm, daß manche Probleme völlig überraschend auf uns zukamen. In einer Siedlung zum Beispiel richteten Wildschweine und Elefanten, die auf den Feldern herumstreiften, große Schäden an. Sie zerstörten nicht nur die Ernte, sondern rannten manchmal auch Hütten um, wenn sie wie wild durch die Siedlung stürmten, und töteten dabei einige Bewohner.

Viele Jahre später besuchte ich in der Schweiz einen landwirtschaftlichen Betrieb, wo man mir elektrische Zäune zeigte. Zur großen Überraschung meines Führers erkundigte ich mich, ob man damit auch Elefanten fernhalten könne. Er meinte, wenn man die Netzspannung entsprechend erhöhe, gebe es keinen Grund, sie nicht dafür zu verwenden. So veranlaßte ich, daß man elektrische Zäune an die erwähnte Siedlung sandte.

Doch nicht alle Probleme waren praktischer Natur. Manchmal hinderte uns unsere Kultur daran, uns erfolgreich einer neuen Situation anzupassen. Ich erinnere mich noch, wie die Siedler bei meinem ersten Besuch in Bylakuppe betroffen darüber waren, daß durch die Rodungen, die sie vornehmen mußten, um Ackerland zu gewinnen, zahllose kleine Tiere und Insekten getötet wurden. Das war für Buddhisten eine schreckliche Tat, da für uns nicht nur das menschliche Leben, sondern jede Form von Leben heilig ist. Einige der Siedler kamen sogar zu mir und meinten, wir sollten die Arbeit ganz einstellen.

Andere Projekte, die mit Hilfe internationaler Organisationen ins Leben gerufen worden waren, scheiterten aus ähnlichen Gründen. Zum Beispiel blieben alle Versuche erfolglos, Hühner- oder Schweinefarmen aufzubauen. Sogar in ihren ärmlichen Verhältnissen waren die Tibeter nicht gewillt, Tierzucht zum Zweck der Lebensmittelversorgung zu betreiben. Das hat schon manchen Ausländer zu sarkastischen Bemerkungen veranlaßt, denn es besteht ein deutlicher Widerspruch darin, daß die Tibeter zwar gerne Fleisch essen, aber nicht bereit sind, sich selbst damit zu versorgen.

Abgesehen von diesen Ausnahmen waren jedoch die meisten der Projekte, die mit internationaler Hilfe in die Wege geleitet wurden, sehr erfolgreich, und unsere Freunde waren mit den erzielten Resultaten äußerst zufrieden.

Die Erfahrung mit der Unterstützung, die uns die Menschen aus den Industrienationen freiwillig haben zukommen lassen, bestätigte mich in dem Glauben an das, was ich universale Verantwortung nennen möchte. Sie ist meiner Meinung nach die Voraussetzung für die Entwicklung der Menschheit. Ohne einen solchen Sinn für die universale Verantwortung eines jeden kann es keinen wirklichen Fortschritt auf Erden geben. Je mehr sich die Menschen dessen bewußt werden, daß wir auf diesem Planeten nicht unabhängig voneinander leben, sondern im Endeffekt alle Brüder und Schwestern sind, desto eher kann man einen umfassenden Fortschritt für die gesamte Menschheit erzielen, und nicht nur für Teile von ihr.

Unter den Menschen, die, um uns zu helfen, von weit her gekommen sind und ihr Leben der Sache der tibetischen Flüchtlinge weihten, gibt es einige, die ganz besonders herausragen. Einer von ihnen war Maurice Friedmann, ein polnischer Jude. Ich traf ihn erstmals 1956 in Begleitung seiner Gefährtin Uma Devi, einer polnischen Malerin. Beide waren unabhängig voneinander auf den Subkontinent gekommen, um so zu leben wie die Inder. Als wir ins Exil gingen, gehörten sie zu den ersten, die uns ihre Hilfe anboten.

Friedmann war damals bereits ziemlich alt und bei schlechter Gesundheit. Sein Rücken war gekrümmt, und er trug eine Brille mit dicken Gläsern, ein Zeichen dafür, daß seine Sehkraft bereits stark nachgelassen hatte. Aber er hatte wache blaue Augen und einen äußerst scharfen Verstand. Manchmal konnte er einen fast zur Verzweiflung bringen, zum Beispiel, wenn er sich hartnäckig für ein Projekt einsetzte, das gänzlich undurchführbar war. Insgesamt aber waren seine Ratschläge, besonders wenn es um die Errichtung von Kinderheimen ging, äußerst wertvoll. Uma Devi war spiritueller ausgerichtet als Friedmann; auch sie war schon älter und setzte sich bis zum Ende ihres Lebens für die Tibeter ein.

Eine weitere wichtige Persönlichkeit war Herr Lüthi, der für das Schweizer Rote Kreuz arbeitete. Jeder nannte ihn »Pala« (tibetisch für »Papa«). Er war besonders zielstrebig und energisch, eine echte Führernatur, der alle, die für ihn arbeiteten, unter einen großen Leistungsdruck setzte. Die normalerweise eher gelassenen Tibeter hatten ihre liebe Not mit seinen Methoden, und ich weiß, daß sich manche sogar darüber beklagten. Trotzdem war er bei allen beliebt. Ich halte sein Andenken und das von anderen, die mit beispielhaftem Einsatz und vollkommen selbstlos für mein Volk gearbeitet haben, sehr in Ehren.

Ein zentrales Ereignis in den frühen sechziger Jahren war für uns Tibeter der Grenzkrieg zwischen Indien und China im Jahre 1962. Ich war äußerst bedrückt, als die Kämpfe ausbrachen, und in meine Bedrücktheit mischte sich Angst. Damals befand sich unser Umsiedlungsprozeß noch im Anfangsstadium. Viele der Straßenbaustellen lagen in gefährlicher Nähe zum Kriegsschauplatz, weshalb die Arbeiten eingestellt werden mußten. Einige Tibeter mußten nun ein zweites Mal fliehen. Was diese Geschehnisse für uns Tibeter aber besonders schmerzlich machte, war der Umstand, daß wir tatenlos mit zusehen mußten, wie unsere Retter, die Inder, von tibetischem Boden aus von chinesischen Soldaten gedemütigt wurden.

Glücklicherweise war es nur ein kurzer Konflikt, aber dennoch forderte er auf beiden Seiten viele Opfer, ohne daß jemand davon profitiert hätte. Wenn Nehru nun über seine China-Politik nachdachte, mußte er zugeben, daß sich Indien realitätsfernen Illusionen hingegeben hatte. Sein ganzes Leben lang hatte er von einem freien Asien geträumt, in dem alle harmonisch zusammenlebten. Jetzt hatte sich gezeigt, daß das Panch Sheel, kaum zehn Jahre nach seiner Unterzeichnung, ein wertloses Stück Papier war, obwohl dieser äußerst menschliche Mann alles darangesetzt hatte, es zu verwirklichen.

Ich blieb mit Pandit Nehru bis zu seinem Tod im Jahre 1964 in Verbindung. Er hatte nach wie vor großes Interesse am Schicksal der tibetischen Flüchtlinge, besonders an dem der Kinder, deren Erziehung er immer als vorrangige Aufgabe betrachtete. Viele Menschen behaupten, daß der Indien-China-Krieg ihn gebrochen habe, und ich glaube, sie haben recht. Im Mai 1964 sah ich Nehru zum letztenmal. Als ich sein Zimmer betrat, fühlte ich, daß er sich in einem Zustand tiefster innerer Erschütterung befand. Er hatte gerade einen Schlaganfall gehabt und sah, wie er so in seinem Lehnstuhl mit stützenden Kissen unter jedem Arm dasaß, äußerst schwach und mitgenommen aus. Zusätzlich zu diesen äußeren Anzeichen körperlichen Angegriffenseins bemerkte ich jedoch, daß er auch seelisch stark litt. Unsere Zusammenkunft dauerte nicht lange, und ich verließ ihn schweren Herzens.

Noch am selben Tag reiste er nach Dehra Dun ab, und ich fuhr zum Flughafen, um ihm Lebewohl zu sagen. Dort traf ich auch zufällig seine Tochter Indira Gandhi, die ich im Laufe der Jahre seit unserer ersten Begegnung 1954 in Beijing, als sie ihren Vater begleitete, gut kennengelernt hatte. (Damals in Beijing glaubte ich zunächst, daß sie seine Frau sei.) Ich sagte ihr, wie leid es mir täte, ihren Vater in einem gesundheitlich so schlechten Zustand vorzufinden, und daß ich befürchtete, ihn zum letztenmal gesehen zu haben.

Kaum eine Woche später war Nehru tot. Leider konnte ich an seiner Einäscherung nicht teilnehmen. Aber ich war anwesend, als seine Asche am Zusammenfluß dreier Flüsse in Allahabad ausgestreut wurde. Dies war eine große Ehre für mich, da ich mich dadurch seiner Familie sehr nahe fühlte. Dort sah ich auch Indira wieder. Nach der Feier kam sie auf mich zu, schaute mir direkt in die Augen und sagte: »Sie haben es gewußt!«

EIN WOLF IM MÖNCHSGEWAND

Tsering Dölma starb ebenfalls 1964. Ihre Arbeit übernahm nun unsere jüngere Schwester Jetsün Pema, die ebensoviel Mut und Entschlossenheit gezeigt hat. Das Kinderheim gehört heute zum SOS-Kinderdorf Tibetan Children's Village in Dharamsala.

Mit ihren zahlreichen Zweigstellen in den Siedlungen bieten die Kinderdörfer insgesamt über sechstausend Kindern Unterkunft und Schulbildung. Rund ein Viertel von ihnen lebt in dem Kinderdorf in Dharamsala. Anfangs kamen die Gelder für diese Kinderdörfer hauptsächlich von der indischen Regierung. Inzwischen aber stammen die meisten Mittel vom internationalen SOS-Hilfswerk.

Nach dreißig Jahren können wir mit Freude auf die Ergebnisse unserer Bemühungen auf dem Gebiet der schulischen Erziehung blicken. Bisher haben bereits mehr als zweitausend Flüchtlingskinder eine höhere Schulbildung abgeschlossen, die meisten von ihnen in Indien, eine wachsende Anzahl aber auch im Westen. Eingedenk Nehrus Ausspruch, wonach Kinder unser kostbarster Besitz sind, habe ich mich in all den Jahren sehr um unser Erziehungsprogramm bemüht.

Anfangs waren diese Schulen nicht viel mehr als heruntergekommene Gebäude, in denen indische Lehrer buntgemischte Gruppen von Kindern unterrichteten. Inzwischen verfügen wir über eine beachtliche Zahl qualifizierter tibetischer Lehrer. Nach wie vor befinden sich aber noch viele Inder in unserem Lehrkörper. Diesen Männern und Frauen sowie ihren Vorgängern fühle ich mich zu tiefstem Dank verpflichtet. Ich kann gar nicht sagen, wie dankbar ich all jenen bin, die freiwillig einen Großteil ihres Lebens dem Dienst an meinem Volk gewidmet haben, oft unter schlechten Bedingungen und in sehr entlegenen Gegenden.

Um so bedauerlicher ist es, daß viele Kinder, vor allem Mädchen, ihre Schulbildung nicht abschließen. Manchmal liegt dies an ihrem eigenen Desinteresse, manchmal aber auch an der Kurzsichtigkeit der Eltern. Jedesmal, wenn sich die Gelegenheit dazu bietet, sage ich den Eltern, daß sie eine große Verantwortung tragen und ihrer Kinder Hände nicht zu ihrem eigenen kurzfristigen Vorteil nutzen dürfen. Sonst besteht die Gefahr, nur halbgebildete Menschen heranzuziehen, die durch den Mangel an Schulbildung nicht imstande sind, die vielen Gelegenheiten, die das Leben bietet, zu ergreifen. Das kann dann leicht zu Unzufriedenheit oder gar zu Habsucht führen.

Der Nachfolger Pandit Nehrus als Premierminister von Indien war Lal Bahadur Shastri. Obwohl er kaum drei Jahre im Amt blieb, traf ich ihn häufig und lernte ihn im Laufe der Zeit sehr schätzen. Wie Nehru war auch Shastri ein großer Freund der tibetischen Flüchtlinge. Aber mehr noch als Nehru war er ein politischer Verbündeter.

Im Herbst 1965 wurde die Tibet-Frage wieder vor den Vereinten Nationen diskutiert. Der Resolutionsvorschlag stammte diesmal von Thailand, den Philippinen, Malta, Irland, Malaysia, Nicaragua und El Salvador. Auf Shastris Drängen hin stimmte Indien dieses Mal zugunsten Tibets. Während seiner Amtszeit hatte es sogar den Anschein, als würde Indien die tibetische Exilregierung anerkennen. Doch leider lebte der Premierminister nicht lange genug. Und schon bald führte Indien wieder Krieg, diesmal gegen Pakistan. Am 1. September 1965 begannen die Kämpfe.

Da Dharamsala nur rund hundertfünfzig Kilometer von der Grenze zu Pakistan entfernt liegt, konnte ich die tragischen Auswirkungen des Krieges aus nächster Nähe beobachten. Bald nach Kriegsbeginn begab ich mich auf eine meiner vielen Reisen zu den Siedlungen in Südindien. Es war Nacht, und es herrschte ein totales Verdunkelungsgebot. Wir mußten die drei Stunden bis zum Bahnhof von Pathankot ohne Scheinwerfer fahren. Außer uns waren nur Militärfahrzeuge unterwegs, und ich weiß noch, wie traurig ich über die herrschenden Zustände war, die die Zivilbevölkerung dazu zwangen, sich zu verstecken, und das Militär auf den Plan riefen.

Als wir nach schwieriger Fahrt endlich den Bahnhof von Pathankot erreichten, konnte ich das schwere Artilleriefeuer beim nahegelegenen Flughafen hören. Plötzlich ertönte direkt über unseren Köpfen das Getöse der Bomber, und wenige Augenblicke später sprühten die Leuchtspurgeschosse der Luftabwehr zum Himmel hinauf. Es herrschte ein entsetzlicher Lärm, und ich verspürte Angst, aber damit war ich in guter Gesellschaft. Ich habe noch nie in einem Zug gesessen, der einen Bahnhof so fluchtartig verließ wie der unsrige in jener Nacht!

Nach meiner Ankunft im Süden fuhr ich zuerst zur Siedlung Bylakuppe, die ich am 10. September erreichte. Die Bevölkerung dort war inzwischen auf dreitausendzweihundert Menschen angewachsen. Statt der Zelte und provisorischer Unterkünfte gab es jetzt richtige Häuser aus Ziegelstein, die mit Dachziegeln aus jener Gegend gedeckt waren. Es waren Brunnen gebohrt worden, und die Rodungsarbeiten waren abgeschlossen. Dem ursprünglichen Plan entsprechend konnte man nun mit dem Ackerbau beginnen. Jeder Siedler war nomineller Inhaber von einem Acre Land (rund 0,4 Hektar), aber das Land wurde, abgesehen von einem kleinen Teil, der zum privaten Anbau von Obst und Gemüse genutzt wurde, gemeinschaftlich bearbeitet. Angepflanzt wurden vor allem Reis, Mais und Hirse. Ich war sehr glücklich, als ich all die Fortschritte sah. Sie bestätigten meinen Glauben an die Kraft einer positiven Einstellung, wenn diese mit großem Tatendrang verbunden ist.

Insgesamt hatte sich die Lage sehr verbessert. Die Menschen befanden sich nicht mehr am Rande der Verzweiflung, und es war nicht mehr erforderlich, Versprechungen über zukünftige Erfolge zu machen, an die ich oft selbst kaum glaubte. Obwohl die Zielstrebigkeit der Siedler nun ihre Früchte zeigte, hatten sie es noch immer sehr schwer. Anfangs, als wir zusammen mit der indischen Regierung das Siedlungsprogramm aufstellten, hatten wir gehofft, die Flüchtlinge würden innerhalb von fünf Jahren autark sein. Danach sollten die Tibeter ihren Beitrag zur indischen Wirtschaft leisten, indem sie Überschüsse produzierten und diese dann verkauften. In unserem Optimismus übersahen wir jedoch, daß die Tibeter für ihre neue Arbeit nicht ausgebildet waren. Die wenigsten unter ihnen hatten auch nur die geringste Ahnung von Landwirtschaft. Viele der Siedler waren ehemalige Kaufleute, Mönche, Soldaten, Nomaden oder einfache Dorfbewohner, und sie fanden sich nun Seite an Seite bei diesem neuen Unterfangen.

Hinzu kommt, daß die Landwirtschaft in den indischen Tropen eine andere ist als die im Hochgebirge Tibets. So mußten selbst diejenigen, die sich in der Landwirtschaft auskannten, gänzlich neue Methoden erlernen, angefangen vom Umgang mit Ochsen bis hin zur Wartung von Traktoren. Aus diesem Grund waren die Verhältnisse in den Siedlungen auch nach fünf Jahren noch ziemlich rückständig.

Wenn ich aber zurückblicke, erscheint mir die Zeit um die Mitte der sechziger Jahre als Höhepunkt im tibetischen Siedlungsprogramm: Ein Großteil der notwendigen Rodungen war ausgeführt worden, und dank des Internationalen Roten Kreuzes und anderer Hilfsorganisationen genossen die meisten Flüchtlinge zumindest eine elementare medizinische Versorgung. Außerdem waren die landwirtschaftlichen Maschinen noch ziemlich neu, während sie jetzt veraltet sind und dringend ausgetauscht werden müßten.

Bei meinem Besuch im Jahre 1965 hielt ich mich sieben bis zehn Tage in Bylakuppe auf und besichtigte anschließend Mysore, Ootacamund und Madras, um von dort aus weiter nach Trivandrum zu fahren, der Hauptstadt des Bundesstaates Kerala. Kerala weist den geringsten Prozentsatz an Analphabeten in Indien auf. Der Gouverneur lud mich ein, in seiner Residenz zu wohnen, wo ich aufgrund des Krieges im Norden des Landes – in der Zwischenzeit waren bereits zwei Bomben auf Dharamsala gefallen – mehrere Wochen blieb. Diese Zeit lohnte sich aber.

Es ergab sich, daß mein Zimmer im Rajbhavan, der Residenz des Gouverneurs, genau gegenüber der Küche lag. Eines Tages sah ich durch Zufall, wie ein Huhn geschlachtet wurde, das dann anschließend zum Mittagessen serviert wurde. Als man ihm den Hals umdrehte, dachte ich darüber nach, wie sehr das arme Tier leiden mußte. Das Mitgefühl, das ich dabei empfand, brachte mich zu dem Entschluß, Vegetarier zu werden. Wie ich bereits erwähnt habe, sind die Tibeter in der Regel keine Vegetarier, da es in Tibet häufig kein Gemüse gibt und Fleisch folglich eine wichtige Nahrungsquelle bildet. Einigen Mahayana-Texten zufolge sollten jedoch zumindest Mönche und Nonnen Vegetarier sein.

Um meinen Vorsatz auf die Probe zu stellen, bestellte ich dann das Essen. Als es gebracht wurde, schaute ich es mir genau an. Das Huhn war nach englischer Art zubereitet worden, mit Zwiebeln und Sauce;

Ein Wolf im Mönchsgewand   225

es duftete herrlich. Es fiel mir aber nicht schwer, es abzulehnen.
Seitdem lebte ich strikt vegetarisch und verzichtete sogar auf Fisch
und Eier. Diese neue Kost bekam mir sehr gut, und ich war damit äußerst
zufrieden. Schon im Jahre 1954 hatte ich in Beijing mit Zhou Enlai
und einem anderen Politiker bei einem Bankett über die Regeln
vegetarischer Lebensführung diskutiert. Dieser andere Mann behauptete, Vegetarier zu sein; ich sah aber, daß er Eier aß. Ich sprach ihn
darauf an und meinte, daß Eier eigentlich nicht vegetarisch seien, da
die Küken aus Eiern schlüpfen. Er sah das ganz anders, und so hatten
wir eine heftige Diskussion, bis Zhou auf sehr diplomatische Weise
eingriff.

Der Krieg mit Pakistan endete am 10. Januar 1966. Diese gute Nachricht war aber von einer traurigen begleitet: Premierminister Shastri
war in Taschkent gestorben, wohin er sich begeben hatte, um Frie-
densverhandlungen mit dem pakistanischen Präsidenten, Ayub Khan,
zu führen. Er starb wenige Stunden nach der Unterzeichnung des
Friedensvertrages.

Lal Bahadur Shastri hinterließ einen bleibenden Eindruck bei mir.
Obwohl er klein, schmächtig und unscheinbar wirkte, hatte er einen
scharfen Verstand und einen starken Willen. Trotz seiner gebrechlichen Erscheinung war er eine hervorragende Führungspersönlichkeit. Im Gegensatz zu vielen anderen in verantwortungsvoller Position war er mutig und entschlossen. Er wartete nicht ab, wie sich die
Dinge entwickelten, sondern tat alles, sie seinen Vorstellungen entsprechend zu beeinflussen.

Wieder wurde ich zur Einäscherungszeremonie eingeladen, und
diesmal nahm ich auf meiner Rückreise aus Trivandrum daran teil.
Die Zeremonie berührte mich schmerzlich, vor allem, weil es das erste
Mal in meinem Leben war, daß ich einen Toten aus nächster Nähe sah,
auch wenn ich als buddhistischer Mönch den Tod jeden Tag visua-
lisiere. Ich erinnere mich noch daran, wie ich auf den leblosen Körper
oben auf dem Scheiterhaufen blickte und mir in Gedanken noch
einmal alle Eigenschaften Shastris und das, was er mir über sich
persönlich mitgeteilt hatte, vor Augen führte. Auch er war strikter
Vegetarier gewesen, weil er, wie er mir erzählt hatte, als Schuljunge

einmal eine verletzte Taube so lange vor sich hergejagt hatte, bis sie vor Erschöpfung starb. Er war so entsetzt über das, was er getan hatte, daß er sich schwor, nie mehr ein Lebewesen zu essen. So hatte Tibet nicht nur einen wahren und einflußreichen Freund und Indien einen seiner besten Politiker, sondern die Menschheit hatte zugleich eine tief mitfühlende Seele verloren.

Nachdem ich dem Premierminister die letzte Ehre erwiesen hatte, kehrte ich nach Dharamsala zurück. Unterwegs besuchte ich jedoch noch einige der Krankenhäuser in Delhi, in denen Kriegsverwundete untergebracht waren. Die meisten, die ich sah, waren Offiziere. Viele hatten große Schmerzen und litten sehr. Während ich mir zwischen den Bettenreihen einen Weg durch die schluchzenden Angehörigen bahnte, dachte ich, daß das einzige wirkliche Resultat eines Krieges schreckliches menschliches Leid ist. Was man sonst noch durch Krieg erreichen mag, könnte genausogut auf friedlichem Wege erzielt werden. Es war ein schwacher Trost, daß die Verwundeten in jenem Krankenhaus gut versorgt wurden – vielen anderen, die ebenfalls in den Krieg verwickelt worden waren, ging es nicht so gut.

Zwei Wochen später wurde Indira Gandhi als neue Premierministerin vereidigt. Da ich sie praktisch jedesmal gesehen hatte, wenn ich mit ihrem Vater zusammengetroffen war, fühlte ich mich ihr bereits verbunden. Ich habe auch Veranlassung zu glauben, daß sie sich mir verbunden fühlte. Mehr als einmal zog sie mich in schwierigen Situationen ins Vertrauen. Und ich war der Ansicht, daß ich sie gut genug kannte, um mir erlauben zu können, sie zu einem bestimmten Anlaß gegen Ende ihrer ersten Legislaturperiode zu ermahnen, daß es für eine Person in einer politischen Spitzenposition unerläßlich sei, mit dem einfachen Volk in Fühlung zu bleiben.

Ich hatte schon früh gelernt, daß jeder, der regieren will, dem einfachen Volk verbunden bleiben muß. Sonst kann man nur allzu leicht von den Beratern, Beamten und all den anderen, die einen umgeben, irregeführt werden, da sie vielleicht ein persönliches Interesse daran haben, daß man die Dinge nicht so sieht, wie sie wirklich sind.

Wie auch den anderen indischen Premierministern bin ich Indira Gandhi für ihre warmherzige Unterstützung der tibetischen Flüchtlinge zu tiefstem Dank verpflichtet. Sie war Gründungsmitglied der

Tibetan Homes Foundation, die ihren Sitz in Mussoorie hat, und hat sich besonders für Erziehungsfragen engagiert, da sie die Meinung ihres Vaters über die Bedeutung der Schulbildung teilte. Und obwohl viele sie nach Ausrufung des Ausnahmezustands scharf verurteilten und einige sie sogar als Diktatorin hinstellten, möchte ich feststellen, daß sie ihr Amt würdevoll und ohne viel Aufhebens abgetreten hat, als die Wählerschaft im März 1977 ihr Urteil fällte. Das war für mich wieder ein bezeichnendes Beispiel für eine gut funktionierende Demokratie. Dasselbe dachte ich auch bei Präsident Nixon. Wie oft ist ein Machtwechsel Anlaß für Blutvergießen! Es ist das Merkmal eines wirklich zivilisierten Landes, wenn der demokratische Prozeß über persönliche Interessen triumphiert.

Die Innenpolitik der Volksrepublik China bot zu jener Zeit ein ganz anderes Bild. Von der Mitte der sechziger Jahre bis zum Tod Maos im Jahre 1976 erlitt sie – und mit ihr ihre Kolonien – eine Reihe von blutigen und gewaltsamen Umwälzungen. Es vergingen aber viele Jahre, bevor man imstande war, sich ein klares Bild von dieser sogenannten Kulturrevolution zu machen. Es zeigte sich, daß diese Zeit nicht nur eine Phase selbstzerstörerischen Wahnsinns war, sondern daß sie Maos Frau auch die Möglichkeit gab, sich wie eine Kaiserin aufzuführen. Ich sah nun auch, daß die kommunistischen Anführer, von denen ich immer geglaubt hatte, sie seien ein Herz und eine Seele, einander in Wirklichkeit mit allen Mitteln bekämpften.

Zum damaligen Zeitpunkt konnte man allerdings nur ahnen, welches Ausmaß die Kulturrevolution angenommen hatte. Wie viele andere Tibeter wußte ich, daß in unserer geliebten Heimat schlimme Dinge vor sich gingen. Wir erhielten aber keinerlei Nachrichten mehr. Unsere einzigen Informationsquellen waren nepalesische Händler, die gelegentlich über die Grenze durften. Die Nachrichten, die sie uns überbrachten, waren aber meistens schon veraltet. So erfuhr ich zum Beispiel erst mit einem Jahr Verspätung, daß 1969 in verschiedenen Teilen Tibets ausgedehnte Aufstände stattgefunden hatten. Einigen Berichten zufolge waren dabei sogar mehr Menschen ums Leben gekommen als im Jahre 1959.

Inzwischen wissen wir, daß es zu vielen derartigen Unruhen gekommen ist. Ich hatte natürlich keine direkten Kontakte zu den Anführern in Beijing, die zu jener Zeit begonnen hatten, mich einen

»Wolf im Mönchsgewand« zu nennen. Ich wurde zum Hauptangriffspunkt der chinesischen Regierung und in Lhasa regelmäßig als jemand verunglimpft, der sich lediglich als religiöser Anführer ausgab, in Wirklichkeit aber ein Dieb, ein Mörder und ein Vergewaltiger war. Sie deuteten auch an, daß ich Frau Gandhi gewisse recht verblüffende sexuelle Dienste leistete.

Aus diesen Gründen mußten die tibetischen Flüchtlinge eine rund fünfzehn Jahre dauernde Nacht der informationslosen Finsternis durchleben. Die Chancen, wieder in unser Heimatland zurückzukehren, schienen geringer als je zuvor. Aber die Nacht ist ja bekanntlich eine Zeit der Erneuerung, und gerade in jenen Jahren trug das Umsiedlungsprogramm Früchte. Nach und nach konnten immer mehr Menschen den Straßenbau verlassen und in die neuen Siedlungen ziehen, die überall in Indien verstreut lagen. Einige der Flüchtlinge verließen Indien sogar, um irgendwo anders auf der Welt kleine Exilgemeinden zu gründen. Derzeit leben rund tausendzweihundert Tibeter in verschiedenen Teilen Kanadas und in den USA, über zweitausend leben in der Schweiz, hundert in Großbritannien, und einzelne Tibeter haben sich in kleinen Gruppen in fast allen Ländern Europas niedergelassen. Zu ihnen gehört auch eine junge Familie in Irland.

Parallel zu dieser zweiten Umsiedlungswelle eröffnete die tibetische Exilregierung verschiedene Büros im Ausland, das erste in Kathmandu, das zweite in New York, dann kamen Zürich, Tokio, London und Washington. Diese Vertretungen haben die Aufgabe, sich um die Interessen der dort ansässigen Tibeter zu kümmern, und gleichzeitig bemühen sie sich, Informationen über unser Land, unsere Kultur, Geschichte und Lebensweise zu verbreiten.

Im Jahre 1968 traf ich alle Vorbereitungen, um vom Swarg Ashram, wo ich acht Jahre lang gelebt hatte, in einen kleinen Bungalow namens Bryn Cottage umzuziehen. Das Haus selbst war nicht größer als das vorige, es gehörte aber zu einem neuerrichteten Gebäudekomplex, in dem auch meine Privatkanzlei, das Büro des indischen Sicherheitsdienstes, ein kleiner Audienzsaal und ein Büro für meinen eigenen Gebrauch untergebracht waren. Die tibetische Exilregierung war in der Zwischenzeit auf mehrere hundert Beamte angewachsen, deren Büros nun zum Großteil in einen etwas entlegeneren Bürokomplex verlegt wurden. Zur Zeit dieser Umorganisierung bekam auch meine Mutter ein eigenes Häuschen, Kashmir Cottage, wohin sie zunächst aber nur ungern übersiedelte, und so lebte ich von da an wieder wie ein echter Mönch.

Kurz nach meinem Umzug gelang es mir auch, in einem Gebäude nahe meiner Residenz das Kloster Namgyäl neu zu gründen, dessen Mönche bisher in einem kleinen Haus oberhalb von Swarg Ashram untergebracht waren. Und 1970 wurden auch die Arbeiten zur Errichtung eines neuen Tempels, des Tsuglakhangs, abgeschlossen. Dadurch ist es mir nun wieder möglich, die verschiedenen feierlichen Zeremonien des tibetischen Kalenders in einem geeigneten Rahmen abzuhalten. Heute befindet sich unweit vom Kloster Namgyäl die Schule für Buddhistische Dialektik, durch die die Kunst der Disputation in unserer Mönchsgemeinde aufrechterhalten wird. Fast jeden Nachmittag ist der Hof außerhalb des Tempels voller junger Mönche in dunkelroten Roben, die in die Hände klatschen und lachend ihre Köpfe schütteln, während sie sich in Streitgesprächen auf ihre Prüfungen vorbereiten.

Im Jahr 1963 berief ich eine Konferenz aller Oberhäupter der verschiedenen Richtungen des tibetischen Buddhismus ein, zu der auch Vertreter der Bön-Religion geladen wurden. Wir besprachen unsere gemeinsamen Schwierigkeiten und Möglichkeiten, diese zu lösen, damit wir die verschiedenen Aspekte der Kultur des tibetischen Buddhismus erhalten und verbreiten konnten. Am Ende der Konferenz war ich davon überzeugt, daß unsere Religion weiterbestehen würde, wenn wir imstande wären, für die erforderlichen Einrichtungen zu sorgen. Kurz nachdem ich mein eigenes Kloster eingeweiht hatte, konnte ich im südindischen Bundesstaat Karnataka die Klöster Ganden, Drepung und Sera neu gründen, in denen zunächst rund tausenddreihundert Mönche – die Überlebenden von Buxa Duar – ein neues Zuhause fanden.

Jetzt, zu Beginn unseres vierten Jahrzehnts im Exil, haben wir eine blühende Gemeinschaft von über sechstausend Mönchen. Ich würde sogar so weit gehen zu behaupten, daß das zu viele sind; schließlich zählen ihre Fähigkeiten und ihre Hingabe mehr als ihre Anzahl.

Ein weiteres kulturelles Unterfangen gegen Ende der sechziger Jahre war die Gründung der Bibliothek Tibetischer Werke und Archive, die über eine Sammlung von mehr als vierzigtausend Originalbänden in tibetischer Sprache verfügt und außerdem Bücher in tibetischer und englischer Sprache herausgibt. 1990 wurde der zweihundertste Titel auf englisch veröffentlicht. Das Bibliotheksgebäude wurde im traditionell tibetischen Stil erbaut und enthält auch ein kleines Museum mit Stücken, welche von Flüchtlingen nach Indien gebracht worden sind. Unter den spärlichen Dingen, die die Leute aus ihrem Besitz mitbrachten, waren hauptsächlich Thangkas, religiöse Texte und Kunstgegenstände, von denen mir viele als Opfergabe überreicht wurden. Ich wiederum stiftete sie der Bibliothek.

Kurz vor meiner Übersiedlung in mein neues Heim war ich mehrere Wochen lang sehr krank. Als ich nach Ende des Krieges mit Pakistan Anfang 1966 wieder nach Dharamsala zurückkehrte, führte ich voller Begeisterung meine vegetarische Diät weiter. Es gibt nur wenige Gerichte in der tibetischen Küche, die fleischlos sind, und so brauchten meine Köche eine Zeitlang, bis sie imstande waren, sie so zuzubereiten, daß sie auch ohne Fleisch gut schmeckten. Schließlich waren sie aber erfolgreich und fingen an, köstliche Mahlzeiten zuzubereiten. Und mir ging es bestens. Einige meiner indischen Freunde meinten aber, daß es wichtig sei, meine Diät durch viel Milch und verschiedene Sorten von Nüssen zu ergänzen; und so befolgte ich ihren Rat. Das Ergebnis war, daß ich nach zwanzig Monaten plötzlich eine schwere Gelbsucht bekam.

Am ersten Tag mußte ich mich ständig übergeben. Dann verlor ich für zwei bis drei Wochen zur Gänze meinen Appetit und verfiel in einen Zustand der totalen Erschöpfung. Jede Bewegung kostete mich eine Unmenge Kraft. Dazu schien meine Haut in einem leuchtenden Gelb. Ich sah aus wie der Buddha persönlich.

Mit der Zeit flaute die Krankheit wieder ab, aber erst, nachdem ich Unmengen von tibetischen Heilmitteln (über die ich in einem späteren Kapitel mehr sagen werde) eingenommen hatte. Als ich dann wieder Appetit hatte, belehrten mich meine Ärzte, daß ich von nun an weniger Milch trinken, weniger fette Speisen essen und Nüsse von meinem Speiseplan streichen müßte. Außerdem sollte ich wieder Fleisch essen. Sie waren sehr besorgt, daß die Krankheit meiner Leber einen bleibenden Schaden zugefügt hatte, und vertraten die Ansicht,

Ein Wolf im Mönchsgewand   231

wahrscheinlich sei dadurch meine Lebenserwartung reduziert worden. Eine Reihe von indischen Ärzten, die ich daraufhin konsultierte, war derselben Meinung, und so wurde ich gegen meinen Willen wieder ein Fleischesser. Ich esse auch jetzt noch Fleisch, außer zu besonderen Anlässen, wenn meine religiöse Praxis es verbietet. Dasselbe gilt auch für einige Tibeter, die meinem Beispiel folgten und dasselbe Schicksal erlitten.

In meinem neuen Zuhause war ich von Anfang an glücklich. Wie schon Swarg Ashram war auch dieses Gebäude ursprünglich von den Engländern erbaut worden; es steht auf einem Hügel, hat einen eigenen Garten und ist von Bäumen umgeben. Man genießt von dort aus einen herrlichen Blick auf das Dhauladar-Gebirge und über das Tal, in dem Dharamsala liegt. Außer der Tatsache, daß das Areal groß genug ist, daß ich vor rund tausend Menschen Ansprachen halten kann, freut mich daran besonders der Garten. Als ich einzog, machte ich mich gleich an die Arbeit und pflanzte eine Vielzahl von Blumen und Obstbäumen. Ich tat dies alles mit meinen eigenen Händen, denn die Gartenarbeit ist eine meiner Lieblingsbeschäftigungen. Leider gediehen die Bäume nicht sonderlich gut, und die Früchte, die sie hervorbringen, sind eher klein und bitter. Dafür kommen aber viele Vögel zu Besuch.

Mehr noch als im Garten zu arbeiten, genieße ich, den Tieren zuzuschauen. Zu diesem Zweck konstruierte ich eine Art Vogeltisch, der vor dem Fenster meines Arbeitszimmers steht. Damit die größeren Vögel und besonders die Greifvögel nicht zu nahe kommen und die kleineren Vögel erschrecken, ist er von Drähten und Netzen umgeben. Diese Vorrichtung reicht aber manchmal nicht aus. So greife ich gelegentlich zu einem meiner Luftgewehre, die ich mir in Indien zugelegt habe, um diese gierigen Eindringlinge abzuschrekken. Da ich als Kind im Norbulingka viele Stunden damit verbrachte, mit dem alten Luftgewehr des XIII. Dalai Lama zu üben, bin ich ein ziemlich guter Schütze. Natürlich würde ich nie einen Vogel töten, sondern ich will den ungebetenen Gästen nur ein wenig Schmerz zufügen, um ihnen eine Lektion zu erteilen.

Mein Tagesablauf in Bryn Cottage blieb derselbe wie zuvor. Wie jeden Winter besuchte ich die Siedlungen, gab von Zeit zu Zeit Unterweisungen und setzte meine religiösen Studien fort. Außerdem beschäftigte ich mich mit der westlichen Gedankenwelt, besonders auf dem Gebiet der Naturwissenschaften, der Astronomie und der Philosophie.

Ich fand auch meine alte Begeisterung für die Fotografie wieder. Mit dreizehn oder vierzehn Jahren hatte ich mir von Serkong Rinpoche, dem gehbehinderten Tsenshap, eine Box-Kamera kaufen lassen. Anfangs betraute ich ihn mit der Aufgabe, den belichteten Film für mich entwickeln zu lassen. Er brachte ihn dann zu einem Händler und gab vor, daß er von ihm sei – damit ich nicht blamiert wurde, wenn ich etwas fotografiert hatte, was des Dalai Lama nicht würdig war. Der Film wurde von Lhasa nach Indien geschickt, was den Rinpoche immer nervös machte, weil er dafür verantwortlich gemacht worden wäre, wenn sich der Inhalt als unpassend erwiesen hätte. Später richtete ich mir im Norbulingka eine eigene Dunkelkammer ein, und einer meiner Beamten, Jigme Taring, brachte mir bei, wie man Filme selbst entwickelt.

Ein weiteres Hobby, dem ich mich in meinem neuen Zuhause wieder widmen konnte, war das Reparieren von Uhren. Da ich nun über mehr Platz verfügte, richtete ich mir ein Zimmer als Werkstatt ein und besorgte mir das nötige Werkzeug. So weit ich zurückdenken kann, haben Uhren und Gebetskränze immer eine besondere Faszination auf mich ausgeübt. Diesen Zug habe ich mit dem XIII. Dalai Lama gemeinsam. Wenn ich über den Unterschied unserer Charaktere nachdenke, halte ich es oft für unmöglich, daß ich seine Reinkarnation bin; im Hinblick auf unser Interesse für Uhren und Gebetskränze muß ich es aber doch sein!

Als ich noch klein war, trug ich die Taschenuhr meines Vorgängers. Ich sehnte mich aber immer nach einer Armbanduhr, obwohl mir einige Personen davon abrieten. Sobald ich alt genug war, Serkong Rinpoche davon zu überzeugen, daß ich so etwas unbedingt brauchte, richtete ich es ein, daß er für mich auf dem Markt von Lhasa eine Rolex und eine Omega besorgte. So unwahrscheinlich das klingen mag: In jenen Tagen, bevor die Chinesen kamen, uns zu zivilisieren, konnte man in Lhasa Schweizer Uhren erstehen. Es gab nur wenige Dinge, die man damals nicht bekommen konnte. Von englischen Yardley-Seifen bis zu neuesten Ausgaben des *Life*-Magazins konnte man auf dem Markt von Lhasa so ziemlich alles kaufen.

Sobald ich meine Uhren hatte, mußte ich sie selbstverständlich auseinandernehmen. Als ich die vielen winzigen Teilchen sah, aus denen das Uhrwerk bestand, bereute ich zunächst meine Voreiligkeit. Es dauerte aber nicht lange, da hatte ich sie wieder zusammengebastelt und auch gelernt, wie man sie schneller oder langsamer laufen lassen kann.

Nun war ich natürlich überglücklich, endlich eine richtige Werkstatt für mein Hobby zu haben. Ich reparierte eine ganze Menge angeblich hoffnungsloser Fälle für Verwandte und Freunde und habe auch jetzt noch stets mein Werkzeug bereitstehen, obwohl ich kaum noch Zeit zum Basteln finde. Außerdem kann man heutzutage viele Uhren gar nicht mehr öffnen, ohne sie zu zerkratzen. Ich muß wohl einige Uhrenbesitzer enttäuscht haben, denen ich ihre Uhren nicht in ihrem ursprünglichen Zustand zurückgegeben habe, auch wenn sie nun wieder funktionieren.

Mit der modernen Technik habe ich mehr oder weniger Schritt halten können, auch wenn Digitaluhren meine Möglichkeiten übersteigen. Insgesamt habe ich jedoch nur wenige Mißerfolge zu verzeichnen. Einer davon war die wundervolle goldene Patek Philippe, ein Geschenk Präsident Roosevelts. Mit ihren getrennten Laufwerken für den zweiten Zeiger und die Datumsanzeige überforderte sie nicht nur meine Kenntnisse, sondern auch die der professionellen Uhrmacher, denen ich sie bringen ließ. Erst als ich sie vor ein paar Jahren bei einer Reise in die Schweiz persönlich zum Hersteller brachte, war jemand imstande, sie zu reparieren. Zum Glück war sie zum Zeitpunkt meiner Flucht aus Lhasa bei einem indischen Uhrmacher. Erfolglos blieb ich auch bei einer Uhr, die einem Mitglied meiner Regierung gehörte – ich mußte sie ihm leider zerlegt in einem Umschlag zurücksenden.

Vielleicht sollte ich nun die drei Katzen erwähnen, die im Laufe meines Aufenthaltes in Indien zu meinem Haushalt gehörten. Die erste kam gegen Ende der sechziger Jahre zu mir. Sie war ein schwarz-weiß geflecktes Weibchen namens Tsering, die viele gute Eigenschaften hatte und sehr anhänglich war.

Den Lebewesen, die Mitglieder meines Haushaltes werden, lege ich nur wenige Regeln auf, aber Tsering hatte eine Schwäche, die ich als Buddhist nicht tolerieren konnte: Sie konnte es nicht lassen,

Mäuse zu jagen. Ich mußte sie deswegen oft bestrafen, und bei einer solchen Gelegenheit verlor Tsering bedauerlicherweise ihr Leben. Ich ertappte sie, wie sie gerade dabei war, in meinem Haus eine Maus zu töten. Als ich sie anschrie, kletterte sie die Vorhänge empor, verlor dabei den Halt, fiel zu Boden und wurde schwer verletzt. Trotz all der Fürsorge und Pflege, die ich ihr gab, erholte sie sich nicht mehr und starb nach wenigen Tagen.

Nicht lange Zeit danach entdeckte ich im Garten ein kleines Kätzchen, das offenbar von der Mutter ausgesetzt worden war. Ich hob es auf und bemerkte, daß seine Hinterbeinchen verkrüppelt waren, und zwar genau so, wie es Tserings Hinterbeine nach dem Sturz gewesen waren. Ich brachte die Katze ins Haus und kümmerte mich um sie, bis sie nach und nach laufen lernte. Das Tier war wie Tsering ein Weibchen, sehr schön und sogar noch sanftmütiger. Sie verstand sich auch mit den beiden Hunden sehr gut, besonders mit Sangye, an dessen flauschige Brust sie sich gern kuschelte.

Als sie schließlich nach den beiden Hunden starb, beschloß ich, keine Haustiere mehr zu halten. Ling Rinpoche, mein Erster Tutor und selbst ein großer Tierliebhaber, sagte einmal: »Im Endeffekt bereiten Haustiere ihren Besitzern nur zusätzliche Sorgen.« Außerdem sollte man sich als buddhistischer Mönch vor Augen halten, daß es nicht genügt, sein Mitgefühl auf ein, zwei Tiere zu beschränken, wo doch alle Lebewesen unserer Fürsorge und Gebete bedürfen.

Im Winter 1988 erblickte ich dann jedoch ein krankes Kätzchen mit seiner Mutter in der Küche gegenüber dem Haupteingang zu meiner Residenz. Ich nahm es in Pflege. Überraschenderweise war auch diese Katze verkrüppelt, genauso wie ihre beiden Vorgängerinnen. Ich verabreichte ihr tibetische Heilmittel und fütterte sie mit Milch aus einer Pipette, bis sie kräftig genug war, um für sich selbst zu sorgen. Sie gehört inzwischen zu meinem Haushalt und hat sich als eine sehr lebendige und neugierige Kreatur erwiesen. Jedesmal wenn ich Besucher im Hause habe, kommt sie und inspiziert sie sorgfältig. Bisher hat sie, was das Jagen anbelangt, Zurückhaltung gezeigt. Sie scheut sich aber nicht, sich etwas von meinem Eßtisch zu holen, wenn sich dazu die Gelegenheit ergibt.

Was mir aber bei allen Haustieren auffiel, ist ihre Neigung davonzulaufen, sobald sich ihnen die Möglichkeit bietet, und das trotz all der Annehmlichkeiten, die sie zu Hause haben. Das bestärkt mich in dem Glauben, daß der Drang nach Freiheit allen Lebewesen angeboren ist.

Eine der wichtigsten Bereicherungen meiner einunddreißig Exiljahre sind meine Begegnungen mit Menschen aus allen Lebensbereichen. Da Indien ein freies Land ist, hat es nie Einschränkungen gegeben, wen ich sehen durfte und wen nicht. Manchmal habe ich das Glück, wirklich ungewöhnliche Menschen empfangen zu können. Andererseits passiert es aber auch, daß Menschen zu mir kommen, die krank oder sogar geistesgestört sind. Meistens aber besuchen mich gewöhnliche Frauen und Männer. Begegne ich Menschen, versuche ich ihnen, wenn ich kann, zu helfen und auch möglichst von ihnen zu lernen. Nur selten entsteht bei diesen Audienzen eine unangenehme Situation, aber soweit ich mich erinnern kann, habe ich mich stets in Freundschaft von allen, die mich besucht haben, getrennt. Ich glaube, daß dies möglich war, weil ich meinen Besuchern gegenüber immer dieselbe offene Einstellung hatte.

Eine besondere Freude ist es für mich, Männer und Frauen aus anderen Kulturbereichen und Religionen kennenzulernen. Ein berühmtes Beispiel dafür war Jiddu Krishnamurti. Ich fand ihn sehr beeindruckend, scharfsinnig und gelehrt. Obwohl er sanftmütig wirkte, hatte er klare, festumrissene Ansichten über das Leben und seine Bedeutung. Später habe ich viele seiner Anhänger kennengelernt, die von seinen Lehren sehr profitiert haben.

Eine meiner erfreulichsten Erinnerungen aus jener Zeit ist die Begegnung mit dem amerikanischen Trappistenmönch Thomas Merton. Er kam im November 1968 nach Dharamsala, wenige Wochen vor seinem tragischen Tod in Thailand. Wir trafen uns an drei aufeinanderfolgenden Tagen jeweils zwei Stunden lang. Merton war ein athletischer Mann von mittelgroßer Statur und hatte noch weniger Haar als ich, obwohl das nicht an seiner Tonsur lag. Er trug schwere Bergstiefel und hatte einen breiten Ledergürtel um seine weiße Wollkutte gebunden. Noch eindrucksvoller als sein Äußeres war die Spiritualität, die er offenbarte. Er war ein wahrhaft demütiger und tiefreligiöser Mensch. Es war das erste Mal, daß ich bei jemandem, der sich zum Christentum bekannte, eine so starke Spiritualität feststellen konnte. Seither habe ich weitere Christen kennengelernt, die ähnliche Eigenschaften aufwiesen. Aber es war Merton, der mir klarmachte, was es wirklich heißt, ein Christ zu sein.

Unsere Zusammenkünfte fanden in angenehmer Atmosphäre statt. Merton war witzig und gut informiert. Ich bezeichnete ihn als einen katholischen Geshe. Wir diskutierten über intellektuelle und spirituelle Fragen, die uns beide interessierten, und tauschten Informationen über das mönchische Leben aus. Ich war begierig, so viel wie möglich über die klösterlichen Traditionen des Westens zu erfahren. Er erwähnte eine Reihe von Dingen, die mich überraschten, zum Beispiel, daß bei der christlichen Meditation keine bestimmte Körperhaltung eingenommen wird. Nach meinem Verständnis sind die Haltung und sogar das Atmen von außerordentlicher Wichtigkeit beim Meditieren. Wir sprachen außerdem über die Gelübde der christlichen Nonnen und Mönche. Merton seinerseits hatte großes Interesse am Bodhisattva-Ideal. Er hoffte auch, einen Meister zu finden, der ihn in die tantrische Meditation einführen konnte.

Alles in allem war dies ein äußerst nützlicher Meinungsaustausch, nicht zuletzt, weil ich feststellen konnte, daß es zwischen dem Buddhismus und dem Katholizismus viele Ähnlichkeiten gibt. Ich war deshalb besonders traurig, als ich von seinem plötzlichen Tod erfuhr. Merton war ein wichtiger Mittler zwischen unseren beiden sehr verschiedenen religiösen Traditionen. Durch ihn erkannte ich vor allem, daß jede große Religion, die Liebe und Mitgefühl lehrt, gute Menschen hervorbringen kann.

Seit meinem Treffen mit Thomas Merton habe ich sehr gute Kontakte zu anderen Christen geknüpft. Auf meinen verschiedenen Europa-Reisen habe ich in mehreren Ländern Klöster besucht und war jedesmal beeindruckt von dem, was ich sah. Die Mönche, die ich traf, zeigten eine Hingabe an ihre Berufung, die ich sehr bewunderte. Obwohl ihre Anzahl relativ gering ist, habe ich den Eindruck, daß ihre Spiritualität hoch entwickelt ist. Wir Tibeter haben selbst im Exil einen viel größeren Anteil an Mönchen – es sind vier oder fünf Prozent der Exilbevölkerung. Ihre Hingabe ist aber nicht immer so groß wie die der christlichen Mönche.

Ich bin auch davon beeindruckt, wie sich Christen aller Konfessionen in Hilfsorganisationen praktisch betätigen. Es gibt in Indien viele wunderbare Beispiele dafür. Ich finde, daß wir in dieser Beziehung viel von unseren christlichen Brüdern und Schwestern lernen können. Es wäre sehr nützlich, wenn auch die Buddhisten einen ähnlichen Beitrag für die Gesellschaft leisten würden. Ich habe den Eindruck, daß buddhistische Mönche und Nonnen viel über Mitgefühl reden, ohne jedoch konkret etwas dafür zu tun. Ich habe dies schon mehrmals mit Tibetern und auch mit anderen Buddhisten besprochen und bin ein entschiedener Befürworter des Aufbaus ähnlicher Organisationen. Aber so, wie wir von den Christen etwas lernen können, könnten auch sie etwas von uns lernen. Zum Beispiel könnten ihnen die Meditationstechniken und die Konzentrationsübungen, die wir entwickelt haben, in anderen Bereichen des religiösen Lebens von Nutzen sein.

Gegen Ende der sechziger Jahre gab es die ersten Anzeichen dafür, daß mein Traum, alle hunderttausend Flüchtlinge in Indien, Nepal und Bhutan anzusiedeln, eines Tages Wirklichkeit werden könnte. Obwohl die wenigen Informationen, die wir aus Tibet erhielten, mehr als deprimierend waren, blickte ich der Zukunft mit Optimismus entgegen. Es gab aber zwei Ereignisse, die außerhalb meines Einflußbereichs lagen und die mich wieder einmal daran erinnerten, wie prekär unsere Lage trotz allem war.

Da waren zum einen die rund viertausend Flüchtlinge, die sich im Königreich Bhutan niedergelassen hatten. Bhutan ist ein sehr entlegenes Land im Nordosten Indiens und liegt südlich von Zentraltibet. Wie Tibet ist es ein Land mit majestätischen Bergen, und seine Bevölkerung ist ebenso religiös und vertritt dieselbe Form des Buddhismus wie wir. Im Gegensatz zu Tibet ist Bhutan aber ein vollwertiges Mitglied der Vereinten Nationen.

Der frühere König behandelte die Tibeter, die nach Bhutan geflohen waren, sehr gütig und stellte ihnen – mit Unterstützung der indischen Regierung – Transportmittel und Land zur Verfügung. Außerdem half er ihnen, landwirtschaftliche Betriebe aufzubauen. Alles schien sich gut anzulassen, und die Tibeter waren sehr glücklich. Als ich anläßlich der Kalacakra-Initiation in Bodh Gaya im Jahre 1974 eine Gruppe von ihnen traf, hörte ich mit Freude, daß es ihnen gutging. Sie waren voll des Lobes für ihre Gastgeber, besonders für den neuen König, Jigme Wangchuk, der erst kürzlich den Thron bestiegen hatte. Alle waren beeindruckt, mit welcher Reife er die Staatsgeschäfte zu führen wußte.

Aber nur wenige Monate später änderte sich die Lage plötzlich. Zweiundzwanzig führende Persönlichkeiten der tibetischen Gemeinschaft wurden verhaftet, gefoltert und ohne Prozeß in der Hauptstadt Thimbu (Thimphu) in ein Gefängnis geworfen. Lhading, mein persönlicher Vertreter und ein Verwandter des verstorbenen Königs, war auch darunter. Ich war äußerst beunruhigt, als ich dies erfuhr, und meinte, man müsse eine genaue Untersuchung durchführen (obwohl ich dem Vorwurf, diese Menschen hätten sich an einer Verschwörung beteiligt, keinen Glauben schenkte). Es kam aber nie zu solch einer Untersuchung, und der wahre Sachverhalt wurde nie geklärt. Allmählich wurde mir klar, daß diese Tibeter als Sündenböcke für eine interne Angelegenheit der bhutanischen Regierung hatten herhalten müssen.

Das zweite traurige Ereignis betraf die von der CIA ausgebildeten und ausgerüsteten Guerillas, die ihren gewaltsamen Kampf für die Freiheit Tibets fortsetzten. Mehr als einmal habe ich versucht, von Gyalo Thöndup und anderen Einzelheiten über diese Operationen zu erfahren, aber ich habe nie die ganzen Hintergründe herausfinden können. Ich weiß jedoch, daß im Jahre 1960 in Mustang, im nördlichsten Teil Nepals, genau an der Grenze zu Tibet, ein Guerillastützpunkt errichtet wurde. Man hatte unter den Exiltibetern eine mehrere tausend Mann starke Truppe rekrutiert, von denen allerdings nur die wenigsten von der CIA ausgebildet wurden. Leider war die Logistik dieses Stützpunktes nicht gut geplant. Dadurch hatten die Rebellen mit vielen Schwierigkeiten zu kämpfen, die jedoch in keinem Vergleich zu den viel größeren Schwierigkeiten standen, mit denen die außerordentlich tapferen Freiheitskämpfer konfrontiert waren, die den Kampf in Tibet selbst fortführten.

Als der Stützpunkt endlich einsatzfähig war, gelang es den Guerillas, den Chinesen mehrere Male erheblichen Schaden zuzufügen, und einmal konnten sie sogar einen Konvoi vernichten. Bei diesem Angriff erbeuteten die Guerillas ein Dokument, aus dem hervorging, daß vom März 1959 bis zum September 1960 in Lhasa siebenundachtzigtausend Menschen den Tod gefunden hatten.

Die Erfolge der Guerillas hatten insofern eine positive Auswirkung, als dadurch die Moral gehoben wurde. Die Tatsache, daß es keine planmäßigen und wirksamen Folgeoperationen gab, führte möglicherweise dazu, daß die Bevölkerung Tibets noch mehr leiden mußte. Und was noch schlimmer war: Diese Aktivitäten lieferten der chinesischen Regierung den Vorwand für die Behauptung, die tibetische Unabhängigkeitsbewegung beruhe auf der Einmischung fremder Mächte, während sie doch in Wirklichkeit ausschließlich von tibetischer Seite ausging.

Schließlich kündigten die Amerikaner den Guerillas ihre Unterstützung auf, nachdem sie Anfang der siebziger Jahre die Regierung in Beijing offiziell anerkannt hatten. Das zeigt, daß ihre Hilfe eher ein Ausdruck ihrer antikommunistischen Politik als eine ehrlich gemeinte Unterstützung unserer Bestrebungen war, die Unabhängigkeit Tibets wiederherzustellen.

Die Guerillas zeigten sich aber entschlossen weiterzukämpfen. Das veranlaßte die chinesische Regierung, der diese Aktionen sicherlich ein Dorn im Auge waren, von Nepal zu verlangen, die Guerillas in Mustang zu entwaffnen, obwohl es sicherlich Abmachungen zwischen den Tibetern und der nepalesischen Regierung gab. Als sich diese anschickte, dem chinesischen Druck nachzugeben, weigerten sich die Guerillas, ihre Waffen abzugeben, und bekundeten ihre Entschlossenheit weiterzukämpfen, auch wenn sie nun zusätzlich noch gegen die nepalesische Armee kämpfen mußten.

Obwohl ich die Zielstrebigkeit der Guerillas immer bewundert habe, konnte ich ihre Aktivitäten nie gutheißen, und nun wurde mir klar, daß ich eingreifen mußte. Ich wußte, daß ich nur dann eine Chance hatte, bei ihnen etwas zu erreichen, wenn ich persönlich an sie appellierte. So beauftragte ich den ehemaligen Kusung Depön, P. T. Takla, ihren Befehlshabern eine auf Tonband aufgezeichnete Botschaft von mir zu überbringen. Darin erklärte ich, es sei sinnlos, gegen die Nepalesen zu kämpfen, nicht zuletzt deshalb, weil sich in Nepal Tausende von tibetischen Flüchtlingen angesiedelt hätten, die dadurch in Mitleidenschaft gezogen werden würden. Statt dessen sollten sie der nepalesischen Regierung dankbar sein, die Waffen niederlegen und sich friedlich niederlassen. Der tibetische Freiheitskampf müsse aus einer langfristigen Perspektive betrachtet werden.

Anschließend berichtete mir P. T. Takla, viele der Guerillas hätten das Gefühl, verraten worden zu sein. Einige der Anführer zogen es sogar vor, sich selbst die Kehle durchzuschneiden statt abzuziehen. Darüber war ich sehr bestürzt. Natürlich hatte ich gemischte Gefühle, als ich mich an die Freiheitskämpfer richtete. Es schien falsch, so viel Mut, Ergebenheit und Heimatliebe in Frage zu stellen. In meinem Inneren wußte ich aber, daß dies dennoch die richtige Entscheidung war.

Die große Mehrheit der Guerillas legte ihre Waffen auch nieder. Einige von ihnen aber – weniger als einhundert – ignorierten meine Bitte und wurden von der nepalesischen Armee verfolgt, als sie versuchten, die Grenze zu überqueren. Am Ende wurden sie aus dem Hinterhalt überfallen und starben eines gewaltsamen Todes, wie sie es wohl auch erwartet haben mußten. Auf diese Weise endete eines der traurigsten Kapitel in der Geschichte der tibetischen Diaspora.

VON OST NACH WEST

Im Herbst 1967 machte ich meine erste Reise außerhalb Indiens, als ich nach Japan und nach Thailand flog. Seitdem hat meine Reisetätigkeit ständig zugenommen, auch wenn meine Brüder und Schwestern in China oft versucht haben, mir dies zu erschweren. Denn obwohl der Großteil meiner Auslandsreisen rein persönlichen Charakter hat – meist folge ich Einladungen von tibetischen oder buddhistischen Gemeinden im Ausland –, sehen die Chinesen darin unglücklicherweise immer eine politische Aktion. Und wenn mich jemand empfängt oder besucht, dann ist das in den Augen der Behörden von Beijing ein politisches Statement. Aus diesem Grund hat es schon Zeiten gegeben, in denen führende Persönlichkeiten des öffentlichen Lebens davon abgehalten wurden, meine Bekanntschaft zu machen, weil sie befürchteten, das Mißfallen ihrer eigenen Regierung oder Chinas zu erregen.

Damals, während meiner ersten Reise, befand sich der Vietnamkrieg auf seinem Höhepunkt. Ich kann mich noch daran erinnern, wie ich beim Hinflug, als wir gerade unsere Reiseflughöhe erreicht hatten, ein anderes, größeres Flugzeug hinter uns aufsteigen sah. Es war ein B-52-Bomber, und mir wurde schmerzlich bewußt, daß dieses Flugzeug dabei war, seine Ladung nicht einfach über dem Meer, sondern auf Menschen wie mich abzuwerfen. Wie schrecklich, dachte ich, daß selbst auf fast zehntausend Metern Höhe noch Zeichen der Unmenschlichkeit von Menschen gegenüber ihren Mitmenschen zu finden sind.

Daher freute ich mich, als ich nach meiner Landung in Tokio Beweise für andere Seiten im Menschen antraf. Was mir als erstes auffiel, war die außergewöhnliche Sauberkeit und Ordnung. Alles war viel sauberer, als ich es je irgendwo gesehen hatte. Ich stellte sehr bald fest, daß sich diese Betonung der äußeren Ordnung auch auf die

Speisen erstreckte, die immer mit dem auserlesensten Sinn für Ästhetik serviert wurden. Fast hatte ich den Eindruck, daß die Art und Weise, wie die Speisen auf dem Teller arrangiert wurden, für die Japaner wichtiger war als ihr Geschmack. Was mir außerdem sofort auffiel, waren die vielen Autos und Lastwagen, die auf den Straßen der Stadt hin- und herfuhren und Tag wie Nacht Menschen und Güter beförderten. Als ich dies sah, erkannte ich, welch großes positives Potential in der modernen Technik steckt. Mit großem Interesse bemerkte ich auch, daß Japan trotz des beträchtlichen technischen Fortschritts nicht seine traditionelle Kultur und seine althergebrachten Werte aus den Augen verloren hat.

Während meines Japan-Aufenthaltes war ich sehr erfreut, mehrere junge Tibeter zu treffen, die dort ihre Ausbildung als Krankenschwester oder Techniker absolvierten. Es war mir auch ein Vergnügen, einige Japaner kennenzulernen, die Tibetisch sprachen und über gute Kenntnisse über mein Heimatland verfügten. Noch zur Zeit des XIII. Dalai Lama war es üblich, daß japanische Gelehrte nach Tibet kamen, um dort zu studieren. So war es mir ein Vergnügen, daß ich – wenn auch nur als Flüchtling – die Kontakte zwischen unseren beiden Ländern wieder aufnehmen konnte.

Thailand hingegen hinterließ einen gänzlich anderen Eindruck bei mir. Ich fand die Leute dort herrlich unbeschwert, ganz im Gegensatz zu Japan, wo sogar die Kellner ausgesprochen förmlich auftraten. Trotzdem enthielt die thailändische Etikette Regeln, die außerordentlich schwer zu befolgen waren. Thailändischem Brauch zufolge müssen Laien dem Sangha, der Mönchsgemeinschaft, stets ihren Respekt erweisen. Für einen Mönch wäre es aber ein Fauxpas, auf diese Respektsbezeugungen zu reagieren, selbst wenn sich jemand vor ihm auf den Boden werfen sollte. Ich hatte damit die größten Schwierigkeiten. Normalerweise bemühe ich mich immer, Grüße zu erwidern. Während ich also versuchte, mich zurückzuhalten, bemerkte ich oft, wie sich meine Hand immer wieder ganz automatisch zum Gruß erhob.

Bei einem späteren Thailand-Besuch stellte mich diese Verhaltensregel vor ein interessantes Problem, als ich zu einem Mittagessen mit dem König eingeladen wurde. Sollte ich ihm die Hand reichen oder nicht? Vielleicht würde er es unangebracht finden. Niemand wußte so recht Bescheid. Als es dann soweit war, schritt er mir entgegen und schüttelte mir einfach herzlich die Hand.

Sonst machten mir in Thailand nur die Moskitos und die Hitze zu schaffen, die noch überwältigender ist als in Südindien. Daher war es nachts für mich schwierig, Schlaf zu finden.

Einige der ranghöheren Mönche, die ich in Thailand traf, waren sehr eindrucksvoll. Wie in Japan gab es auch hier viel zu besprechen, da unsere jeweiligen Traditionen zahlreiche gemeinsame Praktiken aufweisen. Dabei bemerkte ich, daß der tibetische Buddhismus eine sehr umfassende Form des Buddhismus ist.

Im Jahre 1973 machte ich meine erste Reise nach Europa und Skandinavien. Ich war sechs Wochen unterwegs und besuchte elf verschiedene Länder. Am Ende der Reise war ich total erschöpft. Trotzdem war ich äußerst glücklich, die Gelegenheit gehabt zu haben, so viele neue Orte und so viele neue Menschen kennenzulernen. Ich hatte auch das Vergnügen, einige alte Bekannte wiederzusehen. Besonders freute es mich, Heinrich Harrer wieder zu begegnen. Er war ganz der alte, und sein Sinn für Humor war so derb wie eh und je. Er hatte mich zwar einmal in Dharamsala besucht, aber das war schon lange her, und sein blondes Haar, mit dem ich ihn als Junge immer geneckt hatte, war inzwischen ergraut. Aber sonst hatte er sich in all den Jahren nicht sehr verändert. Ich war noch immer von seinen kräftigen Alpinistenhänden beeindruckt, und obwohl er sich, seit ich ihn zuletzt gesehen hatte, noch mehr Verletzungen zugezogen und einen Unfall bei der Leitung einer Expedition in Neuguinea gehabt hatte, war er bei vollen Kräften.

Meine erste Station auf dieser Reise war Rom, wo ein Treffen mit Seiner Heiligkeit dem Papst geplant war. Als die Maschine zur Landung ansetzte, war ich neugierig zu sehen, ob die Landschaft irgend etwas von den großen Unterschieden verriet, die angeblich zwischen Ost und West existieren. Obwohl ich bereits zahllose Fotos von europäischen Städten gesehen hatte, besonders in meinen Büchern über den Ersten und Zweiten Weltkrieg, war ich mir nicht ganz sicher, was mich erwarten würde. Daher war ich erleichtert, als ich dieselben Bäume, dieselbe Vegetation und dieselben menschlichen Wohnstätten erblickte, wie ich sie vom Osten her kannte. Offenbar waren die Dinge doch nicht so verschieden.

Nach der Landung brachte man mich direkt in den Vatikan. In gewisser Hinsicht gab es, zumindest was das Alter und die Größe betrifft, Ähnlichkeiten zwischen St. Peter und dem Potala. Die Schweizer Garde hingegen fand ich recht merkwürdig; sie sah fast aus, als ob sie zum Dekor gehöre. Mein Gespräch mit Papst Paul VI. war kurz, aber ich nutzte die Gelegenheit, ihm gegenüber zum Ausdruck zu bringen, wie wichtig ich spirituelle Werte für die gesamte Menschheit fand, unabhängig von der jeweiligen Religion. Er stimmte mir vorbehaltlos zu, und wir gingen in bestem Einverständnis auseinander.

Am darauffolgenden Tag flog ich für eine Woche in die Schweiz, wo ich einige der zweihundert Kinder treffen wollte, die von Schweizer Familien adoptiert worden waren. Ich fand, daß sie mir gegenüber schüchtern und verlegen waren. Leider hatten die meisten von ihnen auch die Fähigkeit verloren, Tibetisch zu sprechen. (Bei einem späteren Besuch im Jahre 1979 hatte sich dies verbessert. Die Kinder hatten Tibetischunterricht erhalten und konnten nun zumindest gebrochen Tibetisch sprechen – ungefähr so, wie ich gebrochen Englisch spreche.) Wohl wissend, in welch traurigem Zustand sie sich sechs Jahre zuvor befunden hatten, war ich sehr erfreut, als ich ihre lächelnden Gesichter sah und herausfand, daß die Schweizer sie mit offenen Armen empfangen hatten. Es war offensichtlich, daß sie in einer Atmosphäre von Liebe und Güte aufgewachsen waren.

Dann reiste ich nach Holland weiter, wo ich unter anderem auch einen Rabbiner traf. Wegen der Sprachbarriere war dies ein besonders ergreifendes Erlebnis. Wir unterhielten uns kaum, aber das war auch nicht nötig. In seinen Augen konnte ich all das Leid seines Volkes deutlich erkennen und mußte weinen.

Ich verbrachte zwei Tage in den Niederlanden und nur wenige Stunden in Belgien, bevor ich nach Irland und von dort aus weiter nach Norwegen, Schweden und Dänemark flog, wo ich mich jeweils ein bis zwei Tage aufhielt. Die Zeit war viel zu kurz, um mehr als nur einen flüchtigen Eindruck von all diesen Ländern zu gewinnen. Aber wo immer ich hinging, fand ich dieselbe Gastfreundschaft, dieselbe Herzlichkeit und denselben Wissensdurst gegenüber Tibet. Mir wurde klar, daß mein Land auf viele Menschen dieser Erde einen besonderen Reiz ausübt.

Eine der besonderen Freuden auf dieser Reise war die Gelegenheit, mich persönlich bei einigen unserer Wohltäter bedanken zu können, die Hilfsprogramme für tibetische Flüchtlinge eingerichtet hatten. In Norwegen, Schweden und Dänemark zum Beispiel besuchte ich die Organisationen, die es vierzig jungen Tibetern ermöglicht hatten, als Mechaniker und Landwirte ausgebildet zu werden.

Das Land, in dem ich mich am längsten aufhielt, war Großbritannien. Ich blieb zehn Tage, und in dieser Zeit wurde meine Annahme bestätigt, daß England von allen westlichen Ländern die stärkste Beziehung zu Tibet hat. Zu meiner Überraschung traf ich mehrere ältere Personen, die sich mit mir auf tibetisch unterhalten konnten. Wie sich herausstellte, hatten sie oder ihre Eltern früher einmal als Beamte in Tibet gelebt und gearbeitet. Einer von ihnen war Hugh Richardson, den ich zum letztenmal zehn Jahre zuvor in Dharamsala gesehen hatte.

Während meines England-Aufenthaltes traf ich auch Sir Harold Macmillan, der mich zutiefst beeindruckte. Er war äußerst freundlich und erweckte den Eindruck von Größe, gepaart mit Bescheidenheit, was mir sehr imponierte. Auch er zeigte ein Interesse an spirituellen Werten. Eine andere Person, die ich auf jener Reise kennenlernte, war der Dekan von Westminster, Humphrey Carpenter, der inzwischen ein enger Freund von mir geworden ist (seine Gattin nennt mich jetzt immer »mein Junge«).

Obwohl ich einem Zeitungsbericht in Indien im Jahre 1960 entnommen hatte, Präsident Eisenhower hätte angedeutet, er würde den Dalai Lama empfangen, wenn er nach Amerika käme, ergab eine Nachfrage im Jahre 1972, daß es unter Umständen schwierig wäre, ein Visum zu erhalten. Natürlich war ich sehr neugierig, das Land zu sehen, von dem es heißt, daß es das reichste und freieste auf Erden sei. Die Möglichkeit, dorthin zu reisen, ergab sich aber erst 1979.

Was mich bei meiner Ankunft in New York, meinem ersten Reiseziel in den USA sofort beeindruckte, war die freie Atmosphäre. Die Menschen, die ich traf, schienen alle sehr freundlich, offen und locker. Mir fiel aber auch auf, wie schmutzig und heruntergekommen einige Teile der Stadt waren. Es bedrückte mich auch, so viele Obdachlose zu sehen, die in den Türeingängen Zuflucht suchten. Ich war verwundert, daß es in einem so reichen und wohlhabenden Land so viele Bettler gab. Das erinnerte mich an die Aussagen meiner kommunistischen Freunde in China, daß in Amerika, diesem »imperialistischen Papiertiger«, die Armen zugunsten der Reichen ausgebeutet werden. Eine weitere Überraschung war die Entdeckung, daß nur wenige Menschen mit dem Schicksal Tibets vertraut waren, und das, obwohl ich, wie so viele Asiaten, der Vorstellung anhing, daß die Vereinigten Staaten ein großer Verfechter der Freiheit seien. Inzwischen habe ich das Land besser kennengelernt und sehe, daß das politische System Amerikas seinen Idealen in mancher Hinsicht nicht gerecht wird.

Das soll aber nicht heißen, daß mir dieser erste Amerika-Besuch nicht großen Spaß bereitete und daß ich nicht auch vieles sah, was mich sehr beeindruckte. Ein besonderes Vergnügen war es mir, vor Studenten zu sprechen, die mir immer sehr viel Wohlwollen entgegenbrachten. Ganz gleich, wie schlecht ich mich auf Englisch ausdrückte, ich fand immer eine warmherzige Resonanz, egal, ob die Menschen nun alles verstanden oder nicht. Das half mir, meine Scheu zu überwinden, in dieser Fremdsprache vor Publikum zu sprechen. Inzwischen frage ich mich aber manchmal, ob diese Freundlichkeit nicht mit dazu beitrug, meine Entschlossenheit zu vermindern, mehr Englisch zu lernen. Denn obwohl ich mir dies vorgenommen hatte, merkte ich nach meiner Rückkehr nach Dharamsala, daß mein Vorsatz sich aufgelöst hatte. Infolgedessen ziehe ich es weiterhin vor, mich mit Deutschen, Franzosen oder anderen Europäern zu unterhalten, die wie ich Grammatikfehler machen und mit einem starken Akzent sprechen. Am wenigsten gern spreche ich mit den Engländern selbst, die sich meist sehr zurückhaltend und förmlich geben.

Insgesamt gibt es viel am westlichen Gesellschaftssystem, was mich beeindruckt. Besonders bewundere ich die Tatkraft, die Kreativität und den Wissensdurst der westlichen Menschen. Andererseits erfüllen mich verschiedene Aspekte der westlichen Lebensweise mit Besorgnis. Was mir zum Beispiel auffiel, ist die Tendenz, die Dinge zu vereinfachen und sie in Schwarzweiß- und Entweder-oder-Kategorien zu fassen, wodurch die Zwischentöne und die Relativität der Wahrheit außer acht gelassen werden.

Was ich ebenfalls beobachtete, ist, daß es in den westlichen Ländern sehr viele Menschen gibt, die in den großen Städten ein bequemes Leben führen, aber doch von den Mitmenschen isoliert sind. Mir kommt es seltsam vor, daß Menschen, die in solch einem materiellen Wohlstand leben und Tausende von Brüdern und Schwestern als Nachbarn haben, ihre wahren Gefühle oft nur ihren Hunden und Katzen gegenüber zum Ausdruck bringen können. Ich glaube, daß dies auf einen Mangel an spirituellen Werten hindeutet. Ein Teil des Problems ist wohl das stark ausgeprägte Konkurrenzdenken in diesen Ländern, das Angst und eine tiefverwurzelte Unsicherheit erzeugt.

Beispielhaft für diese Entfremdung ist auch, was ich einmal im Hause eines wohlhabenden Mannes sah, dessen Gast ich auf einer meiner Auslandsreisen war. Er lebte in einem großen Haus, das mit jeder denkbaren Annehmlichkeit und jedem Komfort ausgestattet war. Als ich jedoch ins Badezimmer ging, bemerkte ich im Regal über dem Waschbecken zwei große Pillenbehälter. Der eine enthielt Beruhigungstabletten, der andere ein Schlafmittel. Das zeigte mir wieder einmal, daß materieller Wohlstand allein kein dauerhaftes Glück hervorbringen kann.

Seit meinen ersten Besuchen in den verschiedenen Teilen der Welt bin ich oft wieder in die bereits bereisten Länder zurückgekehrt. Besonders freue ich mich über die damit verbundene Chance, Menschen aus den verschiedensten Lebensbereichen kennenzulernen: Arme, Reiche, Gebildete und Ungebildete, religiöse Menschen und viele, die es nicht sind. Bisher wurde ich immer wieder in meinem Glauben bestätigt, daß die Menschen, wohin man auch geht, überall gleich sind, auch wenn man oberflächlich Unterschiede feststellen kann. Alle möchten, genauso wie ich, glücklich sein und nicht leiden. Jeder Mensch weiß Zuneigung zu schätzen, und gleichzeitig hat jeder die Gabe, anderen Zuneigung zu zeigen. Ich habe die Erfahrung gemacht, daß sich Freundschaft und Verständnis entwickeln können, wenn man sich dies vor Augen hält.

Wie bereits erwähnt, beruhen meine Auslandsreisen normalerweise auf Einladungen. Ich werde auch oft gebeten, Ansprachen zu halten. Meine Reden enthalten drei Komponenten:

Zunächst einmal spreche ich als Mensch über das, was ich als universale Verantwortung bezeichne. Darunter verstehe ich die Verantwortung, die wir gegenüber unseren Mitmenschen, gegenüber allen denkenden und fühlenden Wesen und schließlich gegenüber der Natur haben.

Zweitens versuche ich als buddhistischer Mönch, meinen Beitrag zu einem besseren Verständnis und mehr Harmonie zwischen den verschiedenen Religionen zu leisten. Es ist nämlich meine feste Überzeugung, daß alle Religionen das Ziel haben, die Menschen menschlicher zu machen, und daß sie, trotz der bestehenden philosophischen Unterschiede, die teilweise fundamental sind, alle der Menschheit helfen wollen, glücklich zu werden. Das soll aber nicht heißen, daß ich irgendeine »Weltreligion« oder »Superreligion« befürworte. Vielmehr sehe ich Religion als eine Art Medizin. Für verschiedene Beschwerden verschreiben die Ärzte verschiedene Heilmittel. Da nicht jeder dieselben spirituellen »Leiden« hat, benötigt man verschiedene spirituelle Arzneien.

Drittens und letztens spreche ich als Tibeter und besonders als Dalai Lama über mein Land, mein Volk und meine Kultur, wenn jemand Interesse daran äußert. Aber obwohl ich mich immer sehr ermutigt fühle, wenn sich Menschen für die Situation in meinem Heimatland und das Leiden der Männer und Frauen dort interessieren, und ich mich dadurch in meiner Entschlossenheit bestärkt fühle, den Kampf um Gerechtigkeit weiterzuführen, betrachte ich diejenigen, die uns unterstützen, nicht als »protibetisch«. Ich bezeichne sie vielmehr als »pro-Gerechtigkeit«.

Was mir auf meinen Reisen auffiel, ist das Interesse, das besonders junge Menschen für das, was ich zu sagen habe, zeigen. Vielleicht ist dieser Enthusiasmus auf die ungezwungene Art zurückzuführen, um die ich mich immer bemühe. Außerdem schätze ich den Meinungsaustausch mit jüngeren Zuhörern sehr. Die Fragen, die sie stellen, reichen von der buddhistischen Theorie der Leerheit über meine Vorstellungen über moderne Physik und den Kosmos bis hin zu Sex, Moral und Ethik. Unerwartete und komplizierte Fragen schätze ich ganz besonders. Sie sind für mich eine große Bereicherung, da sie mich zwingen, mich mit etwas zu beschäftigen, auf das ich sonst vielleicht nicht gekommen wäre. Das ist dann wie beim Disputieren.

Was mir auch aufgefallen ist, ist, daß viele Menschen, besonders im Westen, überaus skeptisch veranlagt sind. Das kann sehr positiv sein, aber nur, wenn die Skepsis die Basis für weitere Fragen bildet.

Am skeptischsten von allen sind die Reporter und Journalisten, mit denen ich wegen meiner Position als Dalai Lama unweigerlich viel zu tun habe, besonders wenn ich auf Reisen bin. Obwohl es oft heißt, diese Frauen und Männer von der freien Presse seien hartnäckig und aggressiv, finde ich, daß dies in der Regel nicht zutrifft. Die meisten von ihnen sind im Grunde genommen freundlich, auch wenn die Atmosphäre anfangs manchmal etwas gespannt ist. Nur selten mündet ein Gespräch oder Interview in eine heftige Auseinandersetzung. Ist dies der Fall, höre ich meistens auf, wenn politische Fragen ins Zentrum rücken. Jeder hat ein Anrecht auf seine eigene politische Meinung, und ich sehe es nicht als meine Aufgabe an, die Meinung anderer Leute zu ändern.

Als ich kürzlich wieder einmal im Ausland war, passierte genau dies. Nach der Pressekonferenz meinten einige Leute, der Dalai Lama habe keine guten Antworten gegeben. Das berührte mich aber nicht. Die Leute müssen schon selbst entscheiden, wie sie die Tibet-Frage beurteilen.

Auf meinen Auslandsreisen versuche ich möglichst viele Vertreter anderer Religionen kennenzulernen, um dadurch den gegenseitigen Dialog zu fördern. Bei einer solchen Gelegenheit traf ich christliche Mönche mit demselben Anliegen. Das führte schließlich zu einem Austausch, bei dem tibetische Mönche ein paar Wochen lang in ein christliches Kloster gingen, während eine entsprechende Anzahl von christlichen Mönchen nach Indien kam. Diese Erfahrung war für beide Seiten äußerst nützlich, weil wir dadurch einen besseren Einblick in die Denkweise anderer gewinnen konnten.

Unter den verschiedenen religiösen Persönlichkeiten, die ich kennengelernt habe, möchte ich nur ein paar hervorheben. Der jetzige Papst ist ein Mensch, den ich sehr schätze. Zunächst sorgen unsere irgendwie vergleichbaren Hintergründe für eine gute gemeinsame Basis. Als ich ihm zum erstenmal begegnete, fiel er mir sofort als ein praktischer Mensch auf, der großzügig gesinnt und offen ist. Er ist zweifelsohne ein bedeutendes religiöses Oberhaupt. Jeder, der wie Papst Johannes Paul II. imstande ist, jemanden, der einen Mordversuch auf ihn verübte, einen Bruder zu nennen, muß spirituell hoch entwickelt sein.

Für Mutter Teresa empfinde ich ebenfalls den größten Respekt. Ich traf sie 1988 auf dem Flughafen von Delhi nach meinem Rückflug von einer Konferenz in Oxford, an der sie auch teilgenommen hatte. Sofort fiel mir ihre demutsvolle Haltung auf, und aus buddhistischer Sicht könnte man sie als einen Bodhisattva bezeichnen.

Eine weitere Person, die ich als einen sehr fortgeschrittenen spirituellen Meister betrachte, ist ein katholischer Mönch, den ich in seiner Einsiedelei in der Nähe des Montserrat in Spanien besuchte. Er hatte bereits viele Jahre dort verbracht, lebte wie ein indischer Yogi und ernährte sich nur von Brot, Wasser und ein wenig Tee. Er sprach fast kein Englisch, aber ich konnte in seinen Augen sehen, daß ich einen außergewöhnlichen Menschen vor mir hatte, einen, der seine Religion wirklich praktizierte. Als ich ihn fragte, worüber er denn meditiere, antwortete er einfach: »Liebe«. Seitdem vergleiche ich ihn immer mit Milarepa, dem tibetischen Meister, der den Großteil seines Lebens in Höhlen verbrachte, in denen er meditierte und religiöse Verse spontan dichtete.

Ein anderes religiöses Oberhaupt, mit dem ich einige fruchtbare Gespräche geführt habe, ist der scheidende Erzbischof von Canterbury, Dr. Robert Runcie (an dessen tapferen Gesandten Terry Waite ich in meinen Gebeten immer denke). Wir sind beide der Ansicht, daß Religion und Politik eng miteinander verflochten sind und daß es die Aufgabe der Religion ist, der Menschheit zu dienen und dabei die Wirklichkeit im Auge zu behalten. Es reicht nicht aus, wenn sich religiöse Menschen ins Gebet vertiefen. Nein, sie haben die moralische Verpflichtung, nach Kräften zur Lösung der Probleme dieser Welt beizutragen.

Ich erinnere mich an einen indischen Politiker, der hierzu meinte: »Wir sind doch Politiker, keine religiösen Menschen. Unser wichtigstes Anliegen ist, den Menschen durch Politik zu dienen.« Ich entgegnete darauf: »Die Politiker brauchen die Religion noch mehr als ein Einsiedler, der in Klausur lebt. Wenn der Einsiedler aus einer falschen Motivation heraus handelt, schadet er niemandem außer sich selbst. Wenn aber jemand, dessen Entscheidungen die ganze Gesellschaft beeinflussen, von einer falschen Motivation geleitet wird, werden dadurch viele Menschen in Mitleidenschaft gezogen.«

Für mich gibt es keinen Widerspruch zwischen Politik und Religion. Denn was ist die Religion? Für mich ist jede Handlung religiös, die einer redlichen Einstellung entspringt. Umgekehrt verrichten Menschen, die gemeinsam in einem Tempel oder in einer Kirche beten, keine religiöse Handlung, wenn ihre Motive nicht rechtschaffen sind.

Obwohl ich es nicht darauf angelegt hatte, konnte ich auf meinen Reisen auch eine Reihe von Politikern kennenlernen. Einer von ihnen war Edward Heath, der frühere britische Premierminister, den ich insgesamt viermal getroffen habe. Ähnlich wie Nehru schien er bei unserer ersten Begegnung verlegen. Die anderen drei Male aber hatten wir lange und freimütige Diskussionen über Tibet und China, in denen sich Heath begeistert über die Fortschritte Chinas im Bereich der Landwirtschaft äußerte. Als jemand, der im Gegensatz zu mir vor nicht allzulanger Zeit in Tibet gewesen war, meinte er auch, daß ich verstehen müsse, daß sich in meinem Heimatland vieles geändert habe, besonders was die Bedeutung des Dalai Lama für die Bevölkerung betreffe. Seiner Meinung nach nahm diese vor allem bei der jüngeren Generation ständig ab.

Das war eine sehr interessante Ansicht aus dem Munde eines erfahrenen Politikers, der zudem weitreichende Kontakte zu Beijing hat. Trotzdem erklärte ich ihm, daß ich mir nicht um die Stellung des Dalai Lama Sorgen mache, sondern um die Rechte von sechs Millionen Menschen, die im besetzten Tibet lebten. Und ich ergänzte, daß meines Wissens die Begeisterung für den Dalai Lama unter jungen Menschen in Tibet größer denn je sei und daß mein Exil das tibetische Volk auf eine Weise vereint habe, die früher undenkbar gewesen wäre.

Trotz unserer unterschiedlichen Auffassungen haben wir noch Kontakt, und ich schätze Edward Heaths profunde weltpolitische Kenntnisse. Zugleich bin ich aber von der Wirksamkeit der chinesischen Propaganda beeindruckt, die selbst einen so erfahrenen Politiker wie ihn falsch zu informieren und zu täuschen vermag.

Ein interessantes Phänomen der letzten beiden Jahrzehnte ist das wachsende Interesse, das dem Buddhismus in westlichen Ländern entgegengebracht wird. Ich messe dem keine besondere Bedeutung bei, es freut mich aber, daß es inzwischen weltweit mehr als fünfhundert tibetisch-buddhistische Zentren gibt, viele davon in Nordamerika und Europa. Eins möchte ich dazu aber noch bemerken: Ich bin immer froh, wenn jemand aus der Anwendung buddhistischer Methoden einen Nutzen zieht; was aber den Wechsel von einer Religion zu einer anderen betrifft, sollte sich der Betreffende dies zuvor sehr gut überlegen. Wenn sich jemand vorschnell in eine neue Religion stürzt, kann dies zu erheblichen inneren Konflikten führen, die sich nur schwer lösen lassen.

Trotzdem habe ich selbst in Gegenden, in denen der Buddhismus noch kaum bekannt ist, zuweilen für alle, die daran teilnehmen wollten, religiöse Zeremonien durchgeführt. Beispielsweise habe ich in verschiedenen Ländern die Kalacakra-Initiation vollzogen. Damit wollte ich nicht nur Einblick in die tibetische Denk- und Lebensweise geben, sondern auch einen inneren Beitrag zum Weltfrieden leisten.

Weil nun schon von der Verbreitung des Buddhismus im Westen die Rede ist, möchte ich erwähnen, daß ich unter den neuen Anhängern eine gewisse Tendenz zum Sektierertum festgestellt habe. Sich von anderen abzugrenzen, ist aber absolut falsch. Die Religion sollte nie zur Quelle von Konflikten werden und ein weiterer Grund für Uneinigkeit zwischen den Menschen sein. Aus Respekt vor dem Beitrag, den andere Religionen leisten können, um die Menschen glücklich zu machen, habe ich selbst schon an deren religiösen Zeremonien teilgenommen. Dem Beispiel vieler großer Lamas der Vergangenheit und Gegenwart folgend, lasse ich mich auch von Meistern der verschiedensten Schulen des tibetischen Buddhismus unterweisen. Es stimmt zwar, daß von manchen Schulen der Standpunkt vertreten wird, es sei wünschenswert, der eigenen Tradition treu zu sein; trotzdem hatten die Menschen immer die Freiheit, sich so zu verhalten, wie sie es für richtig hielten. Abgesehen davon waren die Tibeter anderen Glaubensrichtungen gegenüber schon immer tolerant. Zum einen gab es in Tibet eine blühende muslimische Gemeinde, zum anderen aber auch eine Reihe von christlichen Missionen, die sich dort ohne Schwierigkeiten niederlassen konnten. Ich bin deshalb sehr für Toleranz und Offenheit. Sektierertum ist Gift!

Ich selbst versuche mein Leben nach dem Bodhisattva-Ideal auszurichten. Nach buddhistischer Anschauung ist ein Bodhisattva jemand auf dem Weg zur Buddhaschaft, der sein ganzes Leben der Aufgabe widmet, alle anderen Wesen vom Leid zu befreien. Man versteht den Ausdruck besser, wenn man seine beiden Bestandteile betrachtet: *Bodhi* bezeichnet die Weisheit, die aus der Einsicht in das eigentliche Wesen der Wirklichkeit erwächst, und ein *Sattva* ist jemand, dessen Antriebskraft ein allumfassendes Mitgefühl ist. Das Bodhisattva-Ideal ist deshalb das Streben, in unendlicher Weisheit unendliches Mitgefühl zu üben. Um mir diese Aufgabe zu erleichtern, habe ich beschlossen, ein buddhistischer Mönch zu sein. Für tibetische Mönche gibt es 253 Vorschriften (für tibetische Nonnen sind es 364). Indem ich diese so genau wie möglich befolge, befreie ich mich von vielen Ablenkungen und Sorgen des täglichen Lebens. Einige dieser Vorschriften beziehen sich auf die Etikette – zum Beispiel, in welchem Abstand ein Mönch hinter dem Abt seines Klosters gehen soll; andere beinhalten Verhaltensregeln. Die vier grundlegenden Gelübde sind einfache Verbote: Ein Mönch darf nicht töten, stehlen oder lügen, wenn es um seine spirituelle Entwicklung geht. Er muß auch strikte Keuschheit üben. Wenn er eine dieser Vorschriften übertritt, ist er kein Mönch mehr.

Manchmal werde ich gefragt, ob das Keuschheitsgelübde wirklich wünschenswert ist und ob es überhaupt möglich ist, es einzuhalten. Es genügt wohl, wenn ich sage, daß es bei seiner Befolgung nicht nur darum geht, sexuelle Gelüste zu unterdrücken. Im Gegenteil, es ist notwendig, ihr Vorhandensein schlicht zu akzeptieren und sie durch einen Bewußtseinsprozeß zu transzendieren. Gelingt einem das, kann sich dies positiv auf den Geist auswirken. Das Problem bei den sexuellen Wünschen ist, daß sie blind sind. Wenn man sagt:»Ich will mit dieser Person schlafen«, dann drückt das einen Wunsch aus, der nicht vom Willen gesteuert ist wie etwa der Wunsch:»Ich will die Armut auf der Welt ausrotten.« Außerdem kann die Befriedigung sexueller Wünsche immer nur eine vorübergehende Erfüllung bringen. Der große indische Gelehrte Nagarjuna meinte:

»Wenn es einen juckt, dann kratzt man sich.
Besser als jede Menge Kratzen
Ist aber, wenn es einen überhaupt nicht juckt.«

Was meine tägliche Ausübung der Religion betrifft, verbringe ich mindestens fünfeinhalb Stunden am Tag mit Gebet, Meditation und

Studium. Außerdem bete ich sooft wie möglich auch zwischendurch, zum Beispiel während des Essens und beim Reisen. Im letzteren Fall habe ich dafür drei gute Gründe: Erstens trägt es zur Verrichtung meiner täglichen Pflicht bei, zweitens hilft es, die Zeit produktiv zu verbringen, und drittens besänftigt es die Angst! Was aber am wichtigsten ist: Als Buddhist sehe ich keinen Unterschied zwischen religiöser Praxis und täglichem Leben. Religiöse Praxis ist eine Vierundzwanzig-Stunden-Beschäftigung. Entsprechend gibt es auch Gebete für jede Tätigkeit – vom Aufwachen über das Waschen und Essen bis zum Schlafengehen. Für Menschen, die Tantra praktizieren, sind die im Schlaf und während des Traumzustands verrichteten Übungen die wichtigste Vorbereitung auf den Tod.

Für mich ist der frühe Morgen die beste Zeit für religiöse Übungen. Der Geist ist dann am klarsten und schärfsten. Ich stehe deshalb gegen vier Uhr auf. Beim Aufwachen beginne ich den Tag mit dem Aufsagen von Mantren. Dann trinke ich heißes Wasser und nehme meine Medizin ein, worauf ich dann eine halbe Stunde lang zur Verehrung der Buddhas Niederwerfungen vollziehe. Das hat einen doppelten Zweck: Erstens hat es positive Auswirkungen auf das Bewußtsein – immer vorausgesetzt, man hat redliche Beweggründe –, und zweitens dient es der Körperertüchtigung. Nach den Niederwerfungen wasche ich mich und sage auch dabei Gebete auf. Dann gehe ich meistens ins Freie und mache einen Spaziergang, wobei ich wiederum Gebete rezitiere. Gegen Viertel nach fünf frühstücke ich. Für diese recht ausgiebige Mahlzeit nehme ich mir rund eine halbe Stunde Zeit, lese dabei aber religiöse Texte.

Von Viertel vor sechs bis gegen acht Uhr meditiere ich; meine einzige Unterbrechung ist um halb sieben, wenn ich mir im BBC World Service die Nachrichten anhöre. Von acht bis zwölf Uhr befasse ich mich mit buddhistischer Philosophie. Bis zum Mittagessen um halb eins lese ich entweder Zeitung oder studiere Akten; während des Essens lese ich dann wieder religiöse Texte. Daraufhin begebe ich mich in mein Büro, wo ich mich um die Regierungsgeschäfte und anderes kümmere und bis siebzehn Uhr Audienzen gebe. Es folgt eine weitere kurze Periode der Meditation und des Gebets, sobald ich wieder zu Hause bin. Wenn es etwas Sehenswertes im Fernsehen gibt, schaue ich es mir an, bis ich dann um achtzehn Uhr Tee trinke. Dabei

Von Ost nach West

lese ich wieder religiöse Texte. Anschließend bete ich nochmals bis höchstens einundzwanzig Uhr und gehe dann zu Bett.

Natürlich gibt es Abweichungen von dieser Routine. Manchmal nehme ich am Vormittag an einer Puja teil oder gebe am Nachmittag eine Unterweisung. Aber es kommt nur selten zu Änderungen meiner morgendlichen und abendlichen Meditations- und Gebetszeit.

Der inhaltliche Ablauf meiner täglichen Praxis ist ganz einfach. Zuerst nehme ich bei meinen Niederwerfungen Zuflucht zum Buddha, zum Dharma und zum Sangha, der Gemeinschaft. Der nächste Schritt ist das Entfalten von Bodhicitta, dem gütigen Herzen. Dafür hält man sich erst den ständigen Wandel und die Vergänglichkeit aller Dinge vor Augen und erfaßt dann das wahre Wesen der Existenz, das Leiden. Auf dieser Basis ist es möglich, Nächstenliebe zu entwickeln.

Um Mitgefühl oder Nächstenliebe in mir zu erzeugen, führe ich bestimmte geistige Übungen aus, welche die Liebe zu allen Lebewesen, besonders zu meinen Feinden, steigern. Ich denke zum Beispiel daran, daß es die Taten von Menschen sind, die sie mir als Feinde erscheinen lassen, und nicht die Menschen selbst. Wenn sie ihr Verhalten ändern würden, könnten diese Menschen genausogut zu meinen Freunden werden.

Der Rest meiner Meditation beschäftigt sich mit Shunyata oder Leerheit; dabei richte ich meine ganze Aufmerksamkeit darauf, was gegenseitige Abhängigkeit in all ihren Nuancen bedeutet. Zu dieser Praxis gehört auch der sogenannte »Gottheiten-Yoga« (tib. lhä näljor), bei dem ich verschiedene Mandalas benutze, um mich selbst im Geist als eine Abfolge von verschiedenen (Meditations-)Gottheiten zu sehen (die man aber keineswegs als eigenständige äußere Wesen mißverstehen darf). Dabei konzentriere ich mich so intensiv, daß mein Bewußtsein nicht mehr durch äußere Sinneseindrücke abgelenkt wird. Ich bin aber nicht etwa in Trance, denn mein Geist bleibt hellwach. Ich befinde mich vielmehr in einem Zustand reinen Bewußtseins. Was genau ich damit meine, ist schwer zu erklären, so wie es für einen Wissenschaftler schwierig ist, die Bedeutung des Raum-Zeit-Verhältnisses in Worten auszudrücken, denn beides entzieht sich der Alltagserfahrung des normalen Menschen. Es mag daher genügen, wenn ich sage, daß dies keine leichte Übung ist. Man braucht viele Jahre, bis man sie beherrscht.

Ein wichtiger Aspekt meiner täglichen Praxis ist die Beschäftigung mit dem Tod. Meiner Ansicht nach gibt es im Leben zwei Möglichkeiten, sich mit dem Tod auseinanderzusetzen. Man kann den Tod zum Beispiel ignorieren und die Vorstellung vom Tod für eine Zeitlang verdrängen. Oder man kann sich dem stellen, daß man selbst einmal sterben muß, die Aussicht auf den eigenen Tod analysieren und dadurch das Leiden, das dies unweigerlich verursacht, abbauen. Keiner dieser Ansätze ermöglicht es uns, den Tod zu besiegen, aber als Buddhist sehe ich den Tod als einen normalen Bestandteil des Lebens, und ich akzeptiere ihn als Realität, die eintreten wird, solange ich mich im Existenzkreislauf, im Samsara, befinde. Da ich ihm ohnehin nicht entrinnen kann, sehe ich keinen Grund, mir Sorgen darüber zu machen. Für mich ist der Tod so wie das Wechseln der Kleider, wenn sie alt und zerschlissen sind. Er ist nichts Endgültiges, aber auch nicht voraussagbar – wir wissen weder wann noch unter welchen Umständen er eintreten wird. So kann es nur hilfreich sein, bestimmte Vorkehrungen zu treffen, bevor es tatsächlich soweit ist.

Als Buddhist glaube ich außerdem, daß das Erlebnis des Todes von größter Wichtigkeit ist. Gerade beim Sterben kann es nämlich zu den tiefsten und heilsamsten Erfahrungen kommen. Aus diesem Grunde scheiden viele der großen spirituellen Meister gerade während der Meditation aus dem Leben. Es geschieht dann oft, daß sich ihre Körper erst lange, nachdem sie schon klinisch tot sind, zu zersetzen beginnen.

Meine spirituelle »Routine« ändert sich nur, wenn ich in Klausur gehe. Dann führe ich zusätzlich zu meiner alltäglichen Praxis noch besondere Meditationen durch. Diese ersetzen meine üblichen Meditationen und das Studium der buddhistischen Philosophie zwischen dem Frühstück und dem Mittagessen, die nun auf den Nachmittag verlegt werden. Nach dem Tee bleibt alles gleich. Es gibt aber keine unumstößlichen Regeln. Manchmal zwingen mich äußere Umstände, mich während der Klausur mit amtlichen Dingen auseinanderzusetzen oder Audienzen zu gewähren. In solchen Fällen opfere ich gelegentlich auch einen Teil meiner Nachtruhe, um alles unterzubringen.

Eine Klausur ermöglicht es einem Menschen, sich ganz auf seine innere Entwicklung zu konzentrieren. Leider finde ich aber kaum Gelegenheit dazu. Ich kann schon von Glück reden, wenn ich in

einem Jahr zweimal je eine Woche dafür aufbringen kann, auch wenn
es mir das eine oder andere Mal sogar gelungen ist, etwa einen Monat
dafür zu finden. 1973 verspürte ich den starken Wunsch, mich für
drei Jahre in Klausur zu begeben; aber die Umstände erlaubten es
nicht. Ich wünsche mir jedoch sehr, daß es eines Tages noch dazu
kommen wird. In der Zwischenzeit muß ich mich mit Kurzklausuren
begnügen, in denen ich meine Batterien auflade. Eine Woche reicht
nicht aus, um wirkliche Fortschritte zu machen oder sich weiter-
zuentwickeln. Es ist aber gerade lange genug, mich zu regenerieren.
Um den Geist zu schulen, benötigt man viel mehr Zeit. Das ist einer
der Gründe dafür, weshalb ich mich noch immer auf der Anfangsstufe
der spirituellen Entwicklung sehe.

Eine der Hauptursachen, weshalb ich nicht imstande bin, mehr
Zeit für Klausuren zu finden, ist meine rege Reisetätigkeit. Das bereue
ich aber nicht. Durch das Reisen kann ich meine Erfahrungen und
meine Hoffnungen viel mehr Menschen mitteilen, als dies sonst möglich wäre. Auch wenn ich es immer vom Standpunkt eines buddhistischen Mönchs aus tue, heißt das noch lange nicht, daß ich glaube,
man könne sich und anderen nur durch den Buddhismus zum Glück
verhelfen. Im Gegenteil, ich glaube, daß dies sogar für Menschen
möglich ist, die keiner Religion angehören. Ich nehme den Buddhismus nur als Beispiel, weil alles in meinem Leben den Glauben an
seine Gültigkeit bestärkt hat. Außerdem kenne ich mich auf diesem
Gebiet ein wenig aus, da ich schon seit meinem sechsten Lebensjahr
Mönch bin.

ÜBER MAGIE UND GEHEIMNIS

Oft werde ich zu den »magischen« Aspekten des tibetischen Buddhismus befragt. Viele Menschen aus westlichen Ländern wollen wissen, ob die Bücher, die Autoren wie Lobsang Rampa über Tibet geschrieben haben und in denen okkulte Praktiken beschrieben werden, der Wahrheit entsprechen. Diese Menschen wollen auch wissen, ob Shambala, ein legendäres Königreich, das in einigen religiösen Texten erwähnt wird und das angeblich irgendwo in den Einöden Nordtibets versteckt liegt, wirklich existiert. Außerdem erhielt ich in den frühen sechziger Jahren einen Brief von einem bedeutenden Wissenschaftler, der schrieb, er habe gehört, gewisse hohe Lamas seien imstande, Wundertaten zu vollbringen, und so wolle er sich erkundigen, ob er nicht Experimente durchführen könne, um festzustellen, ob das auch wirklich stimme.

Meine Antwort auf die ersten beiden Fragen lautet gewöhnlich, daß die meisten dieser Bücher der schöpferischen Phantasie ihrer Autoren entspringen, wohingegen das Königreich Shambala zwar existiert, aber nicht im herkömmlichen Sinne. Ebenso wäre es falsch zu leugnen, daß bestimmte tantrische Praktiken tatsächlich mysteriöse Phänomene hervorbringen. Aus diesem Grund hätte ich jenem Wissenschaftler fast geschrieben und ihm mitgeteilt, daß es stimme, was er gehört habe, und daß ich mit dem Experimentieren einverstanden sei, daß ich ihm aber leider zugleich mitteilen müsse, daß die Person, an der man diese Experimente durchführen könnte, noch nicht existiere. Es gab zu jener Zeit verschiedene triftige Gründe, weshalb es nicht möglich war, an Experimenten dieser Art teilzunehmen.

Seither habe ich aber einer Reihe von wissenschaftlichen Untersuchungen über das Wesen bestimmter Techniken zugestimmt. Die ersten wurden von Dr. Herbert Benson durchgeführt, der zur Zeit Leiter des Instituts für Verhaltensforschung an der Harvard Medical

School in den USA ist. Als ich ihn bei meinem Amerika-Besuch im Jahre 1979 traf, berichtete er mir, daß er gerade an einer Studie zur Analyse der »Entspannungsreaktion«, wie er es nannte, arbeite, einem physiologischen Phänomen, das man bei Menschen in der Eintrittsphase eines meditativen Zustandes beobachten kann. Er war der Ansicht, das Verständnis dieses Prozesses könne durch Tests mit Menschen, die in der Meditation weit fortgeschritten seien, vertieft werden.

Da ich von der Nützlichkeit der modernen Wissenschaft überzeugt bin, beschloß ich nach einigem Zögern, ihm derartige Experimente zu gestatten. Ich wußte, daß dies bei vielen Tibetern ein ungutes Gefühl hervorrief, weil sie die Ansicht vertraten, daß die betreffenden Techniken geheimgehalten werden sollten, da sie auf Geheimlehren beruhten. Diesen Bedenken hielt ich entgegen, daß die Ergebnisse einer solchen Forschungsarbeit nicht nur der Wissenschaft, sondern möglicherweise auch religiösen Menschen in ihrer Praxis und dadurch der Menschheit im allgemeinen zugute kommen würden.

Wie es sich herausstellte, konnte Dr. Benson einige außergewöhnliche Entdeckungen machen, die in mehreren Büchern und wissenschaftlichen Journalen – zum Beispiel der Zeitschrift *Nature* – veröffentlicht wurden. Um die Untersuchungen durchführen zu können, kamen er und zwei Assistenten mit komplizierten Meßgeräten nach Indien. Sie führten ihre Experimente an einigen Mönchen in ihren Einsiedeleien in der Umgebung von Dharamsala, in Sikkim und in Ladakh durch.

Diese Mönche praktizierten eine bestimmte Form der Meditation, die sich Tum-mo-Yoga nennt und mit deren Hilfe man die Fähigkeit in verschiedenen tantrischen Disziplinen feststellen kann. Dadurch, daß sich der Meditierende auf seine Cakras (Energiezentren) und Nadis (Energiebahnen) konzentriert, kann er die weniger subtilen Bewußtseinsebenen steuern und vorübergehend ausschalten, wodurch gewisse andere, subtilere Bewußtseinsebenen erfahren werden können. Die buddhistischen Texte sprechen von einer Vielzahl von Bewußtseinsebenen. Die grobstofflichen beziehen sich auf die gewöhnlichen Wahrnehmungen – Berührung, Sicht, Geruch usw. –, während die subtilsten beim Sterben erfahren werden. Eines der Ziele des Tantra ist es, den Übenden so weit zu bringen, daß er bereits vor dem Tod

Über Magie und Geheimnis

diese subtilsten Bewußtseinsebenen erfahren kann, weil so die tiefsten spirituellen Erfahrungen gemacht werden.

Werden die weniger subtilen Bewußtseinsebenen ausgeschaltet, kann man interessante physiologische Veränderungen beobachten. Dr. Benson konnte in seinen Experimenten zum Beispiel feststellen, daß sich die Körpertemperatur (im Rektum und auf der Haut gemessen) um bis zu zehn Grad Celsius erhöht. Dadurch war es möglich, daß die Mönche selbst bei Temperaturen von unter null Grad Bettlaken trocknen ließen, die zuvor in kaltes Wasser getaucht und dann um die Mönche gewickelt worden waren. Dr. Benson beobachtete (und testete) auch meditierende Mönche, die nackt im Schnee saßen. Er stellte fest, daß sie eine ganze Nacht ruhig dasitzen konnten, ohne daß ihre Körpertemperatur absank. Die Sauerstoffaufnahme reduzierte sich während dieser Meditationen auf ungefähr sieben Atemzüge pro Minute.

Unsere Kenntnisse über den menschlichen Körper und seine Funktionsweise reichen noch nicht aus, um solche Phänomene zu erklären. Dr. Benson glaubt, daß die dazugehörigen mentalen Prozesse es dem Meditierenden ermöglichen, bestimmte Fettdepots im Körper zu verbrennen – eine Erscheinung, die man bisher nur bei Säugetieren im Winterschlaf festgestellt hat.

Wie dem auch sei, was mich dabei am meisten faszinierte, war der klare Hinweis, daß es in der tibetischen Kultur Dinge gibt, von denen die moderne Wissenschaft lernen kann. Außerdem bin ich der Ansicht, daß es noch verschiedene andere Bereiche unserer religiösen Kultur gibt, deren Erforschung von Nutzen sein könnte. So hoffe ich zum Beispiel, eines Tages eine wissenschaftliche Untersuchung über das Phänomen der Orakel veranlassen zu können, die noch immer einen wichtigen Bestandteil der tibetischen Lebensweise bilden.

Bevor ich aber näher darauf eingehe, möchte ich betonen, daß der Zweck von Orakeln nicht einfach, wie man annehmen könnte, das Voraussagen der Zukunft ist. Das ist nur ein Teil ihrer Tätigkeit. Man kann sie außerdem bitten, als Beschützer und manchmal sogar als Heiler zu wirken. Ihre wichtigste Funktion ist aber der Beistand, den sie Menschen bei der Ausübung des Dharma leisten. Auch ist das Wort »Orakel« irreführend, denn es sind nicht diese Menschen selbst, von denen die Weissagungen stammen. In der tibetischen Tradition sind

Orakel Männer oder Frauen, die als Medium zwischen dem natürlichen und dem spirituellen Bereich fungieren; ihre tibetische Bezeichnung »Kuten« heißt wörtlich übersetzt »physische Grundlage«, also Medium. Ich sollte auch erwähnen, daß es nicht Personen sind, die durch ein Orakel sprechen, auch wenn man der Einfachheit halber so tut, als handele es sich um Personen. Richtiger wäre es, sie als »geistige Wesenheiten« zu definieren, die mit bestimmten Gegenständen (zum Beispiel mit einer Statue), mit Personen oder Orten assoziiert werden, was aber nicht heißt, daß es sich um äußerlich existierende, unabhängige Wesen handelt.

In früheren Zeiten hat es über ganz Tibet verstreut wohl Hunderte von Orakeln gegeben. Davon sind nur noch wenige übriggeblieben. Die wichtigsten aber, die von der tibetischen Regierung befragt werden, existieren noch. Das wichtigste von diesen ist das Nechung-Orakel, durch welches sich Dorje Drakden, eine der Schutzgottheiten des Dalai Lama, offenbart.

Ursprünglich war Nechung mit einem Nachfolger des indischen Weisen Dharmapala nach Tibet gekommen, hatte sich dann aber in einem Ort namens Bata Hor in Zentralasien niedergelassen. Während der Herrschaft des Königs Trisong Detsen im 8. Jahrhundert wurde Nechung vom indischen tantrischen Meister und höchsten spirituellen Schutzherrn Tibets, Padmasambhava, als Beschützer des Klosters Samye eingesetzt. (Samye, das erste buddhistische Kloster Tibets, war von einem anderen indischen Gelehrten, Shantarakshita, gegründet worden.) In späteren Zeiten entwickelte der II. Dalai Lama eine enge Beziehung zu Nechung, der inzwischen mit dem Kloster Drepung verbunden war, und anschließend wurde Dorje Drakden zum persönlichen Beschützer der nachfolgenden Dalai Lamas ernannt.

Seit Jahrhunderten besteht die Tradition, daß der Dalai Lama und die Regierung zum Jahresbeginn das Nechung-Orakel konsultieren. In besonderen Fällen kann es auch zu anderen Zeitpunkten befragt werden. Ich habe mehrmals im Jahr mit ihm zu tun. Das mag für westliche Leser des 20. Jahrhunderts sonderbar klingen. Selbst einige Tibeter, die sich als »progressiv« begreifen, stellen meinen fortwährenden Rückgriff auf diese alte Methode der Informationsermittlung in Frage. Ich halte aber aus dem einfachen Grund daran fest, weil ich im Rückblick auf zahlreiche Befragungen feststellen konnte, daß das

Orakel noch immer recht hatte. Das heißt aber nicht, daß ich mich allein auf den Rat des Orakels verlasse. Ich befrage es ebenso, wie ich auch mein Kabinett und mein eigenes Gewissen befrage. In gewisser Hinsicht fungieren die Götter als mein »Oberhaus«, der Kashag hingegen ist mein »Unterhaus«. Wie jeder andere Staatsmann hole ich die Meinung von beiden ein, bevor ich eine politische Entscheidung treffe. Zusätzlich zum Rat des Nechung-Orakels berücksichtige ich manchmal auch bestimmte Prophezeiungen.

In gewisser Hinsicht ist die Verantwortung, die Nechung, und die Verantwortung, die der Dalai Lama gegenüber Tibet hat, die gleiche, auch wenn wir auf verschiedene Weise handeln. Meine Aufgabe, die der Herrschaft, ist friedlich. Seine Eigenschaft als Beschützer und Verteidiger spiegelt den zornvollen Aspekt wider. Obwohl unsere Funktionen ähnlich sind, läßt sich mein Verhältnis zum Nechung-Orakel mit dem zwischen Befehlshaber und Untergebenen vergleichen. Zum Beispiel verbeuge ich mich nie vor ihm, doch er muß sich vor mir verbeugen. Dennoch haben wir eine sehr enge Beziehung, fast wie Freunde. Als ich noch klein war, war Nechung rührend zu mir. Er mochte mich sehr und paßte stets auf mich auf. Wenn er beispielsweise feststellte, daß ich unordentlich gekleidet war, kam er zu mir herüber und rückte meine Kleidung zurecht.

Trotz dieser Art von Vertrautheit hat Nechung mir gegenüber immer Respekt gezeigt. Auch als sich seine Beziehung zur Regierung verschlechterte, wie dies zum Beispiel in den letzten Jahren der Regentschaft der Fall war, hat er immer voll Begeisterung geantwortet, wenn er über mich befragt wurde. Der Regierung gegenüber hat er aber auch schon sehr vernichtende Äußerungen gemacht. Wird er zu Maßnahmen der Regierung befragt, antwortet er manchmal mit einem lauten, sarkastischen Gelächter. Ich kann mich noch gut an ein Ereignis erinnern, das sich zutrug, als ich ungefähr vierzehn Jahre alt war. Dem Nechung-Orakel wurde eine Frage über China gestellt. Statt direkt zu antworten, drehte sich der Kuten nach Osten und begann, sich heftig nach vorne zu beugen. Es war schreckenerregend, ihm zuzuschauen, da klar war, daß diese Bewegung und der schwere Helm, den er auf seinem Kopf trug, ihm leicht das Genick brechen konnten. Er wiederholte diese Bewegung mindestens fünfzehnmal, so daß kein Zweifel mehr darüber bestand, wo die Gefahr lag.

Der Umgang mit Nechung ist keineswegs einfach. Bei jeder Begegnung braucht man Zeit und Geduld, bevor er aus sich herausgeht. Er ist sehr zurückhaltend und streng, genauso, wie man es von einem großen alten Mann aus vergangenen Zeiten erwartet. Er gibt sich auch nicht mit Kleinigkeiten ab, sondern interessiert sich nur für die wichtigen Themen. Es ist deshalb wichtig, Fragen dementsprechend einzugrenzen. Außerdem hat er eindeutige Vorlieben und Abneigungen, auch wenn er sie nicht gleich preisgibt.

Nechung hat sein eigenes Kloster in Dharamsala; normalerweise kommt er aber zu mir. Bei feierlichen Anlässen kleidet sich der Kuten in ein kunstvoll gefertigtes Gewand, das aus mehreren verschiedenen Lagen von Untergewändern besteht, über die eine reich verzierte Robe aus goldenem Seidenbrokat gezogen wird, die mit traditionellen Mustern in roter, blauer, grüner und gelber Farbe verziert ist. Vorne auf der Brust trägt er einen runden Spiegel, der von einem Kranz aus Türkisen und Amethysten eingerahmt ist und auf dessen blankpoliertem Stahl Dorje Drakdens Mantra auf Sanskrit blitzt. Bevor die Feierlichkeiten beginnen, wird ihm auch eine Art Schild umgebunden, der vier Fahnen und drei Siegesbanner trägt. Insgesamt wiegt diese Ausrüstung fast vierzig Kilogramm, und der Kuten kann, wenn er nicht in Trance ist, kaum darin gehen.

Die Zeremonie beginnt mit Anrufungen und Gebeten, die von Mönchen rezitiert werden. Dazu erklingen lange, tiefe Töne von Hörnern, Becken und Trommeln. Nach einer kurzen Zeit verfällt der Kuten in einen Trancezustand, und seine Assistenten, die ihn bisher gestützt haben, begleiten ihn zu einem kleinen Hocker vor meinem Thron. Wenn der erste Gebetszyklus zu Ende geht und der zweite beginnt, wird die Trance tiefer und tiefer. Nun setzt man ihm einen großen, schweren Helm auf den Kopf. Dieser wiegt weitere fünfzehn Kilogramm; in vergangenen Zeiten wog er sogar über vierzig Kilo.

Jetzt beginnt sich das Gesicht des Kuten zu verändern. Es nimmt einen wilden, sonderbaren Ausdruck an, mit hervorquellenden Augen und aufgeblähten Wangen. Sein Atem wird kurz und flach, und er beginnt, laut zu zischen. Dann hält sein Atem kurz an. Genau in diesem Augenblick wird der Helm mit einem Knoten festgebunden, und zwar so fest, daß der Kuten zweifellos erwürgt werden würde, ginge nicht etwas sehr Außergewöhnliches vor sich. Er ist nun vollkommen besessen, und die sterbliche Hülle des Mediums dehnt sich sichtbar aus.

Dann springt der Kuten jäh auf, ergreift ein rituelles Schwert, das ihm einer seiner Assistenten reicht, und beginnt einen langsamen, würdevollen, aber irgendwie bedrohlich wirkenden Tanz. Er kommt zu mir herüber und macht entweder eine Niederwerfung oder verbeugt sich von der Hüfte an, bis sein Helm den Boden berührt, bevor er dann wieder aufspringt, als würde seine ganze Aufmachung nichts wiegen. In seiner irdischen Zerbrechlichkeit kann der Kuten die vulkanische Energie der Gottheit kaum bändigen, und er bewegt sich, als ob sein Körper aus Gummi wäre und er eine unglaublich starke Feder in sich hätte.

Es folgt ein kurzer Austausch zwischen Nechung und mir, in dessen Verlauf er mir rituelle Opfergaben darbietet. Daraufhin stelle ich meine persönlichen Fragen. Nach seiner Antwort setzt er sich auf seinen Hocker und hört sich die Fragen der Regierungsmitglieder an. Bevor er diese beantwortet, beginnt der Kuten wieder seinen Tanz und schlägt dabei mit seinem Schwert um sich. Er sieht nun ganz wie ein prachtvoller, wilder tibetischer Kriegerhäuptling aus der Vergangenheit aus.

Sobald Dorje Drakden seine Aussagen beendet hat, reicht der Kuten ein letztes Mal eine Opfergabe dar, bevor er als lebloser, starrer Körper zusammenbricht, womit die Trance zu Ende ist. Der Knoten, durch den der Helm festgebunden ist, wird nun schnellstens von den Assistenten gelöst, die ihn auch aus dem Saal tragen, damit er sich erholen kann. Die Zeremonie geht inzwischen weiter.

So überraschend es auch klingen mag, die Antworten des Orakels auf die Fragen sind selten ungenau. Sie können oft sogar sehr präzise sein, wie es zum Beispiel hinsichtlich meiner Flucht aus Lhasa der Fall war. Ich nehme aber an, daß es bei einer wissenschaftlichen Untersuchung schwer wäre, die Gültigkeit seiner Aussagen auf überzeugende Weise zu bestätigen oder zu widerlegen. Dasselbe trifft wohl auch auf andere Bereiche der tibetischen Lebenswelt zu, etwa auf die Tülkus, die Reinkarnationen. Trotzdem hoffe ich aber, daß diese beiden Phänomene eines Tages genauer untersucht werden.

Die Identifikation der Tülkus ist im Grunde genommen viel logischer, als man auf den ersten Blick vermutet. Wenn man von der buddhistischen Ansicht ausgeht, daß die Wiedergeburt eine Tatsache ist, und man sich zudem vor Augen hält, daß der Sinn einer Reinkarnation der ist, es dem jeweiligen Wesen zu ermöglichen, seine Bemühungen um die Erlösung aller Lebewesen vom Leiden fortzuführen, dann ist es doch naheliegend, daß man die verschiedenen Einzelfälle auch identifizieren kann. Dadurch kann man ihnen die Möglichkeit geben, die richtige Ausbildung und Stellung im Leben zu erlangen, damit sie ihre Tätigkeit recht bald wieder fortsetzen können.

Natürlich können bei diesem Identifikationsprozeß auch Fehler unterlaufen. Aber das Leben der großen Mehrheit von Tülkus (von denen zur Zeit einige hundert bekannt sind, obwohl es vor dem chinesischen Einmarsch mehrere tausend in Tibet gab) ist Beweis genug, daß er auf Wahrheit beruht.

Wiedergeburten finden nur statt, um Wesen die Fortführung ihres Werks zu ermöglichen. Diese Tatsache hat für die Suche des Nachfolgers einer bestimmten Person eine zentrale Bedeutung. Geht man zum Beispiel davon aus, daß meine Bemühungen darauf ausgerichtet sind, allen Lebewesen zu helfen, so gelten sie doch insbesondere der tibetischen Bevölkerung. Sollte ich daher sterben, bevor die Tibeter ihre Freiheit erlangt haben, ist es nur folgerichtig anzunehmen, daß ich außerhalb Tibets wiedergeboren werde. Es könnte natürlich sehr gut sein, daß mein Volk bis dahin keine Verwendung mehr für einen Dalai Lama hat. In diesem Fall werden sich die Tibeter gar nicht erst bemühen, nach mir zu suchen. Genausogut könnte ich als Tier wiedergeboren werden, wenn dies für die größtmögliche Anzahl von denkenden und fühlenden Wesen von Nutzen wäre.

Auch die Art und Weise, wie der Identifikationsprozeß verläuft, ist weit weniger mysteriös als man allgemein annimmt. Er beginnt mit einem einfachen Ausschlußverfahren. Nehmen wir an, wir suchten die Reinkarnation eines bestimmten Mönchs. Zuerst muß festgestellt werden, wann und wo dieser Mönch gestorben ist. Wenn man berücksichtigt, daß die neue Inkarnation normalerweise ungefähr ein Jahr nach dem Tod des Vorgängers gezeugt wird – dies weiß man aus Erfahrung –, kann man einen Zeitplan aufstellen: Wenn Lama X im Jahr Y gestorben ist, wird seine Reinkarnation wahrscheinlich achtzehn bis vierundzwanzig Monate später geboren werden. Fünf Jahre nach dem Jahr Y wird das Kind also ungefähr drei bis vier Jahre alt

Über Magie und Geheimnis 267

sein; dadurch hat sich das Feld schon sehr verkleinert. Als nächstes legt man den Ort fest, wo die Reinkarnation großer Wahrscheinlichkeit nach auftreten wird. Das ist meistens ganz leicht. Zuerst ergibt sich die Frage, ob es innerhalb oder außerhalb Tibets sein wird. Ist es außerhalb Tibets, gibt es nur eine geringe Anzahl von Orten, wo dies aller Wahrscheinlichkeit nach geschehen kann: die tibetischen Exilgemeinden in Indien, Nepal oder der Schweiz zum Beispiel. Daraufhin überlegt man sich, in welchem Ort das Kind am ehesten gefunden werden könnte. Diesbezüglich kann das Leben des Vorgängers aufschlußreich sein.

Hat man die Möglichkeiten auf diese Weise eingeschränkt und die erwähnten Parameter festgelegt, kann man darangehen, einen Suchtrupp zu bestimmen. Das heißt nicht unbedingt, daß man eine Gruppe von Leuten ausschickt, die die Reinkarnation wie einen Schatz sucht. Oft genügt es, wenn man verschiedene Leute in der Exilgemeinde beauftragt, unter den drei- bis vierjährigen Kindern nach einem möglichen Kandidaten Ausschau zu halten. Manchmal gibt es Hinweise, wie etwa ein besonderes Ereignis zum Zeitpunkt der Geburt des Kindes; genausogut könnte es auch sein, daß das Kind besondere Merkmale aufweist.

Auf dieser Stufe des Identifikationsprozesses gibt es manchmal zwei, drei oder mehr Möglichkeiten. Zuweilen benötigt man auch überhaupt keinen Suchtrupp, da die vorhergehende Inkarnation genaue Angaben hinterlassen hat, zum Beispiel den Namen des Nachfolgers oder die Namen der zukünftigen Eltern. Aber dies geschieht selten. Es ist auch schon vorgekommen, daß die Anhänger des verstorbenen Mönchs durch Träume oder Visionen erfahren, wo der Tülku zu finden ist. Gerade neulich erst ist es vorgekommen, daß ein hoher Lama die Anweisung gegeben hat, man solle überhaupt nicht nach seiner Reinkarnation suchen. Er meinte, wer immer dem Buddhadharma und der Gemeinschaft am besten dienen könne, solle als sein Nachfolger eingesetzt werden. Es solle sich deshalb niemand Sorgen um eine genaue Identifikation machen. Es gibt also keine festen Regeln.

Kommt es vor, daß mehrere Kinder als Kandidaten vorhanden sind, ist es üblich, daß jemand, der die frühere Inkarnation gut kannte, den endgültigen Test durchführt. Oft erkennt eines der Kinder diese Person, was als stichhaltiger Beweis akzeptiert wird; manchmal untersucht man die Kinder auch nach besonderen Körpermerkmalen.

Es kommt auch vor, daß beim Identifikationsprozeß ein Orakel oder jemand, der über hellseherische Fähigkeiten verfügt, zu Rate gezogen wird. Eine der Methoden, die von solchen Personen angewandt wird, nennt sich »Ta«; dabei blickt der Hellseher oder die Hellseherin in einen Spiegel, in dem entweder das Kind, ein Gebäude oder vielleicht ein Name erscheint. Ich bezeichne dies als eine altertümliche Art des Fernsehens. Sie entspricht den Visionen, die Reting Rinpoche am Lhamoi-Latso-See hatte, als er die Schriftzeichen für *ah*, *ka* und *ma*, die Ansicht eines Klosters und ein Haus erblickte, bevor er sich auf die Suche nach mir machte.

Manchmal werde auch ich hinzugezogen und gebeten, die Suche nach einer Reinkarnation zu leiten. Dann liegt es in meiner Verantwortung, das endgültige Urteil darüber zu fällen, ob man den richtigen Kandidaten gewählt hat oder nicht. Ich sollte an dieser Stelle erwähnen, daß ich über keine hellseherischen Fähigkeiten verfüge, da ich weder die Zeit noch die Gelegenheit hatte, diese zu entwickeln. Ich habe aber guten Grund anzunehmen, daß der XIII. Dalai Lama gewisse Fähigkeiten auf diesem Gebiet hatte.

Als ein Beispiel dafür, wie ich so etwas angehe, möchte ich die Geschichte von Ling Rinpoche, meinem Ersten Tutor, erzählen. Ich hatte immer den größten Respekt vor ihm, auch wenn ich mich als Kind sehr vor ihm fürchtete. Mit der Zeit aber wurde er einer meiner besten Freunde und engsten Vertrauten. Als er vor nicht allzulanger Zeit starb, hatte ich das Gefühl, daß es mir sehr schwerfallen würde, ohne ihn zu leben. Er war für mich ein Fels geworden, an den ich mich lehnen konnte.

Im Spätsommer 1983 befand ich mich gerade in der Schweiz, als mich die Nachricht erreichte, daß er einen Schlaganfall erlitten habe und gelähmt sei. Ich war sehr beunruhigt, auch wenn ich als Buddhist wußte, daß ich nichts ändern konnte. Ich kehrte so schnell wie möglich nach Dharamsala zurück, wo ich ihn noch lebend antraf; aber es ging ihm sehr schlecht. Sein Geist, den er sein Leben lang trainiert hatte, war jedoch so scharf wie eh und je. Sein Zustand blieb für mehrere Monate stabil, bevor er sich dann zusehends verschlechterte. Er fiel in ein Koma, aus dem er nicht mehr erwachte, und starb am 25. Dezember 1983. Als ob es noch irgendeines Beweises für die Tatsache, daß er ein außergewöhnlicher Mensch war, bedurft hätte, zersetzte sich sein lebloser Körper trotz des warmen Klimas erst dreizehn Tage, nachdem er klinisch für tot erklärt worden war. Es war fast so, als bewohne er seinen Körper noch.

Wenn ich über die Art seines Ablebens nachdenke, bin ich mir ziemlich sicher, daß Ling Rinpoche seine Krankheit mit Absicht so lange hinauszögerte, um mir Zeit zu geben, mich an seine Abwesenheit zu gewöhnen. Die Geschichte ist damit aber noch nicht zu Ende, sondern geht nach tibetischer Art glücklich weiter. Inzwischen hat man die Reinkarnation von Ling Rinpoche entdeckt, der ein sehr frecher und lebhafter Junge ist. Seine Entdeckung war eine von denen, bei der das Kind ein Mitglied des Suchtrupps klar erkennt. Obwohl er nämlich erst achtzehn Monate alt war, rief der kleine Junge die Person beim Namen, ging ihr entgegen und lächelte. Später erkannte er noch mehrere andere Bekannte seines Vorgängers.

Als ich den Jungen das erste Mal sah, hatte ich keine Zweifel über seine Identität. So wie er sich benahm, war es ganz offensichtlich, daß er mich kannte, obwohl er mir den größten Respekt entgegenbrachte. Bei jener ersten Begegnung gab ich dem kleinen Ling Rinpoche eine große Tafel Schokolade. Die ganze Zeit, die er bei mir war, hielt er sie regungslos mit ausgestrecktem Arm und gebeugtem Kopf in der Hand. Ich bezweifle, daß ein anderes Kleinkind etwas Süßes, ohne es anzurühren, in der Hand gehalten und zugleich noch so förmlich dagestanden hätte. Als ich den kleinen Jungen dann zu Hause empfing und er an meine Tür gebracht wurde, verhielt er sich genauso, wie sich sein Vorgänger verhalten hatte. Es war offensichtlich, daß er sich auskannte. Als er in mein Arbeitszimmer kam, erkannte er meinen Diener Lobsang Gawa wieder, der sich gerade von einem Beinbruch erholte. Zuerst überreichte ihm der Kleine feierlich einen Katag, dann nahm er eine seiner Krücken in die Hand, hielt sie wie einen Fahnenmast und lief damit lachend und kichernd im Zimmer herum.

Beeindruckend ist auch die Geschichte, die sich in Bodh Gaya zutrug, wo der Junge im Alter von zwei Jahren hingebracht wurde, als ich dort Unterweisungen gab. Ohne daß ihm jemand etwas gesagt hätte, fand er mein Schlafzimmer, nachdem er auf allen vieren die

Treppe hinaufgeklettert war, und legte einen Katag auf mein Bett. Heute ist Ling Rinpoche bereits imstande, religiöse Texte zu rezitieren, und es wird sich herausstellen, ob er, wenn er einmal lesen kann, die Fähigkeit haben wird, wie manch anderer kleiner Tülku Texte mit unglaublicher Geschwindigkeit auswendig zu lernen, als setze er einfach dort an, wo er in seinem früheren Leben aufgehört hat. Ich habe schon eine Reihe kleiner Kinder kennengelernt, die mühelos viele Seiten Text aufsagen konnten.

Man kann sicherlich sagen, daß dieser Prozeß der Identifikation von Reinkarnationen etwas Geheimnisvolles an sich hat. Ich möchte nur hinzufügen, daß ich als Buddhist einfach nicht glaube, daß Menschen wie Mao, Lincoln oder Churchill rein »zufällig« existierten.

Es gibt noch einen anderen Bereich des tibetischen Lebens, den ich wissenschaftlich gern erforscht sähe: die tibetische Medizin. Obwohl ihre Wurzeln über zweitausend Jahre in die Vergangenheit zurückreichen und sie verschiedene Einflüsse aufweist, darunter altpersische, beruht sie heutzutage ausschließlich auf buddhistischen Prinzipien. Dadurch unterscheidet sie sich gänzlich von der westlichen Medizin. Sie besagt zum Beispiel, daß die Grundursachen aller Krankheiten Unwissenheit, Begierde oder Haß sind.

Nach der tibetischen Medizin wird der Körper von drei »Säften« (Wind, Galle und Schleim; Anm.d.Übers.) durchflossen, deren harmonisches Zusammenspiel Gesundheit bedeutet. Ein Zuviel oder Zuwenig einer oder mehrerer Säfte führt hingegen zur Krankheit; das heißt, das Potential für Krankheit ist eigentlich immer vorhanden. Im allgemeinen diagnostiziert man eine Krankheit durch Pulstastung und die Analyse des Urins des Patienten. Insgesamt gibt es zwölf Hauptstellen an Händen und Handgelenken, an denen man den Puls fühlt. Der Urin wird auch nach verschiedenen Kriterien (zum Beispiel Geruch und Farbe) untersucht.

Die Behandlung läuft zunächst darauf hinaus, das Verhalten zu verändern, das zum Ungleichgewicht zwischen den drei Säften und dadurch zur Störung der Körperfunktion geführt hat. Oft kann auch eine spezielle Diät die gewünschte Heilung herbeiführen. Erst danach folgt die Behandlung mit Heilmitteln. Die tibetischen Arzneien werden aus Heilkräutern und tierischen Heilsubstanzen angefertigt, denen manchmal Metalloxyde oder bestimmte Mineralien (zum Bei-

Über Magie und Geheimnis 271

spiel Diamantstaub) beigemengt werden. Zu den therapeutischen
Maßnahmen gehören auch die Akupunktur und die Moxibustion, das
Verbrennen von Heilkräutern auf der Haut des Patienten. Zum Messer
greift der tibetische Arzt nur selten.

Bisher hat es kaum klinische Untersuchungen über die Gültigkeit
der tibetischen Medizin gegeben, obwohl einer meiner früheren Leibärzte, Dr. Yeshe Dhönden, an einer Reihe von Laborversuchen an der
University of Virginia in den USA teilgenommen hat. Ich habe gehört,
daß er bei der Behandlung von krebskranken Mäusen verblüffende
Resultate erzielte. Um daraus endgültige Schlüsse ziehen zu können,
müßte man die Materie aber noch viel weiter vertiefen. Was mich
betrifft, kann ich nur sagen, daß ich in meinem Leben die tibetische
Medizin als sehr wirksam empfunden habe. Regelmäßig nehme ich
meine Kräuterpillen, nicht nur zu therapeutischen, sondern auch zu
präventiven Zwecken. Meiner Erfahrung nach wird dadurch die Kör-
perkonstitution gestärkt, ohne daß unerwünschte Nebenwirkungen
eintreten. Eine der Auswirkungen davon ist, daß ich trotz Arbeitsbe-
lastung und langer, intensiver Meditationsphasen fast nie von Müdigkeit heimgesucht werde.

Ein weiteres Gebiet, auf dem es Möglichkeiten für einen Dialog
zwischen der modernen Wissenschaft und der tibetischen Kultur gibt,
betrifft mehr das theoretische als das Erfahrungswissen. Einige der
letzten Entdeckungen in der Elementarteilchenphysik deuten auf
eine Nichtdualität von Geist und Materie hin. So hat man festgestellt,
daß in einem Vakuum, wenn man es komprimiert, Teilchen erscheinen, die vorher nicht da waren, so daß die Materie offenbar auf
irgendeine Weise auch im Vakuum vorhanden sein muß. Diese Er-
kenntnisse scheinen eine Annäherung zwischen der Wissenschaft
und der buddhistischen Madhyamika-Theorie der Leerheit zu ermöglichen, die im wesentlichen besagt, daß Geist und Materie zwar
getrennt, aber abhängig voneinander existieren.

Ich bin mir natürlich der Gefahren voll bewußt, die mit dem
Versuch verbunden sind, spirituelle Überzeugungen mit naturwissen-
schaftlichen Systemen verbinden zu wollen. Denn während der Buddhismus zweieinhalb Jahrtausende nach seinen Anfängen noch immer seine Relevanz besitzt, neigen die Axiome der Wissenschaft dazu,
eine relativ kurze Lebensspanne zu haben. Das soll aber nicht heißen,

daß ich Orakel oder die Fähigkeit von Mönchen, Winternächte im Freien unbeschadet zu überstehen, als Beweis für magische Kräfte betrachte. Ich teile aber auch nicht die Position unserer Brüder und Schwestern in China, die es für einen Beweis unserer Rückständigkeit und Barbarei halten, daß wir die Existenz derartiger Phänomene akzeptieren. Selbst von einem streng wissenschaftlichen Standpunkt aus ist das keine objektive Haltung.

Auch wenn ein bestimmtes Prinzip akzeptiert wird, heißt das noch lange nicht, daß alles daran gültig ist. Es ist zum Beispiel absurd, blind und unkritisch jeder Äußerung von Marx oder Lenin zu folgen, wo es doch offensichtliche Beweise dafür gibt, daß der Kommunismus unvollkommen ist. Man muß immer auf der Hut sein, wenn man es mit Dingen zu tun hat, über die wir kein profundes Wissen besitzen. In diesem Fall kann uns die Wissenschaft helfen, denn schließlich erscheinen uns die Dinge nur dann mysteriös, wenn wir sie nicht verstehen.

In dieser Beziehung waren die Ergebnisse der wissenschaftlichen Untersuchungen, die ich zuvor beschrieben habe, für alle Seiten zufriedenstellend. Ich meine aber, daß die Resultate immer nur so gut sein können wie die Experimente, mit deren Hilfe sie erzielt wurden. Die Tatsache, daß etwas nicht entdeckt wurde, heißt ja nicht, daß es nicht existiert. Es beweist lediglich, daß es durch dieses Experiment nicht möglich war, es zu entdecken. (Wenn ich einen nichtmetallischen Gegenstand in der Tasche habe und der Metalldetektor ihn nicht aufspürt, heißt das noch lange nicht, daß meine Tasche leer ist.) Aus diesem Grund müssen wir bei unseren Untersuchungen vorsichtig sein, besonders wenn wir uns in Bereiche begeben, über die uns nur geringe wissenschaftliche Erfahrungswerte vorliegen. Man muß sich auch stets die von der Natur gesetzten Grenzen vor Augen halten. Wenn man durch einen wissenschaftlichen Test zum Beispiel nicht meine Gedanken erfassen kann, heißt das weder, daß sie nicht existieren, noch, daß es nicht vielleicht ein anderes Verfahren gibt, mehr darüber zu erfahren. Hier könnten die Tibeter einen Beitrag leisten: Durch geistiges Training haben wir Techniken entwickelt, Dinge zu vollbringen, welche die Wissenschaft noch nicht in ausreichendem Maße erklären kann. Das also ist die Grundlage von »Magie und Geheimnis« im tibetischen Buddhismus.

NACHRICHTEN AUS TIBET

Anfang 1959, als die Anzeichen zunahmen, daß die bestehenden Spannungen bald in eine Katastrophe umschlagen würden, hörte ich von einem Memorandum der Volksbefreiungsarmee an den Vorsitzenden Mao. Darin hieß es, so wurde mir berichtet, daß die Tibeter unglücklich über die andauernde Präsenz der Volksbefreiungsarmee seien und der Ungehorsam dermaßen verbreitet sei, daß die Gefängnisse inzwischen alle belegt seien. Mao soll darauf geantwortet haben, daß sich die Volksbefreiungsarmee keine Sorgen zu machen brauche. Die Gefühle der Tibeter könnten ohne weiteres ignoriert werden; sie seien irrelevant. Hinsichtlich des Ungehorsams sollten sich die Behörden darauf vorbereiten, falls nötig, die gesamte Bevölkerung hinter Gitter zu bringen; sie sollten deshalb entsprechende räumliche Vorkehrungen treffen. Ich weiß noch, wie schockiert ich war, als ich dies hörte. Welch ein Unterschied zum alten Lhasa, als ich alle Gefangenen kannte und jeden als Freund betrachtete.

Eine weitere Geschichte aus jener Zeit betrifft Maos Reaktion auf einen Bericht über den März-Aufstand in Lhasa, in dem es hieß, die Ordnung sei wiederhergestellt. »Und was ist mit dem Dalai Lama?« soll er gefragt haben. Als er hörte, ich sei geflohen, soll er geantwortet haben: »Dann haben wir die Schlacht verloren.« Seitdem habe ich alle meine Informationen über den Großen Vorsitzenden aus der Presse oder den Nachrichten des BBC World Service bezogen. Bis nach Maos Tod im September 1976 hatten weder ich noch die tibetische Exilregierung irgendeinen Kontakt zu Beijing.

Zu jenem Zeitpunkt hielt ich mich gerade in Ladakh auf, das zum nördlichsten Bundesstaat Indiens, Jammu und Kaschmir, gehört, und führte eine Kalacakra-Einweihung durch. Am zweiten Tag der dreitägigen Feierlichkeiten starb Mao, und am nächsten Tag regnete es den ganzen Vormittag. Nachmittags erschien jedoch einer der schönsten Regenbogen, die ich je gesehen habe. Ich war überzeugt davon, daß dies ein gutes Omen war. Trotz dieses vielversprechenden Zeichens war ich aber auf die dramatischen Veränderungen in Beijing nicht gefaßt, die bald darauf eintraten. Fast unmittelbar danach wurde die Viererbande, angeführt von Maos Witwe Jiang Qing, verhaftet. Bald wurde offenbar, daß die vier schon seit Jahren hinter dem Rücken des kränklichen Vorsitzenden die eigentliche Macht in China ausgeübt hatten und dabei mit brutalen Methoden eine radikale Politik sowie die Fortführung der Kulturrevolution verfochten hatten.

Im Jahre 1977 wurde berichtet, der damalige Präsident der Volksrepublik China, Li Xiannian, habe gesagt, daß die Kulturrevolution viel erreicht, aber auch einigen Schaden angerichtet habe. Das war ein erstes Anzeichen dafür, daß die chinesische Führung endlich begonnen hatte, der Wirklichkeit ins Angesicht zu blicken. Im April desselben Jahres folgte eine versöhnliche Erklärung zu Tibet, als Ngapö Ngawang Jigme (inzwischen ein hochrangiges Mitglied der Verwaltung in Beijing) öffentlich bekanntgab, China würde es begrüßen, wenn der Dalai Lama »und seine Anhänger, die nach Indien geflohen sind«, nach Tibet zurückkehrten. Bereits seit den sechziger Jahren hatten die Chinesen an alle Tibeter, die geflohen waren, appelliert, sie sollten zurückkehren, man werde sie mit offenen Armen empfangen.

Ngapös Statement aber markierte den Beginn einer intensiven Propagandakampagne, welche die im Exil lebenden Tibeter zurücklocken sollte. Immer mehr hörte man über das »unvorstellbare Glück im heutigen Tibet«. Nicht lange danach forderte Maos designierter Nachfolger, Hua Guofeng, Tibets Bräuche sollten wieder eingeführt werden; die Bevölkerung durfte wieder ihre traditionellen Trachten tragen, und zum erstenmal seit zwanzig Jahren erlaubte man älteren Menschen, wieder im Gebet um den Jokhang herumzugehen. Das hörte sich vielversprechend an, und war noch nicht einmal alles!

Zu meiner großen Freude und Überraschung wurde der Panchen Lama am 25. Februar 1978 nach mehr als zehn Jahren Haft plötzlich aus dem Gefängnis entlassen. Bald darauf revidierte der neue starke Mann Hu Yaobang die Aussage von Präsident Li Xiannian über die Kulturrevolution, indem er sagte, sie sei eine vollkommen negative Erfahrung gewesen, die China in keiner Weise genützt habe.

Das klang nach einem bemerkenswerten Fortschritt. Trotzdem war ich der Meinung, daß, wenn die Chinesen tatsächlich einen Sinneswandel vollzogen hatten, sich dies am deutlichsten an ihrer Aufrichtigkeit gegenüber Tibet ablesen lassen würde. In meiner Rede zum 10. März jenes Jahres – dem neunzehnten Jahrestag des Aufstandes des tibetischen Volkes – appellierte ich an die chinesischen Behörden, sie sollten Ausländern ungehinderten Zugang nach Tibet gewähren. Ich schlug auch vor, sie sollten den Tibetern in Tibet erlauben, ihre Verwandten im Ausland zu besuchen und umgekehrt. Denn ich war der Meinung, daß jeder Kritik der Boden entzogen war, wenn die sechs Millionen Tibeter wirklich so glücklich und wohlhabend waren wie nie zuvor. Andererseits fand ich, daß wir das Recht haben sollten, die Wahrheit dieser Aussagen selbst zu überprüfen.

Zu meiner Überraschung fanden meine Vorschläge offenbar Gehör. Denn nicht lange darauf ließ man die ersten Ausländer nach Tibet einreisen. Und meinen Wünschen entsprechend, ermöglichte man es Tibetern in und außerhalb Tibets, Verwandtenbesuche abzustatten, auch wenn die Erlaubnis in beiden Fällen nicht uneingeschränkt erteilt wurde.

Dieser Umbruch in China fand zu einer Zeit statt, als sich auch in Indien große Veränderungen abzeichneten. Im Jahre 1977 verlor Frau Gandhi die Wahlen, die sie nach einer Phase des Ausnahmezustands ausgerufen hatte. Ihr Nachfolger im Amt wurde Morarji Desai, dessen Janata-Partei es zum erstenmal seit der indischen Unabhängigkeit gelungen war, die Congress-Partei zu besiegen. Es dauerte nicht lange, bis Frau Gandhi ihre Machtposition wiedererlangte, aber in der Zwischenzeit konnte ich meine Beziehung zu Premierminister Desai vertiefen, den ich 1956 kennengelernt hatte, gut kannte und auch mochte.

Während ich dies schreibe, ist er noch am Leben, wenn auch als sehr alter Mann. Ich betrachte ihn nach wie vor als einen engen Freund. Er ist ein außergewöhnlicher Mensch mit einem wunderbaren Gesicht, stets unbeschwert und voller Leben. Damit will ich nicht sagen, daß er nicht auch Fehler hätte. Aber wie schon Mahatma Gandhi führt er ein spartanisches Leben, ist strikter Vegetarier und rührt weder Tabak noch Alkohol an. Im Umgang mit anderen Menschen ist er sehr direkt, und manchmal frage ich mich, ob er nicht ein bißchen zu direkt ist. Wenn dies auch eine seiner Schwächen ist, so wird sie für mich durch seine Freundschaft zur tibetischen Bevölkerung mehr als wettgemacht. In einem Brief an mich schrieb er einmal, daß Indien und Tibet zwei Äste desselben Bodhi-Baums seien. Das ist richtig. Denn es gibt zwischen unseren beiden Ländern eine tiefgehende Beziehung. Viele Inder halten Tibet für den Himmel auf Erden, für ein Land der Götter und der heiligen Stätten. Sowohl der Kailash, Tibets heiliger Berg, als auch der Manasarovar-See, beide im Westen des Landes gelegen, sind wichtige Pilgerziele für gläubige Hindus. Und für uns Tibeter ist Indien Aryabhumi, das Land der Heiligen.

Gegen Ende 1978 gab es eine weitere ermutigende Entwicklung in Beijing, als Deng Xiaoping zum obersten Machthaber avancierte. Als Vertreter einer gemäßigteren Richtung innerhalb der Kommunistischen Partei erweckte sein Aufstieg begründete Hoffnungen für die Zukunft. Ich war schon immer der Ansicht, daß Deng eines Tages Großes für sein Land vollbringen würde. Während meines China-Besuchs 1954/55 traf ich ihn mehrere Male und war jedes Mal sehr beeindruckt von ihm. Wir hatten nie längere Unterredungen, aber ich hörte viel über ihn, unter anderem, daß er ein sehr fähiger und entschlossener Mann sei.

Ich kann mich noch daran erinnern, wie er bei unserer letzten Begegnung, klein, wie er war, in einem großen Polstersessel saß und langsam und mit großer Sorgfalt eine Orange schälte. Er sagte nicht viel, man konnte aber merken, daß er äußerst aufmerksam mitverfolgte, was gesagt wurde. Ich hatte den Eindruck, daß er ein bedeutender Mann war. Und jetzt hatte es mehr und mehr den Anschein, daß er zudem auch noch über ein gutes Maß an Klugheit verfügte. Von ihm stammt die Aussage: »Es ist wichtig, die Wahrheit aus den Tatsachen abzuleiten.« So verfolgte er offensichtlich eine Politik, die Fragen der Wirtschaft und der Erziehung wichtiger nahm als Fragen der Ideologie und die üblichen leeren Phrasen.

Im November 1978 wurden in Lhasa vierunddreißig Gefangene, zum Großteil ältere Mitglieder meiner Verwaltung, mit großem Zeremoniell aus dem Gefängnis entlassen. Angeblich waren dies die letzten »Anführer der Rebellion«. Die chinesische Presse verkündete, man werde mit ihnen eine einmonatige Rundreise durch das »neue Tibet« machen und ihnen anschließend helfen, eine Arbeit zu finden. Sie könnten aber auch ins Ausland reisen, wenn sie das wünschten.

Auch im neuen Jahr setzte sich diese Kette von außergewöhnlichen Ereignissen fort. Als der Panchen Lama am 1. Februar 1979 – es war zufällig der Tag, an dem die USA die Volksrepublik China offiziell anerkannten – zum erstenmal nach vierzehn Jahren wieder öffentlich auftrat, schloß er sich jenen an, die den Dalai Lama und seine Mitexilanten zur Rückkehr nach Tibet aufforderten: »Wenn der Dalai Lama ernstlich am Wohl und Glück der Gesamtheit des tibetischen Volkes interessiert ist, braucht er keine Zweifel mehr zu haben. Ich kann ihm versichern, daß der gegenwärtige Lebensstandard der Tibeter in Tibet um vieles besser ist als unter dem alten Gesellschaftssystem.« Radio Lhasa wiederholte diese Einladung eine Woche später und kündigte gleichzeitig die Gründung eines Komitees an, das die Aufgabe hatte, Tibeter aus dem Ausland willkommen zu heißen.

Eine Woche später besuchte mich unerwartet mein Bruder Gyalo Thöndup in Kanpur im indischen Bundesstaat Uttar Pradesh, wo ich gerade an einer religiösen Konferenz teilnahm. Zu meiner Überraschung erzählte er mir, er habe durch gute und vertrauenswürdige Freunde in Hongkong, wo er jetzt lebte, erfahren, daß die chinesische Nachrichtenagentur Xinhua (Neues China), die zugleich auch als Chinas Gesandtschaft in der britischen Kronkolonie fungiert, Kontakt mit ihm aufnehmen wolle. Wenig später habe er einen persönlichen Emissär Deng Xiaopings getroffen, der ihm erklärt habe, China wolle Verbindung mit dem Dalai Lama aufnehmen. Zum Zeichen, daß er es ernst meine, wolle Deng Gyalo Thöndup zu Gesprächen nach Beijing einladen. Mein Bruder lehnte ab, da er zuerst meine Meinung einholen wollte.

Das war eine ganz unvorhergesehene Entwicklung, und ich beschloß, nicht sofort darauf zu reagieren. Was in den letzten zwei Jahren vorgefallen war, machte einen vielversprechenden Eindruck. Aber wie sagt schon das alte indische Sprichwort: »Wer einmal von einer Schlange gebissen wurde, ist selbst bei einem Seil vorsichtig.« Und leider ließen alle meine bisherigen Erfahrungen mit der chinesischen Führung darauf schließen, daß sie nicht vertrauenswürdig war. Nicht nur, daß die Machthaber logen; was noch schlimmer war: Sie zeigten nicht die geringste Spur von Scham, wenn ihre Lügen aufgedeckt wurden. Die Kulturrevolution nannte man damals einen »außerordentlichen Erfolg«; jetzt wurde sie als Fehlschlag hingestellt, aber es machte nicht den Eindruck, daß dieses Eingeständnis auch nur die Spur von Zerknirschtheit enthielt. Es gab auch nichts, was darauf hätte schließen lassen, daß diese Leute jemals ihre Versprechen hielten. Trotz der eindeutigen Versicherung in Artikel dreizehn des »Siebzehn-Punkte-Abkommens«, daß die Chinesen den Tibetern »weder Nadel noch Faden willkürlich abnehmen« würden, hatten sie das ganze Land geplündert. Und durch ihre zahllosen Greueltaten hatten sie ihre völlige Mißachtung der Menschenrechte bewiesen. Es hatte den Anschein, daß für die Chinesen, möglicherweise wegen der hohen Bevölkerungszahl, ein Menschenleben wenig wert war – und daß dies für ein tibetisches Leben erst recht galt. Aus diesen Gründen hielt ich es für angebracht, sehr vorsichtig zu sein.

Andererseits ist es meine Grundüberzeugung, daß menschliche Probleme nur durch menschliche Kontakte gelöst werden können. Es konnte ja nicht schaden, sich anzuhören, was die Chinesen zu sagen hatten. Möglicherweise konnten wir bei der Gelegenheit auch unsere eigenen Ansichten zum Ausdruck bringen. Wir hatten nichts zu verbergen. Und wenn die Obrigkeiten in Beijing es ehrlich meinten, war es vielleicht sogar möglich, einige Untersuchungsausschüsse nach Tibet zu entsenden, damit wir selbst den wahren Stand der Dinge herausfinden konnten.

Aufgrund dieser Überlegungen und in dem Wissen, daß wir im Recht waren und im Namen der gesamten Bevölkerung Tibets handelten, sagte ich meinem Bruder, er könne ohne weiteres nach Beijing reisen. Nachdem er die chinesische Führungsspitze getroffen hatte, könnten wir uns Gedanken über den nächsten Schritt machen. Gleichzeitig benachrichtigte ich über die chinesische Botschaft in Delhi die Regierung in Beijing und bat sie, der Entsendung eines Untersuchungsausschusses aus Dharamsala nach Tibet zuzustimmen, der sich über die gegenwärtige Situation vor Ort informieren und mir Bericht erstatten könne. Ich legte auch meinem Bruder nahe herauszufinden, ob so etwas durchführbar war oder nicht.

Kurz darauf erhielt ich eine weitere aufregende Nachricht, diesmal aber von ganz anderer Seite: Es war eine Einladung, die buddhistischen Gemeinschaften in der UdSSR und in der Mongolei zu besuchen. Mir war zwar klar, daß es meinen Freunden in Beijing mißfallen könnte, wenn ich dorthin reiste; andererseits fühlte ich mich als buddhistischer Mönch und erst recht als Dalai Lama verpflichtet, meinen Mitgläubigen zu dienen. Wie hätte ich außerdem gerade dem Volk eine Absage erteilen können, dem ich meinen Titel verdanke? Da ich zudem meinen Traum, in die Sowjetunion zu reisen, nicht hatte erfüllen können, solange ich noch hoher Vertreter Chinas war (auch wenn man meine Bewegungsfreiheit damals vollkommen eingeschränkt hatte), wollte ich mir die Gelegenheit nicht entgehen lassen, als tibetischer Flüchtling dorthin zu reisen. So nahm ich die Einladung voller Freude an.

Wie sich herausstellte, hatte diese Entscheidung keine negativen Folgen, denn als Gyalo Thöndup nach Dharamsala zurückkehrte, kündigte er an, daß die Chinesen meinen Vorschlag, einen Untersuchungsausschuß nach Tibet zu entsenden, angenommen hatten. Das gab mir sehr viel Hoffnung. Es sah so aus, als ob China doch nach einer friedlichen Lösung für das Tibet-Problem suchte. So setzten wir einen Tag im August als Abreisetermin für die Delegation fest.

Anfang Juni flog ich nach Moskau, um von dort aus in die Mongolei weiterzureisen. Bei meiner Ankunft hatte ich das Gefühl, in eine wohlbekannte Welt zurückzukehren. Sofort spürte ich dieselbe repressive Stimmung, die ich von China her so gut kannte. Das brachte mich aber nicht aus der Fassung, da ich feststellte, daß die Menschen, die ich traf, im wesentlichen freundlich und gutherzig waren – und auch auf überraschende Weise naiv. Letzteres fiel mir besonders auf, als der Reporter einer russischen Tageszeitung kam, um mich zu interviewen. Seine Fragen zielten alle darauf, mir Komplimente zu entlocken. Sobald ich irgend etwas sagte, was für die Regierung nicht vorteilhaft war, oder wenn meine Antworten nicht genau seinen Erwartungen entsprachen, warf er mir zornige Blicke zu. Bei einer anderen Gelegenheit fragte mich ein Journalist, als er am Ende seiner Fragen angelangt war, demütig und voller Einfalt: »Und was soll ich Sie jetzt fragen?«

Wo immer ich in Moskau auch hinging, überall fand ich unter dieser Oberfläche aus Konformität denselben Charme vor. Das bestätigte meinen Glauben, daß niemand in der Welt bewußt das Leid will. Gleichzeitig wurde mir wieder einmal klar, wie wichtig es ist, mit den Menschen persönlich in Kontakt zu treten. Mit eigenen Augen konnte ich nun sehen, daß die Russen keine Ungeheuer waren – genausowenig wie die Chinesen, die Amerikaner oder sonstwer. Was mich bei diesem Besuch besonders berührte, waren die Herzlichkeit und die Wärme, mit der mich Mitglieder der russisch-orthodoxen Kirche empfingen.

Von Moskau aus reiste ich in die burjatische Sowjetrepublik, wo ich einen Tag in einem buddhistischen Kloster verbrachte. Wegen des Sprachunterschieds konnte ich mich zwar mit den Menschen nicht unterhalten, aber ich konnte ihre Gebete verstehen, da diese auf Tibetisch gesprochen wurden. Die Mönche konnten auch Tibetisch schreiben. Außerdem konnten wir uns sehr gut mit unseren Augen verständigen. Als ich das Kloster betrat, bemerkte ich, daß vielen Mönchen und Laienbesuchern die Tränen in den Augen standen. Das ist genau die Art der Spontaneität, zu der auch die Tibeter neigen, und ich fühlte sofort eine starke Verbundenheit mit diesen Menschen.

Das Kloster in Ulan-Ude, der Hauptstadt der Burjatischen Autonomen Sozialistischen Sowjetrepublik, war eines der außergewöhnlichsten Dinge, die ich in der UdSSR sah. Es war 1945 gebaut worden, als Stalin auf der Höhe seiner Macht war. Obwohl ich nicht begreifen konnte, wie dies möglich gewesen war, half es mir zu verstehen, daß die Spiritualität so tief im menschlichen Geist verwurzelt ist, daß man sie nur schwer – wenn überhaupt – ausrotten kann. Wie meine Landsleute hatten die Burjäten schrecklich für ihren Glauben leiden müssen, sogar noch länger als wir Tibeter. Trotzdem fand ich überall Beweise dafür, daß ihr religiöses Leben blühte, wo immer sie auch nur die geringste Möglichkeit hatten, es zu verwirklichen.

Das bestärkte mich in der Überzeugung, daß es notwendig ist, einen Dialog zwischen dem Buddhismus und dem Marxismus, soweit er überlebt, zu führen, wie er ja auch zwischen anderen Religionen und den verschiedenen Ausprägungen materialistischer Weltanschauung bestehen sollte. Denn die materialistische und die spirituelle Lebensauffassung ergänzen einander auf so offensichtliche Weise, so daß es traurig ist, daß die Menschen beide als Gegensätze begreifen. Wären der Materialismus und der technische Fortschritt tatsächlich die Lösung aller menschlichen Probleme, müßten die am weitesten entwickelten Länder voller glücklicher Menschen sein. Das ist aber nicht der Fall. Wären die Menschen andererseits nur dazu da, sich mit

Nachrichten aus Tibet

spirituellen Dingen zu befassen, würde die gesamte Menschheit glücklich nach ihren religiösen Überzeugungen leben. Dann gäbe es jedoch keinen Fortschritt. Also ist sowohl die spirituelle als auch die materielle Entwicklung für die Menschen notwendig. Denn die Menschheit darf in ihrer Entwicklung nicht stehenbleiben – das käme einer Art Tod gleich.

Von Ulan-Ude aus flog ich nach Ulan-Bator, der Hauptstadt der Mongolei, wo mir eine Gruppe von Mönchen einen überschwenglichen Empfang bereitete. Die Freude und die Spontaneität, mit der mich die Menschen willkommen hießen, wurden von den Behörden anscheinend aber nicht gebilligt. Denn während sich die Menschen am ersten Tag eng um mich drängten, verhielten sie sich am nächsten Tag wie Statuen, und ich bemerkte Tränen in ihren Augen. Als ich das Haus besichtigte, in dem sich der XIII. Dalai Lama zu Beginn dieses Jahrhunderts aufgehalten hatte, blieben alle auf Distanz. Später aber gelang es jemandem, sich heimlich über die Anweisungen von oben hinwegzusetzen: Als ich beim Verlassen eines Museums einem Mann die Hand schüttelte, fühlte ich etwas Sonderbares in meiner Hand. Er hatte mir einen kleinen Gebetskranz in meine Handfläche gedrückt, damit ich ihn segnete. Ich fühlte ein starkes Mitgefühl und gleichzeitig tiefen Kummer.

In jenem Museum hatte ich zuvor ein Gemälde an der Wand erblickt, das einen Mönch mit einem riesengroßen Mund zeigte, in den Nomaden mit ihrem Vieh hineingingen. Es war offensichtlich als antireligiöse Propaganda gedacht. Ich näherte mich dem Bild, um es genauer zu betrachten, aber der Führer versuchte ganz nervös, mich von diesem peinlichen Beispiel kommunistischer Hetze wegzulotsen. Daraufhin sagte ich zu ihm, man brauche nichts vor mir zu verstekken. In diesem Bild liege auch etwas Wahres, eine Tatsache, die nicht verdrängt werden solle. Jede Religion könne auch Schaden anrichten und die Menschen ausnutzen, wie dieses Bild andeute. Das sei aber nicht die Schuld der Religion selbst, sondern die der Menschen, die sie ausübten.

Ein weiterer amüsanter Zwischenfall betraf ein anderes Ausstellungsstück, ein Modell des Kalacakra-Mandala. Ich stellte fest, daß es bei seiner Anfertigung zu einigen Ungenauigkeiten gekommen war. Als eine junge Museumsangestellte mir die Bedeutung des Mandalas erklären wollte, sagte ich: »Schauen Sie, ich bin Fachmann in diesen Dingen. Warum erkläre nicht ich Ihnen seine Bedeutung?« und wies auf die Ungenauigkeiten hin. Ich muß zugeben, daß ich dies mit einer gewissen Genugtuung tat.

Als ich die Mongolen besser kennenlernte, wurde mir klar, wie eng die Verbindung zwischen unseren beiden Ländern ist. Es beginnt schon damit, daß wir dieselbe Religion haben. In der Vergangenheit haben viele mongolische Gelehrte Tibet besucht und einen bemerkenswerten Beitrag zu unserer Kultur und Religion geleistet. Die Tibeter verwenden viele religiöse Texte, die von Mongolen verfaßt worden sind. Wir haben auch viele gemeinsame Bräuche, zum Beispiel das Überreichen von Katags (der einzige, geringfügige Unterschied ist, daß tibetische Katags weiß, die mongolischen aber hellblau oder schiefergrau sind). Als ich darüber nachdachte, fiel mir auf, daß sich die Beziehung zwischen der Mongolei und Tibet historisch gesehen mit der zwischen Tibet und Indien vergleichen läßt. Aus diesem Grund veranlaßte ich einen Studentenaustausch zwischen unseren beiden Gemeinschaften, um dadurch eine weit zurückreichende Beziehung neu zu beleben.

Bei meiner Abreise hatte ich viele positive Eindrücke sowohl von der UdSSR als auch von der Mongolei gewonnen. Beeindruckend war etwa der beachtliche Fortschritt, den vor allem die Mongolei auf dem Gebiet der Industrie, der Landwirtschaft und der Viehzucht erzielt hatte. Seither war ich noch einmal – im Jahre 1987 – in der Sowjetunion und konnte mit großer Freude feststellen, daß sich das gesellschaftliche Klima dort ganz erheblich verbessert hatte. Das war wieder einmal ein eindeutiger Beweis dafür, daß es einen direkten Zusammenhang zwischen der politischen Freiheit in einem Land und dem Selbstwertgefühl seiner Bevölkerung gibt. Da die Sowjetbürger nun ihre wahren Gefühle zum Ausdruck bringen konnten, waren sie zweifellos weit glücklicher.

Am 2. August 1979 verließ eine Delegation mit fünf Mitgliedern der tibetischen Exilregierung Neu Delhi, um über Beijing nach Tibet zu reisen. Ich hatte die Mitglieder sorgfältig ausgesucht. Da es wichtig war, daß sie so objektiv wie möglich urteilten, suchte ich solche aus, die nicht nur das alte Tibet kannten, so wie es vor dem Einmarsch der

Chinesen gewesen war, sondern die auch mit der modernen Welt vertraut waren. Ferner achtete ich darauf, daß alle drei großen Provinzen durch jemanden vertreten waren.

Mein Bruder Lobsang Samten war einer der Teilnehmer. Er hatte sich schon längst von seinem Mönchsgelübde losgesagt, so daß ich als einziges Sangha-Mitglied in der Familie übrigblieb, und machte zu jener Zeit gerade eine »moderne« Phase durch, was sich in seinem Äußeren und in seiner Kleidung ausdrückte. Er trug langes Haar und einen buschigen, über die Mundwinkel herunterwachsenden Schnurrbart. Seine Kleidung war ebenfalls sehr salopp. Ich machte mir ein wenig Sorgen, daß er von jenen, die sich in Tibet noch an ihn erinnerten, nicht wiedererkannt werden würde.

Nach mehr als zehn Jahren weiß ich noch immer nicht, welche Eindrücke vom »neuen« Tibet die Delegation nach Meinung der Führungsspitze in Beijing mitnehmen sollte. Wahrscheinlich war man davon überzeugt, sie würden überall in ihrem Heimatland so viel Zufriedenheit und Wohlstand vorfinden, daß es ihnen sinnlos erscheinen mußte, weiterhin im Exil zu bleiben. Aus Angst, die kommunistisch denkende Bevölkerung könnte den Delegierten gegenüber handgreiflich werden, hatten die chinesischen Behörden das Volk sogar angewiesen, den Besuchern freundlich zu begegnen! Offenbar war den Chinesen jedes Mittel recht, uns zurückzulocken. Denn der Umstand, daß der Dalai Lama im Exil lebte, und die Existenz einer tibetischen Exilregierung mußte ihnen sehr unangenehm sein, da sie sich nun ernsthaft um ein gutes Ansehen in der Weltöffentlichkeit bemühten.

Es war gut, daß sie sich ihrer Sache so sicher waren, denn während sich die erste Delegation noch in Beijing aufhielt, entsprachen die Chinesen meinem Vorschlag, noch drei weitere Delegationen nach Tibet reisen zu lassen. Insgesamt verbrachten meine fünf Vertreter zwei Wochen in der chinesischen Hauptstadt, in denen sie an verschiedenen Sitzungen teilnahmen und eine detaillierte Reiseroute planten, welche sie im Laufe von vier Monaten kreuz und quer durch das gesamte Tibet führen sollte.

Als die Delegation nach Amdo gelangte, entwickelten sich die Dinge anders, als die Chinesen geplant hatten. Überall, wo die Delegierten hingingen, wurden sie von Tausenden von Menschen, vor allem von Jugendlichen umringt, die um einen Segen und Nachrichten von mir baten. Das erzürnte die Chinesen so sehr, daß sie die Behörden in Lhasa eiligst von den Ereignissen verständigten, um sie davor zu warnen, was ihnen womöglich bevorstand. Die Antwort, die sie erhielten, lautete: »Dank des hohen Niveaus der politischen Erziehung in der tibetischen Hauptstadt besteht nicht die geringste Gefahr einer Blamage.«

Auf Schritt und Tritt wurde den fünf Exiltibetern jedoch ein ekstatischer Empfang bereitet. Als sie dann nach Lhasa gelangten, erwartete sie eine jubelnde Menge. Die Fotos, die sie mitbrachten, zeigen Tausende und aber Tausende von Menschen, die sich auf den Straßen drängen – und das trotz der ausdrücklichen Aufforderung fernzubleiben. In Lhasa hörte einer der Delegierten einen ranghohen chinesischen Kader zu einem Amtskollegen sagen: »Die Bemühungen der letzten zwanzig Jahre sind nun an einem Tag zunichte gemacht worden.«

Es kommt zwar oft vor, daß es in autoritär regierten Ländern eine Kluft zwischen der Regierung und der Bevölkerung gibt, doch hier hatten sich die Chinesen offensichtlich vollkommen verkalkuliert. Obwohl sie über einen sehr effizienten Geheimdienst verfügten, der die Aufgabe hatte, dergleichen zu vermeiden, war ihre Einschätzung der Lage gänzlich falsch. Was mich dabei besonders überrascht, ist, daß sie trotz solcher Erfahrungen an ihrem System festhalten. Als Hu Yaobang, der damalige Generalsekretär der Kommunistischen Partei Chinas und Dengs designierter Nachfolger, im darauffolgenden Jahr Tibet besuchte, brachte man ihn in das tibetische Äquivalent eines Potemkinschen Dorfes, wodurch er ein ganz falsches Bild von der Lage gewann. Etwas Ähnliches, hörte ich, passierte auch im Jahre 1988, als ein anderer prominenter Spitzenpolitiker aus Beijing eine alte Tibeterin in Lhasa fragte, was sie von der gegenwärtigen Situation in Tibet denke. Sie wiederholte natürlich wortgetreu die Parteiparolen, so daß der Gast glaubte, dies sei die ehrliche Meinung einer Tibeterin gewesen. Es hat fast den Anschein, als wollten sich die Chinesen selbst etwas vormachen. Jeder halbwegs vernünftige Mensch müßte doch einsehen, daß kaum jemand etwas Negatives sagen würde, wenn ihm dafür eine schwere Strafe droht.

Zum Glück hatte sich Hu Yaobang nicht ganz täuschen lassen. Er

brachte öffentlich sein Entsetzen über die Lebensbedingungen der
Tibeter zum Ausdruck und wollte wissen, wo die Gelder, die nach
Tibet geschickt worden waren, geblieben seien. Er versprach auch,
fünfundachtzig Prozent der chinesischen Kader aus dem besetzten
Tibet abzuziehen. Aus diesen angekündigten Maßnahmen wurde aber nicht viel. Hu
Yaobang blieb nicht lange in seinem Amt, sondern wurde gezwungen,
den Stuhl des Generalsekretärs der Kommunistischen Partei Chinas
zu räumen. Ich werde ihm aber trotzdem immer dankbar sein für den
gewaltigen Mut, den er bewies, als er die von China in Tibet begange-
nen Fehler eingestand. Daß er dies tat, ist ein klarer Beweis dafür, daß
nicht alle, nicht einmal an der Führungsspitze, die repressiven Maßnahmen der Regierung gutheißen. Aber während Hu Yaobangs Eingeständnis keine nachhaltigen Auswirkungen auf die Lage in Tibet
hatte, kann man dies von dem Bericht, den die erste Delegation nach
ihrer Rückkehr nach Dharamsala Ende Dezember verfaßte, sicherlich
nicht behaupten.

Als ich nach meiner Reise in die Sowjetunion und die Mongolei,
nach Griechenland, in die Schweiz und schließlich in die USA wieder
in Indien ankam, waren auch die fünf Mitglieder der Delegation mit
Hunderten von Filmrollen, stundenlangen Gesprächen auf Tonband
und genügend Informationen zurückgekommen, um monatelang
damit beschäftigt zu sein, all die Daten zu ordnen, auszuwerten und
zusammenzufassen. Sie hatten auch über siebentausend Briefe von
Tibetern an ihre Familienangehörigen im Ausland mitgebracht. Es
war das erste Mal in mehr als zwanzig Jahren, daß Post aus Tibet
herausgelangte.

Leider waren die Eindrücke, die die Delegationsmitglieder aus
dem »neuen« Tibet mitbrachten, außerordentlich negativ. Sie waren
nicht nur überall im Land von weinenden Tibetern bestürmt worden,
sondern verfügten auch über zahlreiche Beweise dafür, daß die chinesischen Behörden auf rücksichtslose und systematische Art versucht
hatten, unsere Kultur auszumerzen. Zudem wurden die Delegierten
mit zahllosen Schilderungen von jahrelangen Hungersnöten, die viele
Menschenopfer gefordert hatten, öffentlichen Hinrichtungen und
groben sowie widerlichen Verletzungen der Menschenrechte über-
häuft; zu den weniger schlimmen gehörten die Trennung der Kinder

von ihren Eltern, um sie entweder in China zu »erziehen« oder für die Zwangsarbeit zu verwenden, die Inhaftierung unschuldiger Menschen und der Tod von Tausenden von Mönchen und Nonnen in Konzentrationslagern. Es war eine schreckenerregende Aufzählung, belegt durch Dutzende von Fotos von Klöstern, von denen nur noch Ruinen übrig waren. Oder sie wurden als Getreidelager, Fabriken und Schweineställe verwendet.

Als sie aber mit diesem Beweismaterial konfrontiert wurden, machten die chinesischen Behörden deutlich, daß sie keine Kritik seitens der Delegierten oder im Exil lebender Tibeter akzeptierten. Sie meinten, wir hätten kein Recht, die Zustände im Inneren zu kritisieren, solange wir uns außerhalb des Landes befänden. Als Lobsang Samten mir dies erklärte, mußte ich an einen Zwischenfall denken, der sich in den fünfziger Jahren ereignet hatte. Ein tibetischer Beamter war von einem chinesischen Parteimitglied gefragt worden, was er denn von der chinesischen Herrschaft in Tibet halte. Seine Antwort war: »Lassen Sie mich zuerst das Land verlassen, dann werde ich es Ihnen verraten.«

Man sollte jedoch nicht verschweigen, daß die Delegation auch einige hoffnungerweckende Nachrichten mitbrachte. In Beijing zum Beispiel trafen die Delegierten einige junge tibetische Studenten, die als Parteikader ausgebildet wurden. Sie waren aber keineswegs alle prochinesisch oder durch und durch marxistisch. Vielmehr stellte sich heraus, daß sie rückhaltlos für die Freiheit Tibets eintraten. Und wenn man bedachte, wie viele gewöhnliche Tibeter sich den Anordnungen der chinesischen Behörden offen widersetzt hatten, um ihre Liebe und ihren Respekt für den Dalai Lama zum Ausdruck zu bringen, so war der Wille des Volkes keineswegs gebrochen. Im Gegenteil, allem Anschein nach hatten die schrecklichen Erfahrungen sogar noch dazu beigetragen, ihre Entschlossenheit zu stärken.

Ein weiteres positives Erlebnis für diese erste Delegation war ihre Begegnung mit dem Panchen Lama in Beijing. Er war von den Chinesen grausam mißhandelt worden und zeigte seinen fünf Landsleuten die bleibenden Spuren, die die Folterungen an seinem Körper hinterlassen hatten. Er erzählte, daß nach meiner Flucht ins Exil sein eigenes Kloster, Tashilhünpo, von der Volksbefreiungsarmee verschont wurde. Als er dann aber begann, Kritik an den neuen Herren

Nachrichten aus Tibet

zu üben, wurden die Truppen auch dorthin gesandt. Im Jahre 1962 wurde ihm meine Position als Vorsitzender des Vorbereitenden Komitees zur Errichtung der Autonomen Region Tibet übertragen. Er lehnte jedoch ab und schickte statt dessen ein langes Memorandum an Mao, das lauter Beschwerden enthielt. Daraufhin wurde er seines Amtes enthoben, obwohl Mao ihm zugesichert hatte, man werde seinen Äußerungen Beachtung schenken. Und eine Handvoll älterer Mönche, die nach Tashilhünpo zurückgekehrt waren, wurde verhaftet, wegen krimineller Aktivitäten angeklagt und vor den Bewohnern von Shigatse verhört.

Zu Beginn des Jahres 1964 gab man dem Panchen Lama die Chance, sich zu rehabilitieren. Man bot ihm an, während des Mönlam-Festes, das man eigens für die Dauer eines Tages wiedereinführte, eine Rede vor der Bevölkerung Lhasas zu halten. Er erklärte sich damit einverstanden. Zur großen Bestürzung der Chinesen verkündete er vor der versammelten Menschenmenge, daß der Dalai Lama das wahre Oberhaupt der Tibeter sei. Er endete seine Rede mit dem mitreißenden Ausruf:»Lang lebe der Dalai Lama!«Daraufhin wurde er verhaftet, und nach einem geheimen Prozeß von siebzehn Tagen Dauer verschwand er und wurde nicht mehr gesehen. Viele Menschen hatten Angst, auch er sei ermordet worden. Er erzählte aber, daß man ihn zuerst unter Hausarrest stellte, bevor man ihn in ein Hochsicherheitsgefängnis warf, wo er brutal gefoltert wurde und eine politische »Umerziehung« über sich ergehen lassen mußte. Die Bedingungen dort waren so unmenschlich, daß er mehr als einmal einen Selbstmordversuch unternahm.

Jetzt wußten wir also, daß der Panchen Lama noch am Leben war und daß es ihm relativ gutging. Die Delegierten bemerkten aber, daß die Zustände in Tibet insgesamt miserabel waren. Zugegeben, die Wirtschaft des Landes war umstrukturiert worden, und es war von allem mehr vorhanden. Aber das nützte der tibetischen Bevölkerung nichts, da die Besatzer alles für sich selbst beanspruchten. Beispielsweise gab es nun Fabriken, wo es früher keine gegeben hatte. Ihre Produktion aber ging nach China. Und die Fabriken waren ohne Rücksicht auf die Umwelt dort hingebaut worden, wo es gerade von Vorteil war. Wie vorherzusehen, waren die Auswirkungen auf die Umwelt verheerend. Dasselbe kann man von den Wasserkraftwerken sagen. Die chinesischen Viertel in jeder Stadt wurden in Licht gebadet, während selbst in Lhasa der Strom im tibetischen Viertel für nicht mehr als eine Fünfzehn- bis Zwanzig-Watt-Glühbirne pro Raum reichte. Und dennoch kam es hier oft zu Stromausfällen, besonders im Winter, wenn der Strom umgeleitet wurde, um den erhöhten Stromverbrauch anderswo in der Stadt auszugleichen.

Was die Landwirtschaft betrifft, so hatten die Chinesen darauf bestanden, Winterweizen statt der traditionellen Gerste anzubauen, weil sie lieber Weizen essen. Durch eine intensive Bodenbewirtschaftung war man auch imstande, mehrere Jahre hintereinander Rekordernten zu produzieren, denen aber Jahre der Knappheit folgten. Diese Änderungen führten nämlich zu einer schnellen Erosion der dünnen und empfindlichen Schicht Mutterboden, wodurch weite Landstriche Tibets in Wüsten verwandelt wurden.

An anderen Naturreichtümern, etwa den Wäldern, wurde in ähnlicher Weise Raubbau betrieben. Man schätzt, daß seit 1955 ungefähr fünfzig Millionen Bäume gefällt wurden und Hunderttausende von Quadratkilometern jegliche Vegetation verloren haben. Dagegen hat die Viehzucht dramatisch zugenommen. In einigen Orten gibt es jetzt die zehnfache Menge Tiere, die sich vom selben Weideland ernähren müssen. Anderswo aber läßt der Boden kein Grasen mehr zu. Das Ergebnis ist, daß ganze Ökosysteme zusammengebrochen sind. Die einst allgegenwärtigen Herden von Rehen, Kyang (Wildeseln) und Drong (wilden Yaks) sind gänzlich verschwunden, und die Riesenscharen von Enten und Gänsen, einst ein gewohnter Anblick in Tibet, sind nirgendwo mehr zu sehen.

Hinsichtlich der medizinischen Versorgung gab es, wie die Chinesen behaupteten, zwar eine beachtliche Anzahl an Krankenhäusern; in diesen benachteiligte man die tibetische Bevölkerung aber offen gegenüber den chinesischen Siedlern. Und wenn ein Chinese zum Beispiel eine Bluttransfusion benötigte, so nahm man das Blut eines tibetischen »Freiwilligen«.

Außerdem gab es nun auch mehr Schulen als je zuvor. Aber wiederum war das Erziehungssystem so geändert worden, daß nur die Chinesen davon profitierten. Die erste Delegation hörte zum Beispiel, daß die chinesischen Lokalbehörden unter dem Vorwand, die Einrichtungen für die Tibeter zu verbessern, Gelder von der Zentralverwaltung angefordert hatten, die dann so verwendet wurden, daß ihre eigenen Kinder davon profitierten. Bei der Erziehung, die die Chinesen den Tibetern zukommen ließen, braucht man nur zu erwähnen, daß fast der gesamte Unterricht auf Chinesisch durchgeführt wurde. Es war sogar angekündigt worden, die tibetische Sprache werde »innerhalb von fünfzehn Jahren« ausgerottet sein. In Wirklichkeit waren die meisten Schulen nicht viel mehr als Arbeitslager für Kinder. Die einzigen, die wirklich eine Erziehung genossen, waren die rund fünfzehnhundert intelligentesten Kinder, die man mit der Begründung nach China zwangsverschickte, dies fördere die »Einheit«.

Die Delegierten fanden auch, daß die Verbindungswege innerhalb Tibets dramatisch verändert worden waren. Das Straßennetz breitete sich mittlerweile über das ganze Land aus und erfaßte so gut wie jede Siedlung. Es gab nun auch Tausende von Fahrzeugen, hauptsächlich schwere Laster, die der chinesischen Regierung gehörten. Gewöhnliche Tibeter durften ihren Wohnort ohne Erlaubnis überhaupt nicht verlassen. Die Vorschriften waren in letzter Zeit zwar etwas gelockert worden, aber nur wenige konnten es sich leisten, das zu nutzen.

Dasselbe traf auch auf die Konsumgüter zu. Sie waren jetzt zwar erhältlich, aber nur eine Handvoll Tibeter konnte sie sich leisten. Die große Mehrheit lebte im Zustand tiefsten und erbärmlichsten Elends. Man hörte genügend Geschichten über die Lebensmittelrationen, die bis vor kurzem noch so gering gewesen waren, daß man sich mit der für einen Monat vorgesehenen Menge höchstens zwanzig Tage lang durchschlagen konnte. Dann mußte man sich mit Gras und Blättern behelfen. Eine Monatsration Butter zum Beispiel, die in früheren Tagen für eine einzige Portion Tee verwendet worden wäre, reichte gerade als Sonnenschutz für die Lippen. Und überall, wo sie hingingen, sahen die Delegierten, daß die Menschen durch Unterernährung kleinwüchsig und unterentwickelt waren und nur Lumpen als Kleidung hatten. Selbstverständlich waren auch die bunten Ornamente und jeglicher Schmuck verschwunden, den früher selbst die einfachsten Tibeter getragen hatten.

Was das Elend noch verschlimmerte, war, daß die Menschen unglaublich hoch besteuert wurden, auch wenn diese Abgaben nicht Steuern genannt wurden; man sprach vielmehr von »Mieten« oder ähnlichem. Sogar die Nomaden mußten für das Privileg ihrer prekären Existenz Gebühren zahlen. Alles in allem war Chinas Wirtschaftsprogramm für Tibet allein schon eine Form der Tortur.

Und als ob das noch nicht genug wäre, fanden die Delegierten heraus, daß die tibetische Kultur auf brutalste Weise unterdrückt worden war. Alle Lieder waren verboten worden, mit Ausnahme von politischen Lobgesängen zu chinesischen Melodien. Die Religion war verboten worden, Tausende von Klöstern hatte man aufgelöst und profanen Zwecken zugeführt. Die Delegierten erfuhren, wie man dies seit Ende der fünfziger Jahre systematisch betrieben hatte. Zunächst war jedes Gebäude von Beamten inspiziert worden, die eine genaue Inventur machten. Dann kamen Arbeitertrupps, die alles, was von unmittelbarem Wert war, auf Laster luden und nach China transportierten. Die erbeuteten Wertgegenstände aus Silber oder Gold wurden eingeschmolzen oder zusammen mit unzähligen anderen Kunstgegenständen auf dem internationalen Kunstmarkt gegen harte Devisen verkauft. Als nächstes sandte man weitere Arbeiter, die sonstige Materialien, die irgendwie verwertbar waren, wie zum Beispiel Dachziegel oder Holz, entfernten. Schließlich zwang man die ortsansässige Bevölkerung, ihre»Verachtung für die alte Gesellschaft und die Mönche« zum Ausdruck zu bringen. So wurde im Laufe von wenigen Wochen ein Kloster zur Ruine.

Der Inhalt dieser Klöster war der eigentliche verfügbare Reichtum Tibets. Über Jahrhunderte hatten sich dort die Spenden von aufeinanderfolgenden Familiengenerationen angehäuft, die immer das Bestmögliche gegeben hatten. Nun war dies alles in dem unersättlichen Bauch der Chinesen verschwunden.

Damit noch nicht zufrieden, hatten die Chinesen auch Zwangsmaßnahmen ergriffen, um den Bevölkerungszuwachs unter den Tibetern unter ihre Kontrolle zu bringen. Man führte auch in Tibet (nicht nur in China, wie behauptet wurde) ein Limit von zwei Kindern je Ehepaar ein. Frauen, die diese Quote überschritten, wurden in Krankenhäuser wie das in Gyantse gebracht, das überall als»der Schlachthof« bekannt war. Dort wurden sie zur Abtreibung gezwungen und dann zwangssterilisiert. Überhaupt wurden viele Frauen ohne ihr Wissen mit primitiven Kupferspiralen als Verhütungsmittel versehen, wie wir durch Neuankömmlinge aus Tibet wissen.

Erhob sich die Bevölkerung zum Aufstand, was auch nach 1959

noch mehrfach der Fall war, wurden ganze Dörfer dem Erdboden gleichgemacht, ihre Bewohner umgebracht und Zehntausende andere Tibeter ins Gefängnis gebracht. Dort hielt man sie unter den übelsten Bedingungen: Am Tag mußten sie Zwangsarbeit verrichten und abends bis spät in die Nacht hinein Verhöre (Thamzing) über sich ergehen lassen; das Essen bestand nur aus Hungerrationen. Ich habe selbst mit mehreren Leuten gesprochen, die Gefangene der Chinesen gewesen sind. Einer von ihnen war Dr. Tenzin Chödrak, der in den späten fünfziger Jahren mein Zweiter Leibarzt war. Als die erste Untersuchungskommission nach Beijing reiste, bat ich, man möge die chinesischen Behörden bitten, ihn freizulassen und ihm zu gestatten, zu mir ins Exil zu kommen.

Daraus wurde zunächst jedoch nichts. Aber ein Jahr später ließ man ihn endlich frei, und Ende 1980 kam er nach Dharamsala. Seine Berichte über die Grausamkeiten und Erniedrigungen waren fast nicht zu glauben. In den zwanzig Jahren seiner Gefangenschaft war er oft dem Verhungern nahe. Er erzählte mir, daß er und seine Mithäftlinge gezwungen waren, ihre eigenen Kleider zu essen, und daß ein Gefängnisinsasse, mit dem er gemeinsam im Krankenhaus war, aus Verzweiflung einen Wurm, den er beim Stuhlgang ausgeschieden hatte, zuerst gewaschen und dann gegessen hat.

Ich erwähne diese Dinge nicht, um gegen meine chinesischen Brüder und Schwestern zu hetzen, sondern um die Menschen aufzuklären. Es gibt sicher viele gute Chinesen, die keine Ahnung haben, was in Tibet vor sich geht. Ich führe diese grauenvollen Fakten auch nicht aus Verbitterung an. Im Gegenteil, diese Dinge liegen bereits in der Vergangenheit, und wir müssen in die Zukunft blicken!

Seit die erste Untersuchungskommission vor nun schon mehr als zehn Jahren zurückgekehrt ist, sind ihre Ergebnisse durch zahlreiche andere Quellen bestätigt worden: durch weitere Delegationen von Tibetern, ausländische Touristen und Journalisten und sogar einige wohlwollend gesinnte Chinesen. Trotz einiger Fortschritte in materieller Hinsicht hat sich die Situation in der Zwischenzeit leider weiter für uns verschlechtert. Inzwischen wissen wir, daß mehr als dreihunderttausend chinesische Soldaten in Tibet stationiert sind, viele davon entlang der noch immer umstrittenen Grenze zu Indien. Mindestens fünfzigtausend befinden sich weniger als eine Tagereise von Lhasa entfernt. Obendrein lagert China mindestens ein Drittel seines nuklearen Arsenals auf tibetischem Boden. Da Tibet eines der größten Uranvorkommen der Erde aufweist, haben die Chinesen weite Teile des Landes mit radioaktivem Müll, der im Bergbau entstanden ist, verseucht. Außerdem befindet sich in Amdo, der nordöstlichsten Provinz Tibets, das größte bekannte Gefangenenlager. Schätzungen zufolge ist es groß genug, um bis zu zehn Millionen Gefangene aufzunehmen.

Infolge eines massiven Umsiedlungsprogramms übersteigt der chinesische Anteil der Bevölkerung in Tibet inzwischen den der Tibeter um einiges. Für meine Landsleute besteht die große Gefahr, daß sie eines Tages nur noch eine Touristenattraktion in ihrem eigenen Land sein werden.

EIN FRIEDENSPLAN

Die zweite und die dritte Untersuchungskommission verließen Indien beide im Mai 1980. Die erste bestand aus jüngeren Leuten, da ich feststellen wollte, welchen Eindruck die Situation in Tibet auf Menschen machte, die noch unvoreingenommen waren. Die zweite Kommission setzte sich aus Erziehern zusammen, weil ich wissen wollte, welche Perspektiven die Kinder und Jugendlichen in Tibet hatten. Leider waren die jungen Delegierten nicht imstande, ihre Erkundigungen zu Ende zu führen. Als die tibetische Bevölkerung in Massen erschien, um die Delegierten zu begrüßen und die chinesische Präsenz öffentlich anzuprangern, beschuldigten die Behörden die Delegierten, die Massen zum Widerstand aufzuwiegeln. Sie verwiesen sie unter dem Vorwand des Landes, sie gefährdeten die »Einheit des Mutterlandes«. Mich beunruhigte dieser Verlauf der Ereignisse natürlich. Es schien, daß die Chinesen kein Interesse an der Wahrheit hatten und die Tatsachen einfach ignorierten. Diese Ausweisung bewies aber immerhin, daß sie von den Gefühlen der Tibeter zumindest Notiz nahmen.

Die dritte Delegation, unter der Führung meiner Schwester Jetsün Pema, durfte jedoch bleiben. Als sie im Oktober 1980 nach Dharamsala zurückkehrte, ergaben ihre Untersuchungen, daß es zwar eine leichte Verbesserung im allgemeinen Bildungsniveau in Tibet während der letzten zwanzig Jahre gegeben hatte, daß dies aber nicht unbedingt von Vorteil war, da für die Chinesen der eigentliche Sinn des Lesens darin lag, den Kindern das Studium der Gedanken des Vorsitzenden Mao zu ermöglichen, und der des Schreibens, daß sie nun imstande waren, »Geständnisse« zu verfassen.

Alles in allem enthüllten die von den verschiedenen Untersuchungskommissionen gesammelten Daten das volle Ausmaß der chinesischen Ausplünderung Tibets und zeigten überdies, daß die

Lebensbedingungen für die Tibeter weiterhin miserabel waren. Im Vergleich zu dem Leid der vorangegangenen zwei Jahrzehnte hatte sich die Lage zweifelsohne verbessert. Aber nach wie vor betrachteten die chinesischen Behörden die Tibeter als »rückständig, ungebildet, grausam und barbarisch«, wie sie es formulierten.

Im Jahre 1981 erlitt meine Mutter einen Schlaganfall und starb nach kurzer Krankheit. Sie war ihr ganzes Leben lang – sie wurde 1900 geboren – immer bei guter Gesundheit gewesen, so daß es für sie am Schluß eine ganz neue Erfahrung war, bettlägerig zu sein. Zum erstenmal in ihrem Leben war sie von anderen abhängig. Bisher hatte sie immer für sich selbst gesorgt. Sie stand zum Beispiel gern sehr früh am Morgen auf, ohne jedoch dem Personal ihre Angewohnheiten aufzuzwängen, und kochte ihren Tee immer selbst, obwohl sie ein verletztes Handgelenk hatte, das ihr die Arbeit erschwerte.

Tenzin Chögyäl, der damals gerade bei ihr wohnte, fragte sie kurz vor ihrem Tod einmal ganz offen, welches ihrer Kinder ihr das liebste sei. Insgeheim hatte er wohl gehofft, selbst der Auserwählte zu sein. Sie antwortete aber, daß es Lobsang Samten sei. Ich erwähne dies nicht nur, weil ich, als mein jüngerer Bruder mir diese Begebenheit erzählte, selbst einen Augenblick dachte, daß ich derjenige wäre, sondern weil Lobsang Samten das einzige ihrer Kinder war, das in ihrer Sterbestunde bei ihr war. Ich hatte meine Mutter noch kurz vorher besucht, mußte dann aber nach Bodh Gaya.

Sobald mich die Nachricht erreichte, begann ich, für eine gute Wiedergeburt für sie zu beten. Alle anwesenden Tibeter nahmen daran teil, und es war ergreifend zu sehen, welch tiefe Gefühle diese Menschen offenbarten. Natürlich schickte mir auch die Regierung einen Beileidsbrief. Dieser war an Ling Rinpoche gerichtet, der mir die Nachricht hätte übermitteln sollen. Aus irgendeinem Grund geriet der Brief aber direkt in meine Hände. Und das führte zu einem amüsanten Zwischenfall: Nachdem ich den Brief gelesen hatte, überreichte ich ihn Ling Rinpoche. Als auch er ihn gelesen hatte, kam er etwas verwirrt zu mir herüber, kratzte sich am Kopf und meinte: »Eigentlich hätte ich Ihnen den Brief übergeben sollen, nicht umgekehrt. Was tue ich jetzt?« Es war das einzige Mal, daß ich Ling Rinpoche verlegen gesehen habe.

Ich war über den Tod meiner Mutter sehr traurig. Durch die zunehmende Arbeit und die immer größer werdenden Verpflichtungen hatte ich sie im Laufe der Jahre immer seltener gesehen. Es bestand aber weiterhin eine enge Verbundenheit zwischen uns, so daß ich ihr Ableben als großen Verlust empfand. Das geht mir immer so, wenn ein Mensch stirbt, der mir über viele Jahre ans Herz gewachsen ist.

Mit den Jahren stirbt die ältere Generation natürlich weg; das muß so sein. So bin ich mehr und mehr von Menschen umgeben, die jünger sind als ich. Das Durchschnittsalter meiner Verwaltung liegt sogar unter Fünfunddreißig. Das finde ich in mehr als nur einer Hinsicht erfreulich. Zur Lösung der gegenwärtigen Probleme in Tibet bedarf es junger Köpfe. Für Menschen, die im alten Tibet aufgewachsen sind, ist es schwierig zu verstehen, was dort jetzt vorgeht. Es ist besser, wenn diejenigen, welche die anfallenden Probleme lösen müssen, nicht auch noch die Last der Erinnerung zu tragen haben. Abgesehen davon wird der Kampf um die Wiedererlangung der rechtmäßigen Unabhängigkeit Tibets für unsere Kinder geführt, und sie sind es, die ihn weiterführen müssen, wenn sie noch wollen.

Anfang April 1982 flog eine dreiköpfige Verhandlungskommission aus Dharamsala zu Gesprächen über die Zukunft Tibets nach Beijing. Angeführt wurde sie von Juchen Thubten Namgyäl, dem ranghöchsten Kashag-Mitglied. Ihn begleiteten Phüntsog Tashi Takla, das frühere Oberhaupt meiner Leibwache, der auch einer der Dolmetscher für Ngapö Ngawang Jigme im Jahr 1951 gewesen war, sowie Gyari Lodi Gyältsen, Vorsitzender des Chitü Lhenkhang, der tibetischen Volksversammlung. In Beijing trafen sie führende Vertreter der chinesischen Regierung, um mit ihnen die jeweilige Position beider Seiten zu klären.

Zu den Punkten, die die Tibeter anführten, gehörten zunächst einmal die historischen Fakten Tibets. Sie erinnerten die Chinesen daran, daß Tibet in seiner Geschichte stets unabhängig von China gewesen war, was stillschweigend auch anerkannt worden sei, als Beijing uns das »Siebzehn-Punkte-Abkommen« aufgezwungen habe. Zweitens hielten sie den Chinesen vor, die tibetische Bevölkerung sei trotz des mit maßloser Übertreibung verkündeten »Fortschritts« in Wirklichkeit ganz und gar unzufrieden. Deshalb schlugen sie vor,

China solle sich bemühen, einen neuen Ansatz zu finden, der der Wirklichkeit gerecht werde.

Eines der Kommissionsmitglieder wollte wissen, ob den Tibetern, die doch eine eigene Rasse darstellten, nicht dieselben oder sogar noch weitgehendere Rechte zustünden, als sie die chinesische Regierung ihren eigenen Leuten in Taiwan in Aussicht gestellt hatte. Die Antwort lautete, daß man Taiwan ein solches Angebot gemacht habe, weil es noch nicht »befreit« sei. Tibet hingegen befände sich bereits auf dem »glorreichen Weg zum Sozialismus«.

Leider stellte sich heraus, daß die Chinesen ihrerseits nichts Substantielles anzubieten hatten. Sie hielten den tibetischen Delegierten eine Predigt und beschuldigten sie, die Ergebnisse der drei Untersuchungskommissionen zur Verfälschung der Wahrheit zu mißbrauchen. Was sie eigentlich besprechen wollten, sei die Rückkehr des Dalai Lama. Zu diesem Zweck legten sie folgende Fünf-Punkte-Liste vor, die meinen zukünftigen Status definieren sollte:

1. Der Dalai Lama kann sicher sein, daß China in eine neue Phase langfristiger politischer Stabilität, kontinuierlichen Wirtschaftswachstums sowie der Einheit und gegenseitigen Unterstützung aller Nationalitäten getreten ist.

2. Der Dalai Lama und seine Vertreter sollten sich frei und offen aussprechen, ohne lange um die Sache herumzureden. Es soll auch keine Haarspaltereien wegen der Ereignisse von 1959 geben.

3. Die Zentralregierung würde den Dalai Lama und seine Gefolgsleute aufrichtig willkommen heißen, wenn sie in ihre Heimat zurückkehren. Dies gründet auf der Hoffnung, daß sie zur Wahrung der Einheit Chinas, zur Stärkung der Solidarität zwischen China und Tibet sowie all der anderen Nationalitäten und zur Verwirklichung des Modernisierungsprogramms beitragen werden.

4. Der Dalai Lama wird denselben politischen Status und dieselben Lebensbedingungen erhalten, die er vor 1959 hatte. Er braucht sich aber nicht in Tibet niederzulassen oder dort irgendwelche Ämter auszuüben. Er könnte natürlich auch von Zeit zu Zeit nach Tibet reisen. Seine Gefolgsleute müssen sich nicht um die Frage ihrer Arbeit und ihrer Lebensumstände sorgen. Verglichen mit früher können sie nur besser sein.

5. Wenn der Dalai Lama zurückzukommen wünscht, braucht er

Ein Friedensplan

nur eine kurze Presseerklärung abzugeben. Die Entscheidung, was er darin sagen will, bleibt vollkommen ihm überlassen.

Nach der Rückkehr der Delegierten nach Dharamsala veröffentlichte die chinesische Regierung eine äußerst tendenziöse Version der Verhandlungen, die den tibetischen Standpunkt als »abtrünnig« und »reaktionär« bezeichnete und sich dazu verstieg zu behaupten, daß er »vom chinesischen Volk und besonders von den Tibetern aufs energischste abgelehnt« werde. Es hatte den Anschein, daß Chinas »neue« Tibet-Politik nicht das war, was die Entwicklungen der späten siebziger Jahre hatten vermuten lassen – fast so wie in dem tibetischen Sprichwort: »Sie halten einem braunen Zucker vor die Augen, aber in den Mund stecken sie einem Siegellack.«

Was meine Rolle in diesen fünf Punkten betrifft, weiß ich wirklich nicht, warum die Chinesen annahmen, daß mir meine Stellung so wichtig ist. Während unseres ganzen Kampfes war ich nie um mich selbst besorgt, sondern um die Rechte, das Wohlergehen und die Freiheit meiner sechs Millionen Landsleute. Dabei geht es mir weniger um Fragen der Landesgrenzen, als vielmehr darum, daß das Wichtigste für die Menschheit die Entfaltung ihrer eigenen Kreativität ist. Die Voraussetzung hierfür ist die Freiheit. Im Exil bin ich frei. Und als Flüchtling, der seit über einunddreißig Jahren in der Verbannung lebt, habe ich den Wert der Freiheit schätzengelernt. Es wäre deshalb ein Fehler, nach Tibet zurückzukehren, bevor nicht alle Tibeter dieselbe Freiheit in ihrem Land genießen.

Trotz des unproduktiven Charakters dieser Unterredungen mit der chinesischen Regierung beschloß ich, eine kurze Reise nach Tibet zu unternehmen, wenn Beijing sich damit einverstanden erklärte. Ich wollte mit meinen Landsleuten in Tibet reden und selbst herausfinden, wie die Lage dort war. Ich erhielt einen positiven Bescheid, und man begann damit, ein Vorbereitungskomitee zusammenzustellen, das 1984 – ein Jahr vor meinem eigenen Besuch – nach Tibet reisen sollte.

Infolge der gemilderten Reisebeschränkungen reisten nun Tibeter in größerer Zahl nach Indien. Dies ist noch immer so, auch wenn sich die Zahlen inzwischen deutlich verringert haben. Insgesamt sind bis zum gegenwärtigen Zeitpunkt rund zehntausend Tibeter ins Ausland gereist, und mehr als die Hälfte – meist junge Menschen, die von den

Studienmöglichkeiten an unseren Schulen und klösterlichen Universitäten Gebrauch machen wollten – sind geblieben. Von denen, die nach Tibet zurückkehrten, hatten viele triftige Gründe. Ich versuche, die Besucher und Neuankömmlinge aus Tibet immer persönlich zu begrüßen. Diese Begegnungen sind stets sehr emotionsgeladen. Die meisten von ihnen sind traurig, arm und unschuldig. Ich erkundige mich normalerweise nach ihrem Leben und ihren Familien. Wenn sie antworten, fließen immer die Tränen, und einige von ihnen brechen beim Erzählen ihrer Geschichte vor Verzweiflung völlig zusammen.

In dieser Zeit begannen auch mehr und mehr Touristen zu mir zu kommen, die Tibet besucht hatten. Zum erstenmal in der Geschichte hatten Ausländer (hauptsächlich aus dem Westen) die Möglichkeit, das Dach der Welt zu bereisen. Leider führten die chinesischen Behörden von Anfang an strikte Beschränkungen ein. Abgesehen von der anfänglichen Phase der »offenen Türen« war es praktisch unmöglich, eine Einreisegenehmigung zu erhalten, es sei denn, man schloß sich einer Reisegruppe mit festgelegter Reiseroute an. Und im Land war nur eine sehr beschränkte Anzahl von Orten für Besucher zugänglich. Auch die Kontakte mit der einheimischen Bevölkerung waren auf ein Minimum reduziert, da der Großteil der Unterkünfte in chinesischen Händen lag. Die wenigen Tibeter, die in solchen Gastbetrieben arbeiteten, verrichteten die niedrigsten Arbeiten als Putzpersonal oder als Bedienstete.

Die Touristen erhielten und erhalten dadurch aber ein falsches Bild. Hinzu kommt, daß die chinesischen Fremdenführer ihnen nur die Klöster und Gebäude zeigen, die entweder bereits restauriert sind oder gerade restauriert werden. Die unzähligen Ruinen bekommen die Touristen nicht zu sehen. Es ist wahr, daß gerade in und um Lhasa in den letzten zehn Jahren viel für die Wiederinstandsetzung getan wurde. Es ist aber nicht zynisch gemeint, wenn ich behaupte, daß dies hauptsächlich wegen der Reisegruppen gemacht wurde. Da die Mönche, denen der Aufenthalt dort erlaubt ist, von den Behörden genauestens überwacht werden und, statt sich ihren Studien widmen zu können, die Instandsetzungsarbeiten selbst verrichten müssen – mit Mitteln, die zum Großteil von Privatpersonen stammen –, kann ich keine anderen Schlüsse daraus ziehen.

Ein Friedensplan

Dank der sorgfältig trainierten Fremdenführer merken dies nur die wenigsten Touristen. Und wenn sich diese erkundigen, warum denn so viele Restaurierungsarbeiten notwendig seien, antwortet man ihnen, während der Kulturrevolution sei es auch in Tibet zu Exzessen gekommen. Dem chinesischen Volk tue es aber aufrichtig leid, was während der Herrschaft der Viererbande alles passiert sei, und man werde nun alles unternehmen, um dieses schreckliche Unrecht wiedergutzumachen. Nie wird erwähnt, daß die Zerstörungen größtenteils lange vor der Kulturrevolution stattgefunden haben.

Für viele Touristen ist Tibet wohl nicht viel mehr als ein exotisches Reiseziel, ein weiterer Stempel im Reisepaß. Sie sehen genügend Klöster, um ihre Neugierde zu befriedigen, und genügend buntgekleidete Pilger, die ihnen jeden Verdacht nehmen. Zum Glück trifft dies aber nicht auf alle Touristen zu. Und gerade darin liegt der wahre Nutzen des Tourismus in Tibet. Das hat nichts mit der Wirtschaft oder mit Statistiken zu tun. Wichtig ist der kleine Anteil an Touristen, die wirklich neugierig sind und Phantasie haben. Sie sind es, die auch einmal die Gelegenheit ergreifen, auf eigene Faust etwas zu erkunden und dabei Dinge zu sehen bekommen, die sie nicht sehen sollten, und Informationen erhalten, die sie nicht erhalten sollten.

Zwischen 1981 und 1986 stieg die Zahl der Tibet-Besucher von tausendfünfhundert auf dreißigtausend im Jahr. Von denen, die uns daraufhin im Exil kontaktierten, hörten wir, wie wenig hinter der chinesischen Fassade der Freizügigkeit steckt. Die Tibeter genossen noch immer keine Redefreiheit. Und obwohl sie privat ihre Opposition gegen die chinesische Okkupation des Landes klar zum Ausdruck brachten, trauten sie sich nicht, dies auch öffentlich zu tun. Außerdem war ihr Zugang zu Informationen ebenso scharfen Kontrollen unterworfen wie die Ausübung der Religion. Auch bedurfte es wenig, um zu sehen, daß Tibet ein Polizeistaat war, in dem die Bevölkerung durch Gewaltandrohung zur Unterwürfigkeit gezwungen wurde. Trotz aller Zusagen nach Maos Tod, grundlegende Reformen durchzuführen, lebte die tibetische Bevölkerung noch immer in Angst. Und dann kam noch das große Problem eines wachsenden Zustroms von chinesischen Siedlern hinzu, der das tibetische Volk zu überschwemmen drohte.

Viele der Tibet-Besucher, die ich kennenlernte, erwähnten, vor ihrer Reise seien sie prochinesisch eingestellt gewesen; die Situation jedoch, die sie vorfanden, habe zu einem Meinungsumschwung geführt. Und viele, die prinzipiell nicht an Politik interessiert waren, verspürten nun den Drang, ihre Haltung zu ändern. Ich erinnere mich besonders an einen Norweger, der mir erzählte, er habe die Chinesen für die Ausmerzung der Religion bewundert. Inzwischen aber sei er bereits zweimal in Lhasa gewesen und habe gesehen, was dort wirklich geschehe. Er wollte wissen, ob er irgend etwas für mein Volk tun könne. Meine Antwort war dieselbe, die ich allen gebe, die in Tibet waren und diese Frage stellen: Das Beste, was sie tun können, ist, so vielen Menschen wie möglich die Wahrheit darüber zu erzählen, was sie gesehen haben. Auf diese Weise erfahren mehr und mehr Menschen auf der Welt von der Tragödie Tibets.

Aufgrund all dessen, was ich von den tibetischen Neuankömmlingen und von den verschiedenen Touristen, die ich traf, gehört hatte, war ich denn auch nicht sonderlich überrascht, als ich im September 1983 von einer neuen Welle der Repression und der Gewalt in China und Tibet hörte. Es wurde von Hinrichtungen in Lhasa, Shigatse und Gyantse berichtet und von Festnahmen in Chamdo und Kanze. Ziel dieses brutalen Vorgehens, das sich auch auf China erstreckte, waren angeblich »kriminelle und asoziale Elemente«, in Wirklichkeit war jedoch die Opposition gemeint. Das einzig Positive dabei war, daß die internationale Presse, die erst kurz zuvor die Erlaubnis bekommen hatte, Korrespondenten nach Tibet zu entsenden, zum erstenmal über das Verhalten der Chinesen in Tibet berichtete.

Die tibetischen Exilanten befürchteten, dieser neue Terror signalisiere die Wiederkehr der alten, grausamen Methoden aus der Mao-Zeit, und reagierten äußerst vehement. In Delhi und den anderen tibetischen Siedlungen in Indien wurden Massenproteste abgehalten. Ich selbst fand es noch zu früh zu sagen, ob die neuen Brutalitäten der Chinesen nur ein Gegenschlag der Konservativen gegen Deng Xiaopings Regierung waren oder ob Tibet wieder eine Zeit der Finsternis bevorstand. Es gab aber keinen Zweifel, daß das Komitee zur Vorbereitung meines Tibet-Besuchs nicht abreisen konnte und auch mein Besuch abgesagt werden mußte.

Bis Mai 1984 wurde klar, daß Chinas Tibet-Politik tatsächlich einen tiefgreifenden Wandel erfahren hatte. Im krassen Widerspruch

Ein Friedensplan

zu dem Versprechen Hu Yaobangs, fünfundachtzig Prozent der chinesischen Kader aus Tibet abzuziehen, hatte die Regierung in Beijing eine massive Kampagne begonnen, die zur Einwanderung nach Tibet ermunterte. Im Namen der »Entwicklung« Tibets wurden sechzigtausend chinesische Fach- und Hilfsarbeiter angeworben, denen finanzielle Unterstützungen, Hilfe bei der Wohnungssuche und Auslandszulagen versprochen wurden. Dadurch, daß die Reisebeschränkungen innerhalb Chinas gelockert wurden, kamen aus eigener Initiative viele, die sich in Tibet bessere Arbeitsmöglichkeiten versprachen. Nach dem tibetischen Sprichwort, daß einem Chinesen bald zehn folgen werden, setzte ein gewaltiger Zustrom von chinesischen Siedlern ein, der immer noch anhält.

Im Spätherbst desselben Jahres wurde Indira Gandhi ermordet, und die tibetischen Flüchtlinge verloren eine wahre Freundin. Ich befand mich gerade auf dem Weg von London nach Delhi und war zutiefst schockiert, als ich die Nachricht hörte, nicht zuletzt, weil geplant war, daß ich an diesem Tag mit ihr und J. Krishnamurti zu Mittag essen sollte. Ihr Nachfolger im Amt war ihr Sohn Rajiv, der als junger Staatsmann die feste Absicht hatte, etwas für sein Land zu tun und sich nach Kräften für die tibetische Exilgemeinde einzusetzen.

Rajiv Gandhi ist ein freundlicher, sanfter Mensch mit einem guten Herzen. Ich erinnere mich noch gut an unsere erste Begegnung. Bei meinem Indien-Besuch im Jahre 1956 wurde ich in die Residenz seines Großvaters, Pandit Nehru, zum Mittagessen eingeladen. Als mich der Premierminister in den Garten führte, bemerkte ich zwei kleine Jungen, die in der Nähe eines Zeltes mit einem großen Feuerwerkskörper spielten, den sie vergeblich zu zünden versuchten. Die beiden Jungen waren Rajiv und sein älterer Bruder Sanjay. Erst kürzlich erinnerte mich Rajiv daran, daß ich sie beide zu ihrem großen Vergnügen im Zelt eingesperrt hatte.

Nicht ganz ein Jahr nach der Ermordung Indira Gandhis verlor Tibet mit Lobsang Samten einen seiner größten Fürsprecher. Er war erst vierundfünfzig Jahre alt gewesen. Ich war darüber sehr betrübt, aber es überraschte mich nicht. Was er als Mitglied der ersten Delegation in Tibet erlebt hatte, war Lobsang Samten sehr nahegegangen. Er konnte Chinas gleichgültige Haltung angesichts all des offensichtlichen Leids und Unglücks in Tibet einfach nicht begreifen. Und während er früher stets zu Späßen aufgelegt war (er hatte einen ausgeprägten und derben Sinn für Humor), litt er nach jener Reise oft an schweren Depressionen. Es ist keine Übertreibung, wenn ich sage, daß er an gebrochenem Herzen starb.

Ich empfand Lobsang Samtens Tod als großen Verlust, nicht nur, weil wir einander sehr nahestanden, sondern auch, weil ich während seiner verhängnisvollen Krankheit nicht bei ihm sein konnte. Das letzte Mal sah ich ihn bei einem Besuch in Delhi, wo er in seiner Eigenschaft als Direktor des Tibetischen Medizinischen Instituts etwas zu erledigen hatte. Statt mit seiner Frau per Bus nach Dharamsala zurückzukehren, beschloß er, wegen seiner Arbeit noch einen Tag länger zu bleiben. Er sollte dann mit mir zurückkehren. Als wir schon am Bahnhof waren, änderte er noch einmal seine Meinung. Seine Arbeit war noch immer nicht ganz abgeschlossen, und so beschloß er, trotz der Mitfahrgelegenheit in Delhi zu bleiben. Das war typisch für ihn: Seine eigenen Bedürfnisse stellte er immer hintan. Am nächsten Tag erkrankte er an einer Grippe. Daraus entwickelte sich eine Lungenentzündung, zu der als Komplikation noch eine Gelbsucht eintrat, und innerhalb von drei Wochen war er tot.

Immer wenn ich an Lobsang Samten zurückdenke, erstaunt mich seine Bescheidenheit. Er erwies mir stets den gleichen Respekt wie ein gewöhnlicher Tibeter und behandelte mich kaum wie einen jüngeren Bruder. Wenn ich aus Dharamsala wegfuhr oder wieder dort ankam, wartete er zum Beispiel immer mit all den anderen Menschen vor der Einfahrt, um mir eine gute Reise zu wünschen oder mich zu begrüßen. Aber er war nicht nur bescheiden, sondern auch mitfühlend. Ich weiß noch, daß ich ihm von einer Kolonie von Leprakranken in Orissa – in Ostindien – erzählte. Er war wie ich von jedem Versuch, das Leid anderer zu lindern, tief berührt. Als ich erwähnte, daß ich mir Gedanken darüber machte, was die tibetische Exilgemeinde tun könne, um ihnen zu helfen, brach er in Tränen aus und sagte, er wäre sofort bereit, alles zu tun, was er könne.

Im Anschluß an meine Amerika-Besuche von 1979, 1981 und 1984 äußerten viele Menschen dort den Wunsch, etwas für Tibet zu unternehmen. Im Juli 1985 schickten einundneunzig Mitglieder des ameri-

Ein Friedensplan

kanischen Kongresses ein von ihnen allen unterzeichnetes Schreiben an den damaligen Präsidenten des Volkskongresses in Beijing, Li Xiannian. Darin befürworteten sie direkte Verhandlungen zwischen der chinesischen Regierung und meinen Vertretern und legten den Chinesen nahe, »den vernünftigen und berechtigten Forderungen Seiner Heiligkeit des Dalai Lama und seines Volkes Rechnung zu tragen«.

Zum erstenmal wurde Tibet offiziell politisch unterstützt. Für mich war dies ein ermutigendes Zeichen dafür, daß die Gerechtigkeit unserer Sache endlich international anerkannt wurde. Dies wurde auch durch das erwachende Interesse für unsere Situation in anderen Ländern bestätigt, in denen die Menschen ähnliche Schritte unternahmen.

Anfang 1987 wurde ich eingeladen, vor dem Ausschuß für Menschenrechte des amerikanischen Kongresses in Washington eine Rede zu halten. Ich nahm diese Einladung mit Freuden an und vereinbarte einen Termin für den Herbst. In der Zwischenzeit empfahlen mir verschiedene langjährige Freunde, diese Gelegenheit zu nutzen und einen Plan für die Lösung der tibetischen Frage vorzulegen, mit dem sich die Verfechter der Gerechtigkeit auf der ganzen Welt identifizieren konnten. Das schien mir ein guter Rat zu sein, und so begann ich, einige der Ideen, die mir schon seit Jahren vorschwebten, zu Papier zu bringen.

Kurz vor Antritt meiner Reise in die USA veröffentlichte der amerikanische Kongreß einen neuen Bericht über Menschenrechtsverletzungen in Tibet. Darin wurde auch festgehalten, daß das 1985 an Präsident Li Xiannian geschickte Schreiben unbeantwortet geblieben war: »Es gab bisher keine Anzeichen dafür, daß den vernünftigen und berechtigten Forderungen des Dalai Lama von der Volksrepublik China in irgendeiner Weise Rechnung getragen worden ist.«

Nach meiner Ankunft in Amerika hielt ich am 21. September 1987 meine Ansprache auf dem Capitol Hill. Die Vorschläge, die ich unterbreitete, kennt man inzwischen als den Fünf-Punkte-Friedensplan. Dieser sieht vor:

1. Umwandlung des gesamten Gebiets von Tibet in eine Friedenszone;

2. Beendigung der Politik der Umsiedlung von chinesischen

Volkszugehörigen, welche die Existenz der Tibeter als eigenständiges Volk bedroht;

3. Respektierung der fundamentalen Menschenrechte und der demokratischen Freiheiten des tibetischen Volkes;

4. Wiederherstellung und Schutz der natürlichen Umwelt Tibets und Aufgabe der chinesischen Ausbeutung Tibets zum Zweck der Herstellung von Kernwaffen und der Lagerung von radioaktivem Abfall;

5. Beginn von ernsthaften Verhandlungen über den künftigen Status Tibets und die Beziehungen zwischen den Völkern Tibets und Chinas.

Nachdem ich diese Vorschläge kurz ausgeführt hatte, bat ich um Fragen aus dem Publikum. Dabei bemerkte ich eine Gruppe von Personen, die wie Chinesen aussahen. Ich sprach sie darauf an, und nach kurzem Zögern gaben sie zu, daß sie von der chinesischen Nachrichtenagentur Xinhua (Neues China) kamen. Seither schickt China zu jedem meiner öffentlichen Auftritte im Ausland Beobachter. Diese Frauen und Männer sind mir gegenüber meist recht freundlich, nur manchmal sind sie ablehnend und sarkastisch, wobei ihre Gesichter von Schuldgefühlen verzerrt sind.

Ich möchte gern etwas genauer auf den Fünf-Punkte-Friedensplan eingehen. Zunächst zu meinem Vorschlag, ganz Tibet, einschließlich der östlichen Provinzen Kham und Amdo, in eine Ahimsa-Zone umzuwandeln (*ahimsa* ist ein Ausdruck in Hindi und bezeichnet einen Zustand des Friedens und der Gewaltlosigkeit): Dieser Vorschlag entspricht Tibets Selbstverständnis als friedliche buddhistische Nation. Ich schließe mich dabei einem ähnlichen Vorgehen Nepals an, das sich ebenfalls zur Friedenszone erklärt hat und damit bereits die Unterstützung Chinas für sich gewinnen konnte. Würde dieser Vorschlag durchgeführt werden, könnte Tibet seine historische Rolle als neutraler Pufferstaat zwischen den Großmächten des asiatischen Kontinents wieder einnehmen.

Zu den zentralen Elementen der vorgeschlagenen Friedenszone gehören:

– die Entmilitarisierung der gesamten tibetischen Hochebene;

– das Verbot der Herstellung, Erprobung und Lagerung von atomaren und anderen Waffen auf dem tibetischen Hochplateau;

Ein Friedensplan

– die Umwandlung der tibetischen Hochebene in den größten Naturschutzpark der Erde; die Anwendung strenger Gesetze zum Schutz der Tier- und Pflanzenwelt; die umsichtige Steuerung der Ausbeutung natürlicher Ressourcen, damit die betroffenen Ökosysteme nicht zerstört werden; die Ergreifung von Maßnahmen, die das technologische Wachstum in den bevölkerten Gebieten in vertretbaren Grenzen halten;

– das Verbot der Herstellung und Nutzung von Atomkraft und anderen Technologien, bei denen gefährliche Abfälle entstehen;

– die Ausrichtung der nationalen Ressourcen und der Politik auf die aktive Förderung des Friedens und des Umweltschutzes; Organisationen, die sich der Förderung des Friedens und dem Schutz aller Formen des Lebens widmen, sollen in Tibet ein gastfreundschaftliches Zuhause finden;

– internationale und regionale Organisationen zur Förderung und zum Schutz der Menschenrechte sollen ermutigt werden, sich in Tibet niederzulassen.

Die Schaffung dieser Friedenszone würde es Indien erlauben, seine Truppen und militärischen Einrichtungen aus den an Tibet angrenzenden Gebieten im Himalaya abzuziehen. Das müßte durch ein internationales Abkommen geregelt werden, das Chinas legitimen Sicherheitsbedürfnissen Rechnung tragen und zugleich Vertrauen zwischen den Tibetern, den Chinesen, den Indern und den anderen Völkern der Region schaffen würde. Eine solche Entwicklung läge im wohlverstandenen Interesse aller betroffenen Länder, besonders im Interesse Chinas und Indiens, da es ihre Sicherheit erhöhen und gleichzeitig die wirtschaftliche Belastung durch die Unterhaltung hoher Truppenaufkommen entlang der umstrittenen Grenze im Himalaya verminderte. In früheren Jahrhunderten waren die Beziehungen zwischen China und Indien nie angespannt gewesen. Erst seit die chinesische Armee in Tibet einmarschiert ist und dadurch zum erstenmal eine gemeinsame Grenze entstand, kam es zu Konflikten zwischen diesen beiden Mächten, die schließlich zum Krieg von 1962 führten. Seither haben sich zahlreiche gefährliche Zwischenfälle ereignet.

Die Wiederherstellung guter Beziehungen zwischen den beiden meistbevölkerten Nationen der Erde würde erheblich erleichtert werden, wenn sie durch eine große und freundlich gesinnte Pufferregion getrennt werden würden, wie dies die ganze Geschichte hindurch der Fall war.

Um die Beziehungen zwischen der tibetischen Bevölkerung und den Chinesen zu verbessern, ist es zunächst einmal notwendig, eine Vertrauensbasis zu schaffen. Nach dem Holocaust der letzten drei Jahrzehnte, in dem fast eineinviertel Millionen Tibeter durch Hinrichtung, Folter, Verhungern oder Selbstmord ihr Leben verloren haben, während Zehntausende in Gefangenenlagern dahinvegetierten, könnte nur ein Abzug der chinesischen Truppen einen Prozeß der Wiederannäherung einleiten. Die zahlreich vertretene Besatzungsmacht in Tibet erinnert die Tibeter täglich an die Unterdrückung und an das unsägliche Leid, das ihnen zugefügt wurde. Ein Truppenabzug wäre ein richtungweisendes Signal dafür, daß in Zukunft eine sinnvolle Beziehung zu den Chinesen aufgebaut werden könnte, die auf Vertrauen und Freundschaft basiert.

Leider interpretierte Beijing den ersten Teil meines Vorschlags als Absonderungsmaßnahme, obwohl ich ihn nicht als solchen betrachte. Ich sehe darin lediglich die logische Fortsetzung des Gedankens, daß zur Schaffung einer wahren Harmonie zwischen unseren beiden Völkern eine der beiden Seiten ein Zugeständnis oder zumindest eine versöhnliche Geste machen muß. Da Tibet der geschädigte Teil ist, da wir Tibeter alles verloren haben, können wir den Chinesen nichts anbieten. Um ein Klima des gegenseitigen Vertrauens zu schaffen, wäre es deshalb nur billig, wenn diejenigen, die die Waffen tragen (ob offen oder versteckt), abgezogen werden. Unter einer Friedenszone verstehe ich ein Gebiet, in dem niemand Waffen trägt. Das würde nicht nur zwischen den beiden Seiten Vertrauen erzeugen, sondern den Chinesen auch wirtschaftliche Vorteile bringen. Ihre Ausgaben für den Unterhalt eines großen stehenden Heeres in Tibet sind für ein Entwicklungsland eine schwere Belastung.

Der zweite Punkt meines Friedensplans bezieht sich auf die größte Bedrohung für das Weiterbestehen der Tibeter als eigenständige Rasse, nämlich auf die Umsiedlung von Chinesen nach Tibet. Mitte der achtziger Jahre wurde klar, daß Beijing bewußt eine Sinisierungspolitik in Tibet verfolgte, was einige als »Endlösung durch die Hintertür« bezeichnet haben. Die Chinesen versuchen damit, die einheimi-

Ein Friedensplan   307

sche tibetische Bevölkerung zu einer unbedeutenden und entrechteten Minderheit in ihrem eigenen Land zu machen. Das muß beendet werden! Eine derartig massive Umsiedlung von chinesischen Zivilisten steht in direktem Widerspruch zur Vierten Genfer Konvention. Infolge dieser Politik sind im östlichen Teil des Landes die Chinesen bereits in der Überzahl. In der Provinz Qinghai zum Beispiel, die in etwa dem früheren Amdo entspricht, wo ich geboren wurde, leben chinesischen Statistiken zufolge zweieinhalb Millionen Chinesen und nur siebenhundertfünfzigtausend Tibeter. Selbst in der sogenannten Autonomen Region Tibet – also dem früheren Zentral- und Westtibet – gibt es nach unseren Informationen bereits mehr Chinesen als Tibeter.

Diese Umsiedlungspolitik ist nichts Neues. China hat sie auch in anderen Gegenden systematisch angewandt. Vor nicht allzulanger Zeit waren die Mandschus in China ein eigenständiges Volk mit einer eigenen Kultur und Tradition. Mittlerweile gibt es nur noch drei Millionen Mandschus in der Mandschurei, wo sich inzwischen fünfundsiebzig Millionen Han-Chinesen angesiedelt haben. In Ostturkestan, das von den Chinesen Xinjiang genannt wird, ist der chinesische Anteil der Bevölkerung von zweihunderttausend im Jahre 1949 auf sieben Millionen heute angewachsen – das ist mehr als die Hälfte der Gesamtbevölkerung. Nach der chinesischen Kolonisierung der Inneren Mongolei beträgt die Zahl der Chinesen dort achteinhalb Millionen, die der Mongolen zweieinhalb Millionen. Wir schätzen, daß gegenwärtig bereits rund siebeneinhalb Millionen Chinesen im gesamten Tibet wohnen gegenüber rund sechs Millionen Tibetern.

Damit die Tibeter als Volk weiterbestehen können, ist es unerläßlich, daß die Umsiedlung gestoppt wird und die chinesischen Siedler nach China zurückkehren. Sonst werden die Tibeter bald nur noch eine Touristenattraktion und Zeugen einer edlen Vergangenheit sein. Offenbar bleiben die chinesischen Siedler vor allem wegen der finanziellen Vorteile in Tibet, denn die äußeren Bedingungen sind für sie dort ja sehr schwierig. Es heißt, daß die Höhenkrankheit unter der chinesischen Bevölkerung endemische Ausmaße erreicht.

Punkt drei meines Friedensplans betrifft die Menschenrechte in Tibet. Sie müssen eingehalten werden. Das tibetische Volk muß wieder die Freiheit erhalten, sich kulturell, intellektuell, wirtschaftlich und religiös nach Belieben zu entwickeln und von grundlegenden demokratischen Rechten Gebrauch zu machen. Die Menschenrechtsverletzungen in Tibet gehören zu den schlimmsten auf der ganzen Welt. Das bezeugen Amnesty International und ähnliche Organisationen. Die Diskriminierung der Tibeter erfolgt durch Anwendung einer rigiden Apartheid-Politik, die von den Chinesen als »Trennung und Assimilation« bezeichnet wird. In Wirklichkeit sind die Tibeter höchstens Menschen zweiter Klasse in ihrem eigenen Land. Ihrer demokratischen Grundrechte und -freiheiten beraubt, leben sie unter der Verwaltung einer kolonialen Besatzungsmacht. Die eigentliche Macht liegt in den Händen der Funktionäre der KP Chinas und der Volksbefreiungsarmee. Obwohl die chinesische Regierung den Tibetern erlaubt hat, einige Klöster wiederaufzubauen und auch darin zu beten, verbietet sie nach wie vor das Studium und die Beschäftigung mit der Religion. Und während die Tibeter im Exil auf der Basis des Verfassungsentwurfs, den ich 1963 veröffentlichen ließ, die Möglichkeit haben, ihre demokratischen Rechte auszuüben, wandern noch immer viele Tausende ihrer Landsleute in Tibet für ihren Glauben an die Freiheit in Gefängnisse und Arbeitslager. Ein Tibeter, der sich China gegenüber loyal zeigt, wird in Tibet »progressiv« genannt, wohingegen jeder, der seinem Heimatland gegenüber loyal ist, zum Verbrecher gestempelt und eingesperrt wird.

Der vierte Punkt enthält die Forderung nach konkreten Maßnahmen zur Wiederherstellung der natürlichen Umwelt in Tibet. Tibet soll kein Land für die Herstellung von Atomwaffen und für die Lagerung von Atommüll sein. Die Tibeter haben vor jeder Form des Lebens großen Respekt. Dieses eingewurzelte Gefühl wird durch den Buddhismus noch verstärkt, der es verbietet, einem Lebewesen, ganz gleich, ob Mensch oder Tier, Schaden zuzufügen. Vor dem Einmarsch der Chinesen war Tibet eine schöne, unberührte Wildnis, ein Ort der Zuflucht in einer einzigartigen, natürlichen Umgebung.

Leider wurde die Tier- und Pflanzenwelt in Tibet in den letzten Jahrzehnten fast gänzlich zerstört; in vielen Gebieten ist der Schaden, der den Wäldern zugefügt wurde, nicht mehr gutzumachen. Die Gesamtauswirkungen auf Tibets empfindliche Umwelt sind verheerend, besonders wenn man berücksichtigt, daß durch die Höhenlage und die Trockenheit des Landes der Prozeß der Wiederherstellung der

Ein Friedensplan

Vegetation viel mehr Zeit beanspruchen würde, als dies in niedrigeren, feuchteren Lagen der Fall wäre. Deshalb muß das wenige, das noch übriggeblieben ist, geschützt und alles unternommen werden, die Auswirkungen von Chinas ungeheuerlicher und mutwilliger Zerstörung der tibetischen Umwelt rückgängig zu machen.

Von größter Dringlichkeit ist in diesem Zusammenhang, daß die Produktion von Atomwaffen eingestellt und, wichtiger noch, die Lagerung von atomarem Müll in Tibet verhindert wird. Anscheinend plant China, nicht nur seinen eigenen Atommüll in Tibet unterzubringen, sondern gegen harte Währung sogar noch welchen aus dem Ausland zu importieren. Die daraus entstehende Gefahr ist evident: Dadurch würden nicht nur bestehende, sondern auch künftige Generationen bedroht. Obendrein könnte der Verkauf von Atommüll an China, das zwar über weite Landstriche nur dünn besiedelt ist, aber auch nur über eine primitive Technologie verfügt, leicht in eine Katastrophe von internationalem Ausmaß münden. Zumindest wird sich diese Exportpolitik nur als eine kurzfristige Lösung des Problems erweisen.

In meinem Appell zur Aufnahme von Verhandlungen über den zukünftigen Status von Tibet äußerte ich den Wunsch, mich dem Thema im Geiste der Versöhnung und der Aufrichtigkeit zu nähern, damit eine Lösung gefunden werden kann, die im langfristigen Interesse aller Beteiligten liegt – der Tibeter, der Chinesen und letztlich aller Menschen dieser Welt. Dabei habe ich die Hoffnung, durch einen regionalen Frieden auch zum Weltfrieden beitragen zu können.

Ich habe nie irgend etwas nur deshalb gesagt, weil ich die Chinesen kritisieren wollte. Im Gegenteil, ich möchte den Chinesen helfen, so gut ich kann, und hatte die Hoffnung, meine Vorschläge würden ihnen nützen. Doch leider sahen sie in ihnen lediglich einen Aufruf zur Abspaltung (obwohl ich im Hinblick auf die Zukunft Tibets kein einziges Mal von Souveränität gesprochen habe) und verurteilten meine Rede aufs schärfste.

Diese Reaktion überraschte mich nicht sonderlich. Ebensowenig überraschte mich allerdings, wie die Bevölkerung Tibets darauf reagierte, auch wenn ich eine derartige Reaktion nicht gerade erwartet hatte: Wenige Tage nach meiner Rede in Washington hörte ich von Massendemonstrationen in Lhasa.

WEGE IN DIE ZUKUNFT

Nachträglich erfuhr ich, daß die Demonstrationen vom September und Oktober 1987 unmittelbar nach Beijings Verurteilung meines Fünf-Punkte-Friedensplans stattfanden. Die Einwohner Lhasas gingen zu Tausenden auf die Straßen, um die Wiederherstellung der Unabhängigkeit Tibets zu fordern. Wie vorauszusehen, reagierten die chinesischen Behörden mit Gewalt und Grausamkeit. Bewaffnete Polizisten griffen ein, um die Demonstrationen aufzulösen, schossen ziellos in die Menge und töteten dabei mindestens neunzehn Menschen. Die Zahl der Verletzten lag weit höher.

Anfangs bestritten die Chinesen, daß überhaupt Schüsse gefallen waren. Sechs Monate später gaben sie zu, daß die Sicherheitskräfte zwar Warnschüsse in die Luft abgegeben, aber über die Köpfe der Demonstranten hinweggezielt hätten. Dabei seien wohl auch Menschen von herumirrenden Kugeln getroffen worden.

Die Medien berichteten weltweit über die Demonstrationen und ihre brutale sowie blutige Niederschlagung. Zum erstenmal seit 1959 stand Tibet wieder in den Schlagzeilen. Ich erfuhr aber erst einige Zeit später in allen Einzelheiten, was genau vorgefallen war. Und das verdanke ich einigen westlichen Touristen, die sich zu jener Zeit in Lhasa aufhielten.

Vierzig von ihnen schlossen sich nachträglich zusammen und verfaßten gemeinsam einen Bericht über die Greueltaten, die sie gesehen hatten. So erfuhr ich, daß beide Demonstrationen nach demselben Muster verlaufen waren. Sie begannen damit, daß eine Handvoll Mönche vor dem Jokhang rief: »Bö rangtsen!« (Unabhängigkeit für Tibet). Sofort schlossen sich ihnen Hunderte, dann Tausende von Menschen aus der tibetischen Bevölkerung an und bildeten einen Chor, der diese Rufe nach Freiheit wiederholte. Plötzlich erschien eine Abteilung der Sicherheitskräfte. Ohne Warnung nahmen sie rund sechzig Mönche und Laien fest und schafften sie auf die Polizeistation gegenüber vom Haupteingang des Jokhangs. Dort wurden sie brutal zusammengeschlagen. Vor der Polizeistation verhandelte die Menge mit Vertretern der Sicherheitskräfte über die Freilassung dieser festgenommenen Demonstranten, als plötzlich einige Dutzend Beamte mit Videokameras auftauchten, um die Menschenmenge zu filmen. Da sie Angst hatten, nachträglich identifiziert zu werden, bewarfen einige Demonstranten diese Beamten mit Steinen. Daraufhin eröffneten die Sicherheitskräfte das Feuer. Einige Tibeter gerieten in Panik, stürzten ein paar Polizeifahrzeuge um und setzten sie in Brand. Die meisten aber zeigten große Zurückhaltung, und als einige Polizisten davonrannten und dabei ihre Waffen fallen ließen, sammelten sie sie ein und zertrümmerten sie.

Bei den Unruhen am 1. Oktober 1987 wurde bedauerlicherweise die Polizeistation in Brand gesetzt, als Demonstranten bei dem Versuch, festgenommene Mitdemonstranten zu befreien, die Tür niederbrennen wollten. Bis zu diesem Zeitpunkt waren immer wieder Sicherheitsbeamte aus der Polizeistation herausgerannt, um Demonstranten ins Gebäude hineinzuzerren, wo sie dann grausam zusammengeschlagen wurden.

Als sich die Menschenmenge schließlich auflöste, lag mindestens ein Dutzend Tibeter, darunter auch Kinder, tot auf der Straße. An jenem Abend und auch an den darauffolgenden Abenden wurden Hunderte von Menschen aus ihren Häusern gezerrt. Insgesamt landeten mehr als zweitausend Tibeter im Gefängnis. Die meisten wurden dort gefoltert und geschlagen, ein Bericht sprach sogar von Hinrichtungen.

Bevor ich fortfahre, möchte ich jenen Touristen meine tiefe Dankbarkeit aussprechen, die freiwillig und selbstlos ihr Leben riskierten, um ihren leidenden Mitmenschen zu Hilfe zu kommen. Solche spontanen Reaktionen der Nächstenliebe sind die einzige Hoffnung für die Zukunft der Menschheit. Einige dieser Männer und Frauen riskierten bei dem Versuch, den vielen verwundeten Tibetern zu Hilfe zu kommen, mehr als einmal ihr Leben. Sie waren auch Zeugen chinesischer Brutalität und fotografierten sie.

Obwohl die Chinesen nicht nur alle in Tibet akkreditierten Journalisten, sondern überhaupt sämtliche Ausländer eiligst des Landes

Wege in die Zukunft

verwiesen, wurde ihr grausames Vorgehen weltweit beachtet, und verschiedene westliche Regierungen appellierten daraufhin an die Chinesen, die Menschenrechte in Tibet zu respektieren und alle politischen Gefangenen freizulassen. Die Regierung in Beijing entgegnete aber, diese Unruhen seien eine interne Angelegenheit, und wies jede Kritik an ihrem Vorgehen zurück.

Da Tibet nun von der Außenwelt abgeschnitten war, erhielt ich monatelang keine Nachrichten mehr. Inzwischen weiß ich aber, daß die Chinesen in den folgenden Wochen eine massive »politische Umerziehungskampagne« in die Wege leiteten. Sie versuchten sogar, Ende Oktober eine »Gegendemonstration« zu organisieren, und boten potentiellen Teilnehmern den Gegenwert eines Wochenlohns an. Die Demonstration mußte aber abgesagt werden, da sich niemand meldete. Um sicherzugehen, daß keinerlei Nachrichten mehr aus Tibet hinausgelangen konnten, versuchte die Volksbefreiungsarmee, Tibets Grenzen möglichst lückenlos abzuschotten. Der Regierung in Beijing gelang es sogar, die Regierung eines souveränen Staates, des Königreichs Nepal, unter Druck zu setzen und die Verhaftung sowie Auslieferung von sechsundzwanzig Tibetern, die über die Grenze geflüchtet waren, zu erzwingen. In dieser Zeit wurde ich von einer chinesischen Quelle – es war jemand, der wie die Touristen aus Mitgefühl und Entrüstung handelte – informiert, daß die Polizisten höchstwahrscheinlich den Befehl erhalten hatten, auf die Demonstranten zu schießen.

Anfang 1988 wiesen die chinesischen Behörden in Lhasa die klösterliche Gemeinschaft an, die zum Mönlam-Fest üblichen Feierlichkeiten abzuhalten, das 1986 nach zwanzigjähriger Unterbrechung wieder eingeführt worden war. Die Mönche waren aber der Meinung, daß dies angesichts der großen Zahl von Tibetern, die noch im Gefängnis saßen, unangebracht sei, und widersetzten sich dem Befehl. Daraufhin befahl die Zentralregierung in Beijing, die Feierlichkeiten wie geplant durchzuführen, wohl in der Hoffnung, der Außenwelt dadurch beweisen zu können, daß die Lage in Tibet normal war. Also wurden die Mönche zur Durchführung der Zeremonien gezwungen. Die Chinesen befürchteten aber offensichtlich weitere Unruhen. Am 28. Februar strahlte die BBC folgenden Bericht aus:
»Tausende von chinesischen Sicherheitskräften sind in die Umge-

bung von Lhasa verlegt worden. Im ganzen Stadtgebiet wurden Straßensperren errichtet. Lange Konvois von gepanzerten Fahrzeugen patrouillieren nachts durch die Straßen, und die Menschen werden über Lautsprecher aufgefordert, zu Hause zu bleiben. In einer dieser Durchsagen hieß es ganz offen: ›Wer den Befehlen nicht gehorcht, wird umgebracht.‹«

Eine Woche vor Mönlam hieß es in einer Agenturmeldung von Reuters in Beijing, daß fünfzig Militärfahrzeuge und über tausend chinesische Polizisten, viele in voller Kampfausrüstung, Manöverübungen vor dem Jokhang durchführten.

Die Feierlichkeiten begannen in einer äußerst gespannten Atmosphäre, und die Eröffnungszeremonie fand unter starker Militärpräsenz statt – auf jeden Mönch kamen mindestens zehn Sicherheitsbeamte. Außerdem hatten sich viele Beamte in Zivil unter die Menschenmenge gemischt, von denen einige wieder mit Videokameras ausgerüstet waren. Es sollen sich sogar Polizisten unters Volk gemischt haben, die kahlrasiert und als Mönche verkleidet waren oder Perücken trugen, um den Eindruck zu erwecken, sie seien Besucher vom Lande.

Anfangs herrschte Frieden. Am 5. März aber forderten einige Mönche lautstark die Freilassung eines Tülku namens Yulu Dawa Tsering, der wie viele andere Demonstranten auch bereits seit Oktober ohne Anklage gefangengehalten wurde. Dann begann die Menschenmenge, die sich für den letzten Teil der Feierlichkeiten versammelt hatte, wenn eine Statue des Maitreya-Buddha um den Barkhor getragen wird, die chinesische Präsenz in Tibet zu verurteilen und Steine auf die Polizisten zu werfen, die auf provozierende Weise gleich nebenher marschierten.

Die Sicherheitskräfte reagierten zunächst, indem sie mit Schlagstöcken und elektrisch geladenen Viehstöcken auf die Menge einprügelten. Dann eröffnete das Militär das Feuer. Diesmal wurde aber nicht blindlings in die Menge geschossen, sondern die Soldaten nahmen ganz gezielt einige Demonstranten ins Visier und erschossen sie. Dem folgte eine Verfolgungsschlacht, der Hunderte von Tibetern zum Opfer fielen. Gegen Mittag fielen die Polizisten auch in den Jokhang ein, wo sie mindestens zwölf Mönche umbrachten. Einer wurde brutal zusammengeschlagen, bevor man ihm die Augen ausstach und ihn

Wege in die Zukunft 315

vom Dach des Tempels aus hinunterstürzte. Die heiligste Stätte des Landes wurde zu einem Schlachthaus.

Das ganze tibetische Viertel der Stadt geriet nun in Aufruhr, und in der Nacht wurden rund zwanzig Läden von Chinesen niedergebrannt, die wiederholt ihre Ablehnung gegenüber den Tibetern zum Ausdruck gebracht hatten. Gleichzeitig überfielen die Sicherheitsbeamten die Tibeter mehrfach und schleppten Hunderte von Männern, Frauen und Kindern fort.

Da sich zu jener Zeit nur eine Handvoll westlicher Touristen in Lhasa befand, von denen keiner Journalist war, drang nur wenig durch die Nachrichtensperre. So vergingen mehrere Wochen, bis ich Genaueres erfuhr. Es war aber bereits durchgesickert, daß diese letzten Unruhen sowohl im Ausmaß als auch in der Heftigkeit jene des vorangegangenen Herbstes übertroffen hatten. Die chinesischen Behörden verhängten ein zweiwöchiges Ausgangsverbot, in dessen Verlauf mindestens zweitausendfünfhundert Menschen verhaftet und alle Tibeter in Lhasa eingeschüchtert wurden.

Auch diesmal wunderte ich mich nicht über die Verzweiflungstaten der Tibeter. Über die gewalttätige Reaktion der Chinesen war ich allerdings zutiefst schockiert. Die Weltöffentlichkeit war es ebenfalls, und zum zweitenmal innerhalb von sechs Monaten berichtete die internationale Presse ausführlich über diese Zwischenfälle, obwohl man nur wenige Informationen aus erster Hand erhalten konnte. Die offizielle Reaktion aus Beijing war dieselbe wie zuvor: Dies sei eine interne Angelegenheit, in die sich niemand einzumischen habe; die Unruhen seien von ein paar »abtrünnigen Reaktionären« angestiftet worden. Sie nannten mich einen gefährlichen Verbrecher, der die Tibeter zu den Aufständen angestachelt und zu diesem Zweck eigens Agenten nach Tibet entsandt habe. Eine derartige Reaktion war vorauszusehen gewesen. Es machte mir aber Sorgen, daß die Chinesen jetzt offen Ausländer bezichtigten, eine führende Rolle bei beiden Aufständen gespielt zu haben.

Den ersten ausführlichen Bericht über die Mönlam-Demonstrationen erhielt ich von dem britischen Politiker Lord Ennals, der knapp einen Monat nach den Unruhen als Leiter einer unabhängigen Untersuchungskommission nach Lhasa gekommen war. Mit Zustimmung der Zentralregierung in Beijing wollte diese Delegation den Stand der

Menschenrechte in Tibet überprüfen. Ebenso wie die anderen Delegationsmitglieder war Lord Ennals entsetzt darüber, daß die Tibeter weiterhin Opfer grober Verstöße gegen die Menschenrechte waren. Die Delegierten stießen auf unwiderlegbare Beweise körperlicher Mißhandlung von inhaftierten Demonstranten und wurden über die Vorkommnisse während der Demonstrationen von zahlreichen Augenzeugen genauestens informiert. Ihr Bericht, der von International Alert herausgegeben wurde, sprach von einer »Krise, die eine sofortige und entschiedene Reaktion« verlange.

Während die Untersuchungskommission in Tibet war, hielt ich mich in England auf, wohin mich eine Reihe von Verbänden eingeladen hatte, die sich für den tibetischen Buddhismus interessieren. Ich war beeindruckt, wieviel Interesse und Anteilnahme an der Not des tibetischen Volkes ich dort seitens der Medien erfuhr. Was mich auch freute, war die Einladung, demnächst vor einigen interessierten Vertretern des Europaparlaments in Straßburg zu sprechen. Die Einladung traf zum selben Zeitpunkt ein, als einige westliche Staatsmänner gerade an China appellierten, mit mir in Verhandlungen über die Zukunft Tibets zu treten.

Diese Einladung bot mir die Gelegenheit, den Fünf-Punkte-Friedensplan neu zu formulieren und den letzten Punkt zu präzisieren. So nahm ich die Einladung erfreut an. In meiner Rede, die ich im Juni 1988 in Straßburg hielt, brachte ich meine Meinung zum Ausdruck, daß das gesamte Tibet mit der Volksrepublik China unter gewissen Umständen ein Abkommen schließen könne, das die Außenpolitik und in beschränktem Umfang auch die Verteidigung Tibets zunächst Beijing überließ, bis eine regionale Friedenskonferenz einberufen und das gesamte Tibet in eine Friedenszone umgewandelt werden würde. Ich betonte auch, daß die tibetische Exilregierung jederzeit bereit sei, mit den Chinesen zu verhandeln; andererseits sei dies lediglich ein Vorschlag, und jede Entscheidung liege beim tibetischen Volk und nicht bei mir.

Wieder reagierte Beijing ablehnend. Meine Rede wurde verurteilt und das Europäische Parlament aufs heftigste kritisiert, weil man mir erlaubt hatte, eine Rede zu halten. In einer verheißungsvollen Wende äußerten die Chinesen im Herbst 1988 dann jedoch den Wunsch, mit dem Dalai Lama über die Zukunft Tibets zu diskutieren. Zum erstenmal erklärten sie sich bereit, nicht über den Status des Dalai Lama, sondern auch über die Tibet-Frage selbst zu sprechen. Die Wahl des Verhandlungsortes wurde mir überlassen. Ich berief sofort ein Verhandlungsgremium ein und machte den Vorschlag, beide Seiten sollten sich im Januar 1989 in Genf treffen. Ich wählte Genf, weil ich dadurch die Möglichkeit hatte, persönlich an den Gesprächen teilzunehmen, sobald meine Gegenwart erforderlich war.

Nachdem sich die Chinesen prinzipiell zu den Gesprächen bereit erklärt hatten, fingen sie jedoch an, Bedingungen und Einwände vorzubringen. Zunächst ließen sie uns wissen, daß ihnen Beijing als Verhandlungsort lieber sei; dann machten sie zur Bedingung, daß kein Ausländer Mitglied des Verhandlungsgremiums sein dürfe; als nächstes sagten sie, sie könnten kein Mitglied der tibetischen Exilregierung als Gesprächspartner akzeptieren, da sie diese nicht anerkannten; dann hieß es, sie würden mit niemandem verhandeln, der sich jemals für die Unabhängigkeit Tibets ausgesprochen habe; und zuletzt meinten sie, sie würden nur mit mir reden. Das war sehr enttäuschend. Nachdem die Chinesen ihre Bereitschaft zu Gesprächen geäußert hatten, machten sie es praktisch unmöglich, daß je damit begonnen werden konnte. Obwohl ich absolut nichts dagegen habe, persönlich mit den Chinesen zu verhandeln, ist es nur vernünftig, daß zunächst vorbereitende Gespräche mit meinen Vertretern stattfinden. Schließlich wurde Genf als Tagungsort akzeptiert, aber der Januar 1989 ging vorüber, ohne daß etwas aus dem Plan wurde.

Am 28. Januar 1989 erreichte mich die Nachricht, daß der Panchen Lama bei einem seiner seltenen Besuche in Tibet gestorben war. Er war erst einundfünfzig, und ich war natürlich sehr traurig über seinen Tod. Ich fühlte, daß Tibet einen echten Freiheitskämpfer verloren hatte. Man darf nicht leugnen, daß er von einigen Tibetern als fragwürdige Persönlichkeit angesehen wird. Und in der Tat habe ich den Verdacht, daß er Anfang der fünfziger Jahre, als er noch jung war, glaubte, er könne, wenn er sich auf die Seite der Chinesen schlage, hieraus einen Vorteil ziehen. Ich glaube aber, daß sein Patriotismus echt war. Auch wenn die Chinesen ihn nach seiner Freilassung im Jahre 1978 als Marionette behandelten, widersetzte er sich ihnen bis zum Schluß. Kurz vor seinem Tod hielt er eine höchst kritische Rede, die auch von der Xinhua übertragen wurde und in der er die »vielen

Fehler« anprangerte, die die Chinesen in Tibet begangen hatten. Das war eine mutige Tat.

Zwei Tage später hatte er seinen letzten Auftritt im Kloster Tashilhünpo, wo er nach einer Zeremonie, bei der er die Gräber seiner Vorgänger weihte, angeblich einen Herzschlag erlitt und starb. Viele sind der Ansicht, daß der Tod des Panchen Lama in seinem Kloster und nicht in Beijing, wo er wohnte, die symbolische und bewußte Geste eines echten spirituellen Meisters war.

Obwohl ich ihn vor seinem Tod nicht mehr treffen konnte, habe ich noch dreimal mit ihm telefoniert. Zweimal sprach ich mit ihm in seinem Büro in Beijing – der Panchen Lama war Mitglied des Nationalen Volkskongresses – und einmal auf einer Auslandsreise. Seine Telefongespräche von Beijing aus wurden natürlich abgehört. Ich bin mir dessen sicher, da einige Wochen nach dem zweiten Telefonat eine sorgfältig redigierte Abschrift unserer Unterhaltung in der chinesischen Presse erschien. Als sich der Panchen Lama aber in Australien aufhielt, konnte er seiner Begleitung kurz entwischen, und ich sprach mit ihm von der Bundesrepublik Deutschland aus. Das Gespräch war nur von kurzer Dauer, jedoch lang genug, um mich davon zu überzeugen, daß der Panchen Lama in seinem Herzen seiner Religion, seinem Volk und seinem Land treu geblieben war. Daher machte ich mir keine allzu großen Sorgen, als ich aus Lhasa Berichte erhielt, in denen er wegen seiner geschäftlichen Interessen kritisiert wurde. Es hieß auch, er sei verheiratet.

Nach seinem Tod erhielt ich von der Vereinigung der Buddhisten Chinas die Einladung, an seinem Begräbnis in Beijing teilzunehmen. Eigentlich wäre ich gerne hingeflogen, ich zögerte aber, da es dabei unweigerlich auch zu Gesprächen über Tibet gekommen wäre. Hätten die Gespräche wie geplant in Genf stattgefunden, wäre dies vielleicht angebracht gewesen. Unter diesen Umständen hielt ich es jedoch für unpassend hinzufahren und sagte ab.

Chinas Hinhaltetaktik führte zu den vorhersehbaren Resultaten: Am 5. März 1989 kam es in Lhasa wieder zu Demonstrationen, die drei Tage dauerten. In einem allgemeinen Ausbruch der Unzufriedenheit, wie es ihn in dieser Heftigkeit seit 1959 nicht mehr gegeben hatte, gingen viele Tausende auf die Straßen. Im Gegensatz zu früher hielten sich die Sicherheitskräfte am ersten Tag im Hintergrund, beobachteten und filmten das Geschehen lediglich; Ausschnitte davon wurden dann am Abend im Fernsehen gezeigt. An den beiden darauffolgenden Tagen aber reagierten sie mit Schlagstockeinsätzen und wahllosen Erschießungen. Zeugenaussagen zufolge schossen sie mit Maschinengewehren in tibetische Häuser, wodurch ganze Familien ums Leben kamen.

Leider griffen die Tibeter daraufhin nicht nur die Polizei- und Sicherheitskräfte an, sondern in einigen Fällen auch unschuldige chinesische Zivilisten. Das stimmte mich sehr traurig, da es sinnlos ist, daß Tibeter zur Gewalt greifen. Wir sind sechs Millionen Tibeter gegen mehr als eine Milliarde Chinesen, die, wenn sie wollen, das gesamte tibetische Volk auf einen Schlag vernichten können. Es wäre viel sinnvoller, wenn die Menschen versuchten, ihre vermeintlichen Feinde zu verstehen. Anderen verzeihen zu lernen ist viel nützlicher, als einen Stein in die Hand zu nehmen und ihn dem Objekt unseres Zornes entgegenzuschleudern, besonders dann, wenn die Versuchung dazu groß ist. Denn gerade in Zeiten der größten Not besteht auch die beste Möglichkeit, für sich und andere etwas Gutes zu tun.

Mir ist aber bewußt, daß solche Worte für die meisten Menschen wirklichkeitsfremd sind. Ich verlange damit zu viel. Es ist nicht richtig, daß ich von den Tibetern, die Tag für Tag in einem solchen Elend leben, verlange, die Chinesen auch noch zu lieben. Während ich die Anwendung von Gewalt also nie gutheißen werde, akzeptiere ich, daß Gewalt zuweilen nicht verhindert werden kann.

Trotz aller bedauerlichen Zwischenfälle empfinde ich große Bewunderung und tiefen Respekt angesichts des Muts meiner Landsleute. Viele der Menschen, die an den Demonstrationen teilnahmen, waren Frauen, Kinder und alte Menschen. In der ersten Nacht wurden bereits Hunderte von Männern festgenommen. Es waren also hauptsächlich deren Familienangehörige, die ihre Gefühle am zweiten und dritten Tag so deutlich zum Ausdruck brachten. Viele von ihnen sind heute wahrscheinlich tot. Und eine noch größere Zahl von Menschen steckt noch immer in Gefängnissen, in denen sie täglich geschlagen und gefoltert werden.

Dank der Anwesenheit einer kleinen Gruppe von mutigen Ausländern, von denen einige auch persönlich schikaniert wurden, wurden diese Ausschreitungen schnell auf der ganzen Welt bekannt. Wie schon zuvor gab es auch dieses Mal eine überwältigende Unterstützung für das tibetische Volk: Die Vereinigten Staaten, Frankreich und das Europäische Parlament verurteilten die chinesische Vorgehensweise, die den Tod von mindestens zweihundertfünfzig unbewaffneten Tibetern zur Folge hatte, von den zahlreichen Verletzten ganz zu schweigen. Viele andere Regierungen äußerten »schwere Bedenken«; ebenso stieß die Verhängung des Kriegsrechts am 8. März auf breite Kritik.

Die Vorstellung, daß China das Kriegsrecht über Lhasa verhängt hatte, war beängstigend, da die Stadt in Wirklichkeit bereits seit dem 9. September 1951, also seit dem Einmarsch der ersten Truppen der Volksbefreiungsarmee, von den Militärs regiert wurde. Es hatte den Anschein, daß die Chinesen Lhasa nun in einen Schlachthof verwandeln wollten, in ein tibetisches *Killing Fields**. Zwei Tage später, am dreißigsten Jahrestag des Aufstandes des tibetischen Volkes, schickte ich deshalb einen Aufruf an Deng Xiaoping, in dem ich an ihn appellierte, sich persönlich dafür einzusetzen, daß das Kriegsrecht aufgehoben und die Unterdrückung unschuldiger Tibeter beendet würde. Er antwortete nicht.

Wenige Wochen nach den Protesten in Lhasa kam der Aufstand in China. Ich verfolgte die Ereignisse dort mit Unglauben und Entsetzen. Als dann einige der Demonstranten in einen Hungerstreik traten, wuchs meine Besorgnis. Diese Studenten waren offensichtlich gescheit, ehrlich sowie unschuldig und hatten ihr ganzes Leben noch vor sich. Ihnen stand eine durch und durch sture, gleichgültige und grausame Regierung gegenüber. Zugleich empfand ich aber auch eine gewisse Bewunderung für die chinesische Führungsspitze, diese altersschwachen, dummen Greise, die sich so verbissen an ihren Ideen festklammerten. Trotz der offensichtlichen Beweise, daß ihr System vor dem Zusammenbruch stand und der Kommunismus auf der ganzen Welt gescheitert war, hielten sie ungeachtet der Million von Protestierenden vor ihrer eigenen Haustür an ihrem Glauben fest.

Ich war natürlich schockiert, als schließlich das Militär eingesetzt

---

* *Killing Fields* ist der Titel eines Films über den Terror der Roten Khmer in Kambodscha. (Anm. d. Übers.)

Wege in die Zukunft 321

wurde, um die Demonstration aufzulösen. Aber ich glaube, daß dies nur ein kurzfristiger Rückschlag für die Demokratiebewegung ist. Dadurch, daß die Machthaber zur Gewalt griffen, haben sie nur bewirkt, daß auch die gewöhnliche chinesische Bevölkerung zunehmend Partei für die Studenten ergriff. Auf diese Weise verkürzten sie die Lebenserwartung des Kommunismus in China mindestens um die Hälfte. Außerdem zeigten sie der ganzen Welt ihre Methoden der Machterhaltung. Von nun an können sie die tibetischen Vorwürfe, die chinesischen Besatzungstruppen würden die Menschenrechte verletzen, nicht mehr entrüstet zurückweisen.

Eigentlich tut mir Deng Xiaoping leid. Sein Ruf ist nun ruiniert, denn ohne das Massaker von 1989 wäre er als großer Politiker seines Landes in die Geschichte eingegangen. Mir tun auch seine Führungsgenossen leid, die in ihrer Verblendung Chinas Ansehen im Ausland nach zehn Jahren eifriger Imagepflege zunichte gemacht haben. Auch wenn sie nicht in der Lage gewesen sind, die Bevölkerung mit ihrer Propaganda zu überzeugen, waren sie bei sich selbst offenbar allzu erfolgreich.

China setzte einen schrecklichen Kontrapunkt zu den vielen wunderbaren Ereignissen in anderen Teilen der Welt, indem es in Lhasa das ganze Jahr 1989 hindurch am Kriegsrecht festhielt. Diese furchtbare Tatsache wurde mir besonders bewußt, als mich während einer USA-Reise im Herbst jenes Jahres die Nachricht ereilte, daß man mir den Friedensnobelpreis verliehen hatte. Während dies für mich persönlich keine allzu große Bedeutung hatte, war es für das tibetische Volk um so wichtiger. Denn das Volk war der eigentliche Gewinner dieses Preises. Mit Genugtuung erfüllte mich die weltweite Anerkennung, die der Bedeutung von Mitgefühl, Versöhnung und Liebe gezollt wurde und die in dieser Geste zum Ausdruck kam. Mich freute auch, daß zu dieser Zeit die Menschen in vielen Ländern sahen, daß friedliche Veränderung nicht unmöglich war. In der Vergangenheit galt der Glaube an eine gewaltlose Revolution als idealistisch. Und so empfand ich es als großen Trost, daß sich das Gegenteil nun in so deutlicher Weise offenbarte.

Der Vorsitzende Mao hat einmal gesagt, die politische Macht rühre vom Lauf der Gewehre her. Damit hatte er nur zum Teil recht: Die Macht, die auf Gewehren basiert, ist nur von kurzer Dauer. Am Ende triumphiert die Liebe der Menschheit für Wahrheit, Gerechtigkeit, Freiheit und Demokratie. Ganz gleich, was Regierungen auch tun mögen, am Ende setzt sich immer die Menschlichkeit durch. Diese Wahrheit erfuhr ich Ende 1989, als ich zufällig an dem Tag in Berlin war, als Egon Krenz gestürzt wurde. Durch die Hilfe der DDR-Behörden gelang es mir, auf die Mauer zu steigen. Als ich dort oben stand, dicht vor einem noch bemannten Wachturm, reichte mir eine alte Frau wortlos eine rote Kerze. Bewegt zündete ich sie an und hielt sie empor. Einen Augenblick lang drohte die kleine flackernde Flamme zu erlöschen, wurde dann aber wieder größer. Und während sich die Menschen um mich herumscharten und meine Hände berührten, betete ich, daß das Licht des Mitgefühls und des Bewußtseins die Welt erfüllen und die Finsternis der Angst und Unterdrückung vertreiben möge. Es war ein Augenblick, den ich nie vergessen werde.

Etwas Ähnliches geschah, als ich ein paar Wochen später in die Tschechoslowakei reiste. Dort war ich Gast von Václav Havel, der kurz zuvor noch wegen seiner politischen Aktivitäten im Gefängnis gesessen hatte und jetzt Staatspräsident seines Landes war. Bei meiner Ankunft empfing mich eine von ihren Gefühlen überwältigte Menschenmenge. Vielen Menschen standen die Tränen in den Augen, als sie mir zuwinkten und ihre Zeige- und Mittelfinger zum Siegeszeichen emporhielten. Ich sah sofort, daß diese Frauen und Männer trotz vieler Jahre totalitärer Herrschaft voller Leben waren und voller Freude über die soeben erlangte Freiheit.

Ich empfand es als eine große Ehre, in die Tschechoslowakei eingeladen zu werden, nicht nur, weil ich zum erstenmal von einem Staatschef eingeladen wurde, sondern auch, weil dies ein Mensch war, der sein Leben lang eine tiefe Wahrheitsliebe bewiesen hatte. Ich erlebte den neuen Präsidenten als einen sanftmütigen, aufrichtigen und bescheidenen Mann, der zudem humorvoll war. Beim Abendessen, er mit einem Glas Bier vor sich und einer Zigarette in der Hand, erzählte er mir, er identifiziere sich mit dem VI. Dalai Lama, der für seine Lebensfreude berühmt ist. Am meisten beeindruckte mich an Präsident Havel sein unprätentiöses Auftreten. Seine neue Position schien ihm nichts von seiner Natürlichkeit zu nehmen, und sein Blick und seine Worte verrieten eine große Sensibilität.

Wege in die Zukunft

Anfang 1990 lernte ich einen weiteren Menschen kennen, der mich tief beeindruckte: Baba Ante, der in Südindien ein Dorf gegründet hatte. Wo früher nichts als unfruchtbare Erde war, gibt es jetzt eine blühende Gemeinschaft, eine Menge Bäume, einen Rosengarten, einen Gemüsegarten, dazu ein kleines Krankenhaus, ein Altersheim, Schulen und Werkstätten. Das alles wäre bereits eine große Leistung. Was den Ort aber auszeichnet, ist, daß er ganz von Behinderten errichtet wurde.

Als ich mir das Dorf ansah, entdeckte ich nichts, was in irgendeiner Weise darauf hingedeutet hätte. Ich ging zum Beispiel in eine Hütte, in der ein Arbeiter ein Fahrrad reparierte. In den Stumpen, die von seinen von der Lepra befallenen Händen noch übrig waren, hielt er Hammer und Stemmeisen, mit denen er mit soviel Kraft an die Arbeit ging, daß ich fast den Eindruck hatte, er wolle damit angeben. Sein überschwengliches Selbstbewußtsein machte mir jedoch klar, daß bei entsprechender Organisation und einer gehörigen Portion Enthusiasmus selbst Menschen mit schweren Behinderungen zu einem würdevollen Dasein finden und als leistungsfähige Mitglieder der Gesellschaft anerkannt werden können.

Baba Ante ist ein außergewöhnlicher Mensch. Nach einem langen, aktiven Leben, in dem er viel durchmachen mußte, ist er nun selbst ein Krüppel. Wegen einer Verletzung an der Wirbelsäule kann er entweder nur aufrecht stehen oder liegen. Er ist aber so voller Energie, daß ich seine Arbeit nicht verrichten könnte, obwohl ich bei viel besserer Gesundheit bin. Als ich an seinem Bett saß und seine Hand hielt und er so dalag und zu mir sprach, spürte ich, daß ich hier einen wahrhaft mitfühlenden Menschen vor mir hatte. Ich sagte ihm, daß sich mein Mitgefühl bloß auf Worte beschränke, während seines jede seiner Taten durchdringe. Daraufhin erzählte mir Baba Ante, wie er dazu gekommen ist, sein Leben dem Dienst am Mitmenschen zu widmen: Eines Tages sah er einen Leprakranken, dessen Augenhöhlen voller Würmer waren. Das gab den Ausschlag für seinen Entschluß.

Solche Beweise der Menschlichkeit bestärken mich in meiner Überzeugung, daß das Leid, das meinem Volk durch die Volksrepublik China widerfährt, eines Tages enden wird. Es gibt nämlich Hunderte von Millionen Chinesen, von denen zu einem bestimmten Zeitpunkt vielleicht einige Tausend an grausamen Handlungen teilnehmen, während zur selben Zeit sicherlich Millionen anderer gerade einen Akt der Nächstenliebe vollbringen. Trotzdem kann ich die gegenwärtige Situation nicht aus meinem Bewußtsein verdrängen. Zwischen Ende September 1987 und Mai 1990 sollen in ganz Tibet über achtzig verschiedene Demonstrationen stattgefunden haben. Viele wurden nur von einer Handvoll von Protestierenden getragen, und nicht alle endeten mit einem Blutbad. Aber in ihrer Folge machen meine Landsleute in Tibet eine neue Zeit der Schreckensherrschaft durch. In Lhasa, wo es weit mehr Chinesen gibt als Tibeter, sind neulich Panzer aufgetaucht, und Berichte von Organisationen wie Amnesty International und Asia Watch lassen keinen Zweifel daran, daß die brutale Unterdrückung in ganz Tibet fortgesetzt wird. Unbegründete Verhaftungen, Mißhandlungen und Folter, Gefängnisstrafen und sogar Hinrichtungen ohne Gerichtsverfahren stehen bei den chinesischen Behörden an der Tagesordnung.

Zu dieser Liste von Untaten muß man noch die Augenzeugenberichte verschiedener Tibeter hinzufügen, die im Anschluß an die eine oder andere Demonstration verhaftet und grausam mißhandelt wurden, dann aber doch noch nach Indien fliehen konnten. Einer, der aus Angst vor Repressalien gegen seine Familienangehörigen nicht genannt werden will, beschrieb den Vertretern einer Menschenrechtsorganisation, wie man ihn längere Zeit nackt und gefesselt in seiner Zelle einsperrte und ihn demütigte und mißhandelte. Gelegentlich kamen betrunkene Gefängniswärter in seine Zelle und verprügelten ihn. Eines Nachts schlug man seinen Kopf so lange an die Wand, bis er aus der Nase blutete; er blieb aber bei Bewußtsein. Er berichtete auch, daß Wächter, »die nach Alkohol rochen«, ihn bei ihren Kampfsportübungen als Zielscheibe benutzten. Zwischen den Verhören ließ man ihn mehrfach tagelang ohne Essen und Bettzeug allein in seiner bitterkalten Zelle, um ihn zu dem Geständnis zu bringen, an den Demonstrationen teilgenommen zu haben.

Am fünften Tag seiner Haft weckte man ihn bei Tagesanbruch und brachte ihn in ein Vernehmungsgebäude außerhalb des Gefängnisgeländes. Dort wurde er von zwei Beamten zu Boden gepreßt, während ein dritter, der auf seinem Kopf gekniet hatte, diesen nun in beide Hände nahm und ihn mindestens zehn Minuten lang mit der linken Schläfe nach unten auf den Boden schlug.

Dann wurde der Mann der sogenannten »Schwebendes-Flug-zeug«-Folter unterzogen:

»Man hob mich vom Boden auf, und zwei Soldaten banden ein Seil um meine Arme. Dieses hatte einen Metallring in der Mitte, der so positioniert wurde, daß er hinter meinem Nacken saß. Die beiden Seilenden wurden dann nach vorne über meine Schultern gezogen und in einer Spirale eng um jeden Arm gewickelt, bis am Ende sogar meine Finger festgebunden waren. Dann zog einer der Soldaten die beiden Enden durch den Ring; dadurch wurden meine Arme zwischen den Schulterblättern nach oben gezogen. Einer der beiden Soldaten zog nun am Seil und stieß mir gleichzeitig sein Knie ins Kreuz, was einen stechenden Schmerz in der Brust verursachte. Dann wurde das Seil durch einen Haken in der Decke geführt und nach unten gezogen, bis ich den Boden gerade noch mit meinen Zehenspitzen berührte. Ich verlor bald das Bewußtsein. Wie lange ich ohnmächtig war, weiß ich nicht, aber als ich wieder zu mir kam, lag ich in meiner Zelle, nackt bis auf Handschellen, und an den Füßen gefesselt.«

Vier Tage später holte man ihn aus der Zelle und brachte ihn – noch immer nackt und in Handschellen, aber ohne Fußfesseln – vor das Gefängnisgelände. Dieses Mal mußte er nicht in den Vernehmungsraum, sondern man band ihn an einem Baum fest.

»Ein Soldat nahm ein Stück dickes Seil und fesselte mich an den Baum. Das Seil wurde vom Hals bis zu den Knien um meinen Körper gewickelt. Der Soldat stellte sich dann hinter den Baum, stemmte sich mit seinem Fuß dagegen und zog das Seil straff. Um den Baum herum saßen chinesische Soldaten beim Mittagessen. Einer stand auf und schleuderte mir die Reste aus seinem Eßgeschirr ins Gesicht – es war Gemüse und Chilisauce. Die Sauce verätzte meine Augen, die immer noch etwas schmerzen. Dann wurde ich losgebunden und in die Zelle zurückgebracht, aber ich stolperte oft, da es mir noch immer schwerfiel zu laufen. Jedesmal, wenn ich hinfiel, wurde ich geschlagen.«

Andere ehemalige Gefangene berichteten, daß man ihnen wiederholt Elektroschocks versetzte und dazu elektrisch geladene Stöcke benutzte, wie sie auch von der Polizei während der Demonstrationen verwendet worden waren. Einem jungen Mann wurde sogar einer in den Mund gesteckt, was zu heftigen Schwellungen führte, und eine

Nonne berichtete den Vertretern einer Menschenrechtsorganisation, wie man ihr dieses Folterinstrument gewaltsam in den Anus und in die Vagina einführte. Auch wenn man versucht sein könnte, aus diesen Informationen Schlüsse über das gesamte chinesische Volk zu ziehen, weiß ich, daß dies falsch wäre. Genauso falsch wäre es aber, solche Verbrechen einfach abzutun. Und ich muß zugeben, daß ich die Mentalität der Chinesen bis heute nicht begreife, obwohl ich bereits mehr als die Hälfte meines Lebens im Exil verbracht habe und in dieser Zeit die Angelegenheiten Chinas natürlich genau verfolgt und einige Erfahrung als Beobachter dieser Nation habe.

Als ich in den frühen fünfziger Jahren nach China reiste, sah ich, daß viele Menschen alles aufgegeben hatten, um an der Veränderung der Gesellschaft mitzuwirken. Viele trugen Spuren des Kampfes an ihrem Körper, und die meisten von ihnen waren Männer mit Idealen, die aufrichtig darum bemüht waren, einen wirklichen Fortschritt für jeden Menschen in ihrem riesengroßen Land zu erreichen. Zu diesem Zweck bauten sie eine Parteistruktur auf, die es ihnen ermöglichte, bis ins letzte Detail alles übereinander zu wissen, bis hin zu der Anzahl der Stunden, die jeder schlief. Sie verfolgten ihre Ideale mit einer solchen Leidenschaft, daß sie vor nichts haltmachten, was sich ihnen in den Weg stellte. In ihrem Führer Mao Zedong hatten sie einen Mann mit großem Weitblick und großer Vorstellungskraft, der sich des Wertes konstruktiver Kritik bewußt war und sie oft auch förderte.

Nach kürzester Zeit aber lähmten parteiinterne Kämpfe und kleinliche Intrigen die neue Verwaltung. Ich konnte das aus nächster Nähe mitverfolgen. Bald begann man, Dichtung und Wahrheit miteinander zu vertauschen und Lügen zu erzählen, wenn es wichtig war, sich in ein gutes Licht zu setzen. Als ich 1956 Zhou Enlai in Indien traf und ihm gegenüber meine Bedenken äußerte, antwortete er mir, ich solle mir keine Sorgen machen. In Wirklichkeit aber ging es von da an immer mehr bergab.

Als ich 1957 nach Tibet zurückkehrte, sah ich, daß die chinesischen Behörden meine Landsleute offen verfolgten, während man mir gleichzeitig zusicherte, es werde keine Einmischung geben. Sie logen, ohne mit der Wimper zu zucken; und so ist es auch heute

Wege in die Zukunft 327

noch. Was die Sache noch schlimmer machte, war, daß der Rest der Welt bereit zu sein schien, diese Lügen zu glauben. Später, in den siebziger Jahren, wurde eine Gruppe prominenter westlicher Politiker nach Tibet eingeladen und dort herumgeführt, und als sie zurückkamen, sagten sie, es stünde dort alles zum besten. Die Wahrheit aber ist, daß seit dem Einmarsch der Chinesen mehr als eine Million Tibeter unmittelbare Opfer der chinesischen Vorgehensweise wurden. Als die Vereinten Nationen 1965 ihre Resolution über Tibet verabschiedeten, hieß es darin ganz deutlich, daß China in Tibet »in großem Umfang Mord und Vergewaltigung begeht, Menschen willkürlich verhaftet, foltert und brutal, unmenschlich und erniedrigend behandelt«.

Ich kann nicht verstehen, wie sich die edlen Ideale so vieler guter Männer und Frauen in sinnlose Barbarei verwandeln konnten. Und ich verstehe auch nicht, was die Menschen in der chinesischen Führungsspitze veranlaßte, die Ausrottung des tibetischen Volkes zu betreiben. China scheint ein Land zu sein, das seinen Glauben verloren hat, und als Folge davon hat das chinesische Volk im Laufe der letzten vier Jahrzehnte selbst unsägliches Leid erfahren müssen – alles im Namen des Kommunismus.

Trotzdem bleibt die Verwirklichung des Kommunismus eines der bedeutendsten menschlichen Experimente, und ich leugne nicht, daß ich anfangs sehr von seiner Ideologie beeindruckt war. Wie ich aber bald herausfand, bestand das Problem darin, daß der Kommunismus zwar vorgibt, »dem Volk« zu dienen – für das es »Volkshotels«, »Volkskrankenhäuser« etc. gibt –, daß mit »Volk« aber nicht jeder Mensch gemeint ist, sondern lediglich jene, deren Ansichten von einigen wenigen als »die Ansichten des Volkes« definiert werden.

Einen Teil der Verantwortung für die Exzesse des Kommunismus trägt aber der Westen. Die Feindseligkeit, auf die die ersten marxistischen Regierungen im Westen stießen, ist sicherlich auch ein Grund für die oft lächerlichen Vorsichtsmaßnahmen, welche diese anwandten, um sich zu schützen. Alles und alle erregten ihr Mißtrauen; das Mißtrauen aber macht die Menschen unglücklich, da es einem menschlichen Grundzug widerspricht, nämlich dem Wunsch, anderen Menschen zu trauen. Beispielhaft dafür ist eine Episode, die mir bei meinem Moskau-Besuch im Jahre 1982 widerfuhr, als ich Lenins

Zimmer im Kreml besichtigte. Während eine Fremdenführerin mechanisch die offizielle Geschichte der Russischen Revolution aufsagte, behielt mich ein Sicherheitsbeamter in Zivil, der keine Miene verzog, die ganze Zeit über im Auge, sichtlich bereit, jeden Augenblick auf mich zu schießen.

Wenn ich überhaupt einer politischen Richtung angehöre, dann bin ich wohl noch immer ein halber Sozialist. Ich habe nichts gegen den Kapitalismus, solange er in einer menschlichen Weise praktiziert wird. Aufgrund meiner religiösen Vorstellungen tendiere ich jedoch in Richtung Sozialismus und Internationalismus, die sich eher mit den buddhistischen Prinzipien vereinbaren lassen. Was mir auch am Sozialismus gefällt, ist die Auffassung, daß der Mensch letztlich selbst für sein Schicksal verantwortlich ist. Genau dasselbe besagt auch der Buddhismus.

Dem steht allerdings die Tatsache gegenüber, daß in den kapitalistischen Ländern mit einer demokratischen Grundordnung weit mehr Freiheit herrscht als in jenen Ländern, die das kommunistische Ideal verfechten. Daher bin ich für eine Regierungsform, die darauf ausgerichtet ist, der gesamten Gesellschaft in humaner Weise zu dienen: den Jungen, den Alten und den Behinderten ebenso wie denen, die direkt zur Produktivität der Gesellschaft beitragen.

Wenn ich wählen müßte, würde ich einer der Umwelt-Parteien meine Stimme geben. Eine der erfreulichsten Entwicklungen der jüngsten Zeit ist das auf der ganzen Erde zunehmende Bewußtsein von der Bedeutung der Natur für das menschliche Leben. Das hat nichts mit Religion zu tun. Sich um unseren Planeten zu kümmern ist dasselbe, wie sich um das eigene Haus zu kümmern. Da wir Menschen ein Teil der Natur sind, ist es sinnlos, wenn wir uns gegen sie richten, weshalb ich auch behaupte, daß Umweltschutz keine Frage der Religion, der Ethik oder der Moral ist. Dergleichen ist Luxus, da wir auch ohne sie überleben können. Wenn wir die Natur aber weiterhin zerstören, werden wir nicht überleben.

Wir müssen dies einsehen. Wenn wir die Natur aus dem Gleichgewicht bringen, wird die Menschheit den Schaden haben. Außerdem müssen wir auch an künftige Generationen denken. Das Recht auf eine intakte Umwelt ist ein Menschenrecht wie jedes andere. Es gehört zu der Verantwortung, die wir anderen gegenüber haben, daß wir die Welt so hinterlassen, wie wir sie vorgefunden haben – wenn nicht in einem besseren Zustand. Dieser Vorschlag ist gar nicht so schwer umzusetzen, wie man zunächst meinen möchte. Denn während unserem Tun als Individuen Grenzen gesetzt sind, gibt es für einen weltweiten Ansatz keine Grenzen. Jeder einzelne von uns muß alles tun, was in seinen Kräften steht, auch wenn es nicht viel ist. Auch wenn es so scheint, als spiele es keine Rolle, ob wir zum Beispiel beim Verlassen eines Raumes das Licht ausschalten oder nicht, heißt das nicht, daß wir es nicht tun sollten.

Als buddhistischer Mönch meine ich, daß der Glaube an das Konzept des Karma im täglichen Leben von großem Nutzen ist. Wenn wir den Zusammenhang zwischen Ursache und Wirkung akzeptieren, achten wir viel eher darauf, welche Auswirkungen unsere Handlungen auf andere und auf uns selbst haben.

So sehe ich trotz der Tragödie, die sich in Tibet abspielt, viele gute Ansätze auf der Erde. Besonders ermutigt mich, daß sich anstelle eines blinden Konsumverhaltens langsam das Bewußtsein durchsetzt, daß wir mit den natürlichen Ressourcen der Erde besser haushalten müssen. Dies ist unbedingt notwendig, denn wir Menschen sind Kinder der Erde. Obwohl unsere gemeinsame Mutter das Verhalten ihrer Kinder bisher toleriert hat, zeigt sie uns nun, daß sie die Grenzen ihrer Toleranz erreicht hat.

Ich bete dafür, daß es mir eines Tages gelingen wird, diese Botschaft der Rücksichtnahme auf die Umwelt und auf die Mitmenschen auch nach China zu bringen. Da der Buddhismus den Chinesen keineswegs fremd ist, glaube ich, daß ich ihnen auf eine praktische Weise dienen könnte. Der Vorgänger des letzten Panchen Lama vollzog einmal eine Kalacakra-Einweihung in Beijing; wenn ich dasselbe täte, wäre es also nicht das erste Mal. Denn als buddhistischer Mönch gilt mein Interesse und meine Anteilnahme allen Mitgliedern der menschlichen Familie wie überhaupt allen leidenden Lebewesen.

Dieses Leiden wird durch Unwissenheit verursacht, daß nämlich Menschen im Streben nach ihrem eigenen Glück und ihrer eigenen Befriedigung anderen Leid zufügen. Der Schlüssel zum wahren Glück aber ist der innere Frieden, den man erlangt, indem man seine Liebesfähigkeit, sein Mitgefühl und seine Hinwendung zum Mitmenschen entwickelt und Zorn, Egoismus sowie Habgier bekämpft.

Für einige Menschen mag das naiv klingen. Ich möchte aber darauf hinweisen, daß wir, unabhängig von äußerlichen Unterschieden, im Grunde alle gleich sind: Wir sind alle Menschen, wollen glücklich sein und nicht leiden, haben die gleichen grundlegenden Bedürfnisse und Sorgen. Außerdem wollen wir alle die Freiheit und das Recht haben, unser Schicksal selbst bestimmen zu können. Das liegt in der Natur des Menschen. Die großen Umwälzungen, die zur Zeit überall auf der Erde, von Osteuropa bis nach Afrika, stattfinden, bezeugen dies.

Andererseits sind die großen Probleme, mit denen wir heutzutage konfrontiert werden – gewaltsame Konflikte, die Zerstörung der Natur, Armut, Hunger etc. –, vor allem vom Menschen geschaffene Probleme. Sie können gelöst werden, aber nur, wenn wir die Ursachen zu verstehen versuchen, uns mit ganzer Kraft für ihre Beseitigung einsetzen und das Bewußtsein entwickeln, daß wir Brüder und Schwestern sind. Dazu müssen wir ein Gefühl der Verantwortung füreinander und für den Planeten, auf dem wir leben, entwickeln, und zwar auf der Grundlage von Verständnis und Mitgefühl.

Mir hat meine Religion, der Buddhismus, geholfen, Liebe und Mitgefühl zu entwickeln. Ich bin aber überzeugt davon, daß diese Eigenschaften von jedem entwickelt werden können, ganz gleich, ob er religiös ist oder nicht. Ich glaube auch, daß alle Religionen das Ziel eint, das Gute zu fördern und allen Menschen zum Glück zu verhelfen. Mögen die Wege dahin verschieden sein – das Ziel ist überall das gleiche.

Da die Wissenschaft immer größeren Einfluß auf unser Leben nimmt, haben die Religion und die Spiritualität die ständig wachsende Aufgabe, uns an unsere Menschlichkeit zu erinnern. Wissenschaft und Religion schließen einander nicht aus, sondern fördern gegenseitig das Verständnis füreinander. Denn sowohl die Wissenschaft als auch die Lehren Buddhas sprechen von der grundlegenden Einheit aller Dinge.

Dieses Buch möchte ich abschließen, indem ich mich noch einmal persönlich bei allen Freunden Tibets bedanke. Das Mitgefühl und die Hilfsbereitschaft, die sie angesichts der Misere des tibetischen Volkes bewiesen haben, haben uns alle tief berührt und geben uns den Mut, auch weiterhin für Freiheit und Gerechtigkeit zu kämpfen – nicht mit Gewehren, sondern mit den mächtigen Waffen der Wahrheit und der Entschlossenheit. Ich weiß, daß ich im Namen aller Tibeter spreche, wenn ich ihnen danke und sie bitte, Tibet in dieser kritischen Phase seiner Geschichte nicht zu vergessen.

Auch hoffen wir, zu einer friedlicheren, menschlicheren und schöneren Welt beitragen zu können. Ein künftig freies Tibet wird versuchen, notleidenden Menschen auf der ganzen Welt zu helfen, die Umwelt zu schützen und den Frieden zu sichern. Und ich glaube, daß wir Tibeter aufgrund unserer Fähigkeit, spirituelle Werte mit einer realistisch-pragmatischen Einstellung zu verbinden, hierzu einen besonderen Beitrag leisten können, so bescheiden er auch sein mag.

Zum Abschluß möchte ich zusammen mit meinen Lesern und Leserinnen ein kurzes Gebet sprechen, das mir immer viel Kraft und Entschlossenheit gibt:

»Solange das Weltall besteht,
Solange Lebendiges lebt,
So lange möchte auch ich bestehen,
Um das Elend der Welt zu vertreiben.«

REGISTER

Abhidharma 32
Aeschimann, Dr. 208
Afro-Asiatisches Komitee 197
Ajanta 139
Allahabad 135, 220
Amdo 12 f., 18 ff., 25, 46, 64, 83, 91, 94, 122–125, 146, 149, 209, 283, 292, 304, 307
Amerikanisches Soforthilfekomitee für Tibetische Flüchtlinge 197
Amnesty International 308, 324
Ante, Baba 323
Aryabhumi 132, 276
Assam 85
Aufschnaiter, Peter 47
Avalokiteshvara 7, 18
Ayub Khan, Mohammed 225

Bagdogra 135, 141
Barkhor 53, 153, 314
Bata Hor 262
Batang 102
Beijing (Peking) 73 f., 77, 97 f., 101 f., 105 f., 109, 111, 114, 117, 124 f., 130 f., 133, 198, 219, 225, 227, 239, 251, 273 f., 276 ff., 282 ff., 286, 291, 295, 297, 301, 303, 306, 311, 313, 315–318, 329
Benson, Herbert 259 ff.
Bhandara 215

Bhikshu 200
Bhrikuti Devi 51
Bhutan 16, 189 f., 211, 237
Bodh Gaya 50, 139, 142, 199, 237, 269, 294
Bodhi-Baum 200, 276
Bodhicitta 207, 255
Bodhisattva 7, 18, 107, 199, 236, 250, 252 f.
Bön-Religion 16, 209, 229
Bomdila 185
Brahmaputra 11
Buddha 17 f., 28, 51, 65, 96, 102, 107, 117, 128, 132, 139, 151 f., 198, 200, 230, 255, 330
Buddha-Jayanti-Feierlichkeiten 132 f., 136
Buddhismus 7, 16 f., 27, 40, 68, 96, 111, 116, 122, 192, 198, 207, 209, 211, 229, 236 f., 243, 251 f., 254, 257, 259, 271 f., 280, 308, 316, 328 ff.
Bulganin, Nikolaj Alexandrowitsch 109
Buxa Duar 190, 211, 229
Bylakuppe 201, 214, 216 f., 223 f.

Cakra (Energiezentrum) 260
Chakpori-Hügel 34, 189
Chamdo 60 ff., 73, 85, 90, 100, 125, 127, 300
Cham-Tanz 23 f.
Chang 13, 55
Changtang 12
Che-La-Paß 180

Chenrezig-Statue 18, 95
Chikyap Khenpo (Oberkämmerer) 35, 69, 177 f., 212
Chin Rhaworhen 144
Chitü Lhenkhang 295
Chöpön Khenpo (Religiöser Zeremonienmeister) 25, 35
Chruschtschow, Nikita Sergejewitsch 109
Chumbithang 134
Churchill, Winston S. 270
Chushi Gangdruk 124, 150
CIA 143, 149, 181, 238

Dalai 9
II. Dalai Lama 178, 262
III. Dalai Lama (Sönam Gyatso) 9
V. Dalai Lama 28, 40, 67
VI. Dalai Lama 322
XIII. Dalai Lama (Thupten Gyatso) 18, 22, 37, 41 ff., 48, 98, 141, 231 f., 242, 268, 281
Dalhousie 192
Dan Guansan 85, 101, 145, 150 f., 157 ff.
Darjeeling 192, 206
Dartsedo 100
Dehra Dun 187, 219
Demo 100
Deng Xiaoping 276 f., 300, 320 f.
Desai, Morarji Ranchhodji 275
Desi Sangye Gyatso 28
Devi, Uma 218

Register

333

Dharamsala 192, 200–204, 206ff., 210, 213, 221f., 224, 226, 230f., 235, 243, 245f., 260, 264, 268, 278f., 285, 291, 293, 295, 297, 302
Dharma 116, 255, 261
Dharmapala 262
Dhauladar-Gebirge 213, 231
Dhönden, Yeshe 271
Döguthang-Ebene 22
Dönyer Chenmo (Oberhofmeister) 30
Dorje Drakden 50, 63, 160, 262, 264f.
Dorje Phagmo 81f.
Drepung 39, 54, 70, 77, 151, 155, 229, 262
Dromo 31, 70ff., 74, 76ff., 80, 85, 93, 98, 145, 198
Dungkhar 29, 71

Eisenhower, Dwight D. 245
Ennals, Lord David 315f.
Europaparlament 316, 320
Exilregierung (tibetische) 8, 193, 228, 273, 282f., 316f.

Fan Ming 90, 132f.
Fox, Reginald 38
Frankreich 320
Freiheitskämpfer 129, 143, 146, 149f., 154, 179f., 184, 189, 238, 240, 317
Friedensnobelpreis 213, 321
Friedmann, Maurice 218
Fünf-Punkte-Friedensplan 303f., 311, 316

Gadong (Orakel) 142
Gan Kung 118
Ganden 70, 77, 98, 152, 229
Gandhi, Indira 219f., 226, 228, 275, 301
Gandhi, Mahatma 132, 136f., 275

Gandhi, Rajiv 301
Gangtok 135, 143
Garchu 126
Gebetsfahne 13
Gebetsmühle 55, 153
Gelugpa-Orden 56
Genf 208, 317f.
Geshe 154, 236
Gewandmeister (siehe auch: Simpön Khenpo) 19, 25, 29, 51, 66, 69, 200
Goldenes Rad 66
Gompo Tashi 146
Gottkönig 7
Gould, Sir Basil 47
Großbritannien 68, 76, 228, 245
Guerilla 124, 127, 143, 180f., 238ff.
Guru 9
Gyalo Thöndup 15, 85, 135, 139, 143, 150, 238, 277, 279
Gyantse 70, 80, 145, 182, 290, 300
Gyari Lodi Gyältsen 295
Gyop Khenpo 23

Harrer, Heinrich 47f., 60, 77f., 243
Havel, Václav 322
Heath, Edward 251
Hilfsorganisationen (internationale) 192, 211, 224
Himalayagebirge 12, 141, 305
Holocaust 306
Howarth, David 213
Hu Yaobang 274, 284f., 301
Hua Guofeng 274

Indien 9, 38, 47, 49f., 68, 72, 76ff., 82, 121, 123, 132f., 135–139, 141 bis 144, 149, 178, 181–185, 187ff., 191f., 196f., 200, 203, 218f., 222, 224, 228, 232f., 235ff.,

245, 249, 267, 275f., 282, 285, 291, 293, 297, 300, 305, 324, 326
Initiation 95
Inkarnation 10, 18f., 266f.
Internationale Menschenrechtserklärung 208
Internationales Rotes Kreuz 224
Inthronisation 22, 63, 65f.

Jammu 273
Jamphel Yeshe 25
Jang 70
Japan 214ff.
Jetsün Pema 221, 293
Jhora 183
Jiang Qing 274
Jigme Taring 232
Jigme Wangchuk 238
Johannes Paul II. 249
Jokhang-Tempel 24, 34, 36, 50–53, 95, 152f., 189, 274, 311f., 314
Jomdha Dzong 127
Juchen Thubten Namgyäl 295
Juristenkommission, Internationale 146, 196, 208

Kailash 276
Kalacakra-Einweihung 95, 237, 252, 273, 281, 329
Kalimpong 48, 78, 140–143
Kalkutta 60, 76f., 141, 212
Kanpur 277
Kanze 126f., 300
Karma 17, 329
Karpo-Paß 183
Kaschmir 28, 273
Kashag 11, 30, 61f., 67f., 72, 84, 86, 88f., 91, 93, 97, 103, 105, 125, 142, 154, 156, 158, 177, 191, 201, 209, 262, 295
Katag 135, 178, 269f., 282
Kathmandu 228
Kenrap Tenzin (Gewandmeister) 19, 26, 29, 37, 45f., 69, 211

Kewtsang Rinpoche 19, 25
Kham 12, 42, 61, 83,
  100, 102, 119, 122–126,
  129, 131, 146, 149, 209,
  304
Kommission für Militäri-
  sche Angelegenheiten
  in Tibet 105
Kongpo 99, 182
Konzentrationslager 286
Kripalani, Acharya 188,
  197
Krishnamurti, Jiddu 235,
  301
Kublai Khan 111
Kündeling, W. G. 201, 204
Kulturrevolution 94, 193,
  227, 274, 277, 299
Kumbum 15, 18–21, 24, 44,
  64
Kusung Depön (Anführer
  der Leibgarde) 11, 155,
  178, 239
Kuten 50, 63, 263 ff.
Kyichu 45, 98, 177, 179

Ladakh 260, 273
Lama 9, 15, 18 f., 36, 46,
  109, 111, 149, 154, 207,
  252, 259, 267
Lama Tsongkhapa 56
Lam-Rim-Meditationen 86
Landreform 94
Lhading 238
Lhamo Thöndup (wunsch-
  erfüllende Gottheit) 11,
  24
Lhamoi Latso 18, 268
Lhasa 11, 16, 18–22, 24, 27,
  31, 34, 38 f., 41 f., 47 f.,
  54 ff., 59–66, 68–75,
  77–83, 85–89, 91, 93,
  95, 98, 100 ff., 113 f.,
  118 f., 121–125, 128,
  130–135, 139 ff., 143,
  145–152, 154, 157,
  159 f., 179 f., 184 f., 188,
  191, 194, 203, 228,
  232 f., 265, 273, 276,
  284, 287 f., 292, 298,

300, 309, 311, 313 ff.,
  318, 320 f., 324
Lhüntse Dzong 182 f., 188
Li Xiannian 274, 303
Ling Rinpoche 25, 68, 70,
  72, 74, 95, 103, 112 f.,
  200, 234, 268 ff., 294
Lingkhor 53, 153
Litang 129
Liu Kaping 109
Liu Shaoqi 108, 114 f., 118
Lobsang Gawa 269
Lobsang Jigme 160
Lobsang Rampa 259
Lobsang Samten 14 f., 20 f.,
  23 f., 26 f., 29, 47, 80,
  126, 135, 144, 283, 286,
  294, 301 f.
Lobsang Tashi 68, 72 f., 77,
  84, 88 f., 92, 97
London 228, 301
Losar 50, 114, 123
Lotosblüte 18
Lucknow 187
Lüthi (genannt »Pala« =
  Papa) 218
Lukhangwa 68, 72 f., 77,
  84, 88–92, 97, 141 f.,
  158

Ma Bufeng 12, 20 f.
Macmillan, Sir Harold 245
Madhyamika 32, 154, 271
Madras 224
Maha Bodhi Society 132
Mahabodhi-Tempel 200
Mahakala 56, 177
Maharaja Kumar 132, 134
Maitreya 53, 314
Mak-chi (Oberster Befehls-
  haber der tibetischen
  Armee) 11
Manasarovar-See 276
Mandala 255, 281
Mandschurei 113, 307
Mangmang 183
Mantra 37, 254, 264
Mao Zedong 76, 86, 97,
  100, 102–105, 107 f.,
  114–119, 121, 123 ff.,

130 f., 137, 140, 145,
  227, 270, 273, 287, 293,
  299, 321, 326
Marxismus 105 f., 109, 280
Merton, Thomas 235 f.
Milarepa 36, 250
Mimang Tsondu (National-
  versammlung) 67
Mönlam 50, 53 f., 95, 124,
  146, 152 f., 287, 313 ff.
Mongolische Volksrepu-
  blik 15, 44, 64, 114,
  278 f., 281 f., 285,
  307
Moskau 279 f., 327
Mussoorie 186 f., 189 f.,
  193, 196, 198, 200–204,
  206, 227
Mustang 238 f.

Nadi (Energiebahn) 260
Nagarjuna 253
Nalanda 139 f.
Namgyäl-Kloster 10, 23,
  28, 35 f., 43, 98, 229
Nangartse 81 f.
Narayan, Jaya Prakash 142
Nathu-Paß 134, 143
Nationalversammlung 67,
  125, 214
Nechung-Orakel (siehe
  auch: Staatsorakel) 50,
  123, 142, 158, 262–265
Nehru, Pandit J. 109 f., 121,
  132 f., 136 ff., 141 ff.,
  145 f., 151, 185, 187 ff.,
  191 f., 195 ff., 199, 212,
  219, 221 f., 251, 301
Nepal 16, 68, 72, 76, 192,
  200, 237 ff., 267, 304,
  313
Neu Delhi 135, 138 ff., 186,
  190, 193 ff., 197, 199,
  201, 226, 250, 278, 282,
  300 f.
New York 228, 245
Ngapö Ngawang Jigme
  73 ff., 77, 142, 157,
  159 f., 274, 295
Nixon, Richard M. 227

Nomaden 11, 13, 33, 43,
  47, 122, 223, 281, 289
Norbu Thöndup 32, 37,
  83 f.
Norbulingka 22 f., 26, 29,
  36 f., 43–49, 55 ff., 59,
  70, 82, 102, 126, 147 f.,
  150, 152 ff., 156–160,
  177, 182, 189, 231
Norman, Alexander 8

Oberhofmeister 30, 54, 69,
  72, 94, 140, 156, 177,
  179
Ootacamund 224
Opernfestspiele 54 f., 59 ff.,
  63
Orissa 302
Ostturkestan 198, 307
Ozean der Weisheit 9

Padmasambhava 262
Pakistan 149, 222, 230
Panch Sheel 121, 188, 219
Panchen Lama 42, 86, 91 f.,
  101, 103, 111, 134, 139,
  181, 274, 277, 286 f.,
  317 f., 329
Pant, Apa B. 134
Pathankot 203, 222
Paul VI. 244
Pema Gyältsen 151
Phüntsog Tashi Takla (Ku-
  sung Depön) 239 f.,
  295
Phüntsog Wangyäl 102,
  104, 116, 130 f.
Politische Konsultativ-
  konferenz des Chine-
  sischen Volkes 7, 107
Potala 10, 22 ff., 26, 28 ff.,
  34, 36, 39 ff., 43 f., 46,
  50, 56, 59, 69 f., 85, 92,
  124, 158, 189 f., 244
Poyül 100
Prajnaparamita 32, 154
Pramana 32
Prasad, Rajendra 136, 199
Pu Yi 46
Puja 50, 148, 255

Qinghai 307
Qinghai Highway 98, 117

Radhakrishnan, Dr. 136
Radio Peking 74, 209
Rajpur 204
Rashtrapati Bhavan 136,
  199
Reinkarnation (Wieder-
  geburt) 15, 18, 22, 82,
  232, 265–270
Religiöser Zeremonien-
  meister (siehe auch:
  Chöpön Khenpo) 25,
  29, 51, 200
Reting 39, 128 f.
Reting Rinpoche 24 f., 39,
  81, 92 f., 268
Richardson, Hugh 47, 72,
  245
Rom 243
Roosevelt, Franklin D. 31,
  233

Sabo-La-Paß 181
Sakya 60
Samding 81 f.
Samsara 17, 256
Samye 262
Sanchi 139
Sangha 242, 255, 283
Sarnath 139 f., 200
Schweiz 208, 216, 228,
  244, 267 f., 285
Sera 19, 36, 39, 70, 77, 151,
  229
Serkong Rinpoche 114, 232
Sertri-Chenmo-Zeremo-
  nie 124
Shakyamuni 16, 18, 50
Shambala 259
Shastri, Lal Bahadur 222,
  225
Shigatse 101, 134, 145, 287,
  300
Shingang 101
Shöl 34, 36, 65, 158
Shunyata 255
Si Shi Phüntsog 24
Siddhartha Gautama 16

»Siebzehn-Punkte-Abkom-
  men« 75 ff., 79, 87 ff.,
  94, 105, 138, 141 f.,
  145, 152, 157, 182, 188,
  193, 278, 295
Sikkim 132, 134 f., 211, 260
Siliguri 187
Siling 13
Simla-Konferenz 73
Simpön Khenpo (Gewand-
  meister) 25
Sölpön Khenpo (Küchen-
  meister) 25
Sönam Gyatso (siehe auch:
  III. Dalai Lama) 9
Sönam Topgyäl Kazi 134,
  185
Songtsen Gampo 51
Sowjetunion (UdSSR)
  110 f., 278 ff., 282, 285
Sozialismus 110, 125, 328
Staatsorakel 39, 50, 56, 63
Stallmeister 81
Stupa 92
Sutra 178
Swarg Ashram 203, 228 f.,
  231

Tadrag 92
Tadrag Rinpoche 25, 28,
  39 f., 45 f., 60 f., 63, 80,
  82 f., 86, 92, 179
Taktser 11 ff., 15, 19, 28,
  118
Taktser Rinpoche (siehe
  auch: Thupten Jigme
  Norbu) 64 f., 72, 76 f.,
  135, 139, 143, 150
Tantrische Meditation 236
Taphü 24
Tara 107
Taschkent 225
Tashi Namgyäl, Sir 135
Tashi Tsering 48 f.
Tashikhyil 118
Tashilhünpo 91, 149, 286 f.,
  318
Tenzin Chödrak 291
Tenzin Chögyäl 27, 112,
  135, 155, 177, 206, 294

Tenzin Norgay 206
Tezpur 186f., 190
Thangka 36, 92, 178, 230
Thimbu 238
Thöndup Namgyäl 134
Thupten Gyatso (siehe
    auch: XIII. Dalai
    Lama) 18, 41f., 44
Thupten Jigme Norbu
    (siehe auch: Taktser
    Rinpoche) 15
Tiananmen-Platz 193
Tibetan Children's Village
    (SOS-Kinderdorf in
    Dharamsala) 221
Tibetan Homes Founda-
    tion 227
Tibetische Kommunistische
    Partei 131
Tibetischer Kalender 49
Tin Mingyi 134
Tokio 228, 241
Torma 51
Trijang Rinpoche 25, 72,
    113, 133, 200
Trisong Detsen 262
Trivandrum 224
Tsampa 13, 27, 29, 31, 114,
    177
Tsang 12
Tsangpo 11, 180
Tschechoslowakei 322
Tsedrung-Stand 10
Tsenshap 34, 72, 97, 114,
    148, 232
Tsering Dölma 14f., 27,
    177, 207, 221
Tsethang 150
Tsongo-See 135
Tsuglakhang-Tempel 229
Tülku 10, 15, 265ff., 270,
    314
Tum-mo-Yoga 260

U Nu 108f.
U-chen 29
Ü-Tsang 12, 209
Ulan-Bator 281
Ulan-Ude 280f.
U-me 29

UNO-Vollversammlung 62,
    195f., 199, 222, 327
Uranvorkommen 292

Vajravarahi 82
Verantwortung, univer-
    sale 217, 247
Vereinigte Staaten von
    Amerika 68, 73, 76ff.,
    149, 228, 245f., 260,
    271, 277, 285, 303, 320
Vereinigung der Buddhisten
    Chinas 318
Versammlung der Abgeord-
    neten des Tibetischen
    Volkes 209
Vinaya 32
Volksbefreiungsarmee 61f.,
    73, 76, 85, 87, 89, 100,
    105, 127, 129, 147,
    149f., 179f., 187, 189,
    273, 286, 308, 313, 320
Volksrepublik China 9, 12,
    14, 16f., 28, 37, 47, 62,
    64, 68, 72–78, 88, 90f.,
    97f., 100ff., 105, 107,
    109–113, 115, 117ff.,
    121, 124, 132, 134,
    136ff., 140, 144, 158,
    188f., 192f., 195, 198,
    208ff., 218, 227, 241,
    246, 251, 263, 272,
    274f., 277, 279, 285ff.,
    289f., 292, 295f.,
    300f., 304f., 307ff.,
    316, 318, 320f., 323,
    326f., 329
Vorbereitendes Komitee zur
    Errichtung der Autono-
    men Region Tibet 105,
    123, 125f., 130, 132,
    147, 287

Waite, Terry 250
Washington 73, 228, 303,
    309
Wavell, Lord 38
Wencheng Kongjo 51
Widerstandsbewegung 124,
    130

Wiedergeburt (Reinkarna-
    tion) 10, 17, 266

Xi'an 101
Xinhua (Neues China) 187,
    277, 304, 317

Yamdrok-Tso-See 81
Yangtze (Drichu) 62
Younghusband, Colonel 41,
    72f.
Yulu Dawa Tsering 314

Zamling Chisang 56
Zhang Guohua 85, 130
Zhang Jingwu 77, 79, 84,
    87ff., 96, 99, 131, 133,
    140, 152f.
Zhen Yi 124ff.
Zhou Enlai 101, 108f., 114,
    119, 137–141, 143, 145,
    225, 326
Zhu De 86, 101, 114
Zimgag 11
Zürich 228

TIBET

KUNLUN-GEBIRGE

CHANGTANG

TIBET

Ü

● Gartok

HIMALAYA

Tsangpo (*Brahmaputra*)   Shigatse ●

Nangart

NEPAL   Dingri Dzong ●   Gyantse ●

Yamd

Mount Everest (8848) ▲ SIKKIM

Nathu-Paß

Kathmandu   Gangtok ●   BHU

Dromo

Darjeeling ●

BANGLA

INDIEN